IOHANNIS CALVINI
COMMENTARIUS
IN EPISTOLAM PAULI
AD ROMANOS

STUDIES IN THE HISTORY
OF
CHRISTIAN THOUGHT

EDITED BY

HEIKO A. OBERMAN, Tübingen

IN COOPERATION WITH

HENRY CHADWICK, Oxford
JAROSLAV PELIKAN, New Haven, Conn.
BRIAN TIERNEY, Ithaca, N.Y.
E. DAVID WILLIS, Princeton, N.J.

VOLUME XXII

IOHANNIS CALVINI
COMMENTARIUS IN
EPISTOLAM PAULI AD ROMANOS

EDIDIT T. H. L. PARKER

LEIDEN
E. J. BRILL
1981

IOHANNIS CALVINI COMMENTARIUS IN EPISTOLAM PAULI AD ROMANOS

EDIDIT

T. H. L. PARKER

LEIDEN
E. J. BRILL
1981

ISBN 90 04 06408 7

CONTENTS

PREFACE

Anyone who has tried to study Calvin's Biblical commentaries carefully will have shared my own frequent frustration in being hampered by the lack of the first necessity of such study, reliable critical editions of those works. Students of the *Institutio* are well-served by the edition in *Calvini Opera Selecta* and by the French edition of J.D. Benoît. For his sermons we are also well-served, if only in part, by the volumes appearing as *Supplementa Calviniana*. But they who would study the commentaries must do the best they can with inferior editions.

It is in an attempt to make things easier for such scholars that I have prepared this present edition. My aim has been simple and straightforward: to present the text of the three editions of the commentary on Romans accurately and in an easily apprehensible form. For the first time the reader has before him within one volume the Latin text of *Romans* as Calvin wrote it, revised it, and revised it again. He may without difficulty both discover Calvin's exposition at the three different stages of his career and also see how the commentary was step by step built up into its final form.

The work has occupied me, off and on, for twenty years and more, beginning in my early Tudor rectory at Great Ponton, continuing in my Victorian vicarage at Oakington, and now concluding amid the Romanesque splendours of Durham. The centuries have indeed blended and blurred. I have over these years contracted many debts of gratitude. First and foremost I owe warm thanks to Professor Rodolphe Peter of Strasbourg, whose generosity with information out of his immense knowledge of Calvin-bibliography has never failed. In the world of libraries, my thanks go to the University Library, Cambridge, and to the staff of what used to be the Anderson Room and is now the Rare Books Room; to the Durham University Library and particularly to Dr. A.I. Doyle, the Keeper of the Rare Books; to the Durham Chapter Librarian, and particularly to Mr. R.C. Norris; to the Librarian of Bodley, who has on three occasions made it possible for me to study the 1540 edition of the commentary at my leisure; and to the Librarians of Emmanuel College and Corpus Christi College in Cambridge. I must express my gratitude to several Continental scholars who read a short sample of the work and gave me the benefit of their advice and encouragement — and I think especially of Dr. Helmut Feld, Professor

Alexandre Ganoczy of Wurzburg and Professor Pierre Fraenkel of Geneva, as well as of my colleagues on the Präsidium of the Calvin Congress. I am grateful to the University of Durham for giving me a grant to spend a month working in Cambridge libraries in 1978. Finally a special word of thanks to Professor H. A. Oberman for much kind encouragement and for including this work in his series *Studies in the History of Christian Thought* and to Messrs. E. J. Brill for generously undertaking the publication of a difficult and somewhat rarefied book.

July, 1979.   T.H.L. Parker.
                                                                          Durham.

INTRODUCTION

It was in about 1536 that Calvin began to apply himself to the task of writing a commentary on the Epistle to the Romans, probably as a first step in covering all the Pauline epistles. He had been living in Basel, a stay which lasted until March 1536 and which was succeeded by six months of travelling, with brief visits to Italy, to Noyon, and to Paris. It was not until the late autumn of 1536 that he received a permanent home and position in Geneva. There he was appointed *sacrarum literarum doctor*[1], with the task of expounding the Bible in lectures.

The subject of the lectures delivered during this first sojourn in Geneva was alluded to in a letter to Calvin from the Basel printer, Oporinus, on March 25, 1537: 'Audio te magna cum laude et utilitate praelegere D. Pauli epistolas. Oro igitur ut, quaecunque in iis praelegere et annotare tuis soles, aliis quoque uti per nos aliquando communicentur, operam dare non graveris'[2]. That the first book on which he lectured was the first epistle in the canon, in itself likely enough, is suggested also by the following considerations: (1) Colladon's revision of Beza's *Vie de Calvin*, which lists in detail his lectures and sermons from 1549 to 1564, makes no mention of any lectures or sermons on Romans. (2) If it may be taken as highly improbable that Calvin failed to treat such an important book as this, he must have done so either between 1536 and 1538 or between 1541 and 1549. (3) The order of publication of the Pauline commentaries follows the familiar canonical order. It might be expected that the lectures would do the same. (4) It would seem that, during his stay in Strasbourg, Calvin lectured on the Gospel of St. John and on the Pauline epistles, apparently beginning with I Corinthians. This might indicate that, working his way through the Pauline corpus, he had come to the end of Romans in Geneva. (5) If, before he went to Geneva, he had determined to write a commentary on Romans (as we know he had), he might be expected, when he was given the opportunity to deliver expository lectures, to turn the opportunity to the advantage of his commentary. I would therefore suggest that the first version of the commentary represented an abridgment and revision of his lectures delivered during the period of 1536-1538, and that it was largely or

---

[1] CO 21, 126.
[2] CO 10b, 91.

entirely written before he left Geneva but was revised in Basel and Strasbourg between the early summer of 1538 and October 1539, when the dedicatory letter was written.

Commentaries on the rest of the Pauline epistles were written between 1540 and 1550 and published, after an unexplained delay of six years, between 1546 and 1551. When the series was nearing completion Calvin revised them for a collected edition, which appeared in 1551. That the revision was completed some time before July 1550 we learn from Calvin's letter to Farel in that month, in which he complains that 'Typographi nunc in Paulo festinant. Sed vereor ne serius coeperint quam oportuerat'[3]. We may conjecture, however, that it was planned when nearly all the books had been expounded and only I and II Thessalonians, Philemon, and perhaps Titus remained to be written, that is to say, in 1549. The dedication of Hebrews, dated '10. Calend. Iunii. 1549' gives us the more precise date of the second half of 1549 for the probable revising of the commentaries, including *Romans*[4]. The tardiness of the printers held back publication until the autumn of 1551. Beza's dedication is dated 'Calendris Octobris ... M.D.LI'.

The next step came with the collected commentaries on all the New Testament epistles. Although the volume lacks a colophon, we are able to date it more precisely than the bare year 1556, by the new dedication of I Corinthians, 'IX Cal. Feb.' i.e. January 24. The revision seems, therefore, to have been completed by about that date. There are no references to this book in Calvin's letters, and we have no information about its revising and printing.

The edition of 1557 purports also to be a revision by the author: 'Hanc Commentariorum postremam esse recognitionem, ex lectione atque collatione cum prioribus, deprehendet Lector', declares the title-page. It appeared, in fact, only in 1563, but the preface *Typographus Piis et Candidis Lectoribus* says that the printing had begun some years before (1557?). If I understand the somewhat oblique style aright, the publisher, Jean Crispin, is telling us that his first intention was a straight reprint of the 1556 edition, but that, as time passed, he was able to obtain from Calvin some alterations made in the margin of Calvin's own copy. These were inserted as the definitive text in the second part of the book (that is, 'from where we had taken up the work after interrupting it'). Alterations affecting the first part, however, came too late, for it had already been

---

[3] CO 13, 606.

[4] That is, if they were revised *en bloc*; but we have no evidence that this was so.

printed. They were therefore printed together as an appendix. They were only eighteen in all, and none of them concerned *Romans*[5]. The third edition is therefore the definitive edition of this commentary.

The three editions

1. Ioannis / Calvini Commenta= / rij in Epistolam Pauli / ad Romanos. / [Device] / Argentorati per Vuendelinum / Rihelium.

   Colophon: Argentorati per Vuendelinum / Rihelium. / Mense Martio. / Anno M.D.XL.

   Second title (Bodleian copy): In Epistolam / Pauli ad Romanos / Commentaria Ioannis / Caluini.
   Second title (Princeton copy): In Epistolam / Pauli ad Romanos / Commentaria Alcuini[6].

   α - α [viii], A - Z, Aa - Dd.
   Praefatio α [ii] - [viii^r]. Argumentum α [viii^v] - β [viii].
   Commentaria pp. 1 - 430.

   Type page, 11 cm × 6.5 cm.

   Praefatio and Biblical text, large roman, 20 lines to page; Argumentum, smaller roman, 24 lines to page; Commentaria, italics, 26 lines to page.

   [Copies used: Bodleian (Vet. D 1 f. 94). Speer Library, Princeton (B-51. C1393)].

2. In Epistolam Pavli ad Romanos, Ioannis / Calvini Commentaria. *in* Ioannis Calvini / in omnes D. Pauli epistolas, at- / que etiā in epistolā ad Hebraeos / commentaria luculentissima. / Ex postrema authoris recognitione. / Cvm Indice Copiosissimo / sententiarum & locorum omnium. / [Device] / Genevae. / Apud Ioannem Gerardum. / M.D.LI.

   Praefatio Aa 3 - [Aa 4^r]. Argumentum Aa 5 - [Aa 6^r].
   Commentaria pp. 1 - 107. a - a [6] ... i [6^r]
   Type page, 24.2 cm × 14.5 cm.

---

[5] Sig. aaa.i.
[6] Some copies of 1539 *Institutio* also bear the pseudonym *Autore Alcuino*.

Praefatio and Biblical text, roman, 42 lines to page; Argumentum, smaller roman, 61 lines to page; Commentaria as Argumentum, 61 lines to page.

[Copies used: Durham Cathedral Chapter Library. Pembroke College, Cambridge].

3. In Epistolam Pauli ad Romanos / Iohan. Calvini Commentarivs. *in* In Omnes Pavli A- / postoli Epistolas, atque etiam iń / Epistolam ad Hebraeos, item in / Canonicas Petri, Iohannis, Iaco- / bi, & Iudae, quae etiam Catholicae / vocantur, Ioh. Calvini Commentarii. / Hanc Commentariorum postremam esse recognitionem, ex lectione atque / collatione cum prioribus, deprehendet lector. / [Device] / Oliua Roberti Stephani. M.D.LVI.

Caluinus Grynaeo, *ii - *iii^r. Argumentum *iii^v - [iv^v].
Commentarius pp. 1 - 140. a.i - [a.viii] ... i[vi]

Type page, 27.2 cm × 15.1 cm.

Caluinus Grynaeo, roman, 46 lines to page; Argumentum, roman, 58 lines to page; Biblical. text, italic, about 45 lines to page; Commentarius, as Argumentum, roman, 58 lines to page.

Copies used: many, but especially Cambridge University Library, Durham University Library, the Evangelical Library, London, and my own copy (this last is easily identifiable in that a photograph of its title-page, bearing the signatures of David Ferguson, John Row, and William Row, is printed in my book *John Calvin*).

Subsequent editions

After the first edition, the Latin version was not again printed separately, but only in collected editions.

Crispinus, Geneva, 1557 (1563).
Curteus, Geneva, 1565.
Crispinus, Geneva, 1572.
Vignon, Geneva, 1580.
Vignon, Geneva, 1600.
Chouet et Vignon, Geneva, 1617. Opera omnia, Tom. V, Pars III, *2 - col. 230.
Schipper, Amsterdam, 1667. Opera omnia, Tom. 7, *2 - p. 107.

Gebauer, Halle, 1834. (Ed. Tholuck). Tom. I, pp. I-XVI, 1-234.

Eichler, Berlin, 1834, 1864-5. (Ed. Tholuck). (The Tholuck editions seem to be a reprint of the Amsterdam edition).

Schwetschke, Brunswick, 1892. Corpus Reformatorum, vol. LXXVII, Calvini opera vol. XLIX. (Ed. E. Reuss, A. Erichson, L. Horst). cols. 1-292.

The Corpus Reformatorum edition of Calvin's works was a magnificent undertaking. For the first time students had before them, if not quite what the title pages promised (*Ioannis Calvini Opera Quae Supersunt Omnia*), at least all, or almost all, of his previously published works. Very rare books like the 1536 *Institutio* and many of the sermons were now readily available for the first time since the sixteenth century. The earlier collected editions (Geneva, 1617 and Amsterdam, 1667) had supplied only the final editions of the *Institutio* and the commentaries and no works in French. Now in the Corpus Reformatorum edition the scholarly world was brought face to face with a complete Calvin, if not with all his works.

Unfortunately, it must be added that the volumes were not always well edited. We will confine ourselves here to mentioning the weaknesses in *Romans*.

1. C.R. gives variant readings only from the second edition and not also from the first. The excuse is that the editors had collated the two and found no differences worth recording: 'Sedulo textum cum editionibus principibus contulimus et paucissimis in locis, imo fere nullis, additamenta minimi ambitus observavimus, quae deinde in editiones transierunt et a nobis diligenter notatae sunt'[7]. They must have had a very elastic view of what constitutes a difference. Anyone using and trusting the C.R. edition, therefore, would think that he could quote any 1551 passage as representing precisely or substantially 1540.

2. It records no variants in the Biblical text. This is very strange when we reflect that the editor in chief at this time was Eduard Reuss, who did so much to illuminate sixteenth-century Biblical studies.

3. It changes without notice the orthography and punctuation of its basic text (that of 1556), to correspond with the taste of its own day.

4. It fails to supply references to authors and works mentioned by Calvin, except in the very few cases where Calvin himself gives a reference.

[7] CO 49, p. VIII.

5. Its method of indicating variants is confusing. The text of the commentary is printed in roman type and departures from the text in italics. But the Biblical text and the running heads are also printed in italics. Thus we frequently have two consecutive phrases or clauses in italics, one of which is to stand (presumably; although, as no variants in the Biblical text are recorded, we do not know), and the other to be altered or omitted as a 1551 variant.

6. Nor, indeed, can the edition always be trusted as reliable even in recording 1551 variants. Not only are changes in word order ignored, but some other alterations also. The editors seem to have had an undeclared policy of not mentioning differences which, in their view, did not affect the sense.

French translations

As with the *Institutio*, each edition except the first was followed by a translation. The editors of C.R. believed that the first had also been translated, but they were not able to find any copies. The history of the French editions, however, is certainly interesting.

Three years after the publication of the first edition, a French version of an abridgment of it appeared:

> Exposition / svr l'Epistre de Sainct / Pavl Avx Romains, / Extraicte des Commentaires de M.I. Caluin. / [Device] / A Geneve, / Par Iehan Girard. / 1543.

Whether this *Exposition* was compiled from an already existing French translation of the whole commentary, or whether it was taken direct from the Latin and translated, we have no means of knowing.

Two years later another extract was published, the *Argumentum*, done into French:

> Argument / Et Sommaire De / L'Epistre Sainct / Paul aux Romains, / pour don- / ner intelligence à toute / l'epistre en peu / deparolles. / Par Iehan Caluin. / [Device] / Rom. X. / Finis enim legis, Christus: ad iustitiam / omni credenti. / 1545.

The first complete French translation was made from the second edition, but appeared in the previous year to it, owing to the slowness of the printer that we have already noticed.

Commen- / taire De M. Iean / Calvin Svr l'E- / pistre aux Ro- / mains. / [Device] / A Geneve / Par Iean Girard. / 1550.

Apart from being translated, this version is also slightly modified in that the dedicatory letter is now entitled *Aux lecteurs Chrestiens* and generalized.

The third edition was also translated, and appeared in the same year (?) as the Latin:

Commentaires de / M. Iehan Calvin sur toutes les E- / pistres de l'Apostre S. Paul... / Imprime par Conrad Badius, / M.D.LVI.
Colophon: Acheve d'imprimer par Conrad / Badius, l'an M.D.LVII, le IIII / jour du mois de ianvier.

Further collected editions were published during Calvin's life time in 1560 (Anastase, Geneva), 1561 (Badius, Geneva) and 1562 (Badius, Geneva).

The evidence seems clear that Calvin did not himself translate *Romans* into French. The Preface to 1550 *Commentaire, Aux lecteurs Chrestiens*, speaks consistently of him in the third person. It begins: 'Ie ne me veux longuement arrester à vous descrire les louanges de nostre Commentateur' (Sig. a 2), and goes on to call him 'vray serviteur de Dieu' (a 2) and 'cestuy nostre bon precepteur' who 'a aydé à la Theologie, tant par sa facilité que par le don excellent qu'il a de proprement interpreter les sainctes Escritures' (a 2ᵛ). This seems conclusive. It may be objected that it signifies only that the Preface itself was not translated by Calvin. But it is hard to see why he should translate the rest of the commentary and leave the Dedication to the printer or some other person[8].

---

[8] What has been said in this paragraph should not be applied to all the commentaries. It is better to investigate each one individually. For example, the Preface to I Corinthians, *I.B. Au lecteur, S. Douzain* (i.e. a twelve line poem) expressly, if enigmatically, says that Calvin was not the translator:

Vray est (Lecteur) qu'il ne t'a point traduit
Son commentaire, ou tu pourras apprendre.
Qui est ce donc? Un à qui si bien duit
Le translateur, qu'il n'y a que reprendre.

On the other hand, Beza's first *Vie de Calvin* ascribes another and much longer translation to Calvin: 'Pareillement en ses dernieres maladies... il a traduit luy-mesmes de bout en bout ce gros volume de ses Commentaires sur les quatre derniers livres de Moyse' (CO 21, 33f.).

The present edition

Our basic text is that of the third edition. Differences from this text occurring in the first edition only are indicated in the text by triangular brackets ⟨ ⟩, and in the footnotes by the letter *A*. Differences occurring in the second edition only are indicated by square half brackets ⌐ ¬ in the text, and by the letter *B* in the footnotes. Where the first and second editions agree against the third, square brackets [ ] are used in the text and, of course, the letters *A B* in the footnotes. The reader will therefore have before him the complete text of the third edition (*C*), and will also be able easily to see when and how it differs from the earlier editions. Using a reverse process he will no less easily be able to trace the growth of the commentary from its earliest stage to its completion.

The orthography of the basic text follows strictly that of the third edition, except for (i) the removal of inconsistencies, (ii) the standardization of the letters *u* and *v*, apart from the retention of *u* in words from the Greek like *Euangelium*, (iii) the filling out of the customary sixteenth century contractions. Orthographical variants are not noted. Where the first two editions agree verbally but not in spelling, the orthography given in the footnotes is that of the second. To have given both would have been to complicate the notes to the point of confusion; it would also have been unnecessary inasmuch as the sense is never affected. It should be noted, however, that the orthography of the first two editions exhibits to some extent a consistency over against the third. For example, they nearly always have *cum* for *quum*, *secutus* for *sequutus*, *c* for *t* in such words as *pronunciata*, *e* or *ae* for *oe*, *m* for *n* (*quamdiu* for *quandiu*) and the prefix *ad-* in preference to duplicating the initial letter (*adparet* for *apparet*). But there is marked inconsistency between the versions and within the first two editions on the spelling of Biblical names. *Ierusalem, Hierusalem, Hierosolyma, Ierosolyma*; *Abakuk, Abacuc, Habacuc*; *Moses, Moises*; and the dative of *Adam* varying between *Adae* (1540), *Adam* (1551), and *Adamo* (1556).

The punctuation of the basic text follows the third edition precisely. Six marks are used: full-stop followed by a majuscule; full-stop followed by a minuscule; colon; comma; question mark; exclamation mark. Differences in punctuation between the editions are not noted. The punctuation recorded in passages where the first two editions agree verbally is that of the second edition. In general the punctuation of the two earlier versions, and particularly of the second, is markedly more tight, especially in the use of commas to divide clauses, than that of the third.

Paragraphing. The practice of the third edition was to devote a complete paragraph to a larger unit of the Biblical text (say a whole verse, or a sentence within a verse) and within the paragraph to divide the sections dealing with smaller units by a space of several ems followed by the relevant quotation in italics. I have kept to this method but have set the running heads in bold type for the sake of clarity.

Biblical references are usually supplied in the last two editions, but less often in the first. In the third they are placed sometimes in the text, sometimes in the margin, a distinction easier to observe than to understand. Those in the text are given in the same place in this edition; those in the margin I have transferred to the notes. It must be remembered that the two earlier editions were prepared before verse numbering in this epistle was used, but that the third (printed by the inventor of the system) was able to follow verse-numbering. But it also gives the section letter (e.g. Gene. 18. b. 10). I have tacitly ignored the letters and have brought all these references into line with modern practice.

SIGLA

⟨ ⟩ text differs from 1540
⌐ ¬ text differs from 1551
[ ] text differs from both 1540 and 1551

In notes:

A reading of 1540
B reading of 1551
C reading of 1556
* marginal reading
om. lacking

ABBREVIATIONS

Buc^{enn}
Buc^{met} Bucer: *Metaphrases et Enarrationes.*

CO *Calvini Opera (Corpus Reformatorum).*
Col Colinaeus: Greek New Testament, 1534.
Compl Novum Testamentum, Complutensis, 1522.
Eras Ann Erasmi Annotationes.
Eras G Erasmus: Greek New Testament.
Eras L Erasmus: Latin New Testament. (Superior figures indicate the editions).
LXX Septuaginta.
Op sel *Calvini Opera Selecta.*
PG Patrologiae Cursus, Series Graeca.
PL Patrologiae Cursus, Series Latina.
Sout Souter: Greek New Testament.
Steph Stephanus: Greek New Testament. (Superior figures indicate the editions).
Tisch Tischendorf: Greek New Testament.
UBS United Bible Societies, Greek New Testament.
Vg Vulgata.

BIBLIOGRAPHY

Ambrosiaster. Commentaria in XIII Epistolas Beati Pauli. In Epistolam ad Romanos. (Sancti Ambrosii Mediolanensis Episcopi Opera Omnia. PL 17, 45-184).

Ammonius. Ammonii Qvi Dicitvr Liber De Adfinivm Vocabvlorvm Differentia. Edidit K. Nickau. Lipsiae MCMLXVI.

Aquinas. Sancti Thomae Aquinatis Doctoris Angelici Opera Omnia Iussu Edita Leonis XIII P.M. Romae MDCCCLXXXIIseq.

——. S. Thomae Aquinatis Doctoris Angelici Super Epistolas S. Pauli Lectura cura P. Raphaelis Cai, O.P. Editio VIII revisa. Vol. I. Taurini & Romae 1953.

——. Commētaria Sancti Thome Aquinatis In epistolas Pauli, accuratissime recognita ... 1529 Venundantur Parisijs ... Apud Iohannem Petit.

Aristotle. Aristotelis Ethica Nicomachea recognovit Brevique Adnotatione Critica Instruxit I. Bywater. Oxonii. N.D.

——. Aristotelis ... Magna Moralia Recognovit F. Susemihl. Lipsiae 1883.

Augustine
    Contra Duas Epistolas Pelagianorum ad Bonifacium ... Libri Quatuor. PL 44, 549 seq.
    De Agone Christiano Liber Unus. PL 40, 289 seq.
    De Civitate Dei Contra Paganos Libri Viginti Duo. PL 41.
    De Correptione et Gratia ... Liber Unus. PL 44, 915 seq.
    De Patientia Liber Unus. PL 40, 611 seq.
    De Peccatorum Meritis et Remissione, et de Baptismo Parvulorum, Ad Marcellinum Libri Tres. PL 44, 109 seq.
    De Spiritu et Littera Liber Unus. PL 44, 199 seq.
    Enarrationes in Psalmos. PL 36, 67 seq.
    Enchiridion ad Laurentium sive De Fide, Spe et Charitate Liber Unus. PL 40, 231 seq.
    Homilia (Sermo CCCLI: De utilitate agendae poenitentiae, 1). PL 39.
    In Ioannis Evangelium Tractatus CXXIV. PL 35, 1379 seq.
    Quaestionum in Heptateuchum Libri Septem. PL 34, 547 seq.
    Retractationum Libri Duo. PL 32, 583 seq.
    Sermones de Sanctis. PL 38, 1247 seq.
    Sermones de Tempore. PL 38.
    Sermones de Verbis Apostoli. PL 38.
    Sermones de Verbis Domini. PL 38.

Aulus Gellius. A. Gellii Noctivm Atticarvm Libri XX. Recensvit Carolvs Hosivs. Stvtgardiae MCMIII.

Biel. Commentarivs in Secvndvm Librvm Sententiarvm Magistri Gabrielis Biel ... Brixiae Apvd Petrvm Bozolam. M.D.LXXIIII.

G. Boettger. Topographisch-Historisches Lexicon zu den Schriften des Flavius Josephus. Leipzig, 1879.

Bonaventura. Doctoris Seraphici S. Bonaventurae ... Opera Omnia Edita Studio Et Cura PP. Collegii A.S. Bonaventura. Tomus II. Florence MDCCCLXXXV. Tomus IV MDCCCLXXXIX.

Bucer. Metaphrases Et Enarrationes Perpetvae Epistolarvm D. Pauli Apostoii ... Tomvs Primvs. Continens Metaphrasim Et Enarrationem in Epistolam ad Romanos ... Per Martinvm Bvcervm. Argentorati Per VVendelinvm Rihelium Mense Martio Anno M.D.XXXVI.

Budaeus. Commentarii Lingvae Graecae, Gvlielmo Bvdaeo ... Avctore ... Venundantur Iodoco Badio Ascensio ... [1529].

——. Commentarii linguae Graecae. Coloniae, opera et impensa Ioannis Soteris. 1530.

——. Commentarii Linguae Graecae ... Parisiis, Ex officina Roberti Stephani ... M.D.XLVIII.

Bullinger. In Omnes Apostolicas Epistolas ... Commentarii Heinrychi Bullingeri ... Tigvri Apvd Christophorvm Froschovervm Mense Martio Anno M.D.XXXIX.

Caietan. Epistolae Pavli Et Aliorvm Apostolorum ad Grȩcam veritatem castigatȩ, & per Reuerendissimum Dominū Dominum Thomam de Vio, Caietanum Cardinalem sancti Xisti, iuxta sensum literalem enarratae ... Apud Iod. Badium Ascensium. & Ioan. Paruum. & Ioannem Roigny. M.D.XXXII.

Calvin. Christianae Religionis Institutio ... Ioanne Calvino Nouiodunensi autore. Basileae, M.D.XXXVI. CO 1; Op. sel. 1

——. Institvtio Christianae Religionis ... Autore Ioanne Caluino, Nouiodunensi ... Argentorati per Vuendelinum Rihelium ... M.D.XXXIX. CO 1.

——. Institvtio Christianae religionis ... Iohanne Calvino Avthore ... Oliua Roberti Stephani. Genevae. M.D.LIX.

——. Acta Synodi Tridentinae. Cum Antidoto. Per Ioann. Caluinum. [Gérard]. 1547. CO 7, 365 seq.

——. Contre La Secte Phantastique et Furieuse des Libertins Qui se nomment Spirituelz par I. Calvin. [Gérard]. 1545. CO 7, 143 seq.

——. In Epistolam Pauli ad Corinthios Priorem Io. Calvini Commentarivs. Editio Steph. 1556, pp. 141-285. CO 49, 293-574.

——. In Epistolam Pauli ad Ephesios, Ioh. Calvini Commentarivs. Editio Steph. 1556, pp. 420-470. CO 51, 137-240.

——. Iacobi Apostoli epistola. Cvm Ioh. Calvini Commentariis. Editio Steph. 1556, pp. 91-119. CO 55, 377-436.

——. Ioannis Calvini Opera Selecta. Vol. I, ed. P. Barth, 1926; vol. III-V, ed. P. Barth et W. Niesel, 1957-62.

——. Ioannis Calvini Opera Quae Supersunt Omnia ... Ed. G. Baum, E. Cunitz, E. Reuss. Brunswick, 1862 seq.

Catharinus. Commentaria in omnes Diui Pauli et alias septem canonicas epistolas. Venetiis, in officina Erasmiana. Vincentij Valgrisji, 1551.

Chrysostom. Homiliae XXXII in Epistolam ad Romanos. PG 60, 391 seq.

——. In Secundam Ad Corinthios Epistolam Commentarius. PG 61, 381 seq.

Cicero. M. Tvlli Ciceronis Scripta Qvae Manservnt Omnia. Fasc. 3. De Oratore. Edidit K.F. Kvmaniecki. Leipzig. 1969.

——. Fasc. 44. Tvscvlanae Dispvtationes Recognovit M. Pohlenz. Stvttgardiae. MCMXVIII.

——. M. Tulli Ciceronis de legibus libri tres. Edidit W.D. Pearman. Cambridge, 1881.

——. M. Tvlli Ciceronis Orationes ... recognovit A.C. Clark. Oxonii. N.D.

Cochlaeus. De Libero Arbitrio Hominis, Adversvs Locos comūnes Philippi Melanchthonis, libri duo Ioannis Cochlaei. Anno M.D.XXV.

De Castro. F. Alfonsi De Castro Zamorensis Ordinis Minorum aduersus omnes haereses Libri XIIII ... Coloniae excudebat Melchior Nouesianus, Anno a Christo nato, M.D.XLIII.

——. *Editions also* Paris, 1534; Cologne, 1539; Paris, 1543; Cologne, 1543.

H. Denzinger. Enchiridion Symbolorum ... (ed. A. Schönmetzer, S.J.) Editio XXXIV emendata. Herder. 1967.

Du Cange. Glossarium Mediae et Infimae Latinitatis ... Editio nova ... a Léopold Favre. Niort, 1884.

Duns Scotus. Joannis Duns Scoti Doctoris Subtilis, Ordinis Minorum Opera Omnia. Editio Nova Iuxta Editionem Waddingi XII Tomos Continentem A Patribus Franciscanis De Observantia Accurate Recognita. Tomus Decimus. Quaestiones in Primum Librum Sententiarum a distinctione decima quarta usque ad quadragesimam octavam. Parisiis. MDCCCXCIII.

Durandus. D. Dvrandi A Sancto Porciano, Ord. Praed. Et Meldensis Episcopi, In Petri Lombardi Sententias Theologicas Commentariorum libri IIII ... Venetiis, MDLXXI. Ex Typographia Guerraea.

Eck. Enchiridion Locorvm cõmuniũ aduersus Lutheranos, Ioanne Eckio autore ... Michael Hillenius excudebat. Anno M.D.XXXI. Mense Julio.

Erasmus. Annotationes *appended to* Novvm Instrumentum, 1516.

——. Des. Erasmi Roterodami In Novvm Testamentvm ab eodem denuo recognitum, Annotationes ... Basileae Anno M.D.XIX.

——. Des. Erasmi Roterodami In Novvm Testamentvm ab eodem tertio recognitum ... Basileam. M.D.XXII.

——. Des. Erasmi Roterodami in Novvm Testamentvm Annotationes ... Apvd Inclytam Ravracorvm Basileam. An. M.D.XXVII.

——. Des. Erasmi Roterodami in Novvm Testamentvm Annotationes, ab ipso autore iam quintum ... recognitae ... Basileae in Officina Frobeniana Anno M.D.XXXV.

Eusebius. ΕΥΣΕΒΙΟΥ ΤΟΥ ΠΑΜΦΙΛΟΥ ΠΡΟΣΑΡΕΣΚΕΫΗ ΕΥΑΓΓΕΛΙΚΗ. Eusebii Pamphili ... Praeparatio Evangelica. PG 21, 1-1408.

Faber. Epistolae Divi Pavli Apostoli, Cvm Commentariis Praeclarissimi Viri Iacobi Fabri Stapvlensis ... Vaeneunt Parisiis apud Ioannem paruum. 1531.

Gagnaeius. Epitome Paraphrastica enarrationum Ioannis Gagnaeii Parisini doctoris Theologi, in epistolã diui Pauli apostoli ad Romanos. Parisiis. Apvd Michaelem Vascosanvm ... M.D.XXXIII.

Gerson. Jean Gerson. Oeuvres Complètes. Introduction, texte et notes par Mgr Glorieux. Paris, etc. Vol. III L'Oeuvre Magistrale. 1962. De Vita Spirituali Animae. pp. 113 seq.

Guilliaud. Collatio In Omnes Divi Pavli Apostoli Epistolas, Iuxta eruditorum sententiam facta, per S. Theologię Doctorem Claudium Guilliaudum Belliiocensem ... Lvgdvni Apvd Seb. Gryphivm, M.D.XLIIII.

Herborn. Locorvm Commvnivm aduersus huius temporis haereses Enchiridion, autore Nicolao Herborñ Minoritano, apud agrippinam Coloniam Ecclesiaste ... Anno M.D.XXIX. Coloniae. Apud Pet. Quent.

——. Locorum Communium Adversus Huius Temporis Haereses Enchiridion (1529). Herausgegeben von Dr. P. Patricius Schlager O.F.M. Münster in Westfalen 1927. (Corpus Catholicorum 12).

Hieronymus. Dialogus Adversus Pelagianos, sub persona Attici Catholici et Critobuli Haeretici. PL 23, 495 seq.

Hugh of St. Victor. Quaestiones et Decisiones in Epistolas D. Pauli. In Epistolam ad Romanos. PL 175, 431 seq.

Josephus. ΦΛΑΒΙΟΥ ΙΩΣΗΠΟΥ/Ἰουδαϊκῆς ἀρχαιολογίας λόγοι κ./... Flavii Iosephi Opera ... Basileae M D XLIIII.

——. Flavii Iosephi Opera Omnia. Post Immanvelem Beckervm recognovit S.A. Naber. Volvmen Tertivm. Lipsiae. MDCCCXCII.

Kimchi. Rab. Davidis Kimchi Commentarii in Jesaiam Prophetam Quos ex Hebraeo in Latinum Idioma Vertebat, Notulisque Illustrabat Caesar Malanimeus ... Florentiae MDCCLXXIV.

Lactantius. Lactantii Divinarum Institutionum Lib. IV. De Vera Sapientia et Religione. PL 6, 447-544.

Latomus. Iacobi Latomi Sacrae Theologiae Apvd Lovanienses Professoris Celeberrimi Opera, Qvae Praecipve Adversus horum temporum haereses eruditissime, ac singulari iudicio conscripsit ... Lovanii, Ecudebat Bartholomaeus Grauius suis impensis, Petri Phalesij, ac Martini Rotarij. Anno, M.D.L. Julij XXIX.

——. *Earlier edition* Anvers, 1530.

Melanchthon. Philippi Melanthonis Opera Quae Supersunt Omnia edidit C.G. Bretschneider. Halle. Vol. 15, 1848.

——. Annotationes ... in Epistolas Pauli ad Romanos et ad Corinthios. Impressum Norimbergae per Ioh. Stuchs. 10 Kalend Novembr. Anno. XXII.

——. Dispositio orationis in Epist. Pauli ad Romanos [1529].

——. Commentarii in Epist. Pauli ad Romanos [1532].

——. *Revised edition*, 1540.

Musculus. In Epistolam Apostoli Pauli ad Romanos: Commentarii, Per Wolfgangvm Mvscvlvm Dvsanum ... Basileae, Per Ioannes Heruagios, Anno M.D.LV. Mense Martio.

Oecumenius. ΕΞΉΓΗΣΕΙΣ ΠΑΛΑΙ = /ΑΙ ΚΑῚ ΛΊΑΝ ᾿ΩΦΈΛΙΜΟΙ ... ᾿ΟΙΚΟΥΜΕ-ΝΊΟΥ/ Εἰσ πάσασ του Παύλου ἐπιστολάς./᾿Η ΠΡΏΤΗ ΤΟΜΉ./ Expositiones Antiqvae Ac Valde utiles, breuitatem uña cum perspicuitate habētes mirabilem, ex diuersis S. Patrum commentarijs ab Oecumenio & Aretha collectę in hosce Noui testamenti tractatus, Oecumenii In omnes D. Pauli epistolas Tomvs Prior Imp. Veronae M.D.XXXII. Mense Febr. [*Title page of Camb. Univ. Lib. copy, Class-mark 3.10.24, in manuscript*].

——. ΟΙΚΟΥΜΕΝΙΟΥ, ... ΤΑ ΕΥΡΙΣΚΟΜΕΝΑ ΠΑΝΤΑ. Oecumenii, Triccae in Thessalia Episcopi, Opera Omnia ... Tomus Prior. ΠΑΥΛΟΥ ΕΠΙΣΤΟΛΗ ΠΡΟΣ ΡΩΜΑΙΟΥΣ. Pauli Epistola ad Romanos. PG 118, 323 seq.

Origen. ΩΡΙΓΕΝΟΥΣ ΤΑ ΕΥΡΙΣΚΟΜΕΝΑ ΠΑΝΤΑ. Origenis Opera Omnia. Commentaria in Epistolam B. Pauli ad Romanos. PG 14, 831 seq.

Ovid. P. Ovidius Naso. Vol. II. Metamorphoses. Ex iterata R. Merkelii recognitione edidit R. Ehwald. Editio maior ... Lipsiae. MCMXV.

——. Vol. III. Fasti. Lipsiae MCMIV.

Pellicanus. In Omnes Apostolicas Epistolas, Pavli ... D. Chvonradi Pellicani Tigurinae ecclesiae ministri Commentarij ... Tigvri in Officina Froschouiana Mense Augusto Anno M.D.XXXIX.

Peter Lombard. P. Lombardi Magistri Sententiarum, Parisiensis Episcopi Opera Omnia. Sententiarum libri quatuor. PL 190, 965 seq.

——. Petri Longobardi, Magistri Sententiarum, Parisiens. quondam Episcopi, in omnes D. Pauli Apost. Epistolas Collectanea, ex DD. Augustino, Ambrosio, Hieronymo, aliisque nonnullis S. scripturae primariis Interpretibus, summa arte diligentiaq contexta. Opus eximium, & anno MCXL conscriptum, nunc primum in lucem editum ... Pro Haeredibus Iod. Badii Ascensii MDXXXV. Mense Decembri.

——. Petri Lombardi ... Collectanea in Omnes D. Pauli Apostoli Epistolas. In Epistolam ad Romanos. PL 191, 1298 seq.

Pighius. Controversiarvm Praecipvarvm In Comitiis Ratisponensibus tractatarum ... diligens & luculenta explicatio per Albertum Pighium Campensem, D. Ioannis Vltraiecteñ ... Coloniae ex officina Melchioris Nouesiani. Anno M.D.XLV.

——. De Libero Hominis Arbitrio & diuina gratia, Libri decem, nunc primum in lucem editi. Autore Alberto Pighio Campen ... Coloniae, ex officina Melchioris Nouesiani, Anno ab orbe redempto M.D.XLII. Mense Augusto.

Plato. Platonis Dialogi Secundum Thrasylli Tetralogias Dispositi. Ex recognitione C.F. Hermanni. Vol. II. Lipsiae. MDCCCXCVIII.

——. Vol. III. Lipsiae. MDCCCLI.

——. Platonis Opera recognovit Breviqve Adnotatione Critica Instrvxit Ioannes Burnet ... Tomvs III Tetralogias V-VII Continens. Oxonii. N.D.

——. Tomvs IV Tetralogiam VIII Continens. Oxonii 1902.

Pliny. C. Plini Caecili Secvndi Epistvlarvm Libri Novem ... Panegyricvs Recensvit M. Schvster. Editio Altera Avcta Et Correctior ... Lipsiae MCMLII.

Plutarch. Plutarchi Chaeronensis Moralia recognovit G.N. Bernadakis. Vol. III. Lipsiae. MDCCCXCI.

Sadoleto. Iacobi Sadoleti Episcopi Carpentoractis in Pavli Epistolam ad Romanos commentariorum Libri Tres. *In* Iacobi Sadoleti Card. Et Episcopi Carpentoractensis

Viri Disertissimi, Opera quae exstant omnia ... Mogvntiae, Ex Officina Typographica Balthasari Lippij, Sumptibus Ionae Rhodii. Anno Domini M.DCVII. pp. 973 seq.

Schleitheim Articles. Brüderliche vereynigung etzlicher kinder Gottes siben Artickel betreffend. *In* Urkunden zur Geschichte des Bauernkrieges und der Wiedertäufer herausgegeben von Dr. H. Böhmer. Bonn, 1910. pp. 25 seq.

Servetus. De Trinitatis erroribus libri septem. 1531.

——. Dialogorum de Trinitate libri duo. 1532.

Soto. Fratris Dominici Soto Segobiensis, Theologi, Ordinis Praedicatorum, Caesareae Maiestati a sacris confessionibus, in Epistolam diui Pauli ad Romanos Commentarii ... Antverpiae In Aedib. Ioan. Steelsii ... M.D.L.

Bibles and New Testaments

Biblia Hebraica Stuttgartensia ... Editio Funditus Renovata ... Stuttgart, 1976-77.

Colinaeus. Η ΚΑΙΝΗ ΔΙΑΘΗΚΗ ... Εν λευκετίᾳ τῶν Παρησιων, Παρὰ Σίμωνι τῷ Κολιναίῳ, δεκεμβρίου μηνὸς δευτερᾷ φθίνοντος, ἔτει ἀπὸ τῆς θεογονίας α.φ.λ.δ.

Complutensis. Nouum testamentum grece & latine in academia complutensi nouiter impressum. [1522].

Erasmus. Novvm Instrumentū omne, diligenter ab Erasmo Roterodamo recognitum & emendatum ... Basilaeam. [M.D.XVI].

——. Novvm Testamentvm omne, mvlto qvam antehac diligentius ab Erasmo Roteroda-mo recognitū, emēdatum ac translatum ... [Basileae, Martio, M.D.XIX].

——. Novvm Testamentvm omne, tertio iam ac diligentius ab Erasmo Roterodam recognitum ... [Basileae, M.D.XXII].

——. Novvm Testamentvm, ex Erasmi Roterodami Recognitione, iam quartum ... Basileae Anno M.D.XXVII.

——. Novvm Testamentvm iam qvintvm accvratissima cura recognitum a Des. Erasmo Roter ... Basileae Anno M.D.XXXV.

Septuaginta, Id est Vetus Testamentum graece iuxta LXX interpretes edidit Alfred Rahlfs. Stuttgart, 1935.

Souter. Novvm Testamentvm Graece [edidit] Alexander Souter. Oxonii. N.D.

Stephanus. ΤΗΣ ΚΑΙΝΗΣ ΔΙΑΘΗΚΗΣ ΑΠΑΝΤΑ. Nouum Testamentum ... Lvtetiae. Ex officina Roberti Stephani ... M.D.XLVI.

——. ΤΗΣ ΚΑΙΝΗΣ ΔΙΑΘΗΚΗΣ ΑΠΑΝΤΑ. Nouum Testamentum ... Lvtetiae. Ex officina Roberti Stephani ... M.D.XLIX.

——. ΤΗΣ ΚΑΙΝΗΣ ΔΙΑΘΗΚΗΣ ΑΠΑΝΤΑ. Nouum Testamentum ... Lvtetiae. Ex officina Roberti Stephani ... M.D.L.

Tischendorf. Novum Testamentum Graece ... [Edidit] Constantinus Tischendorf. Editio Octava Critica Maior. Vol. II. Lipsiae. 1872.

U.B.S. The Greek New Testament Edited by K. Aland etc. Second Edition, United Bible Societies, London, etc, 1968.

Vulgata. Nouum Testamentum ... Latine secundum Editionem Sancti Hieronymi ... recensuerunt I. Wordsworth et H.I. White ... Pars Secunda - Epistulae Paulinae. Oxonii M DCCCC XIII - M DCCCC XLI.

IOHANNES CALVINUS
SIMONI GRYNAEO
VIRO ORNATISSIMO
S.D.

Memini, quum ante triennium de optimo enarrandae Scripturae genere inter nos familiariter commentaremur, eam quae plurimum tibi placebat, rationem mihi quoque prae aliis probatam tunc fuisse. Sentiebat enim uterque nostrum, praecipuam interpretis virtutem in perspicua brevitate esse positam. Et sane quum hoc sit prope unicum illius officium, mentem
10 scriptoris, quem explicandum sumpsit, patefacere: quantum ab ea lectores abducit, tantundem a scopo suo aberrat, vel certe a suis finibus quodammodo evagatur. Itaque cupiebamus ex eorum numero, quibus in hoc laboris genere theologiam iuvare hodie propositum est, unum aliquem extare qui et facilitati studeret, et simul daret operam ne prolixis commentariis studiosos ultra modum detineret. Quanquam autem scio sententiam hanc non apud omnes receptam esse: et eos qui non recipiunt, nonnullis quoque argumentis adduci ut ita iudicent: ego tamen dimoveri non possum ab amore compendii. Verum quum ita ferat ea quae hominum ingeniis insita est varietas, ut alia aliis magis arrideant: fruatur hic sane
20 quisque suo iudicio, modo nequis omnes alios sub leges suas redigere velit. Ita fiet ut neque nos, quibus magis placet brevitas, eorum labores vel respuamus, vel contemnamus qui in Sacris libris enarrandis copiosiores sunt ac fusiores: et illi vicissim nos ferant, etiamsi putent nimis pressos ac concisos. Ego certe mihi temperare non potui quin experirer ecquid posset hic Ecclesiae Dei mea opera commodare. Neque vero aut me assequutum nunc confido illud quod tunc nobis videbatur esse optimum: aut assequi me posse speravi, quum inciperem: verum ita stylum temperare conatus sum, ut videri possem animum intendisse ad illud exemplar. Quantum profecerim, quia meum non est iudicare, tibi tuique similibus
30 relinquo aestimandum. Enimvero quod periculum in hac potissimum Pauli epistola facere ausus sum, consilium meum obnoxium fore video multorum reprehensioni. Nam quum tot excellentis doctrinae viri antehac in eius explicatione elaborarint, credibile est nullum aliis melius aliquid afferendi relictum esse locum. Ego vero fateor, tametsi mihi aliquod operae meae pretium pollicebar, hac tamen cogitatione fuisse me initio deterritum, quod verebar, ne incurrerem in famam temeritatis, si post tot egregios artifices manum huic operi admoverem. Extant in istam episto-

lam multi veterum, multi recentiorum commentarii. Et sane nusquam
melius collocare suam operam poterant: quando siquis eam intelligat,
40 aditum sibi quendam patefactum habet ad totius Scripturae intelligentiam. De veteribus sileo: quibus pietas, eruditio, sanctimonia, aetas
denique tantum authoritatis fecit, ut nihil quod ab ipsis profectum sit,
contemnere debeamus. Ac eos etiam qui hodie vivunt, nominatim omnes
commemorare nihil attinet. De iis qui praecipuam operam navarunt,
dicam quod sentio. Philippus Melanchthon pro singulari et doctrina, et
industria, et dexteritate qua in omni disciplinarum genere pollet, prae iis
qui ante ipsum in publicum prodierant, multum lucis intulit. Sed quia illi
propositum modo fuisse apparet, quae in primis essent animadversione
digna, excutere: in iis dum immoratur, multa consulto praeterit quae
50 vulgare ingenium fatigare nonnihil possint. Sequutus est Bullingerus, qui
et ipse magnam suo merito laudem adeptus est. habuit enim coniunctam
cum doctrina facilitatem, qua se magnopere approbavit. Tandem Bucerus, lucubrationibus suis emissis, veluti colophonem imposuit. Siquidem
vir ille (ut nosti) praeter reconditam eruditionem, copiosamque multarum
rerum scientiam, praeter ingenii perspicaciam, multam lectionem, aliasque multas ac varias virtutes quibus a nemine fere hodie vincitur, cum
paucis est conferendus, plurimos antecellit: hanc sibi propriam laudem
habet, quod nullus hac memoria exactiore diligentia in Scripturae
interpretatione versatus est. Cum talibus ergo viris velle contendere, ut
60 nimis improbae aemulationis esse confiteor, ita mihi nunquam in mentem
venit, vel minimam laudis partem illis praeripere. Maneat illis salva et
gratia, et authoritas, quam sunt bonorum omnium confessione promeriti.
Hoc tamen mihi (ut spero) concedetur, nihil unquam fuisse inter homines
tam absolutum, in quo vel expoliendo, vel ornando, vel illustrando non
fieret locus sequentium industriae. De me nihil praedicare audeo, nisi
quod iudicavi non inutilem fore hanc operam: ad quam suscipiendam
nulla me unquam alia ratio, quam publicum Ecclesiae bonum induxisset.
Ad haec, sperabam fore ut in diverso scribendi genere nulla aemulationis
invidia premerer, quae mihi in primis timenda erat. Philippus enim quod
70 voluit adeptus est, ut maxime necessaria capita illustraret. Multa quae
negligenda non sunt, dum in illis primis occupatus praetermisit, noluit
alios impedire quin ea quoque excuterent. Bucerus et prolixior est quam ut
ab hominibus aliis occupationibus districtis raptim legi: et sublimior
ᒋquamᒎ ab humilibus et non valde attentis intelligi facile queat. Nam ad
cuiuscunque argumenti tractationem se contulit, tam multa illi ad manum

---

74 *B* quam ut

suggeruntur ab incredibili, qua pollet, ingenii foecunditate, ut manum de
tabula tollere nesciat. Quum ergo alter non omnia sit persequutus, alter
fusius sit persequutus quam ut exiguo tempore perlegi possint: nullam
aemulationis speciem habere institutum meum mihi videbatur. Dubitavi
80 tamen aliquandiu, praestaretne quasdam veluti racemationes post ipsos,
aliosque facere, ⟨quibus⟩ ea colligerem in quibus iuvare me posse
mediocria ingenia arbitrabar: ⟨an⟩ perpetuum commentarium texere, in
quo multa repetere necesse foret quae aut ab illis omnibus, aut aliquo
saltem illorum prius essent dicta. Verum quia illi non raro inter se variant,
atque ea res multam praebet difficultatem lectoribus parum acutis, dum
haesitant cuius sententiae potius debeant assentiri: putavi hunc quoque
laborem non poenitendum fore, si optimam interpretationem indicando,
sublevarem eos a iudicandi molestia, quibus non satis firmum est a seipsis
iudicium: praesertim quum ita omnia succincte perstringere instituerem,
90 ut non magnam temporis iacturam facturi essent lectores, apud me
legendo quae in aliis habentur. In summa, dedi operam nequis iure
conqueratur multa hic supervacua esse. De utilitate nihil dico: cuius
tamen plus se hinc cepisse fatebuntur forte non maligni homines ubi
legerint, quam ego verbis verecunde spondere ausim. Iam quod ab aliis
interdum dissentio, vel certe nonnihil diversus sum, in eo me excusatum
haberi aequum est. Tantam quidem apud nos venerationem habere debet
verbum Domini, ut interpretationum varietate quam minimum a nobis
distrahatur. Sic enim eius maiestati nescio quo modo derogatur, praecipue
si non magno delectu magnaque adhibita sobrietate id fiat. Atqui si
100 contaminari nefas ducitur quicquid est Deo dedicatum: ferendus certe
non est ille qui rem omnium, quae in terris sunt, sacratissimam, impuris,
aut etiam non rite praeparatis manibus attrectet. Proinde affinis sacrilegio
audacia est, Scripturas temere huc illuc versare, et quasi in re lusoria
lascivire: quod a multis iam olim factitatum est. Verum animadvertere
semper licuit, illos ipsos quibus nec pietatis studium deesset, nec in
tractandis Dei ⟨mysteriis⟩ religio ac sobrietas, nequaquam ubique inter se
consensisse. Nunquam enim tanto beneficio servos suos dignatus est
Deus, ut singuli plena perfectaque omni ex parte intelligentia praediti
essent. nec dubium quin eo consilio, ut nos in humilitate primum, deinde
10 communicationis fraternae studio retineret. Ergo quum sperandum in
praesenti vita non sit, quod maxime alioqui optandum esset, ut in locis
Scripturae intelligendis perpetua sit inter nos consensio: danda est opera
ut nulla novandi libidine incitati, nulla suggillandi alios cupiditate impulsi,

81 *A* in quibus   82 *A* quam   6 *A* mysterii

nullo instigati odio, nulla ambitione titillati: sed sola necessitate coacti, nec aliud quaerentes quam prodesse, a superiorum sententiis discedamus: deinde ut id fiat in Scripturae expositione: in religionis autem dogmatibus, in quibus praecipue voluit Dominus consentaneas esse suorum mentes, minus sumatur libertatis. Utriusque studium mihi fuisse, facile deprehendent lectores. Sed quoniam de me vel statuere, vel pronuntiare meipsum

20 non decet, libenter hanc censuram tibi permitto: cuius iudicio si omnes plurimum iure deferunt, ego nihil non deferre debeo: quo scilicet propius mihi ex familiari consuetudine perspectus es: quae cum aliorum existimationem aliquid minuere soleat, tuam quae alias apud omnes doctos praeclara est, non parum auget. Vale. Argentinae XV. Calend. Novemb. [M.D.XXXIX.]

---

25 *A B* 1539

ARGUMENTUM IN EPISTOLAM AD ROMANOS.

In praedicanda Epistolae huius utilitate, nescio an operaepretium sit diutius immorari, tum quod vereor ne meis elogiis haud dubie infra eius magnitudinem longe subsidentibus, nihil quam obscuretur : tum etiam quod multo magis ipsa primo statim ⟨aspectu⟩ se proferat, et vera specie melius se explicet, quam ullis verbis enarrari queat. Ergo iam ad argumentum ipsum transire satius fuerit: unde citra controversiam protinus constabit, praeter plurimas alias, et eas eximias dotes, hanc ei proprie competere, quae nunquam pro dignitate satis aestimetur: quod
10 siquis veram eius intelligentiam sit assequutus, ad reconditissimos quosque Scripturae thesauros adeundos habeat apertas fores.

Epistola tota sic methodica est, ut ipsum quoque exordium ad rationem artis compositum sit. Artificium quum in multis apparet, quae suis locis observabuntur, tum in eo maxime quod inde argumentum principale deducitur. Nam Apostolatus sui approbationem exorsus, ex ea in Euangelii commendationem incidit: quae quum necessario secum trahat disputationem de fide, ad eam quasi verborum contextu manu ⟨ducente⟩, delabitur. Atque ita ingreditur principalem totius epistolae quaestionem, Fide nos justificari. in qua tractanda versatur usque ad
20 finem quinti capitis. Sit ergo nobis istorum capitum proposita thesis, Unicam esse hominibus iustitiam, Dei misericordiam in Christo : dum per Euangelium oblata, fide apprehenditur. Verum quia homines suis vitiis indormiunt et blandiuntur, et falsa iustitiae opinione se deludunt, ut se indigere fidei iustitia non putent, nisi iam omni confidentia deiecti : rursum libidinum dulcedine inebriati, atque in alta securitate demersi sunt, ut non facile excitentur ad quaerendam iustitiam, nisi Divini iudicii terrore perculsi: utrunque exequitur, ut suae iniquitatis eos convincat, et torporem convictis excutiat.

Principio ab ipsa mundi compositione damnat ingratitudinis univer-
30 sum hominum genus: quod in tanta operum excellentia Opificem non recognoscant : imo quum agnoscere cogantur, non eo quo decet honore prosequantur eius maiestatem, sed sua vanitate profanent ac violent. Ita omnes rei peraguntur impietatis, qua nullum est magis detestandum flagitium. Ac quo magis eluceat, omnes defecisse a Domino, recenset foeda et horrenda facinora, quibus passim sunt homines obnoxii. Quod

---

5 *A* ultro   18 *A* deducente

manifesto argumento est, a Deo degenerasse: quandoquidem illa Divinae irae signa sunt, quae nonnisi in impiis extarent. Quoniam autem Iudaei et ex Gentibus quidam, dum externae sanctimoniae velo internam nequitiam obtegebant, minime videbantur horum facinorum arguendi, ideo-
40 que communi damnatione eximendi putabantur: in illam fictam sanctitatem stylum dirigit Apostolus. Et quoniam sanctulis illis larva detrahi coram hominibus non poterat: eos ad Dei iudicium revocat, cuius oculos neque latentes cupiditates fallunt.

Postea facta partitione, seorsum Iudaeos et Gentes ad tribunal Dei sistit. Gentibus ⟨excusationem⟩, quam praetendebant ab ignorantia, praecidit: quod conscientia vice Legis illis foret, a qua satis superque arguebantur. Iudaeos, unde defensionem captabant, urget maxime: nempe a Lege scripta, cuius quum transgressores ostenderentur, iniquitatem inficiari non poterant: quando ipso Dei ore adversus eos iam
50 pronuntiata erat sententia. Simul obiectionem excipit, quae ab ipsis facere videri poterat: nempe quod Dei foederi quod eis erat sanctificationis nota, iniuria fiebat, nisi ab aliis discernerentur. Hic [primum] docet, iure foederis nihil eos ⟨praecellere⟩ aliis, quando sua perfidia ab eo desciverint. Deinde nequid Divine promissionis constantiae derogetur, concedit eis aliquam ex foedere praerogativam: sed quae in Dei misericordia, non ipsorum merito sita sit. ideo ⟨quod ad proprias dotes attinet⟩, manere Gentibus aequales. Tum Iudaeos et Gentes esse omnes peccatores confirmat ab authoritate Scripturae: ubi etiam nonnihil attingit de Legis usu.
60 Ubi plane humanum genus spoliavit et virtutis suae fiducia, et iustitiae gloria, Divinique iudicii severitate consternavit: redit iam ad id quod proposuerat, fide nos iustificari: exponens quae sit illa fides, et qualiter per eam nobis acquiratur Christi iustitia. His subiicit ad finem capitis tertii insigne epiphonema, ad retundendam humani supercilii ferociam, ne audeat adversus Dei gratiam se efferre. Et ne Iudaei tantam Dei gratiam in gente sua concluderent, eam Gentibus quoque obiter vendicat.

Capite quarto ab exemplo argumentatur, quod illustre, ideoque cavillis nequaquam obnoxium, proponit: in Abraham scilicet, qui quum
70 sit pater fidelium, instar regulae et generalis cuiusdam exemplaris esse debet. Illum ergo ubi fide iustificatum esse probavit, nobis eandem esse tenendam viam docet. Atque hic inserit, ex contrariorum comparatione sequi, operum iustitiam evanescere, ubi fidei iustificationi locus datur.

---

45 *A* ignorationem   52 *A B* primo   53 *A* praecedere   56-57 *A* propriis dotibus

Quod ⟨Davidis sententia⟩ confirmat, qui quum hominis beatitudinem in
Dei misericordia reponat, operibus hoc adimit, ne beatum hominem
reddant. Tum quod ante breviter attigerat, fusius prosequitur, nihil esse
cur Iudaei prae Gentibus se attollant, quibuscum sit ex aequo haec illis
communis foelicitas, quando iustitiam Abrahae in praeputio contigisse
Scriptura narrat. Quo loco nonnihil per occasionem de usu Circuncisionis
80 annectit. Postea subiicit, sola Dei bonitate niti salutis promissionem:
quia si in Legem recumbat, nec quietem allatura sit conscientiis in quibus
ipsam oportet stabiliri, nec ad suum complementum unquam perventura.
Proinde ut firma sit ac certa, oportere nos in ipsa amplexanda solam Dei
veritatem intueri, non nos ipsos: [idque] imitatione Abrahae, qui aver-
sam a seipso considerationem in Dei potentiam intendit. In fine capitis,
quo propius exemplum illud adductum applicet ad universalem causam,
quae sunt utrinque similia comparat.

Quintum caput post delibatum iustitiae fidei fructum et effectum,
totum fere in amplificationibus absumitur, ad rem melius illustrandam.
90 Argumento enim a maiori ducto, ostendit quantum iam redempti et
reconciliati Deo, expectare ab eius charitate debeamus, quae tam effusa
in peccatores ac perditos fuit, ut impertierit nobis unigenitum atque unice
dilectum Filium. Postea comparationes habet peccati cum gratuita
iustitia, Christi cum Adam, mortis cum vita, Legis cum gratia: unde
[constat] infinita Dei bonitate mala nostra, quanvis ingentia, absorberi.

Sexto capite descendit ad sanctificationem quam in Christo obtinemus. Siquidem carni proclive est, simul ac levem gratiae huius gustum
usurpavit, vitiis ac libidinibus suis placide indulgere, quasi iam defuncta
foret. Paulus vero contra hic contendit, non posse nos iustitiam in
100 Christo percipere, quin simul sanctificationem apprehendamus. Argumentatur a Baptismo, per quem in Christi participationem initiamur:
illic Christo consepelimur, ut nobis emortui, per eius vitam suscitemur in
vitae novitatem. Sequitur ergo, sine regeneratione neminem posse induere ipsius iustitiam. Inde exhortationes ad vitae puritatem ac sanctimo-
niam deducit, quae necessario in iis apparere debent qui a regno peccati
in regnum iustitiae traducti sunt, repudiata impia carnis indulgentia,
quae solutiorem peccandi licentiam in Christo quaerit. Brevem quoque
mentionem interserit Legis abrogatae, in qua abrogatione elucet Novum
testamentum, ubi cum peccatorum oblivione, Spiritus sanctus promitti-
10 tur.

Capite septimo ingreditur iustam disputationem de Legis usu, quem

---

74 *A* ex Psalmographo   84 *A B om.*   95 *A B* constet

velut digito prius demonstrarat, quasi aliud agens: rationem assignans
cur a Lege soluti simus, quia nonnisi ad condemnationem per se valebat.
Quod ne in Legis contumeliam vergeret, fortiter ab omni calumnia ipsam
asserit. Docet enim nostra culpa factum ut in mortis materiam cederet
quae in vitam data erat. Simul exponit quo modo per eam peccatum
augeatur. Exin transit ad describendam Spiritus et carnis luctam, quam
in se filii Dei sentiunt quandiu carcere mortalis corporis circundantur.
ferunt enim concupiscentiae reliquias, quibus assidue a Legis obsequio ex
20 parte retrahuntur.

Caput octavum plenum est consolationibus, ne audita inobedientia,
quam prius arguerat, seu potius imperfecta obedientia, perterritae
fidelium conscientiae deiiciantur. Verum ne inde sibi impii blandiantur,
primum testatur beneficium hoc nonnisi ad regeneratos pertinere, in
quibus Dei Spiritus vivit ac viget. Explicat igitur duo: omnes qui Domino
Christo per eius Spiritum sunt inserti, extra damnationis periculum et
aleam esse, utcunque onerati sint adhuc peccatis. Deinde omnes qui in
carne manent, expertes sanctificationis Spiritus, nequaquam esse tanti
boni participes. Tum postea explicat quanta sit fiduciae nostrae certitu-
30 do, quandoquidem Spiritus Dei suo testimonio dubitationem ac trepidationem omnem abigit. Ad haec, per anticipationem commonstrat, non
posse [aeternae] vitae securitatem interpellari aut conturbari praesentibus miseriis, quibus haec mortalis vita obnoxios nos tenet: quin potius
talibus exercitiis salutem nostram promoveri, ad cuius excellentiam si
conferantur omnes praesentes miseriae, nihili reputabuntur. Id Christi
exemplo confirmat, qui ut primogenitus est, principatum tenens in Dei
familia: ita prototypus est, cui nos omnes decet conformari. Proinde
quasi securis rebus optimam gloriationem attexit, qua Satanae potentiae
et machinamentis animose insultat.

40 Quando vero plerique permovebantur quum viderent Iudaeos foederis
primarios custodes atque haeredes, a Christo abhorrere: quia scilicet
inde colligebant aut translatum esse foedus ab Abrahae posteritate quae
foederis complementum aspernaretur: aut hunc non esse illum redemptorem promissum, qui genti Israeliticae non melius consuleret: huic
quaestioni ab initio noni capitis obviare incipit. Praefatus ergo de sua
erga populares dilectione, nequid ex odio loqui videatur, simul benigne
commemoratis quibus praestabant ornamentis, ad tollendum quod ex
eorum caecitate oriebatur offendiculum, molliter delabitur. Ac facit
quidem duplex genus filiorum Abrahae: ut ostendat non omnes qui ex eo

---

32 *A B* externae

50 secundum carnem descenderunt, censeri in semine ad participandam
foederis gratiam. Contra, extraneos, si per fidem inserantur, filiorum
haberi loco. Cuius rei exemplum in [Jacob] et Esau profertur. Proinde hic
nos ad electionem Dei revocat, unde totum negotium dependere necessario reputandum est. Porro quum haec electio sola Dei misericordia
nitatur, frustra eius causa quaeritur in hominum dignitate. Ex adverso
est reiectio, cuius tametsi certa est iustitia, causa tamen Dei voluntate
superior non extat. Circiter finem capitis, tum vocationem Gentium, tum
Iudaeorum reprobationem, Prophetarum vaticiniis testatam commonstrat.

60 Capite decimo, rursum a testificatione sui erga Iudaeos amoris
exorsus, exprimit inanem operum fiduciam illis exitii causam esse. Et ne
Legem obtenderent, contra occurrit, Lege quoque nos ad fidei iustitiam
manu duci. Subiungit hanc iustitiam, Dei benignitate promiscue nationi-
bus omnibus offerri: sed ab iis demum apprehendi quos Dominus
speciali gratia illuminarit. Quod autem plures ex Gentibus quam ex
Iudaeis id boni assequuti forent, id quoque a Mose et Iesaia praedictum
commemorat : quorum alter de Gentium vocatione, alter de Iudaeorum
induratione aperte vaticinatus est.

Haerebat adhuc tamen quaestio, An non inter Abrahae semen et alias
70 nationes ex Domini foedere aliquid esset discriminis. Hanc dum vult
solvere, primum admonet, ne opus Domini ad oculi aspectum limitetur :
quando saepe notitiam nostram electi praetereunt. Quemadmodum
falsus olim fuit Elias, quum putaret religionem inter Israelitas interiisse,
superstitibus adhuc septem millibus. Deinde, ne conturbemur incredu-
lorum multitudine, quos videmus Euangelium abominari. Demum asseverat, in carnali etiam Abrahae posteritate residere Domini foedus : sed
penes eos quos Dominus libera electione praedestinavit. Tum sermonem
ad Gentes convertit, ne sua adoptione nimium ferocientes, illis tanquam
reiectis insultent, quando nulla re illos excellant, nisi dignatione Domini,
80 quae magis humilitatis materia illis esse debet. Quin nec illam a semine
Abrahae recessisse, quia Gentium fide tandem provocandi sint Iudaei ad
aemulationem: ut ita Dominus totum Israelem suum recolligat.

Tria quae sequuntur capita, paraenetica sunt : sed varie distincta.
Duodecimum generalibus praeceptis Christianam vitam informat. Decimum tertium bona ex parte in asserendo magistratuum iure versatur.
Unde non dubia coniectura colligimus fuisse tum quosdam inquietos, qui
libertatem Christianam stare non putarent nisi deturbata civili potestate.

---

52 *A B* Ismael

Verum nequid videretur imponere Ecclesiae Paulus praeter officia charitatis, hanc quoque obedientiam sub charitate contineri indicat. Postea
90 subnectit, quae nondum recensuerat, ad instruendam vitam praecepta.
Proximo capite exhortationem suscipit, eo seculo in primis necessariam.
Nam quum essent qui superstitione obstinatiori insisterent observationibus Mosaicis, earum neglectum ferre non poterant sine gravissima
offensione. Qui in earum abrogatione confirmati erant, ad convellendam
superstitionem, data opera prae se ferebant earum contemptum. Utrique
intemperie delinquebant. Nam superstitiosi alios condemnabant, ceu
Divinae Legis contemptores : hi vicissim intempestive illorum simplicitatem illudebant. Ergo convenientem utrisque moderationem Apostolus
adhibet: arcens hos quidem a fastu et insultatione: illos, a morositate
100 nimia. Simul optimam rationem praescribit libertatis Christianae, ut
intra charitatis et aedificationis terminos consistat : et imbecillis probe
consulit, dum vetat quidpiam attentare reluctante conscientia.

Decimum quintum incipit a repetitione generalis sententiae, veluti
totius disputationis clausula: ut fortiores robur suum conferant ad
confirmandos [imbecilles]. Quoniam autem ex ceremoniis Mosaicis perpetuum dissidium inter Iudaeos ac Gentes serebatur, componit omnem
inter eos aemulationem, sublata superbiendi materia. Docet enim utrisque constare salutem sola Dei misericordia: qua subnixi, omnem altitudinem deponere: qua inter se coniuncti in spe unius haereditatis, ultro
10 citroque se amplexari debeant. Postremo in Apostolatus sui commendationem [digredi volens], quae non parum authoritatis eius doctrinae
conciliabat, occasionem sumit ab excusatione et deprecatione temeritatis, quod sibi tam confidenter locum doctoris [sumpsisset] inter eos.
Praeterea spem adventus sui nonnullam facit, quam se hactenus frustra
expetiisse et tentasse, in exordio meminerat: [idque facit] addita ratione
quae ipsum in praesens remoretur: [nempe] quia sibi ab Ecclesiis
Macedonicis et Achaicis cura demandata erat perferendae Ierosolymam
eleemosynae, quam ad sublevandam [fidelium qui illic erant] egestatem
contulerant. Postremum caput totum fere salutationibus absumitur: nisi
20 quod praeceptis quibusdam non contemnendis aspersum egregia precatione clauditur.

CAP. I.

1 *Paulus* [*servus Iesu Christi*], *vocatus Apostolus, selectus in Euan-*
gelium Dei
2 *Quod ante promiserat per Prophetas suos in Scripturis sanctis*
3 *De Filio suo, qui factus est* ⟨*e*⟩ *semine David secundum carnem,*
4 *Declaratus Filius Dei in potentia, per Spiritum sanctificationis,*
ex resurrectione mortuorum, Iesu Christo Domino nostro :
5 *Per quem accepimus gratiam et Apostolatum in obedientiam fidei*
inter omnes Gentes, pro nomine ipsius,
6 *Inter quas estis etiam vos, vocati Iesu Christi :*
7 *Omnibus qui Romae estis, dilectis Deo, vocatis sanctis : gratia*
vobis, et pax a Deo Patre nostro, et Domino Iesu Christo.

IOHANNIS CALVINI COMMENTARIUS.

1 **Paulus.** De nomine Pauli subticerem prorsus : quando res non
eius est momenti quae diu nos morari debeat : et nihil afferri potest
quod non sit apud alios interpretes decantatum : nisi et levi opera
satisfacere aliis liceret, sine magno aliorum fastidio. brevibus enim
perstringetur ⟨haec⟩ quaestio. Qui nomen hoc Apostolum sibi asciuisse
putant tanquam trophaeum subiugati Christo Sergii proconsulis, a
Luca ipso confutantur⟨, qui ante illud tempus ita fuisse vocatum
ostendit⟩. Nec mihi fit verisimile, fuisse illi inditum ex quo Christo
nomen dedit. Quod Augustino placuisse hoc tantum nomine puto,
ut argute philosophandi occasionem arriperet⟨, dum ex superbo
Saule, parvulum Christi discipulum factum disserit⟩. Probabilior
Origenis sententia, qui binomium fuisse indicat. Non enim a specie
veri abhorret, nomen Saulis gentilitium illi a parentibus fuisse impositum quod religionem et genus indicaret : superadditum alterum
Pauli, quod ius Romanae civitatis testaretur : quod scilicet neque
hunc honorem, qui tunc magno aestimabatur, obscurari in ipso

2 *A* minister Christi   *B* servus Iesu Christi   *B** Alias minister   5 *A* de   18 *A* istaec
20-21 *A om*   23-24 *A om*

20 *C** Ac 13.7-9   22 *Augustinus, Serm. Sanct. 42, PL 38, 605, 41-5 ; Serm. Div. 93, PL*
38, 1429, 32-42   25 *Origenes, Comm. ad loc., PG 14,836*

30 vellent : neque tanti ducerent ut Israelitici generis notam induceret.
Pauli vero nomen frequentius in Epistolis ideo forte usurpavit, quod
apud Ecclesias quibus scribebat, magis erat celebre et usitatum,
magis gratiosum in Romano imperio, in eius cognatione minus cognitum. Neque enim illi negligendum fuit, ut supervacuam suspicionem
fugeret et odium, quo tunc Iudaicum nomen laborabat apud Romanos
et provinciales : atque a rabie suorum inflammanda abstineret[, sibique
caveret].   **[Servus Iesu, etc.]** His titulis se ⟨insignit⟩, quo
doctrinae authoritatem ⟨conciliet⟩. Idque facit bifariam : primo, dum
vocationem suam in Apostolatum asserit : deinde ubi eam ab Ecclesia
40 Romana non alienam docet. Utrunque enim magni referebat, ut Dei
vocatione Apostolus haberetur, ut sciretur Ecclesiae quoque Romanae
destinatus. Ministrum ergo Christi, et ad munus Apostoli vocatum
se dicit : quo significet, non temere se illuc irrupisse. [Continuo post]
selectum se dicit : [quo melius confirmet], non se quemlibet esse ex
populo, sed eximium Domini Apostolum. [Quo etiam sensu] a genere
ad speciem inferiorem [prius descenderat : quandoquidem Apostolatus],
ministerii est species. ⟨'Nam' quisquis docendi munus sustinet, inter
Christi servos censetur : sed Apostoli, gradu honoris inter alios omnes
longe excellunt. Selectio autem ista quam 'deinde' commemorat, finem
50 'simul' et usum Apostolatus exprimit. Voluit enim breviter indicare
quorsum vocatus ad istam 'functionem' foret. Ergo quod se praedicat
Servum Christi, hoc habuit cum universis doctoribus commune. Apostoli titulum sibi vendicando, aliis se anteponit : sed quia nihil authoritatis meretur qui sponte se ingeret, se a Deo 'institutum' admonet.⟩
Ita sensus erit : Paulum esse Christi ministrum, nec quemlibet, sed
Apostolum, idque Dei vocatione, non temerario conatu. Tum sequetur
clarior explicatio muneris Apostolici⟨, nempe quod ordinatus sit in
Euangelii praeconium⟩. Neque enim iis assentior qui eam de qua
loquitur, vocationem, ad aeternam Dei electionem referunt : segrega-
60 tionem intelligunt, vel illam ab utero matris, de qua meminit ad

---

36-37 *A B* om.   37 *A* Minister Christi &c.)   *B* Servus Christi, &c.)   37 *A* insignivit
38 *A* conciliaret   43 *A B* Cum   44 *A B* indicat   45 *A* Atque ita   *B* Et simul   46 *A B*
descendit. Apostolus enim   47-54 *A* Et Euangelii praeconium quiddam habet supra
Apostolatum singulare. Nisi Apostoli vocabulum in propria significatione accipias. Tum
enim selectio ista explicaret duntaxat, quid contineat Apostolica functio. Quod mihi magis
probatur.   47 *B* Quia   49 *B* continuo post   50 *B* om.   51 *B* vocationem   54 *B*
institutum esse   57-58 *A* om.

Galatas, vel qua Gentibus esse destinatum refert Lucas. ⟨Simpliciter enim se Deum habere authorem gloriatur, nequis eum privata audacia sibi honorem sumere putet.⟩ Hic observandum, non omnes esse verbi ministerio idoneos, in quo requiritur specialis vocatio. Imo eis qui sibi maxime idonei videntur, curandum ne sine vocatione se proripiant. Porro qualis sit Apostolorum vocatio, qualis episcoporum, alibi videbitur. Notandum etiam, officium Apostoli esse Euangelii praedicationem. Unde apparet quam ridiculi sint isti canes muti, ⟨qui quum mitra tantum et lituo, ac eiusmodi larvis sint conspicui, se tamen⟩
70 Apostolorum successores iactant. ⟨Servi nomen nihil aliud quam ministrum significat. nam ad officium refertur. Quod ideo dico, ut tollatur⟩ eorum hallucinatio qui in vocabulo Servi sine causa philosophantur⟨, dum antithesin subesse putant inter Mosis et Christi servitutem⟩.

   2 **Quod ante promiserat, etc.** Quia multum decedit doctrinae quae suspecta est novitatis: fidem Euangelii stabilit ex vetustate: acsi diceret, Christum non in terras subitum decidisse, aut novum doctrinae genus et prius inauditum importasse: siquidem ipse cum suo Euangelio promissus ab exordio mundi fuit, et semper expectatus. [Iam] quia fabulosa est sae-
80 pe antiquitas, adiungit testes, et eos quidem classicos, ad suspicionem omnem eximendam⟨: nempe Dei Prophetas⟩. Tertio addit, eorum testimonia rite esse consignata: nempe in Scripturis sanctis. Ex hoc loco licet colligere quid sit Euangelium: quod non a Prophetis promulgatum fuisse, sed promissum tantum, docet. Ergo si Prophetae Euangelium promittebant, sequitur, manifestato demum in carne Domino, exhibitum fuisse. Falluntur ergo qui promissiones cum Euangelio confundunt: quum proprie Euangelium sit solenne praeconium manifestati Christi, in quo promissiones ipsae exhibentur.

   3 **De Filio suo, etc.** Insignis locus, quo docemur totum Euangelium in
90 Christo contineri: ut [quisquis] a Christo pedem unum [dimoverit], ab Euangelio se subducat. ⟨Nam quum ⌐ipse⌐ viva sit et expressa imago Patris, non mirum est, eum solum nobis proponi ad quem se tota fides nostra applicet, et in quo consistat.⟩ Est igitur quaedam Euangelii descriptio: qua designat, [Paulus] quid in ipso summatim comprehendatur. In eodem casu reddidi voces quae sequuntur, **Iesu Christo etc.** quod hic contextus magis congruere mihi videbatur. ⟨Unde constituendum est,

---

61-63 *A om.*   68-69 *A* dum se   70-72 *A* In versione, placuit potius ministri nomen, quo et graeci vocabuli vis optime exprimitur, et tollitur   73-74 *A om.*   79 *A B* Et   81 *A om.*. 90 *A B* qui   90 *A* dimoveatur   *B* dimovetur   91-93 *A om.*   91 *B om.*   94 *A B om.* 96-99 *A om.*.

---

61 *C* Gal. 1.15*   66 *Calvinus, Comm. in Ep. ad Eph. 4.11; CO 51, 198; Inst. IV.iii.4-8; Op. sel. V, 45-50.*

eum qui in Christi cognitione rite profecit, quicquid ex Euangelio disci
potest, consequutum esse. Sicut econverso, qui extra Christum sapere
appetunt, non desipiunt modo, sed penitus insaniunt.⟩   **Qui**
100 **factus est, etc.** Duo sunt in Christo quaerenda, quo salutem in ipso
reperiamus : Divinitas, et humanitas. Divinitas in se continet potentiam,
iustitiam, vitam, quae per humanitatem nobis communicantur. quare
utrunque in Euangelii summa nominatim posuit Apostolus, quod exhibitus in carne Christus fuit, et in ea Filium se esse Dei declaravit :
quemadmodum et Iohannes, postquam Sermonem factum esse carnem
dixerat, subiungit extitisse gloriam quasi unigeniti Filii Dei in carne ipsa.
Quod genus [et originem Christi a Davide atavo] specialiter notat, non
est supervacuum : hac enim particula nos revocat ad promissionem : ne
dubitemus hunc ipsum esse qui promissus olim fuit. Adeo celebris erat
10 promissio facta Davidi, ut constet usu receptum fuisse inter Iudaeos,
Messiam filium Davidis nuncupari. Hoc ergo ad certitudinem fidei
nostrae spectat, Christum a Davide esse ortum. Addit **Secundum carnem** :
ut intelligamus ipsum habere aliquid carne superius quod [attulerit e
caelo, non autem a Davide] sumpserit, nempe quod [mox] subiicit [de
gloria Deitatis. Porro his verbis non modo veram carnis essentiam
Christo asserit Paulus, sed humanam in eo naturam a Divina clare
distinguit : atque ita refutat impium Serveti delirium, qui carnem affinxit
Christo ex tribus increatis elementis compositam.]

    4 **Declaratus Filius Dei, etc.** Si mavis, **definitus** : acsi diceret virtutem
20 resurrectionis esse instar decreti quo sit pronuntiatus Dei Filius[: ·sicuti
habetur Psal. 2. 7, Ego hodie genui te. Nam genitura illa ad notitiam
refertur]. Quanquam autem [seorsum] tria hic specimina Divinitatis
Christi quidam faciunt : per virtutem miracula intelligentes, deinde
testimonium Spiritus, ⟨postremo⟩ resurrectionem mortuorum : ego simul
coniungere malo, et ad unum haec tria referre, [hoc modo], Christum esse
definitum Filium Dei [exerta palam vere caelesti et eadem Spiritus
potentia], quum a mortuis resurrexit : sed eam potentiam comprehendi
dum cordibus obsignatur per [eundem] Spiritum. Cui interpretationi
bene suffragatur Apostoli phrasis : dicit enim declaratum fuisse in
30 potentia, quod scilicet potentia in eo refulserit quae esset Dei propria[,

---

7 *A B om.*   13-14 *A B* a Davide non   14 *A B om.*   14-18 *A B om.*   20-22 *A B om.*
22 *A B om.*   24 *A* deinde   25 *A B* ad hunc modum   26-27 *A B* per exertam suam
potentiam   28 *A B om.*   30-31 *A B om.*

---

6 *C* Jn 1.14*   17 *Servetus, De Trin. (1531) lib. V, p.193f.; Dialog. de Trin. (1532) II,
p.250f. See Calvinus, Inst. II.xiv.5; Op. sel. III, 464-5.*

ipsumque esse Deum indubie probaret]. Ipsa vero enituit [quidem in illius resurrectione: sicut alibi idem Paulus, ubi in morte carnis infirmitatem apparuisse confessus est, virtutem Spiritus in resurrectione commendat. 2. Cor. 13. 4. Nobis tamen non innotescit illa gloria, donec eam cordibus nostris idem Spiritus obsignat. Quod autem Paulus una cum admirabili Spiritus efficacia, quam Christus a morte resurgendo ostendit, testimonium quoque quod singuli fideles in cordibus suis sentiunt, comprehendat, vel ex eo patet, quod sanctifieationem nominatim exprimit: acsi diceret, Spiritum quatenus sanctificat, sancire, ratumque facere illud 40 virtutis suae documentum quod semel edidit.] Scriptura enim Spiritum Dei epithetis notare saepe solet, praesenti argumento accommodatis. Sic vocatur a Domino Spiritus veritatis, ab effectu de quo illic loquebatur. Porro Divina potentia ideo in Christi resurrectione effulsisse dicitur, quod suapte virtute resurrexit, ut testatus est aliquoties, Solvite templum hoc, et in triduo suscitabo illud. Nemo tollit animam meam a meipso, etc. [Nam de morte (cui pro carnis infirmitate cesserat) victoriam non precario auxilio, sed caelesti Spiritus sui operatione adeptus est.] **Per quem accepimus, etc.** Post finitam Euangelii descriptionem, (quam pro muneris sui commendatione interseruit) nunc redit ad vocationem suam 50 asserendam, quam magnopere referebat testatam esse Romanis. Quod autem gratiam et Apostolatum seorsum nominat, est hypallage pro gratuito Apostolatu, seu gratia Apostolatus: quo significat, id totum Divinae esse beneficentiae, non suae dignitatis, quod cooptatus sit in tantum ordinem. Nam etsi coram mundo nihil fere habet praeter discrimina, labores, odia, infamiam: apud Deum tamen et sanctos eius non est vulgaris [nec modicae] dignitatis. merito igitur gratiae loco habetur. Si mavis dicere, Accepi gratiam ut essem Apostolus, idem erit. ⟨Quod dicitur, **Pro nomine**, Ambrosius exponit, quod vice Christi constitutus fuerit ad Euangelium publicandum: secundum illud, Pro 60 Christo legatione fungimur. Sanior tamen videtur eorum opinio qui Nomen accipiunt pro notitia: quia in hoc praedicatur Euangelium ut credamus in nomen Filii ⌐Dei⌐. Et Paulus ipse dicitur organum electum, ut nomen Christi portet inter Gentes. Pro nomine ergo, tantundem valet

---

31-40 *A B* ex ipsius resurrectione: sed per Spiritum sanctum demum confirmatur. Per Spiritum autem, Paulum intellexisse illuminationem, qua fideles divinam potentiam in Christi resurrectione perspiciunt: vel ex eo patet, quod sanctificationis opus expressit. 46-47 *A B om.*   56 *A B om.*   58-64 *A om.*   62 *B* Dei. Ioan. 1.

---

42 *C* Jn 14.17*   44 *C* Jn 2.19*   45 *C* Jn 10.18*   58 *Ambrosiaster ad loc.; PL 17, 51, 4-5*   59 *C* II Cor 5.20*   61-62 *C* I Jn 3.23*   62 *C* Ac 9.15*

acsi dixisset, ut manifestem qualis sit Christus.〉   **In obedien-**
tiam fidei, etc. Hoc est, accepimus mandatum, Euangelii ad omnes Gentes
perferendi, cui illae per fidem obediant. A fine suae vocationis, Romanos
vicissim officii admonet: acsi diceret, Meum quidem est exequi munus
mihi demandatum, quod est verbum annuntiare: vestrae autem partes,
auscultare verbo cum omni obedientia: nisi vultis irritam facere vocatio-
70 nem quam Dominus mihi imposuit. Unde [colligimus, Dei imperio
contumaciter resistere, ac pervertere totum eius ordinem,] qui Euangelii
praedicationem irreverenter et contemptim [respuunt, cuius finis est nos
in obsequium Dei cogere]. Hic quoque observanda est fidei natura, quae
nomine obedientiae ideo insignitur, quod Dominus per Euangelium nos
[vocat: nos vocanti, per fidem] respondemus. 〈Sicuti contra, omnis
adversus Deum contumaciae caput, est infidelitas.〉 In obedientiam fidei
malui reddere, quam Ad obediendum: quod posterius, nisi improprie et
figurate, dici non potest: quanquam semel in Actis legitur. Fides enim
〈proprie〉 est per quam obeditur Euangelio.   **Inter omnes**
80 **gentes, in quibus, etc.** Non satis erat designatum esse Apostolum, nisi eius
ministerium discipulos respiceret. Ideo adiungit, patere suum Apostolatum ad omnes Gentes. Mox apertius Romanorum Apostolum se vocat,
quum ait, comprehendi [et ipsos] in numero Gentium quibus datus sit
minister. Porro commune habent mandatum Apostoli de praedicando
Euangelio per universum orbem: neque certis Ecclesiis, ut pastores et
Episcopi, praeficiuntur. Paulus autem praeter generalem Apostolicae
functionis provinciam, Euangelii inter Gentes promulgandi minister fuit
speciali iure constitutus. Nec obest quod vetitus est transire per Macedoniam, et loqui verbum in Mysia. quod factum est, non ut illi, certi fines
90 limitarentur: sed quia pro tempore alio properandum erat: illic [autem]
nondum maturuerat messis.

     6 **Vocati Iesu Christi.** Propiorem rationem assignat: quia [scilicet]
Dominus iam ediderit in eis specimen, quo declaravit se ad Euangelii
communicationem ipsos vocare. Unde sequebatur, si vocationem suam
stare vellent, non repudiandum eis esse ministerium Pauli, qui eadem
Domini electione assumptus fuerat. Itaque hanc particulam, Vocati Iesu
Christi, per declarationem accipio, acsi intercederet dictio Nempe.

70-71 *A B* animadvertimus, eos cum Domini dispensatione pugnare   72-73 *A B*
transmittunt   75 *A* vocat ad fidei communicationem: nos per fidem vocanti Domino
B vocat: nos per fidem vocanti Domino   75-76 *A om.*   79 *A om.*   83 *A B om.*
90 *A B om.*   92 *A B om.*

---

78 *C* Ac 6.7*   87-88 *C* Ac 9.6 [=9.15]*   88-89 *[Ac 16.6-10]*

significat vero, esse Christi participes per vocationem. Nam et in Christo
[a Patre caelesti eliguntur in filios, qui futuri sunt aeternae vitae
100 haeredes]: et electi, in eius, tanquam pastoris, custodiam ac fidem
committuntur.   **Omnibus qui estis Romae.** [Pulchro] ordine
demonstrat quid sit in nobis [commendatione dignum]. Primum quod
nos Dominus sua benignitate susceperit in gratiam ac dilectionem.
Deinde quod vocaverit. Tertio quod vocaverit ad sanctitatem. quae
demum commendatio locum habet, si vocationi nostrae ⟨non desumus⟩.
[Hic vero nobis suggeritur uberrima doctrina, quam ego breviter per-
stringens, singulis meditandam relinquo. Certe penes nos salutis nostrae
laudem non statuit Paulus, sed ex fonte gratuitae Dei et paternae erga
nos dilectionis totam derivat. Hoc enim principium facit, quod nos Deus
10 amet. Quae porro illi amoris causa, nisi mera sua bonitas? Hinc et
vocatio dependet, qua suam adoptionem in iis quos prius gratis elegit,
suo tempore obsignat.] [Caeterum et hinc colligimus, nullos se rite
fidelium numero] aggregare, quin Dominum [sibi] benevolum esse certo
[confidant], licet immeritis ac ⟨miseris⟩ peccatoribus: et eius bonitate
excitati [aspirent] ad sanctitatem. Non enim ad [immunditiam] nos
vocavit, sed in sanctificationem, etc. Quum Graeca reddi per secundam personam possent, non vidi rationem [mutandae personae].
       Gratia et pax. Nihil prius optandum quam ut Deum
propitium habeamus: quod designatur per Gratiam. Deinde ut ab
20 eo prosperitas et successus omnium rerum fluat, qui significatur Pacis
vocabulo. Nam utcunque videantur arridere omnia: si infensus est Deus,
benedictio etiam ipsa in maledictionem vertitur. Unicum igitur foelicitatis nostrae fundamentum, Dei benevolentia: qua fit ut vera solidaque
fruamur prosperitate, et ⟨ipsis quoque adversis rebus⟩ salus nostra
provehatur. Deinde ex eo quod pacem a Domino precatur, intelligimus,
quicquid boni obvenit nobis, Divinae beneficentiae fructum esse. Neque
omittendum, quod simul a Domino Iesu haec bona comprecatur. Merito
enim ei redditur hic honor, qui non modo paternae erga nos benignitatis
est administer et dispensator, sed omnia cum eo in commune operatur.
30 Proprie tamen voluit notare Apostolus, omnia Dei beneficia per ipsum
ad nos pervenire. Sunt qui per Pacis vocabulum, conscientiae tranquilita-

---

99-100 *A B* eliguntur filii Dei a Patre   1 *A B* Egregio   2 *A B* commendandum   5 *A*
respondemus   6-12 *A B om.*   12-13 *A B* Non ergo possumus fidelium numero nos
13 *A B* nobis   14 *A B* confidamus   14 *A* misellis   15 *A B* aspiremus   15 *A B*
immundiciem   17 *A* cur persona variaretur   24 *A* adversitatibus

---

15-16 *C* I Thess 4.7*

tem intelligere malunt: quam significationem interdum ei competere non
nego: sed quum certum sit, Apostolum summam bonorum voluisse hic
perstringere, ⟨prior⟩ illa interpretatio ⟨quae affertur a Bucero,⟩ multo
est convenientior. [Ergo summam foelicitatis piis volens optare, ad
fontem ipsum, sicuti nuper, se confert, nempe Dei gratiam, quae una non
modo aeternam beatitudinem nobis affert, sed omnium in hac vita
bonorum causa est.]

   8   *Primum quidem gratias ago Deo meo per Iesum Christum super vobis*
40 *omnibus, quia fides vestra praedicatur in universo mundo.*
   9   *Testis enim mihi est Deus, quem colo in spiritu meo in Euangelio Filii*
ipsius, ut continenter memoriam vestri faciam,
   10   ⌐*Semper*⌐ *in orationibus meis: rogans ⟨siquomodo⟩ prosperum iter*
[aliquando] mihi obtingat per voluntatem Dei, veniendi ad vos.
   11   *Desidero enim videre vos, ut aliquod impertiar vobis donum spiritua-*
le ad vos confirmandos:
   12   *Hoc est ad cohortationem mutuo percipiendam in vobis per mutuam*
fidem, vestram atque meam.

   8   **[Primum q.]** Hic exordium incipit, aptissimum ad causam. siquidem
50 rationibus tam a sua, quam eorum persona sumptis, eos ad docilitatem
opportune praeparat. Ex eorum persona ratio est, quod celebritatem
fidei eorum commemorat. innuit enim publico Ecclesiarum praeconio
esse oneratos, ut respuere nequeant Apostolum Domini, quin praesump-
tam ab omnibus de se opinionem fallant. quod inhumanum, et quodammodo perfidiae propinquum habetur. Hoc igitur testimonium ut merito
inducere Apostolum debuerat, quo securitate obedientiae concepta,
Romanos pro officio docendos|et instituendos susciperet: ita Romanos
ipsos vicissim obligatos tenebat ne eius authoritatem spernerent. A sua
ipsius persona ipsos ad docilitatem inclinat testificatione syncerae suae
60 dilectionis. Nihil autem consultori efficacius ad faciendam fidem, quam
si opinionem hanc sit [adeptus], ut putetur nobis ex animo studere ac
prospicere. Primum hoc animadversione dignum, quod eorum fidem sic
laudat, ut [tamen Deo ferat acceptam]. Quo docemur, fidem esse donum
Dei. Nam si gratiarum actio, beneficii agnitio est: fidem esse a Deo

---

34 *A om.*   34 *A om.*   35-38 *A B om.*   43 *B** vel in omnibus   43 *A* si quo   44 *A B*
om.   49 *A B om.*   61 *A B* assecutus   63 *A B* tandem ad Deum referat

---

34 *Bucerus:* Pacis nomine in scripturis optata rerum conditio, dum ex animi sententia
omnia cadunt, significatur. *Enn 63[b]-64[a]*

fatetur qui de ipsa gratias Deo agit. Quando autem videmus Apostolum suas gratulationes semper a gratiarum actione ordiri: sciamus nos admoneri, bona omnia nostra, Dei esse beneficia. Quinetiam talibus loquendi formulis assuescere expediat, quibus nos semper acrius extimulemus ad agnoscendum Deum bonorum omnium largitorem: aliosque
70 una ad eandem cogitationem erigamus. Id si in minutulis benedictionibus observare convenit, multo magis in fide: quae nec mediocris, nec promiscua est Dei gratia. Praeterea hic habemus exemplum, quomodo per Christum agendae sunt gratiae, [secundum Apostoli praeceptum, ad] Heb. 13, 15: quemadmodum in ipsius nomine misericordiam a Patre et petimus et obtinemus. Postremo **Deum suum** nuncupat. [Specialis haec] fidelium praerogativa, quibus solis id honoris Deus defert. Subest enim mutua relatio, quae in promissione exprimitur, Ero illis in Deum: ipsi erunt mihi in populum. ⟨Quanquam ad personam, quam sustinebat Paulus, restringere malo: ut sit approbatio eius obsequii quod Domino
80 praestat in Euangelii praedicatione. sic Ezechias Deum vocat Iesaiae Deum, quum veri et fidelis Prophetae testimonium illi reddere vult. Iesa. 37, 4. Sic et Danielis vocatur Deus per excellentiam: quia Daniel purum eius cultum asseruerat.⟩   **Ab universo mundo.** Proborum hominum praeconium erat Paulo instar universi orbis in aestimanda Romanorum fide. Neque enim [syncerum vel probabile de ea testimonium] reddere poterant infideles, quibus execrationi potius erat. Praedicatam ergo in toto orbe fidem Romanorum intelligamus omnium fidelium ore, qui de ipsa recte et sentire et pronuntiare poterant. Quod impiis ne Romae quidem [noscitabatur] [haec exigua et ignobilis hominum
90 manus], nihil id [retulit]: quando eorum iudicium, tanquam nihili, non morabatur Paulus.

   9   **Testis enim mihi [est] Deus.** Charitatem suam ⟨ostendit⟩ ab effectis. Nisi enim vehementer eos amasset, [non] ita solicite commendasset eorum salutem Domino, [praesertim vero] sua opera eandem promovere [non tam ardenter] desiderasset. Illa igitur solicitudo, illud desiderium, certa sunt dilectionis signa: quia nisi ab [eo] oriantur, esse nunquam possunt. [Quoniam] autem expedire noverat ad stabiliendam praedicationi suae fidem, Romanos de sua synceritate bene esse persuasos: iuramentum adhibuit, necessarium remedium quoties oratio quam firmam ac

---

73 *A B om.*   75 *A* speciali   *B* speciali haec   78-83 *A om.*   85 *A B* testimonium illi
89 *A B* noscitabantur   89-90 *A B om.*   90 *A B* retulisse   92 *A B om.*   92 *A* arguit
93 *A B* nec   94 *A B* nec   95 *A B om.*   96 *A B* ea   97 *A B* Quando

---

77 *C* Jer 30.22*   82 *C* Dan 6.19* [=6.20]

100 indubitatam esse operaepretium est, incertitudine vacillat. Nam si iuramentum nihil aliud est quam Dei attestatio ad sermonis nostri confirmationem, stultissime quis inficietur iurasse Apostolum. neque tamen Christi interdictum transgressus est. Unde constat non fuisse Christi consilium
(ut superstitiosuli Anabaptistae somniant) abolere in totum iuramenta,
sed potius ad veram Legis observationem revocare. Lex autem, permisso
iuramento, periurium modo et·supervacuum iusiurandum damnat. Ergo
si volumus rite iurare, iusiurandi sobrietatem ac religionem quae in
Apostolis apparet, imitemur. Quo autem formulam istam intelligas, scito
Deum ita appellari testem, ut simul ultor advocetur, si fallimus. quod
10 alibi Paulus exprimit his verbis, Testis mihi Deus in animam
meam.   **Quem colo in spiritu meo.** [Quia profanis hominibus
qui Deo illudunt, eius nomen non minus secure quam temere obtendere
moris est, hic suam pietatem commendat Paulus ut fidem sibi conciliet.
Nam apud quos viget Dei timor et reverentia, hi falso iurare horrebunt.
Porro] ⟨spiritum suum opponit externae larvae. Nam quia multi se falso
venditant pro Dei cultoribus, et tales in speciem apparent, testatur se ex
animo Deum colere. Forte etiam ad veteres ceremonias respexit, quibus
solis Dei cultum aestimabant Iudaei. Significat ergo, etiamsi exercitium
illud non habeat, se nihilominus integrum esse Dei cultorem: sicut ad
20 Philip. 3. 3, Nos⟩ sumus vera Circuncisio qui spiritu Deo servimus, et
non gloriamur in carne. ⟨Itaque se gloriatur⟩ Deum colere syncera animi
pietate, quae vera est religio, cultusque legitimus. Referebat autem [(ut
nuper dixi)] quo maiorem haberet certitudinem iusiurandum, ut Paulus
suam in Deum religionem testaretur. Impiis enim periurium lusus est,
quod pii gravius mille mortibus exhorrent. Fieri enim nequit quin ubi est
serius Dei timor, talis quoque sit nominis eius reverentia. ⟨Ergo perinde
est acsi diceret Paulus, scire se quanta sit iurisiurandi sanctitas et religio,
nec se temere, ut profani homines solent, Deum advocare testem. Atque
ita suo exemplo docet, quoties iuramus, talem pietatis significationem
30 dandam a nobis esse, ut Dei nomen quod dictis nostris interponimus,
suum pondus habeat.⟩ ⟨Deinde⟩ a signo probat, quomodo Deum non
ficte colat, nempe ministerio suo. Erat enim amplissimum illud specimen,
esse hominem Dei gloriae deditum qui abnegato seipso, quaslibet difficultates ignominiae, egestatis, mortis, odiorum obire non dubitaret pro

---

11-15 *A B om.*   15-20 *A* Locus in tertio ad Philippenses admonet, quae sit huius locutionis
intelligentia. Nos, inquit,   21 *A* Est ergo,   22-23 *A B om.*   26-31 *A om.*   31 *A* Et

---

4 *Brüderliche vereynigung* (*Confession of Schleitheim, 1527*) in Boehmer, *Urkunden,*
pp.33-4   10 *C* II Cor 1.13* [= *1.23*]

exaltando Dei regno. Quidam accipiunt hanc particulam, quasi voluerit Paulus cultum illum ⟨quo se prosequi Deum dixerat⟩, ex eo commendare, quod Euangelii praescripto ⟨respondeat⟩. ⟨certum est autem spiritualem Dei cultum in Euangelio nobis praecipi.⟩ ⟨Sed prior interpretatio longe melius quadrat⟩, ⟨nempe quod suum Deo obsequium addicat in

40 Euangelii praedicatione. Distinguit se tamen interim ab hypocritis, quibus aliud est propositum quam Deo servire: ut plerosque ambitio aut aliquid tale impellit, multumque abest ut omnes ex animo et fideliter in eo munere se gerant. Summa est, quod syncere Paulus in docendi officio versatur: ⌐quia circunstantia, quod de sua pietate dixit, ad praesentem causam accommodat.⌐ Sed hinc colligimus utilem doctrinam, quae Euangelii ministris non parum animi addere debet, quum audiunt se cultum Deo gratum et pretiosum impendere, Euangelium praedicando. Quid enim est quod eos impediat, ubi Deo sciunt laborem suum placere et probari, ut eximius etiam cultus censeatur?⟩ Porro Euangelium Filii

50 ⟨Dei⟩ vocat quo Christus illustratur, signatus in hoc a Patre, ut dum ipse glorificatur, Patrem vicissim glorificet.   **Ut continenter.** Maiorem exprimit adhuc amoris vehementiam ex ipsa orandi assiduitate. Magnum enim erat, nullas preces ad Dominum fundere ubi non faceret eorum mentionem. Quo autem clariorem habeamus sensum, ego vocem πάντοτε vice nominis accipio. acsi dictum foret, In omnibus meis orationibus, seu quoties precibus Deum appello, adiungo vestri mentionem. Loquitur autem non de qualibet Dei invocatione, sed de precationibus illis, quibus dum sancti vacare volunt, sepositis curis omnibus, in eas totum studium intendunt. ⟨Saepe enim potuit in hoc aut illud votum

60 subito erumpere, ut tamen Romani in memoriam illi non venirent: sed quoties ex professo et quasi meditatus Deum orabat, illorum quoque habebat rationem inter alios. De precationibus ergo peculiariter loquitur, ad quas sancti destinato se componunt:⟩ quemadmodum videmus Dominum ipsum ⟨talibus⟩ secessum quaesiisse. Simul tamen ⟨innuit⟩ quam frequens, vel potius continuus in illis fuerit, dum ait indesinenter se ⟨incubuisse⟩.

10 **Postulans si quo [modo.]** Quia verisimile non est, eius bonis ex animo nos studere quem non simus parati nostra quoque opera adiuva-

36 *A* quem sibi erga Deum tribuebat   37 *A* responderet   37-38 *A om.*   38-39 *A* sed altera interpretatio, multo est convenientior.   39-49 *A om.*   44-45 *B om.*   50 *A om.*
59-63 *A om.*   64 *A* talibus orationibus   64 *A* innuitur   66 *A* incubuisse. Ego in vertendo locutionem posui, quae latinis erat usitatior.   67 *A B* modo &c.)

re: ⟨postquam suam in commendanda eorum salute solicitudinem
70 praedicavit, nunc addit se alio quoque argumento suum amorem coram
Deo ⌐testari⌐, postulando scilicet⟩ ut usui esse possit. Quare ut habeas
plenum sensum, lege haec verba perinde acsi interposita esset dictio
Etiam, **Postulans etiam si quo modo, etc.** Quum autem dicit **Prosperum iter
in voluntate Domini,** declarat non tantum se expectare a Domini gratia
prosperitatem viae, sed inde aestimare prosperum iter si Domino probatur. Ad quam regulam debent esse composita omnium vota.

11 **Desidero enim videre vos, etc.** Poterat, utcunque absens, eorum
fidem confirmare sua doctrina: sed quoniam ex re praesenti consilium
semper melius capitur, ideo cupiebat potius coram. Finem autem consilii
80 exponit, ut significet, non suo, sed eorum commodo, profectionis
molestiam velle suscipere. **Charismata spiritualia** vocat quas habuit vel
doctrinae, vel exhortationis, vel prophetiae dotes: quas sibi ex Dei gratia
provenisse noverat. Hic eorum donorum legitimum usum scite notavit
sub communicationis verbo. Ideo enim peculiariter unicuique diversa
dona distribuuntur, ut inter se benigne [omnes mutuo conferant, et alii in
alios transfundant quae apud singulos sunt deposita]. ⟨Infra 12. 3, et 1.
Corinth. 12. 11.⟩   **Ad confirmandos vos.** Temperat id quod de
communicatione dixerat: ne videatur tales eos ducere qui sint adhuc
primis elementis instituendi, acsi nondum Christo rite initiati essent.
90 Dicit ergo se in ea parte cupere illis commodare suam operam, ubi
iuvandi sunt adhuc qui maxime profecerunt. Confirmatione enim indige-
mus omnes donec in nobis Christus solide adoleverit, Ephe. 4, 13. Nec
contentus hac modestia subiicit praeterea epanorthosin ceu correctionem, qua ostendit, se sibi non ita docendi locum usurpare quin mutuo ab
illis discere cupiat. acsi diceret, Sic studeo vos confirmare secundum
gratiae modum mihi collatum, ut fidei etiam alacritatem exemplo vestro
capiam, atque ita vicissim inter nos proficiamus. Vide in quantam
moderationem se submittat pium pectus, quod non recusat a rudibus
tirunculis confirmationem petere. Neque tamen simulanter loquitur. si-
100 quidem nemo est adeo inops in Ecclesia Christi, qui non possit aliquid in
profectum nostrum momenti adferre: sed impedimur malignitate ac
superbia quo minus talem ultro citroque fructum colligamus. Is est
noster fastus, ea stolidae gloriae ebrietas, ut aliis despectis ac valere iussis,

---

69-71 *A* adiungit, se non modo suam pro illis sollicitudinem apud Dominum testari, eorum
salutem commendando: sed postulando quoque,   71 *B* testari: sed   85-86 *A B*
transfundant   86-87 *A om.*

sibi quisque abunde sufficere se putet. Ego cum Bucero **Cohortationem** potius lego quam Consolationem: quia melius cum superioribus cohaeret.

13   *Nolo vero vos ignorare, fratres, quod saepe proposui venire ad vos, et impeditus sum hactenus: ut fructum aliquem haberem in vobis sicut et in reliquis gentibus.*

10   14   *Et Graecis et Barbaris, et sapientibus et stultis debitor sum.*

15   *Itaque, quantum in me est, paratus sum vobis quoque qui Romae estis, euangelizare.*

13   **Nolo vos ignorare.** Quod hactenus testatus fuerat, se assidue postulare a Domino, ut eos aliquando invisere liceret: id quia vanum videri poterat, nisi oblatas occasiones arriperet, eius nunc fidem facit. dicit enim, conatum non defuisse, sed facultatem: quia a captato saepe consilio impeditus fuerit. Unde discimus, Dominum evertere frequenter sanctorum consilia, quo ipsos humiliet, ac tali humiliatione exerceat ad providentiam suam respiciendam[, ut ex ea pendeant]. quanquam non
20   proprie depelluntur sancti suis consiliis, qui nihil sine Domini voluntate deliberant. Est enim illa impietatis audacia, praeterito Deo, de futuris constituere, perinde acsi ⌈in⌉ nostra potestate forent: quam aspere castigat Iacobus, 4. 13. Quod se **prohibitum** dicit, non aliter accipias nisi quia Dominus urgentiora negotia illi obiiciebat, quae omittere non poterat sine Ecclesiae iactura. Sic piorum et infidelium impedimenta differunt: quod hi, se tum impediri demum sentiunt quando violenta Domini manu constringuntur ne commovere se queant: illi, ad impedimentum contenti sunt legitima ratione, nec aliquid tentare sibi permittunt aut praeter officium, aut contra aedificationem.   **Ut**
30   [**fructum aliquem hab.**] Nimirum de eo fructu loquitur ad quem colligendum Apostolos mittebat Dominus: Elegi vos, ut eatis, et fructum afferatis, et fructus vester maneat. Iohan. 15. 16. Eum quanquam sibi non colligebat, sed Domino, suum tamen vocat: quia nihil piorum magis proprium quam quod Domini gloriam promovet, cum qua coniuncta est tota eorum beatitudo. Sibi autem contigisse inter caeteras gentes commemorat, quo spem concipiant Romani, adventum eius sibi non fore otiosum, quem tot gentes fructuosum expertae essent.

14   **Graecis et Barbaris [et sap].** Quos per Graecos et Barbaros

---

19 *A B om.*   22 *B om.*   30 *A B* aliquem fructum.)   38 *A B om.*

---

4 *Bucerus:* quo vos confirmemini, hoc est, ut nos invicem cohortemur, et excitemus *Met* 41[b]; Hoc est, ut communis nobis sit apud vos cohortatio. *Enn 70[a]*

intelligat, ostendit exegesi: ubi nominat eosdem aliis epithetis **sapientes et**
40 **stultos :** pro quibus non male vertit Erasmus, Eruditos et rudes : sed ego
ipsa Pauli verba retinere malui. Ab officio itaque suo argumentatur, non
[esse] sibi arrogantiae dandum quod aliquid docendis Romanis se valere
confideret, utcunque et eruditione et prudentia, et peritia rerum egregie
excellerent: quoniam Domino visum esset ipsum sapientibus quoque
obligare. Duo hic sunt consideranda: sapientibus [caelesti mandato
destinari et offerri] Euangelium quo sibi omnem huius mundi sapientiam
subiiciat Dominus, ac [omne acumen, quodvis scientiae genus et artium
omnium sublimitatem, huius doctrinae] simplicitati cedere faciat: atque
eo magis quod illi in ordinem cum idiotis rediguntur, ac sic mansuefiunt
50 ut eos ferant condiscipulos sub magistro Christo, quos antea habere
discipulos non essent dignati. [Deinde] rudes [minime aut esse] ⟨arcend-
os⟩ ab hac schola, aut ipsos inani formidine debere refugere. Nam si illis
debuit Paulus, ac optimae fidei debitor fuisse credendus est, persolvit
nimirum quod debebat. Quare hic reperient cuius fruendi capaces erunt.
⟨Habent et hic regulam omnes doctores quam sequantur, hoc est ut
rudibus quoque et idiotis modeste se et comiter attemperent. Hinc fiet ut
aequiore animo perferant plurimas ineptias, et innumera prope fastidia
devorent, quibus alioqui possent succumbere. Sic tamen meminerint se
stultis esse obstrictos, ut eorum stultitiam immodica indulgentia non
60 foveant.⟩
15 **Ita quantum in me est.** Concludit quod hactenus dixerat de suo
desiderio. Quoniam officii sui esse videret, inter eos Euangelium spargere
ad fructum Domino colligendum: cupere se Dei vocationi satisfacere
quatenus a Domino [permitteretur].

16 *Non enim pudet me Euangelii Christi: quandoquidem potentia est*
Dei, in salutem omni credenti: Iudaeo primum, deinde Graeco.

17 *Nam iustitia Dei in eo revelatur ex fide in fidem, sicut scriptum est,*
Iustus ex fide sua vivet.

16 **Non me pudet.** Prolepsis est, qua ludibria impiorum se non morari
70 praedicit. in qua tamen obiter transitum sibi facit ad commendandam

---

42 *A B* esse id   45-46 *A B* deberi   47-48 *A B* disciplinarum omnium sublimitatem
Euangelii sui   51 *A B* Deinde nec   51 *A B* esse ac   51-52 *A* abarcendos   55-60 *A om.*
64 *A* permittatur   *B* permittetur

---

40 *Eras L¹*: et sapientibus et stultis   *Eras L²⁻⁵*: eruditis pariter ac rudibus   *Eras*
Ann¹⁻⁵: Caeterum hic σοφοῖς non tam sapientes significat quam eruditos, et ἀνοήτοις,
crassos potius et indoctos, quam stultos. *1 p.419, 5 p.344*   67 *C* Hab 2.4*

Euangelii dignitatem, ne contemptibile Romanis foret. Innuit quidem,
ipsum coram mundo esse contemptibile, dum ait se non pudefieri. Atque
ita iam eos praeparat ad ferendam crucis [Christi] contumeliam, [ne
minoris aestiment Euangelium dum sannis et opprobriis impiorum
obnoxium videbunt:] sed ex adverso demonstrat quantum habeat excellentiae apud fideles. Primum si magnifieri debet a nobis Dei potentia, ea
elucet in Euangelio. Si bonitas digna est quae expetatur et ametur,
Euangelium est eius bonitatis instrumentum. merito ergo et colendum, et
honorandum est, si quidem potentiae Dei debetur veneratio: quatenus
80 ⟨vero⟩ saluti nostrae servit, amabile nobis esse oportet. Observa autem
quantum verbi ministerio tribuat Paulus quum testatur Deum illic suam
ad salvandum virtutem exerere. non enim de arcana aliqua revelatione,
sed vocali praedicatione hic loquitur. [Unde sequitur, eos quasi data
opera respuere Dei virtutem: et liberatricem eius manum procul a se
repellere, qui se a praedicationis auditu subducunt.] Verum quia non
operatur in omnibus efficaciter, sed tantum ubi Spiritus interior magister
cordibus illucet: ideo subiicit **Omni credenti.** Offertur quidem Euangelium omnibus in salutem: sed non ubique apparet eius potentia. Quod
autem impiis est odor mortis, id non tam ab eius natura provenit, quam
90 eorum [malitia]. Salutem unam ⟨demonstrando⟩, omnem aliam fiduciam
praecidit. ab unica salute illi dum se subducunt, quandam [sui interitus]
manifestationem in Euangelio habent. ⟨Ergo quum Euangelium omnes
ad salutem indifferenter invitet, proprie vocatur salutis doctrina. Christus enim illic offertur, cuius proprium munus est servare quod perierat.
Qui autem servari ab eo recusant, iudicem experiuntur. Caeterum passim
in Scripturis⟩, Salutis vocabulum simpliciter ⟨opponitur⟩ Exitio. Itaque
dum nominatur, qua de re agatur videndum est. Quum [ergo] Euangelium liberet a [ruina et maledictione] aeternae mortis, salus eius est vita
aeterna.   **Iudaeo primum et Graeco.** Sub Graecorum nomine
100 Gentiles omnes nunc comprehendit, quemadmodum ex comparatione
liquet, in qua sub duobus membris universos homines voluit complecti.
Hanc vero gentem verisimile est potissimum delegisse ad alias nationes
designandas, quia prima post Iudaeos in Euangelici foederis communionem ascita fuerat: deinde quia propter viciniam, et linguae celebritatem,
Iudaeis notiores erant Graeci. ⟨Est ergo synecdoche qua generaliter
Gentes⟩ coniungit Iudaeis in Euangelii participatione: neque tamen
Iudaeos gradu et ordine suo depellit, quando erant primi in promis-

---

73 *A B om.*   73-75 *A B om.*   80 *A om.*   83-85 *A B om.*   90 *A B* nequitia   90 *A*
ostendendo   91 *A B* suae confusionis   92-96 *A om.*   96 *A* opponitur perditioni et
97 *A B om.*   98 *A B* confusione et ruina   5-6 *A* Eos

sione et vocatione. ⟨Ideo suam⟩ illis praerogativam servat : sed Gentiles
continuo, [licet inferiore gradu,] consortes adiungit.

10   17 **Iustitia enim Dei.** Explicatio est et confirmatio superioris sententiae, Euangelium ⟨scilicet⟩ esse Dei potentiam in salutem. Si enim
salutem quaerimus, hoc est vitam apud Deum, quaerenda primum est
iustitia per quam illi reconciliati, vitam [quae in sola eius] benevolentia
[consistit, eo propitio] obtineamus. ⟨Nam ut a Deo amemur, prius iustos
esse necesse est: quum iniustitiam odio habeat. Significat igitur, non
aliunde nos salutem quam ex Euangelio consequi: quoniam non alibi
suam nobis iustitiam Deus patefacit, quae sola nos ab interitu liberat.⟩
Haec [autem] iustitia quae fundamentum est salutis, revelatur in Euangelio: ⟨unde Euangelium dicitur⟩ potentia Dei in salutem. [Ita a causa ad
20 effectum ratiocinatur.] Rursum nota, quam rarum et pretiosum thesaurum in Euangelio nobis Dominus conferat, nempe iustitiae suae communicationem. Iustitiam Dei accipio, quae apud Dei tribunal approbetur:
quemadmodum contra, hominum iustitiam vocare solet, quae hominum
opinione habetur et censetur iustitia[, licet fumus tantum sit. Non tamen
dubito quin Paulus ad multa vaticinia alludat, ubi passim iustitiam Dei in
futuro Christi regno Spiritus celebrat]. ⟨Alii exponunt, Quae a Deo nobis
donatur. Et certe fateor hunc inesse verbis sensum: quia nos per
Euangelium iustificat Deus, ideo servat. Illa tamen⟩ prior notatio
videtur mihi magis convenire. ⟨Quanquam de ea re non ⌐admodum⌐
30 contendo. Plus in eo momenti est, quod iustitiam hanc non in gratuita
modo peccatorum remissione sitam esse quidam putant: sed ⌐partim
quoque⌐ in regenerationis gratia. Ego autem nos ideo in vitam restitui
interpretor, quia nos sibi gratis reconciliat Deus: quemadmodum postea
fusius tractabimus suo loco.⟩ Pro eo vero quod ante dixerat, **Omni
credenti :** nunc ait, **Ex fide.** Offertur enim iustitia per Euangelium : [et
fide] percipitur. Et subiungit, **In fidem :** quia quantum progreditur fides
nostra⟨, quantumque in hac cognitione proficitur⟩, ⟨simul augescit in
nobis Dei iustitia, et quodammodo sancitur eius possessio⟩. Quum initio
gustamus Euangelium, laetam quidem et exporrectam nobis cernimus
40 Dei frontem, sed eminus: quo magis augescit pietatis eruditio, velut
propiore accessu [clarius ac magis familiariter] Dei gratiam ⟨perspicim-
us⟩. Quod nonnulli Veteris ac Novi testamenti tacitam collationem

---

8 *A* suam ergo   9 *A B om.*   11 *A om.*   13 *A B* in eius   14 *A B om.*   14-17 *A om.*
18 *A B* ergo   19 *A* Ergo est euangelium   19-20 *A B om.*   24-26 *A B om.*   26-28 *A*
Alii sic dictam opinantur, quod eam nobis largiatur Deus. sed illa   29-34 *A om.*
29 *B om.*   31-32 *B om.*   35-36 *A om.*   37 *A* tantum proficitur in hac cognitione
37-38 *A om.*   41 *A B* solidius   41-42 *A* contemplamus

subesse putant, magis argutum est quam firmum. [Neque enim Patres qui sub Lege vixerunt, hic nobis comparat Paulus, sed quotidianum in singulis fidelibus progressum notat.] **Sicut scriptum est.** Authoritate Prophetae Habacuc, probat istam fidei iustitiam. Nam ille, ubi de superborum eversione vaticinatur, simul addit, iustorum vitam in fide consistere. Non vivimus autem coram Deo ⟨nisi⟩ iustitia: sequitur ergo, iustitiam quoque nostram in fide positam esse. ⟨Ac⟩ futurum verbum
50 designat eius vitae de qua loquitur, [solidam perpetuitatem: acsi dixisset,] non fore momentaneam, sed perpetuo ⟨constaturam⟩. ⟨Nam impii quoque falsa vitae opinione turgent: sed quum dicunt, Pax et securitas, repentinus adest interitus. Umbra igitur est, quae nonnisi ad momentum ⌐durat¬: fides autem ⌐sola est quae¬ vitae perpetuitatem affert. Unde id, nisi quia nos ad Deum traducit, nostramque in eo vitam collocat? Neque enim congruenter citaret Paulus hoc testimonium, nisi haec mens Prophetae esset, tunc nos demum stare ubi in Deum fide recumbimus.⟩ [Et certe vitam piorum, fidei non adscripsit, nisi quatenus damnata mundi superbia, se ad unius Dei praesidium colligunt. Non tractat quidem hanc
60 causam ex professo: ideoque nullam gratuitae iustitiae mentionem facit: sed ex fidei natura satis constat, rite hoc testimonium praesenti causae aptari.] ⟨Praeterea ex hac ratiocinatione necessario colligimus mutuam fidei et Euangelii relationem. Quia enim dicitur iustus⟩ fide victurus, infert, vitam istam per Euangelium percipi. Iam habemus statum, seu cardinem principalem huius primae partis Epistolae, Sola Dei misericordia, per fidem nos iustificari. ⟨Nondum quidem hoc sigillatim expressum habemus Pauli verbis: sed ex contextu post facile patebit, iustitiam quae in fide est fundata, totam Dei misericordiae inniti.⟩

18 *Revelatur enim ira Dei e caelo, super omnem impietatem et*
70 *iniustitiam hominum, veritatem Dei iniuste continentium:*

19 *Quia quod cognoscitur de Deo, manifestum est in ipsis. Deus enim illis manifestavit.*

20 *Siquidem invisibilia ipsius, ex creatione mundi, operibus intellecta, conspiciuntur: aeterna quoque eius potentia et Divinitas: ut sint inexcusabiles.*

43-45 *A B om.* 48 *A* nisi in 49 *A om.* 50 *A* soliditatem. scilicet *B* soliditatem scilicet 51 *A* constaturus. 51-57 *A om.* 54 *B* ducat 54 *B om.* 58-62 *A B om.* 62-63 *A* Ex rationis Paulinae forma necessario colligis euangelii et fidei correlationem. Quia ex eo, quod dicitur 66-68 *A om.*

52-53 *C* I Thess 5.3*

21   *Quoniam quum Deum cognovissent, non tanquam Deo gloriam dederunt, aut grati fuerunt, sed exinaniti sunt in cogitationibus suis, et obtenebratum est stultum cor eorum.*

22   *Quum se putarent sapientes, stulti facti sunt:*

80   23   *Et mutaverunt gloriam incorruptibilis Dei, similitudine imaginis, corruptibilis hominis, et volucrum, et quadrupedum, et serpentum.*

[18   **Revelatur.** Iam] ex comparatione contrariorum argumentatur, quo probet iustitiam nonnisi per Euangelium [conferri vel obtingere]. nam extra [hoc], omnes damnatos ostendit. In ipso igitur solo [reperietur] salus. Ac primum quidem damnationis argumentum ⟨adducit⟩: quod quum structura mundi, et haec pulcherrima elementorum compositio debuerit hominem instigare ad Deum glorificandum: nemo est qui officio suo fungatur. Unde constat omnes reos esse sacrilegii, et [impiae, scelerataeque] ingratitudinis. Quibusdam videtur hic esse prima proposi-
90   tio: ut Paulus a poenitentia concionem deducat: sed ego arbitror hic conflictationem incipere: statum causae ⟨iam fuisse⟩ in propositione superiori. ⟨Consilium enim Pauli est docere ubinam quaerenda sit salus. Pronuntiavit, non aliter nos eam consequi quam per Euangelium. Quia autem non libenter hucusque se humiliat caro, ut soli Dei gratiae laudem salutis assignet, universum mundum Paulus reum facit aeternae mortis. Unde sequitur, recuperandam aliunde vitam, quum in nobis simus omnes perditi.⟩ ⟨Caeterum⟩ particulae bene expensae, multum ad summam sententiae intelligendam facient. Inter Impietatem et Iniustitiam [ita] nonnulli distinguunt, quod putant priore vocabulo violatum Dei cultum
100   notari: altero, aequitatem in homines. Sed quia statim iniustitiam illam Apostolus ad religionis neglectum refert, nos utrunque de eodem [interpretabimur]. Deinde, **Omnis hominum impietas,** per hypallagen, pro Omnium hominum: sive, cuius ⟨convicti tenentur⟩ omnes. Duplici autem nomine res una, ⟨hoc est adversus Deum ingratitudo⟩ notatur: quia peccatur in ea bifariam. ἀσέβεια, dicitur quasi Dei inhonoratio. [ἀδικία], quoniam homo, ad se transferendo quod Dei erat, honorem Dei inique praeripuit. Ira, ἀνθρωποπαθῶς, more Scripturae, ⟨pro⟩ ul- tione Dei. quia Deus puniens, ⟨praesefert⟩ (nostra opinione) irascentis faciem. ⟨Nullum ergo motum in Deo significat: sed tantum⟩ ad ⟨sens-

---

82 *A B om.*   83 *A B* communicari   84 *A B* ipsum   84 *A B* reperitur   85 *A* assumit
88-89 *A B om.*   91 *A* esse   92-97 *A om.*   97 *A* sed   98 *A B om.*   2 *A B* accipiemus
3 *A* convincuntur   4 *A om.*   6 *A B* ἀδικεία   7 *A* pro damnatione ponitur, ceu   8 *A* praefert   9 *A om.*   9-10 *A* sensum ergo

10 um⟩ peccatoris, qui plectitur, relationem habet. Eam ubi dicit **e caelo revelari,** quanquam particula *E caelo* vice epitheti ⟨a⟩ quibusdam ⟨accipitur⟩, acsi diceretur, Caelestis Dei : ego tamen existimo plus subesse efficaciae, in hunc sensum, Quacunque circunspectet homo, nihil salutis reperiet : quia quam longe lateque caelum patet, effusa est ira Dei in orbem universum. **Veritas Dei,** veram Dei notitiam significat. Eam continere, est supprimere, seu obscurare. unde veluti furti subarguuntur. Ubi vertimus **Iniuste,** habet Paulus, In iniustitia : [quae Hebraica phrasis idem valet]: sed nos studuimus perspicuitati.

19 **Quia quod notum est Dei.** [Sic appellat] quod de Deo cognoscere
20 fas est, vel expedit. Intelligit autem id totum quod pertinet ad gloriam Domini illustrandam : vel (quod idem est) quicquid nos movere excitareque debet ad Deum glorificandum. ⟨Quo verbo significat, Deum quantus est, minime posse mente nostra capi : sed aliquem esse modum intra quem se cohibere debeant homines : ⌐sicuti Deus ad modulum nostrum attemperat quicquid de se testatur.⌐ Delirant ergo quicunque scire appetunt quid sit Deus : quia Spiritus perfectae sapientiae doctor, ad τὸ γνωστὸν nos non frustra revocat.⟩ Quomodo autem sit cognitum, mox subiiciet. Atque **In ipsis,** [dixit] magis quam [simpliciter], Ipsis, ad maiorem energiam. ⟨Tametsi enim Hebraicae linguae phrases passim
30 usurpat Apostolus, in qua ⌐ב⌐ Beth saepius redundat⟩ : ⟨hic tamen videtur⟩ voluisse indicare manifestationem qua propius urgeantur quam ut refugere queant⟨ : ut certe eam cordi suo insculptam quisque nostrum sentit⟩. [Quod dicit, **Deum manifestasse,** sensus est, ideo conditum esse hominem ut spectator sit fabricae mundi : ideo datos ei oculos, ut intuitu tam pulchrae imaginis, ad authorem ipsum feratur.]

20 **Invisibilia enim ipsius.** Deum per se invisibilis est : sed quia elucet eius maiestas in operibus et creaturis universis, debuerunt illinc homines agnoscere : nam artificem suum perspicue declarant. Qua ratione Apostolus ad Hebraeos, secula dicit esse specula, seu spectacula rerum
40 invisibilium. Non recenset autem [sigillatim] quae in Deo considerari possunt : sed docet ad aeternam usque eius potentiam et Divinitatem perveniri. Nam qui omnium est author, eum oportet sine initio esse, et a

---

11 *A om.*   11-12 *A* accipiatur   17-18 *A B* quod idem est   19 *A B* Pro eo,
22-27 *A om.*   24-25 *B om.*   28 *A B om.*   28 *A B om.*   29-30 *A om.*   30 *B om.*   30-31 *A* Videtur enim   32-33 *A om.*   33-35 *A B om.*   40 *A B om.*

---

39 *C* Heb 11.3*

seipso. Ubi eo ventum est, iam se profert Divinitas : quae nisi cum
singulis Dei vírtutibus nequit consistere, quando sub ea omnes
continentur.   **In hoc ut sint inexcusabiles.** Hinc facile constat,
quantum ex hac demonstratione homines consequantur: nempe ut
nullam possint afferre defensionem in iudicium Dei quin iure sint
damnabiles. Sit ergo haec distinctio : Demonstrationem Dei qua gloriam
suam in creaturis perspicuam facit, esse, quantum ad lucem suam, satis
evidentem: quantum ad nostram caecitatem, non adeo [sufficere]. Caete-
50 rum non ita caeci sumus, ut ignorantiam possimus praetexere quin
perversitatis arguamur. Concipimus Divinitatem : deinde eam quaecunque est, colendam esse ratiocinamur. Sed hic deficit sensus noster,
antequam assequatur aut quis, aut qualis sit Deus. Quare Apostolus ad
Hebraeos. fidei tribuit istud lumen, ut in mundi creatione vere proficiat.
Neque abs re: caecitate enim impedimur ne pertingamus ad scopum.
videmus eatenus nequid iam possimus tergiversari. Utrunque eleganter
demonstrat Paulus, Act. 14. 17, quum dicit, Dominum in praeteritis
generationibus reliquisse Gentes in ignorantia: neque tamen se reliquisse
60 ἀμάρτυρον, quoniam dedit pluvias et ubertatem e caelo. ⟨Multum
itaque haec Dei notitia, quae tantum ad tollendam excusationem valet,
a salvifica illa differt cuius meminit Christus Iohan. 17. 3, et in qua
gloriandum esse docet Ieremias, ⌐cap. 9. 24.⌐⟩
      21 **Quia quum Deum cognovissent.** Hic aperte testatur, Deum om-
nium mentibus sui cognitionem insinuasse: hoc est, sic se demonstrasse
per opera, ut illi necessario conspicerent [quod sponte non quaerunt, esse
scilicet aliquem Deum: quia neque fortuito extitit mundus, nec a se
prodiit.] Sed notandum semper, in quo notitiae gradu haeserint, [sicuti
nunc sequitur].   **Non ut Deum glorificaverunt.** Concipi Deus
70 non potest sine sua aeternitate, potentia, sapientia, bonitate, veritate,
iustitia, misericordia. Aeternitas ex eo liquet, quod author est omnium.
Potentia, quod tenet omnia in sua manu, facitque ut in se consistant.
Sapientia, ex ordinatissima dispositione. Bonitas, quia nihil causae erat
cur conderet omnia, neque alia ratione moveri potest ut conservet quam
ob illam ipsam. Iustitia, in administratione: quia sontes punit, innocentes
vindicat. Misericordia, quod tanta patientia tolerat hominum perversita-
tem. Veritas, ex eo quod immutabilis est. Ergo qui ⟨conceptam Dei

---

50 *A B* sufficienter   60-63 *A om.*   63 *B om.*   66-68 *A B om.*   68-69 *A B om.*   77-78
A Dei conceptionem

---

55 *C* Heb 11.3*

notitiam⟩ habet, iam illi laudem debet aeternitatis, sapientiae, bonitatis, iustitiae. Eiusmodi virtutes quum non recognoverint homines in Deo, sed
80 somniarint tanquam inane phantasma: merito dicuntur illum sua gloria improbe spoliasse. Neç sine causa subdit, **gratos non fuisse:** quia nemo est qui non infinitis eius beneficiis sit obaeratus. ⟨Adeoque vel hoc solo nomine satis superque nos sibi obstringit, quum se nobis patefacere dignatur.⟩ **Sed [exinaniti sunt in, etc.]** Id est derelicta Dei veritate, ad sensus sui vanitatem conversi sunt: cuius ⟨omnis perspicacia inanis est⟩, et instar fumi dilabitur. Atque ita tenebris obvoluta stolida eorum mens, nihil rectum percipere potuit: sed modis omnibus praecipitata est in errores et mendacia. ⟨Haec illa est iniustitia, quod semen rectae notitiae mox sua pravitate suffocant, priusquam in ⌐segetem⌐
90 emergat⟩.

22 **Quum enim putarent.** Ex hoc loco argumentum vulgo sumunt, ut putent Paulo hic negotium esse cum philosophis qui peculiariter arrogarunt sibi sapientiae famam. Atque ita procedere orationem putant, ut deiecta magnorum excellentia, sequatur, neque in ipso vulgi grege esse aliquid laude dignum. Sed videntur illi mihi nimium infirma ratione moti esse. neque enim id proprie in philosophos competit, quod in Dei cognitione putarint se esse sapientes: sed aeque commune est gentium, ordinumque omnium. Nemo enim fuit qui non voluerit Dei maiestatem sub captum suum includere: ac talem Deum facere qualem percipere
100 posset ⟨suopte sensu. Non discitur inquam haec temeritas in scholis, sed nobis ingenita, ex utero (ut ita loquar) nobiscum prodit. Constat enim hoc malum seculis omnibus grassatum esse, ut sibi in comminiscendis superstitionibus nihil non permitterent homines.⟩ Haec igitur arrogantia taxatur: quod quum deberent in humilitate sua dare gloriam Deo, voluerint apud semet sapere, et Deum ad suam humilitatem ⟨detrahere⟩. ⟨Nam principium illud retinet Paulus, Neminem, nisi propria culpa, a Dei cultu esse alienum. acsi diceret, Quoniam superbe se extulerunt⟩, ⟨iusta⟩ Dei ultione ⟨fuerunt infatuati⟩. Prompta ⟨etiam ratio est⟩ quae adversus [illam quam repudio, interpretationem] militet: quia non habuit
10 a philosophis originem error iste de affingenda Deo imagine, sed ipsi ab aliis acceptum, suo quoque calculo approbarunt.

23 **Et mutaverunt.** Postquam Deum talem [finxerunt], qualem carnali suo sensu apprehendere poterant, longe abfuit quin verum Deum

---

82-84 *A om.* 84 *A B* evanuerunt 85-86 *A* rationes omnes inanes sunt 88-90 *A om.*
89 *B* semen 100-3 *A om.* 5 *A* deiicere 6-7 *A om.* 8 *A* Iusta ergo 8 *A* infatuati
sunt 8 *A* est etiam ratio 9 *A* eos *B* opinionem illam 12 *A B* conceperunt

agnoscerent: sed factitium et novum Deum, [vel potius eius loco spectrum] sunt fabricati. Id est quod dicit, eos mutasse Domini gloriam, [quia perinde acsi quis supponeret alienum partum], [sic] a vero Deo recesserunt. Nec excusantur eo praetextu, quod Deum nihilominus in caelo habitare credant: lignum non pro Deo habeant, sed pro simulachro. nam hoc ipsum Deo contumeliosum est, quod eius maiestatem tam
20 crasse imaginantur ut simulachrum illi adaptare ausint. Atqui talis audaciae scelere nemo eximi potest: non sacerdotes, nec legislatores: non philosophi, quorum maxime sobrius Plato, formam ipse quoque in Deo vestigat. Haec igitur insania notatur, quod omnes sibi Deum voluerunt figurare: quod certo arguit crassas ac stultas eorum de Deo phantasias. Ac primum Dei maiestatem conspurcarunt similitudine hominis corruptibilis. Sic enim vertere malui quam cum Erasmo, Mortalis: quia non solam Dei immortalitatem, hominis mortalitati opponit Paulus: sed gloriam illam, nullis vitiis obnoxiam miserrimae hominis conditioni. Deinde non contenti tanto flagitio, usque ad belluas, et eas quidem in suo
30 genere foedissimas, descenderunt. Ubi clarius etiamnum deprehenditur eorum stupor. De his abominationibus habes apud Lactantium, Eusebium, Augustinum in ⟨lib. de⟩ Civitate Dei.

   24   *Propterea tradidit illos Deus in cupiditates cordium suorum in immunditiem: ut ignominia afficerent corpora sua in seipsis.*

   25   *Qui transmutarunt veritatem eius in mendacium: et coluerunt, ac venerati sunt creaturam supra Creatorem: qui est benedictus in secula. amen.*

   26   *Propterea inquam tradidit illos Deus in passiones ignominiosas. etenim foeminae ipsorum transmutarunt naturalem usum, in eum qui est*
40 *praeter naturam:*

   27   *Similiter et viri quoque, omisso naturali usu foeminae, exarserunt mutua libidine, alii in alios: masculi in masculis foeditatem perpetrantes, et quam decebat, erroris sui mercedem in seipsis recipientes.*

   28   *Et quemadmodum non probaverunt Deum habere in notitia: tradidit illos Deus in reprobam mentem, ad facienda quae non decerent:*

14-15 *A B om.*   16 *A B om.*   16 *A B* sic ergo   32 *A om.*

---

22 *Plato, Timaeus 33-4*   26 *Eras L¹:* in assimilatione imaginis corruptibilis hominis *Eras L²⁻⁵:* non solum ad mortalis hominis similitudinem   *Vg:* as Calvin   31 *Lactantius, Inst. V, cap.xi, PL 6,575-80, and cap.xx, PL 6,611-8*   31-32 *Eusebius, Praep. Ev. I, cap.iv, PG 21,35-44, and II, cap.iii,etc., PG 21, 119 seq.*   32 *Augustinus, De Civ. Dei II-X, PL 41, 47-316*

29 *Ut essent pleni omni iniustitia, nequitia, libidine, avaritia, malitia, referti invidia, homicidio, contentione, dolo, perversitate, susurrones,*

30 *Obtrectatores, osores Dei, malefici, contumeliosi, fastuosi, repertores malorum, parentibus immorigeri,*

50   31 *Intelligentiae expertes, insociabiles, affectu humanitatis carentes, foedifragi, sine misericordiae sensu.*

32 *Qui quum Dei iudicium cognoverint, quod qui talia agunt, digni sunt morte : non tantum ea faciunt, sed assentiuntur facientibus.*

24 **Propterea tradidit.** Quia clandestinum est malum impietas: ne adhuc tergiversentur, ostendit crassiori demonstratione illos non posse elabi quin iusta damnatione teneantur: siquidem illam impietatem sequuti sunt fructus, unde licet colligere manifesta irae Domini [indicia]. Quod si iusta est semper ira Domini, sequitur praecessisse quod illos redderet damnabiles. A signis ergo nunc urget hominum apostasiam et
60 defectionem: siquidem ita ulciscitur Dominus eos qui se ab ipsius bonitate alienarunt, ut in multiplicem [perditionem] ac ruinam deiiciat praecipites. Ac similitudinem vitiorum quibus laborant, cum impietate comparando, cuius eos supra accusavit, probat eos ita poenas iusto Dei iudicio pendere. Nam quum nihil potius sit nobis nostro honore, haec summa est caecitas, ubi non dubitamus in nos ipsos esse contumeliosi. Quare convenientissima est poena irrogato Divinae maiestati probro. Id unum exequitur usque ad finem capitis, sed variis modis agitat, quod res indigebat multa amplificatione. Hoc est igitur in summa quod contendit, Hinc apparere, non esse excusabilem hominum erga Deum ingratitudi-
70 nem, quod certis documentis iram Dei saevire in se produnt. Nunquam enim in tam foedas cupiditates, belluarum more, provolverentur, nisi infestum adversumque sibi haberent Dei numen. Quum ergo passim abundent pessimis flagitiis, extare ⟨in illis colligit⟩ Divinae ultionis testimonia. Iam si haec nunquam temere aut inique [saevit], sed moderationem aequitatis semper tenet: inde constare ⟨innuit⟩ quam certum omnibus impendeat, nec minus iustum exitium. De modo quo Deus hominem in vitium tradit, minime necessarium hoc loco texere longam quaestionem. certum ⟨quidem est⟩, non sinendo tantum et connivendo, illum permittere ⟨homines⟩ prolabi: sed iusto iudicio sic ⟨ordinare⟩, ut
80 tum a propria concupiscentia, tum a diabolo in eiusmodi rabiem [agantur et ferantur]. ⟨Ideo **Tradendi** voce utitur, ex perpetuo Scripturae

---

57 *A B* indicia   *C* iudicia   61 *A B* confusionem   73 *A om.*   74 *A B* inflammatur   75 *A om.*   78 *A* enim   79 *A* hominem   79 *A* dispensare   81 *A B* exagitetur   81-87 *A om.*

more: quam vocem nimis violenter torquent qui sola Dei permissione in
peccatum agi nos putant. Nam ut minister irae Dei est Satan et quasi
carnifex, ita non dissimulatione, sed mandato iudicis in nos armatur.
Neque tamen ideo aut crudelis Deus, aut nos innoxii, quando aperte
ostendit Paulus, nos non aliter addici in eius potestatem, quam si tali
poena digni simus.⟩ Tantum id excipiamus, peccati causam a Deo non
provenire : cuius radices in peccatore ipso perpetuo resident. Illud enim
verum esse oportet. Perditio tua Israel : in me tantummodo auxilium
90   tuum. Quum cordis humani cupiditates cum immunditia coniungit, tacite
innuit quos partus cor nostrum generet, ubi semel relictum est sibi.
Particula, **in seipsis,** emphaseos non caret: significantius enim exprimit
quam profundas et ineluibiles ignominiae notas corporibus suis inusse-
rint.

25   **Qui transmutaverunt.** Rationem, licet aliis verbis, non tamen
diversam a supradicta repetit: quo melius animis infigat. Dum veritas
Dei in mendacium mutatur, obliteratur eius gloria. iustum est igitur,
omni genere ignominiae eos respergi qui et suum Deo honorem detrahere, et probrum irrogare conati sunt.   **Et coluerunt.** Ut duo
100 verba uni syntaxi adaptarem, sic reddidi. Idololatriae flagitium proprie
notat. Creaturae enim dari honor, religionis causa, non potest quin a
Deo [indigne et per sacrilegium] transferatur. frustraque excusatur,
propter Deum imagines coli: quando hunc cultum non agnoscit, nec sibi
acceptum fert Deus. Et omnino tunc non colitur verus Deus, sed
factitius, quem sibi caro somniavit. Et quod subditur, **Qui est benedictus,**
in maiorem ⟨idololatrarum ignominiam⟩ dictum interpretor, in hunc
sensum, Quem solum honorari, adorarique oportuit[, et cui fas non fuit
quicquam vel minimum auferri].

26   **Propterea tradidit illos Deus.** Velut interposita parenthesi redit ad
10   id quod prius coeperat de ultione Domini: ac primum specimen affert in
horrendo facinore praeposterae veneris: unde constat non prostitutos
modo fuisse in beluinas cupiditates, sed infra bestias prorupisse, quum
totum naturae ordinem everterint. Deinde enumerat longam vitiorum
seriem, quae quum seculis omnibus extiterunt: tum vero passim regna-
bant licentissime. Nec refert quod non laborabant singuli tanta vitiorum
colluvie : nam in vulgari hominum turpitudine taxanda satis est si ad
unum omnes recognoscere aliquem naevum coguntur. Sic ergo haben-

---

2 *A B* derivetur et   6 *A* idolatrarum confusionem   7-8 *A B om.*

89-90 *C* Hos 13.9*

dum est, Paulum hic ea flagitia perstringere, quae et seculis omnibus
vulgaria fuerant, et ea potissimum aetate erant passim conspicua. Nam
20 illa quam brutae pecudes abominantur, spurcitia, mirum quantopere
tum divulgata esset: alia vero, popularia erant. Deinde eum catalogum
scelerum recensere in quo universum hominum genus comprehendatur.
Nam etsi non omnes vel homicidae sunt, vel fures, vel adulteri: nemo est
tamen qui non deprehendatur aliquo vitio inquinatus. **Passiones ignominiae** vocat, quae hominum etiam opinione sunt pudendae. Respondent
autem Dei inhonorationi.

27 **Quam decuit erroris mercedem.** Excaecari enim merentur, ut
obliviscantur sui, nec quid sibi conveniat videant, qui ad oblatam Dei
lucem oculos clauserunt sua malignitate, ne gloriam eius conspicerent[:
30 denique ut caecutiant in meridie, quos non puduit extinguere (quantum
in se erat) Dei gloriam quae sola nos illustrat].

28 **Et quemadmodum non probaverunt.** Observanda in verbis allusio,
quae aequam peccati et poenae relationem eleganter indicat. Quia non
probaverunt permanere in Dei cognitione, [quae sola mentes nostras ad
recte sapiendum dirigit,] perversam illis mentem dedit Dominus, quae
nihil iam probare posset. Quod autem ait non probasse, perinde est acsi
diceret, cognitionem Dei non esse persequutos quo debuerant studio, sed
cogitationem potius suam [data opera] a Deo avertisse. ⟨Significat ergo
eos prava electione praetulisse Deo suas vanitates: atque ita voluntarium
40 quo decepti sunt, errorem fuisse.⟩   **Ut facerent quae non
decent.** Quia unum hactenus specimen illud execrabile proposuit, quod
vulgare quidem inter multos, non tamen omnium commune erat, hic
incipit enumerare vitia quorum nemo immunis reperiatur. Nam etsi in
singulis (ut dictum est) non simul emineant omnia, sunt tamen alicuius ex
illis conscii sibi omnes: ut pro se quisque argui possit non obscurae
pravitatis. Initio quod Indecora vocat, intellige ab omni rationis iudicio
abhorrentia et aliena hominum officiis. Mentis enim inversae notas
profert, quod sine delectu iis sceleribus se homines obligarunt quae
communis sensus respuere debeat. Porro in contexendo vitiorum ordine
50 frustra laboratur, ut aliud ex alio ducatur: quum id non fuerit Pauli
propositum, sed congerere prout quodque primum occurrebat. [Quid
singula significent], brevissime percurramus. ⟨Iniustitiam⟩ intellige,
quum violatur inter homines ius humanitatis, non reddendo unicuique

---

29-31 *A B om.*   34-35 *A B om.*   38 *A B om.*   38-40 *A om.*   51-52 *A B* Significata
52 *A* Iustitiam

quod suum est. Πονηρίαν, ex Ammonii sententia reddidi Nequitiam. ille enim πονηρὸν docet esse δραστικὸν κακοῦ. Nequitia ergo erit exercitata malitia: vel solutior malitiae patrandae licentia. Malitia vero, pravitas illa et obliquitas mentis quae ad noxam proximis inferendam contendit. Posui Libidinem ubi Paulus πορνείαν. neque tamen reclamo, siquis Scortationem malit: tam enim cupiditatem interiorem quam externam
60 actionem significat. Avaritiae, invidiae, homicidii vocabula non dubiam habent significationem. Sub Contentione, tum iurgia, tum pugnas, tum seditiosas motiones comprehendit. Κακοηθεία, pro qua nos Perversita-tem reddidimus, insignis ac notabilis improbitas: ubi homo velut obduc-to callo, in corruptione morum obduruit ex consuetudine et malo habitu. Θεοστυγεῖς sunt haud dubie Dei osores. Nam ut in passivo positum dicatur, nulla est ratio, quum Paulus hic homines ex vitiis evidentibus reos faciat. Designantur ergo ii qui Deum aversantur, cuius iustitiam suis nequitiis obstare vident. Susurrones et obtrectatores sic distinguuntur, quod illi clanculariis delationibus, amicitias [bonorum] dirimunt, animos
70 ad iracundiam inflammant, innocentes suggillant, serunt discordias, etc. Hi ingenita quadam malignitate nullius famae parcunt: et quasi maledi-cendi rabie vexati, merentes simul ac immerentes proscindunt. Υβριστὰς transtulimus maleficos: quoniam authores Latini insignes iniurias, ut sunt direptiones, furta, incendia, veneficia, quas hic voluit signare Paulus, maleficia solent appellare. Contumeliosos vocavi, quos Paulus ὑπερηφάνους, quia hoc sonat Graeca dictio. Inde enim est nomen quod tales velut in sublime evecti, omnes tanquam inferiores contemptim despiciunt, neque possunt ad aequalitatem spectare. Fastuosi sunt qui inani praefidentiae vento turgent. Insociabiles sunt qui ab hominum
80 societate conservanda per iniquitates dissiliunt, [vel in quibus nulla est fidei synceritas vel constantia, quasi dicas foedifragos]. Sine affectu humanitatis, qui primos quoque naturae sensus erga suos exuerunt. Quia misericordiae defectum inter signa depravatae humanae naturae ponit: hinc colligit Augustinus adversus Stoicos, misericordiam esse virtutem Christianam.   **Qui quum Dei iustitiam.** Quanquam hic locus varie tractatur, haec mihi expositio videtur verissima: homines ad effraenem peccandi lasciviam nihil reliqui fecisse, quod sublato bonorum et malorum discrimine, quae Deo displicere et iusto eius iudicio damna-

---

69 *A B* honorum   80-81 *A B om.*

---

54 *Ammonius, De Adfin. Vocab. Diff. §263*   84 *Augustinus, de Civ. IX, 4-5; PL 41, 258-61; de Civ. XIV, 8-9; PL 41, 411-7*

tum iri noverant, tam in se, quam in aliis approbarint. Hic enim summus
90 malorum cumulus, ubi adeo depuduit peccatorem, ut tum suis vitiis
blandiatur, nec vituperio sibi verti sustineat : tum eadem in aliis suffragio
applausuque foveat. sic desperata improbitas in Scripturis describitur,
Gloriantur quum malefecerint. Item, Divaricavit pedes suos, gloriata
est in malitia sua. ⟨Nam quem pudet, is adhuc est sanabilis. Ubi autem
ex peccandi consuetudine talis impudentia contracta est ut vitia loco
virtutum placeant ac probentur, nulla amplius spes est correctionis.⟩
Ideo autem sic interpretor, quod video Apostolum voluisse hic gravius
aliquid et sceleratius ipsa vitiorum perpetratione perstringere. Id quale sit
non intelligo: nisi referamus ad istam nequitiae summam, ubi miseri
100 homines contra Dei iustitiam, [abiecta verecundia] vitiorum patrocinium
suscipiunt.

CAP. II.

1   *Propterea inexcusabilis es, o homo, quicunque iudicas. in quo enim
iudicas alterum, teipsum condemnas: eadem enim facis dum iudicas.*
2   *Novimus autem quod iudicium Dei est secundum veritatem in eos qui
talia agunt.*

Haec obiurgatio in hypocritas stringitur: qui dum externae sanctimoniae offuciis perstringunt hominum oculos, securitatem etiam coram Deo
concipiunt, acsi probe illi satisfacerent. Paulus ergo postquam crassiora
demonstravit vitia, ne quem iustum coram Deo relinquat, hoc genus
10 sanctulos aggreditur qui sub primo catalogo comprehendi non poterant.
Iam planior faciliorque est deductio, quam ut mirari quis debeat unde
colligat Apostolus hanc rationalem. Ideo enim inexcusabiles facit, quia et
ipsi Dei iudicium norunt, [Legem nihilominus] transgrediuntur: acsi
diceret, Tametsi non consentis aliorum vitiis, imo videris ex professo
hostis ac vindex vitiorum: quia tamen ab illis non es immunis, si te vere
consideras, non potes obtendere ullam defensionem.   **In quo
enim iudicas alterum.** Praeter elegantem verborum Graecorum allusionem κρίνειν καὶ κατακρίνειν, notanda est exaggeratio qua utitur
adversus eos. Perinde enim valet loquutio acsi diceret, Bis es damnabilis,

---

94-96 *A om.*   100 *A B om.*   13 *A B* ac

---

92 *C* Prov 2.14*   93 *C* Ezek 16.25   Jer 11.15*

20 qui iisdem obnoxius es vitiis quae in aliis carpis et accusas. Nota est
siquidem sententia, Legem sibimetipsis indicere innocentiae, continen-
tiae, virtutumque omnium, eos qui ab altero rationem vitae reposcunt:
nec ulla esse venia dignos, si eadem admittant quae sumpserint in alio
corrigenda.   **Eadem enim facis iudicans.** [Ita est ad verbum.]
[Porro sensus est], Etiamsi iudices, nihilominus agis. Et agere dicit,
quia non recto sint animo: quandoquidem peccatum proprie animi
est. Itaque seipsos eo condemnant, quia furem, aut adulterum, aut
maledicum improbando, non in personas ferunt iudicium, sed in vitia,
quae ipsorum quoque ossibus adhaerent.   **Scimus autem**
30 **quod iudicium Dei, etc.** [Consilium Pauli est, blanditias hypocritis
excutere, ne se magnum aliquid adeptos putent, si vel a mundo
laudentur, vel se ipsi absolvant: quia longe aliud examen eos in
caelo maneat. Porro] [quia] ipsos interioris impuritatis insimulat, quae
ut humanos oculos latet, redargui convincique nequeat humanis testimoniis, ad Dei iudicium provocat, cui nec tenebrae ipsae sunt absconditae,
et cuius sensu tangi, [peccatoribus velint nolint,] necesse est. Veritas
porro haec iudicii in duobus consistit: quod sine personarum respectu,
delictum puniet, in quocunque deprehenderit homine: deinde quod
externam speciem non moratur: nec opere ipso contentus est, nisi a vera
40 synceritate animi prodeat. Unde sequitur, non obstare larvam fictae
sanctimoniae quominus vel in occultam pravitatem suo iudicio animad-
vertat. [Est autem Hebraica phrasis, quia Veritas tantundem saepe valet
Hebraeis, atque interior cordis integritas: atque ita non solum crasso
mendacio, sed externae bonorum operum apparentiae opponitur. Tunc
autem demum expergefiunt hypocritae, quum Deus non tantum de
fucosa iustitia, sed de occultis affectibus iudicium dicitur facturus.]

    3 *Existimas autem, o homo qui iudicas eos qui talia faciunt, et eadem*
facis, quod ipse effugies iudicium Dei?

    4 *An divitias bonitatis ipsius, tolerantiaeque, ac lenitatis contemnis,*
50 *ignorans quod bonitas Dei te ad poenitentiam deducit?*

    5 *Sed iuxta duritiam tuam, et cor poenitere nescium, thesaurizas tibi*
iram in die irae, et revelationis iusti iudicii Dei,

    6 *Qui redditurus est unicuique secundum ipsius opera:*

    7 *Iis quidem, qui per boni operis perseverantiam, gloriam et honorei.*
immortalitatem quaerunt, vitam aeternam:

---

24 *A B om.*   25 *A B* Id est   30-33 *A B om.*   33 *A B* Quoniam   36 *A B* peccatori, velit,
nolit   42-46 *A B om.*

8 *Iis vero qui sunt contentiosi, ac veritati immorigeri, iniustitiae autem obtemperant, excandescentia, ira, tribulatio.*

9 *Et anxietas in omnem animam hominis perpetrantis malum, Iudaei primum, simul et Graeci.*

60 10 *At gloria et honor et pax [omni] operanti bonum, Iudaeo primum, simul et Graeco.*

3 **Existimas autem o homo, etc.** Quoniam praecipiunt rhetores, ne ante ad vehementiorem obiurgationem descendatur, quam convictum crimen fuerit: posset cuipiam videri inepte hic insurgere Paulus, qui nondum peracta, quam intendebat, accusatione, tam acriter invehatur. Verum secus habet res. satis enim firma probatione ipsos peccati reos peregit: quandoquidem non accusabat coram hominibus, sed conscientiae iudicio arguebat. Hoc autem plane duxit esse probatum quod volebat, nempe si in se descenderent, ac Divini iudicii admitterent
70 examen, non posse iniquitatem suam inficiari. Nec sine magna necessitate facit, quod tanta severitate atque acerbitate fictam istam sanctitatem obiurgat: mira enim securitate id genus hominum in se acquiescit, nisi illi inanis fiducia violenter [excutitur]. Meminerimus ergo, hanc optimam esse convincendae hypocriseos rationem, si ab ebrietate sua expergefacta, in lucem Divini iudicii attrahatur. **Quod effugies, etc.** A minori est argumentum. Nam si hominis iudicio obnoxia esse flagitia oportet: multo magis Dei, qui iudex est unicus omnium. [Divino quidem instinctu feruntur homines ad damnanda scelera, sed haec obscura et tenuis est duntaxat iudicii eius adumbratio.] Valde igitur desipiunt qui
80 fallere se putant iudicium Dei, qui ne suo quidem iudicio alios elabi sinunt. Nec emphasi caret, quod [iam iterum] expressit Hominis nomen, ut hominem Deo comparet.

4 **An divitias, etc.** Non mihi videtur hic esse dilemma, quod nonnulli putant: sed prolepsis. Quoniam enim hypocritae fere prospero rerum successu inflantur acsi Domini clementiam suis benefactis promeriti essent, atque ita magis in Dei contemptum obdurescunt: occurrit eorum arrogantiae Apostolus: atque argumento a contraria causa sumpto, demonstrat, non esse cur Deum sibi propitium ab externa prosperitate reputent, quando illi longe diversum est benefaciendi consilium, quo
90 scilicet peccatores ad se convertat. ⟨Ergo ubi non regnat Dei timor, securitas in rebus prosperis, est contemptus ac ludibrium immensae eius bonitatis. Unde sequitur, graviores poenas iure daturos quibus in hac

---

60 *A B* omnis   73 *A B* excutiatur   77-79 *A B om.*   81 *A B om.*   90-94 *A om.*

vita Deus pepercerit, quia ad reliquam pravitátem accessit quod paternam Dei invitationem respuerunt.⟩ [Quanquam autem omnia Dei beneficia totidem sunt paternae eius bonitatis testimonia : quia tamen
diversum saepe in finem respicit, perperam impii, dum suaviter et
benigne eos fovet, quasi ei chari essent, sibi in laeta fortuna
gratulantur.]   **Ignorans quia benignitas, etc.** Dominus enim sua
lenitate nobis eum se esse ostendit ad quem converti debeamus, si
100 cupimus bene habere : simulque fiduciam erigit expectandae misericordiae. Si Dei beneficentia non utimur in hunc finem, abutimur. Quanquam non uno semper modo accipienda est : servos enim suos dum
indulgenter tractat Dominus, ac terrenis benedictionibus prosequitur,
suam benevolentiam eiusmodi symbolis declarat, ac simul assuefacit ad
quaerendam in se uno bonorum omnium summam. Transgressores Legis
dum eadem excipit indulgentia, sua benignitate vult quidem emollire
ipsorum contumaciam : non tamen se illis propitium iam esse testatur,
quin potius eos ad resipiscentiam vocat. Siquis autem iniiciat, Dominum
surdis canere quandiu intus corda non afficit : respondendum, nihil hic
10 posse accusari nisi nostram pravitatem. Caeterum in verbis Pauli, malo
Deducit, quam Invitat : quia illud plus quiddam significat. Neque tamen
pro Adigere accipio, sed pro Manu ducere.

5 **Secundum duritiam tuam, etc.** Ubi ad Domini monitiones obdurui-
mus, sequitur impoenitentia : qui vero non sunt de resipiscentia soliciti, ii
manifeste tentant Dominum. Et insignis est locus : unde discendum est,
⟨quod prius attigi,⟩ impios non modo in dies sibi gravius cumulare Dei
iudicium quantisper hic vivunt : sed etiam cessurum illis in condemnationem quicquid donorum Dei assidue usurpant. ratio enim omnium
reposcetur. Quod autem [in extremum illis scelus] merito [imputabitur],
20 [tunc] comperietur, Dei benignitate factos esse deteriores, qua [saltem]
emendari eos oportuerat. Cavendum ergo ne illicito bonorum abusu
infelicem hunc thesaurum nobis reponamus.   **In die irae.** Sic
est ad verbum : sed pro εἰς ἡμέραν, In diem. Nam colligunt impii nunc
adversum se Dei indignationem, cuius vis tunc in caput eorum [se
effundet : occultam perniciem accumulant, quae tunc ex Dei thesauris
explicabitur]. Dies autem supremi iudicii, dies irae vocatur, dum sermo
est ad impios : quum dies sit redemptionis fidelibus. Ita et aliae quaelibet
visitationes Domini semper impiis describuntur horrendae et minaces :
piis contra, suaves et iucundae. Proinde quoties meminit Scriptura

---

94-98 *A B om.*   16 *A om.*   19 *A B* extremae nequitiae   19 *A B* vertetur :   20 *A B om.*
20 *A B om.*   24-26 *A B* effundatur

30 propinquitatis Domini, pios exultare laetitia iubet: dum autem ad
reprobos se convertit, nihil quam terrorem incutit ac formidinem. Dies
irae, dicit Sophonias, 1.15, Dies illa, dies tribulationis et angustiae: dies
calamitatis et miseriae: dies tenebrarum et caliginis: dies nebulae et
turbinis. Similia quoque habes Ioelis, 2.2 Amos vero, 5.18, etiam
exclamat, Vae desiderantibus diem Domini. ad quid eam vobis? Dies illa
Domini, tenebrae et non lux. Porro quum addit vocabulum Revelationis
Paulus, innuit quis ille sit irae dies, nempe quum Dominus iudicium
suum manifestabit: cuius tametsi indicia quaedam quotidie praebet,
liquidam tamen ac plenam manifestationem in eam diem [suspendit ac
40 continet]. Tunc enim libri aperientur, tunc segregabuntur agni ab hoedis,
et frumentum zizaniis repurgabitur.

6 **Qui reddet unicuique, etc.** Quia illi cum caecis sanctulis negotium
est, qui bene obtectam putant cordis nequitiam modo nescio quibus
inanium operum fucis praetexatur, veram operum iustitiam statuit, quae
sit coram Deo locum habitura, ne sufficere confidant ad eum placandum,
si verba et solas nugas [vel folia] attulerint. Porro in hac sententia non
tantum est difficultatis, quantum vulgo putatur. Reproborum enim
malitiam iusta ultione si puniet Dominus, rependet illis quod meriti sunt.
Rursum quia sanctificat quos olim statuit glorificare: in illis quoque
50 bona opera coronabit, sed non pro merito. Neque id evincetur ex hac
sententia, quae tametsi praedicit quam mercedem habitura sint bona
opera, nequaquam tamen quid valeant, [vel quid illis debeatur pretii]
pronuntiat. ⟨Stulta autem consequentia est, ex mercede statuere
meritum.⟩

7 **Iis quidem qui secundum perseverantiam.** Ad verbum est **Patentiam,**
quo vocabulo plus aliquid exprimitur. Perseverantia enim est ubi quis
constanter benefaciendo non fathiscit: at tolerantia quoque in sanctis
requiritur, qua [licet] variis tentationibus oppressi, subsistant. Non enim
eos expedito cursu ad Dominum pergere Satan permittit: sed innumeris
60 offendiculis remorari eos, atque a recta via avertere nititur. Quod autem
dicit, fideles in bonis operibus persistendo, gloriam et honorem quaerere:
non significat eos alio aspirare, quam ad Dominum: aut aliquid eo
superius praestantiusve expetere, sed ipsum quaerere nequeunt quin
simul ad regni eius beatitudinem contendant: cuius descriptio sub horum
verborum periphrasi continetur. Sensus ergo est, Dominum vitam aeternam iis redditurum qui bonorum operum studio immortalitatem meditantur.

39-40 *A B* servat   46 *A B om.*   52 *A B om.*   53-54 *A om.*   58 *A B om.*

8 **Iis vero qui sunt contentiosi.** Aliquantum confusa est oratio.
Primum, ob abscissum tenorem: filum enim dictionis requirebat, ut
70 secundum collationis membrum priori cohaereret, in hunc modum,
Dominus iis, qui per boni operis perseverantiam, gloriam, honorem et
immortalitatem quaerunt, redditurus est vitam aeternam: contentiosis
autem et immorigeris, aeternam mortem. Tum subnecteretur illatio,
paratam illis quidem esse gloriam et honorem et incorruptionem: [his]
autem, repositam esse iram et afflictionem. Deinde quia voces illae,
Excandescentia, Ira, Tribulatio et Anxietas, duobus membris diversis
applicantur: sensum tamen orationis id minime turbat quo in scriptis
Apostolicis contenti sumus. Ex aliis enim discenda est eloquentia: hic sub
contemptibili verborum humilitate, spiritualis sapientia quaerenda est.
80 Contentio hic pro rebellione ponitur, et pervicacia[: quia cum hypocritis
confligit Paulus, qui crassa et supina indulgentia Deum subsannant].
Veritatis nomine simpliciter regula Divinae voluntatis, quae sola veritatis
lux est, designatur. Id enim omnium impiorum commune est, ut se
iniquitati in servitutem addicere semper malint, quam Dei [iugum]
recipere. at quantamlibet obedientiam simulent, non desinunt tamen Dei
verbo contumaciter obstrepere et obluctari. Siquidem ut Veritatem hanc
ludibrio habent qui palam sunt flagitiosi: ita hyprocritae factitios suos
cultus illi opponere non dubitant. Porro subiicit Apostolus, eiusmodi
contumaces, iniquitati servire: quia nihil medium est, quo minus in
90 peccati servitium mox concedant, qui subiugari a Domini lege noluerunt.
[Atque hoc quoque iustum praemium est furiosae licentiae, quod peccati
sunt mancipia, qui Dei obsequium gravantur.]   **Excandescentia et ira.** Sic vertere coegit me verborum proprietas. Graecis enim id
significat θυμός, quod Latinis excandescentiam notare docet Cicero,
Tusc. 4. nempe subitam irae inflammationem. In aliis sequor Erasmum.
Observa autem, ex quatuor quae recensentur, duo posteriora quasi
effectus esse priorum. Nam qui Deum sibi adversum iratumque sentiunt, extemplo prorsus conteruntur. ⟨Caeterum quum duobus verbis
tam piorum beatitudinem, quam reproborum interitum breviter indi-
100 care posset, utrunque pluribus amplificat: quo magis et efficacius
homines percellat irae Dei metu, et desiderium acuat obtinendae per
Christum gratiae. Nunquam enim Dei iudicium satis metuimus, nisi

---

74 *A* hijs   *B* iis   80-81 *A B om.*   84 *A B* iugum in se   91-92 *A B om.*   98-4 *A om.*

---

94 *Cicero, Tusc. 4,9,21*   95 *But Eras L¹⁻⁵*: indignatio, et ira, afflictio et anxietas

viva descriptione quasi statuatur ante oculos. Nec serio futurae vitae
studio ardemus, nisi multis flabellis incitati.⟩

9 **Iudaeo primum.** Mihi non dubium est quin Iudaeo Gentilem
simpliciter opponat. quos enim Graecos nunc appellat, eos Gentiles mox
dicet. Iudaei autem in huius causae actione praecedunt, qui prae aliis
habent Legis promissiones [et minas] : ⟨acsi diceret, Haec universalis est
Divini iudicii lex, quae a Iudaeis incipiet, et comprehendet totum
10 orbem⟩.

11 *Siquidem non est acceptio personarum apud Deum.*

12 *Quicunque enim sine Lege peccaverunt, sine Lege etiam peribunt:
quicunque vero in Lege peccaverunt, per Legem iudicabuntur.*

13 *Non enim Legis auditores iusti sunt apud Deum: sed qui Legem
faciunt, iustificabuntur.*

11 **Non est personarum acceptio.** Hactenus in genere [reos in iudicium
traxit universos mortales: nunc vero seorsum hinc Iudaeos, hinc Gentiles
arguere incipit: ac simul docet, non obstare quod alios ab aliis separat
discrimen, quin promiscue utrique morti aeternae sint obnoxii.] Gentiles
20 defensionem captabant ab ignorantia: Iudaei Legis titulo gloriabantur.
illis adimit tergiversationem, hos falsa et vana gloriatione spoliat. ⟨Est
igitur quaedam totius generis humani in duo membra partitio. Nam
Iudaeos segregaverat Deus a reliquis: omnium vero Gentium eadem erat
ratio. Nunc illud discrimen nihil obstare docet quominus in eundem
utrique colligati sint reatum.⟩ Caeterum Persona Scripturis usurpatur
pro rebus omnibus externis quae aliquo in pretio et honore haberi solent.
Quum ergo legis, non esse Deum acceptorem personarum, intellige illum
respicere cordis puritatem, ac interiorem innocentiam: non autem iis
immorari quae solent in hominum aestimationem venire, genus, patriam,
30 dignitatem, copias et similia: ut hic [Acceptio] accipitur pro delectu, ac
discretione inter gentem et gentem. Siquis autem hinc cavilletur, non esse
igitur gratuitam Dei electionem: respondendum esse duplicem hominis
acceptionem coram Deo. primam qua nos ex nihilo vocatos, gratuita
bonitate cooptat: quum nihil sit in [natura] nostra quod illi probari

---

8 *A B om.*   8-10 *A om.*   16-19 *A B* arguebat omnes homines: nunc vere incipit, sublato
discrimine, quo differre videbantur, hinc Iudaeos, inde gentiles seorsum reos agere.
21-25 *A om.*   30 *A B* exceptio   34 *A B* anima

---

11 *C* Deut 10.17*   14 *C* Matt 7.21*

queat. alteram qua ubi nos regeneravit, etiam cum suis donis amplectitur: ac quam in nobis recognoscit Filii sui imaginem, favore suo
prosequitur.

12 **Qui sine Lege peccaverunt.** Priore partitionis loco Gentes aggreditur: quibus tametsi nullus Moses datus fuerat, qui Legem illis a Domino
40 promulgaret ac [sanciret], id tamen obstare negat quominus iustum
mortis iudicium peccando sibi accersant: acsi diceret, iustae peccatoris
damnationi non esse necessariam Legis scriptae notitiam. Vide igitur
quale patrocinium suscipiant qui praepostera misericordia, Gentes
Euangelii lumine privatas, ignorantiae praetextu, Dei iudicio eximere
tentant.   **Qui in Lege peccaverunt.** Quemadmodum Gentes,
dum sensus sui erroribus feruntur, in foveam praecipites eunt: ita Iudaei
Legem in promptu habent qua iudicentur. Pronuntiata enim iampridem
sententia est, maledictos omnes qui non permanserint in omnibus eius
mandatis. Peior itaque conditio Iudaeos peccatores manet, quibus iam
50 sua est in Lege ⟨damnatio⟩.

13 **Non enim auditores Legis.** Prolepsis qua antevertit quam afferre
Iudaei exceptionem poterant. Quia Legem audiebant esse iustitiae
regulam, sola eius notitia superbiebant. Eam hallucinationem ut refellat,
negat Legis audientiam, seu intelligentiam quicquam habere ponderis, ut
iustitiam quis ex ea obtendat: sed proferenda esse opera, secundum illud,
Qui fecerit haec, vivet in ipsis. Hoc igitur tantum valet praesens sententia,
Si ex Lege iustitia quaeritur, impleri Legem oportere: quia in operum
perfectione posita est Legis iustitia. Qui hoc loco abutuntur ad erigendam operum iustificationem, etiam puerorum cachinnis sunt dignissimi.
60 Proinde ineptum est et extra locum, huc longas de iustificatione quaestiones ingerere ad solvendum tam futile cavillum. Tantum enim urget apud
Iudaeos Apostolus illud de quo meminerat, Legis iudicium, quod non
possint per Legem iustificari, nisi Legem impleant. si transgrediantur:
paratam mox esse ⟨illis⟩ maledictionem. Nos vero non negamus praescribi in Lege absolutam iustitiam: sed quia omnes transgressionis convincuntur, quaerendam esse dicimus aliam iustitiam. Quin ex hoc loco
argumentari licet, neminem operibus iustificari. si enim ii soli qui Legem
implent, per Legem iustificantur: sequitur nullum iustificari, quia nullus
reperitur qui iactare queat Legis complementum.

---

40 *A B* commendaret   50 *A* confusio   64 *A* in illis

47-49 *C* Deut 27.26*   56 *C* Deut 4.1*

70   14   *Quum enim Gentes, quae Legem non habent, natura quae Legis sunt faciant, ipsae Legem non habentes, sibi ipsae sunt Lex:*

15   *Quae ostendunt opus Legis scriptum in cordibus suis: simul attestante ipsorum conscientia, et cogitationibus inter se accusantibus, aut etiam excusantibus,*

16   *In die [qua] iudicabit Deus ⟨occulta⟩ hominum secundum Euangelium meum, per Iesum Christum.*

14 **Quum enim Gentes.** Probationem prioris membri nunc repetit. Non enim satis habet, nos verbo damnare, et iustum Dei iudicium adversum nos pronuntiare, sed rationibus id evincere apud nos conten-
80 dit, quo nos ad Christi desiderium amoremque magis excitet. Probat enim frustra obtendi a Gentibus ignorantiam, quum factis suis declarent, nonnullam se habere iustitiae regulam. Nulla enim gens unquam sic ab humanitate abhorruit, ut non se intra leges aliquas contineret. Quum igitur sponte ac sine monitore, gentes omnes ad leges sibi ferendas inclinatae sint: constat absque dubio quasdam iustitiae ac rectitudinis conceptiones, quas Graeci προλήψεις vocant, hominum animis esse naturaliter ingenitas. Habent ergo legem sine Lege: quia utcunque scriptam Mosis Legem non habeant, notitia tamen recti et aequi nequaquam prorsus carent. Neque enim aliter possent inter flagitium
90 virtutemque discernere: quorum alterum coercent poenis, alteram commendant, ac suo calculo approbatam, praemiis honorant. Naturam opposuit Legi scriptae, intelligens scilicet Gentibus naturalem iustitiae fulgorem illucere, qui Legis vicem suppleat qua Iudaei erudiuntur, ut sint ipsae sibi Lex.

15 **Quae ostendunt opus Legis scriptum.** Hoc est testificantur esse inscriptum cordibus suis discrimen et iudicium quo inter aequum et iniquum, honestum et turpe distinguant. Non enim intelligit, insculptum eorum voluntati ut appetant, et studiose persequantur, sed quia sic veritatis potentia vincuntur ut non possint non approbare. Cur enim
100 religiones instituunt, nisi quia Deum colendum iudicant? Cur scortari et furari pudet, nisi quia utrunque malum censent? Importune ergo ex hoc loco potestas voluntatis nostrae effertur: acsi facultati nostrae subiectam Legis observationem diceret Paulus: quum de implendae Legis potestate non loquatur, sed de notitia. [Nec vero cordis nomen pro sede affectuum,

75 *A·B* quando   75 *A* occultum   4-6 *A B om.*

sed tantum pro intellectu capitur: ut alibi, Non dedit Dominus tibi cor ad
intelligendum. Item, Stulti homines et tardi corde ad credendum.]
Praeterea nec ex eo colligendum est, hominibus inesse plenam Legis
cognitionem, sed quaedam duntaxat iustitiae semina esse indita ipsorum
ingenio: qualia sunt quod religiones instituunt omnes peraeque gentes,
10 adulterium Legibus plectunt, et furtum, et homicidium: bonam fidem in
commerciis ac contractibus commendaĥt. Sic enim testantur non se
latere, Deum colendum esse: adulterium et furtum et homicidium esse
mala: probitatem esse laudabilem. Nec interest qualem fingant Deum,
aut quot etiam deos fabricent: satis est quod Deum esse intelligunt, et illi
honorem cultumque deberi. Non refert an alienae mulieris, et possessio-
nis, et cuiusvis rei cupiditatem permittant: an ad iram odiumque
conniveant. nam quod perpetrare malum esse norunt, neque illis fas erit
concupiscere.   **Attestante conscientia [et cogitationibus].** Non
poterat fortius eos premere quam propriae conscientiae testimonio, quae
20 est instar mille testium. Conscientia benefactorum se sustentant ac
⟨consolantur⟩ homines: male sibi conscii, intra se torquentur ac crucian-
tur. Unde illae Ethnicorum voces, Amplissimum theatrum esse bonam
conscientiam: malam vero pessimum carnificem, ac saevius quibuslibet
furiis impios exagitare. Est igitur naturalis quaedam Legis intelligentia,
quae hoc bonum [atque expetibile] dictet, illud autem detestandum.
Observa autem quam erudite describat conscientiam, quum dicit nobis
venire in mentem rationes quibus, quod recte factum est defendamus:
rursum quae nos flagitiorum accusent ac redarguant. Rationes autem
istas accusandi ac defendendi, ad diem Domini confert: non quia sint
30 tunc primum emersurae, quae assidue nunc vigent, ac officium suum
exercent: sed quia sint tunc quoque valiturae, nequis ut frivolas et
evanidas contemnat. In die autem posuit, pro In diem: quemadmodum
et prius.
      16 **Quo iudicabit Deus occulta hominum.** Appositissima est iudicii
periphrasis ad locum praesentem: ut sciant [qui se libenter in latebras
stuporis abderent,] intimas illas et nunc in recessu cordis penitus latentes
cogitationes, in lucem tunc praedituras. ⟨Quemadmodum⟩ alibi, dum vult
Corinthiis ostendere quam nihili sint humana iudicia, quae in externis
larvis resistunt: iubet expectare donec venerit Dominus, qui illustret

---

18 *A B om.*   21 *A* consulantur   25 *A B om.*   35-36 *A B om.*   37 *A* ut

---

5 *C* Deut 29.4*   6 *C* Lk 24.26*   22 *Cicero, Tusc. II, xxvi, 64 and de Legibus XIV, 40* [*?*]
38 *C* I Cor 4.5*

40 occulta tenebrarum, et patefaciat occulta cordium. Id quum audimus,
succurrat nos admoneri, ⟨si⟩ volumus nos vere approbare nostro iudici,
⟨ut⟩ ad illam animi synceritatem enitamur. Addit **Secundum Euangelium
[meum]**, [significans se doctrinam proferre, cui humani sensus, et naturaliter insiti respondeant. Ac] Suum appellat ratione ministerii. [Nam]
penes unum Deum est Euangelii edendi authoritas: sola dispensatio
Apostolis commissa est. Caeterum non mirum est si pars Euangelii
dicatur [futuri] iudicii [nuntius ac praeconium]. Nam si [usque] ad
[plenam] regni caelestis revelationem [differtur eorum quae promittit,
effectus et] complementum: cum extremo iudicio necesse est [coniungi].
50 Deinde praedicari Christus non potest, nisi aliis in resurrectionem, aliis
in ruinam: quorum utrunque ad diem iudicii pertinet. Particulam **Per
Iesum Christum** quanquam aliis secus videtur, ego tamen ad iudicium
refero, in hunc sensum, quod Dominus per Christum, suum iudicium
exequetur. Est enim ille constitutus a Patre iudex vivorum et mortuorum.
quod inter praecipua Euangelii capita semper Apostoli [recensent]: sic
erit plenior sententia, quae alioqui frigeret.

17 *Ecce tu Iudaeus cognominaris, et acquiescis in Lege, et gloriaris in
Deo,*

18 *Et nosti voluntatem, et probas eximia, institutus ex Lege:*

60 19 *Confidisque teipsum esse ducem caecorum, lumen eorum qui sunt in
tenebris,*

20 *Eruditorem insipientium, doctorem imperitorum, habentem formam
cognitionis ac veritatis in Lege.*

21 *Qui igitur doces alterum, teipsum non doces. qui concionaris non
furandum, furaris.*

22 *Qui dicis non moechandum, moecharis. qui detestaris idola, sacrilegium [perpetras].*

23 *Qui de Lege gloriaris, Deum per Legis transgressionem dehonestas.*

24 *Nomen enim Dei propter vos probro afficitur inter Gentes: quemad-*
70 *modum scriptum est.*

---

41 *A* ut si   42 *A om.*   43 *A B om.*   43-44 *A B* quod   44 *A B om.*   47 *A B om.*   47 *A
B* annuntiatio   47 *A B om.*   48 *A B om.*   48-49 *A B* pertinet eius   49 *A B* coniungatur
55 *A B* recensuerunt   67 *A B* admittis

58-59 *C* Rom 9.4*   70 *C* Isa 52.5*   *Ezek 36.20*

17 **Ecce tu Iudaeus.** [In vetustis quibusdam exemplaribus] legitur [εἰ δὲ,] si vero: quod si [tam receptum foret,] mihi probaretur magis. sed quoniam [maior codicum numerus reclamat], et aliter non male constare potest sensus, [retineo] veterem lectionem[: praesertim quum leve sit particulae unius momentum]. Nunc autem expedita Gentium causa, redit ad Iudaeos: quorum ut omnem vanitatem fortius retundat, permittit illis omnia quibus efferebantur ac [inflati erant]. Deinde quam non sufficiant ad veram gloriam, demonstrat: imo in quantum illis cedant opprobrium. Sub Iudaei nomine comprehendit omnes gentis praerogativas, quas ex
80 Lege et Prophetis petitas, falso praetendebant. atque ita Israelitas omnes intelligit, qui omnes tunc promiscue Iudaei vocabantur. Porro quo primum tempore haec appellatio coeperit, incertum est: nisi quod omnino post dispersionem coepit. Iosephus undecimo Antiquitatum, putat a Iuda Machabaeo sumptam: cuius auspiciis libertas et dignitas populi, quum aliquandiu collapsa et pene sepulta fuisset, respiravit. Hanc sententiam tametsi video esse probabilem, siqui tamen sunt quibus non satisfaciat, afferam a me quoque alteram coniecturam. Verisimile mihi certe videtur, quum tot cladibus deformati ac dissipati forent, ne certam quidem tribuum distinctionem potuisse retinere. Nam nec suo
90 tempore census fieri poterat: nec stabat politia, quae necessaria erat ad ordinem eiusmodi conservandum: et fusi palatique habitabant: et rebus adversis attriti, minus proculdubio ad cognationem suam recensendam attenti erant. Verum ut haec mihi non concedas, [quin tamen impenderet] ex tanta rerum perturbatione eiusmodi periculum, non negabis. Sive igitur in posterum prospicere voluerint: sive accepto iam malo succurrere, puto simul omnes se ad nomen eius tribus contulisse in qua religionis puritas diutius steterat, quae singulari praerogativa omnes reliquas anteibat, ex qua Redemptor expectabatur proditurus. siquidem

---

71 *A B* Apud alios   71-72 *A B om.*   72 *A B* haberetur in nostris codicibus   73 *A B* omnia, quae apud nos extant exemplaria reclamant   74 *A B* retineamus   74-75 *A B om.* 77 *A B* intumescebant   93 *A B* impendisse tamen

---

71 *Exemplaria.* ἴδε *Er G¹⁻⁵ Col Steph¹⁻³* εἰ δὲ *Compl* [*Tisch*: ἴδε Dᶜ L al Chr Thrdrt Oecum etc. εἰ δὲ A B D* minᵖᶜ Clem Thphyl Orⁱⁿᵗ Ambst etc.] *Eras Ann¹⁻⁵*: Verior et antiquior apud Graecos scriptura est, ἴδε, id est, Ecce, non εἰ δὲ, id est, si vero. Alioqui non satis cohaeret ordo cum eo quod sequitur...Quanquam Ambrosius legit εἰ δὲ, si modo libri non fallunt, tum Origenes et [*1-2:* Vulgarius *3-5:* Theophylactus] *1, 426; 5, 355.*   *Bucᵉⁿⁿ:* D. Ambrosius, ac Latini omnes, sed et Origenes, legerunt hic, non ἴδε, id est, ecce, sed εἰ δὲ, id est, si vero. *p. 133ᵇ*   83 *Iosephus. But Antiq. 11,173:* ἐκλήθησαν δὲ τὸ ὄνομα ... ἀπὸ τῆς Ἰούδα φυλῆς *Froben p. 331. See also G. Boettger, Topographisch-Histor. Lexicon p. 158. Bucer gives both explanations. Enn p. 133ᵇ*

hoc erat in rebus ultimis suffugium, Messiae expectatione se consolari. 100 Utcunque ⟨sit⟩, Iudaeorum cognomine se foederis esse haeredes profite-bantur quod Dominus cum Abraham et semine eius pepigerat.

Et acquiescis in Lege, et gloriaris in Deo. Non intelligit eos acquievisse in studio Legis, acsi animum ad eius observationem appli-cassent : sed [potius exprobrat, quod] non attendentes quem in finem data Lex fuisset, omissa observationis cura, hoc uno [turgerent quia persuasi erant ad se pertinere] Dei oracula. Similiter de Deo gloria-bantur, non qualiter Dominus praecipit per [Prophetam], ut apud nosmet humiliati, ⟨nostram⟩ in se uno ⟨gloriam quaeramus⟩ : sed sine ulla bonitatis Dei [cognitione], illum [quo intus vacui erant, apud 10 homines], vanae ostentationis causa, peculiariter suum faciebant, ac se venditabant pro eius populo. [Haec igitur non cordis gloriatio, sed linguae iactantia fuit.]

18 **Nosti voluntatem, et probas utilia.** Intelligentiam nunc concedit Divinae voluntatis, et utilium approbationem, quam consequuti erant ex Legis doctrina. Duplex autem est probatio : altera electionis, quum id quod bonum probavimus, amplectimur : altera iudicii, qua discernimus quidem bonum a malo, sed conatu vel studio minime sectamur. Sic ergo erant eruditi in Lege Iudaei, ut possent morum censuram exercere : sed de vita sua ad hanc censuram exigenda parum erant soliciti. [Porro quum 20 eorum hypocrisim Paulus exagitet, colligere ex adverso licet (modo ex genuino affectu procedat iudicium) rite demum probari utilia, ubi Deus auditur. nam eius voluntas qualiter in Lege patefacta est, dux et magistra verae probationis hic statuitur.]

19 **Confidisque teipsum.** Plus etiam illis largitur : [quasi] non habeant modo quod satis sit in usum suum, sed unde alios quoque locupletent. Dat, inquam, tantam illis doctrinae copiam suppetere, quae in alios quoque redundare queat. Quod sequitur, **Habentem formam doctrinae,** causative accipio : ut sic resolvatur, eo quod formam habeas. Ideo enim aliorum se doctores profitebantur, quod omnia Legis arcana in pectore 30 suo circunferre viderentur. Formae vocabulum pro exemplari non ponitur : quia Paulus μόρφωσιν posuit, non τυπόν. sed puto voluisse conspicuam [doctrinae pompam] indicare⟨, quae Apparentia vulgo

---

100 *A om.*   4 *A B om.*   5-6 *A B* fuisse inflatos quod ad se pertinerent   7 *A B* prophetam, ubi requirit   8 *A om.*   8 *A* exultemus   9 *A B* recognitione   9-10 *A B om.* 11-12 *A B om.*   19-23 *A B om.*   24 *A B* Ut   32 *A B* visendamque doctrinam   32-33 *A om.*

---

7 *C* Jer 9.24*

dicitur⟩. [Et certe inanes eius scientiae fuisse constat quam prae se
ferebant. Caeterum Paulus vitiosum Legis abusum oblique subsannans,
ex altera parte indicat, ex Lege petendam esse rectam notitiam, ut constet
solida veritas.]

21 **Qui ergo alterum doces.** Quanquam ea quae hactenus recensuit,
Iudaeorum encomia eiusmodi erant, ut merito eos exornare possent, si
modo illis non defuissent veriora ornamenta: quia tamen medias dotes
40 continebant, quae et apud impios residere, et pravo abusu corrumpi
possint, minime sufficiunt ad solidam gloriam. Atqui Paulus non contentus eorum arrogantiam refellere et eludere, quod iis solis confiderent, in
eorum quoque ignominiam retorquet. Non enim modico probro dignus
est, qui praeclara et eximia alioqui Dei dona non modo inutilia reddit,
sed pravitate sua vitiat et contaminat. [Et perversus est consultor, qui sibi
ipse non consultus, tantum in aliorum commodum sapit.] Unde ergo
laudem captabant, id cedere illis in vituperium ostendit.   **Qui**
concionaris non furandum. Videtur allusisse ad locum Psalmi quinquage-
simi, Impio dixit Deus: ⟨Quorsum⟩ enarras statuta mea, et assumis
50 Testamentum meum in os tuum? Tu autem odisti disciplinam, et
proiecisti verba mea post te. si videas furem, consentis ei: et cum
adulteris portio tua. Quae obiurgatio, ut in Iudaeos olim competebat, qui
nuda Legis intelligentia freti, nihilo melius vivebant, quam si Lege
caruissent: ita nobis cavendum, ne in nos hodie ⟨vertatur⟩. Et sane
nimium in plerosque congruit, qui raram quandam Euangelii notitiam
iactantes, perinde acsi Euangelium vitae regula non esset, in omne genus
spurcitiae sunt dissoluti. Ne ergo tam secure ludamus cum Domino,
meminerimus quale impendeat iudicium talibus logodaedalis, qui verbum Dei sola garrulitate ostentant.

60 22 **Qui detestaris idola.** Scite opponit idololatriae sacrilegium, tanquam rem eiusdem generis. Nam sacrilegium, simpliciter est profanatio
Divinae maiestatis. Quod nec Ethnicos quoque poetas latuit. Hac ratione
Ovidius Metamorph. 3, Sacrilegum appellat Lycurgum, ob contempta
Bacchi sacra, Et in Fastis Sacrilegas manus, quae numen Veneris
violarant. Sed quum Gentes deorum suorum maiestatem idolis affige-
rent, vocarunt duntaxat sacrilegium siquis surripuisset quod templis
dicatum esset, in quibus putabant sitam esse totam religionem. Sic hodie,

---

33-36 *A B om.*   45-46 *A B om.*   49 *A* ut quid   54 *A* convertatur

---

48-49 *C* Ps 50.16*   63 *Ovidius, Metamorph. 3* [= *IV,22-5*]   64 *Ovidius, Fasti III,700*

ubi pro verbo Dei regnat superstitio, non aliud sacrilegii genus agnoscunt, quam templorum opulentiam suppilasse: quando nullus est Deus
70 nisi in idolis, nulla religio nisi in luxu et pompa. Admonemur autem hic
primum, ne parte Legis aliqua defuncti, nobis placeamus, alios contem-
nentes. Deinde, ne gloriemur adeo de sublata inter nos idololatria
exteriori, ut non interim curemus latentem in animis impietatem a nobis
profligare et eradicare.

23 **Qui in Lege gloriaris[, Deum per Legis, etc.]** Quanquam Deum
contumelia afficit quilibet Legis transgressor (quando hac conditione
nati sunt omnes, ut iustitia et sanctimonia illum colant) iure tamen
specialem in hac re culpam Iudaeis imputat. Quia quum Deum praedica-
rent suum legislatorem, vitam autem suam componere ad eius regulam
80 minime studerent, declarabant Dei sui maiestatem non magnae sibi curae
esse, quam adeo ex facili contemnerent. Quo modo et hodie Christum
dehonestant per Euangelii transgressionem, qui de eius doctrina otiose
garriunt quam interim effraeni ac libidinosa vivendi forma proculcant.

24 **Nomen enim Dei.** Ego magis ex Ezechielis 36. 23, sumptum puto
testimonium, quam ex Iesaia. quandoquidem apud Iesaiam nullae sunt
exprobrationes adversus populum, quibus totum illud Ezechielis caput
refertum est. Putant autem quidam esse argumentum a minori ad maius,
in hunc sensum, Si aetatis suae Iudaeos non abs re increpuit Propheta,
quod propter eorum captivitatem haberetur ludibrio inter Gentes Dei
90 gloria et potentia, acsi populum quem in protectionem suam susceperat,
non potuisset conservare: multo magis estis Dei probra et dehonesta-
menta, ex quorum pessimis moribus aestimata eius religio male audit.
Quam sententiam ut non refello, ita simpliciorem malo: acsi dictum
esset, Videmus omnia Israelitici populi vituperia in nomen Dei recidere:
quia quum Dei populus habeatur et dicatur, Dei nomen velut fronti
insculptum gerit: unde necesse est, apud homines Deum [cuius se nomine
venditat], ipsius turpitudine quodammodo infamari. [Est autem hoc
valde indignum, qui gloriam a Deo mutuantur, ignominiae notam sacro
eius nomini aspergere. nam saltem decebat aliam rependere mercedem.]

100 25 *Nam Circuncisio quidem prodest, si Legem [observes]. quod si
transgressor Legis fueris, Circuncisio tua in praeputium versa est.*

---

75 *A B om.*   96-97 *A B om.*   97-99 *A B om.*   100 *A B* observaris

---

85 [*Isa 52.5*]

26 *Si ergo praeputium iustitias Legis servaverit, nonne praeputium eius pro Circuncisione censebitur:*

27 *Et iudicabit quod ex natura est praeputium (si Legem servaverit) te qui per literam et Circuncisionem transgressor es Legis?*

28 *Non enim qui est in aperto Iudaeus, is Iudaeus est: nec quae in aperto est Circuncisio in carne, ea est Circuncisio:*

29 *Sed qui est in occulto Iudaeus, et Circuncisio cordis in spiritu, non litera: cuius laus non ex hominibus est, sed ex Deo.*

10   25 **Circuncisio quidem prodest.** Per anticipationem diluit quae rursum contra excipere in defensionem suae causae Iudaei poterant: Nam si foederis Domini symbolum erat Circuncisio, quo Abrahamum et semen eius sibi in peculium Dominus selegerat: inde videbantur non frustra gloriari. sed quoniam omissa signi veritate, in externa eius specie haerebant: respondet non esse cur sibi quicquam ex nudo signo arrogent. Veritas Circuncisionis in promissione spirituali sita erat, quae fidem requirebat. Utrunque negligebant Iudaei, tam promissionem quam fidem. Stulta ergo erat ipsorum confidentia. Unde fit ut praecipuum Circuncisionis usum hic praetermittat, dum scilicet sermonem accommo-
20 dat ad crassum ipsorum errorem⟨, quemadmodum ⌐et¬ ad Galatas. Atque id sedulo notandum est. Nam si de tota Circuncisionis et natura et ratione dissereret, absurdum esset, nullam fieri gratiae et gratuitae promissionis mentionem. Verum utroque loco, pro causae quam tractat circumstantia, loquitur: ideo tantum eam partem attingit de qua controversia erat⟩. Putabant Circuncisionem, per se, opus esse ad comparandam iustitiam idoneum. Ergo ut iuxta eorum opinionem loquatur, respondet, si opus spectetur in Circuncisione, hanc esse conditionem eius ut is qui circunciditur, se integrum ac perfectum Deo cultorem exhibeat. opus itaque Circuncisionis esse perfectionem. Ita et de Baptismo nostro
30 licet loqui. siquis sola Baptismi aquae fiducia fretus, iustificatum se putet, quasi iam comparata ex opere illo sanctitate: obiiciendus sit Baptismi finis: nempe quod per eum nos Dominus vocat ad vitae sanctitatem. Hic sileretur promissio et gratia, quam nobis testificatur Baptismus atque obsignat: quia nobis negotium esset cum iis qui vacua Baptismi umbra contenti, quod in eo solidum est, non morantur[, neque expendunt]. Atque id quidem in Paulo animadvertas, ubi de signis disserit apud fideles et sine contentione, ea cum promissionum suarum efficacia et complemento connectere: ubi apud praeposteros et imperitos

---

20-25 *A om.*   20 *B om.*   35-36 *A B om.*

signorum interpretes sermonem habet, illic, omissa propriae ac germanae
40 signorum naturae mentione, totum stylum dirigere in illorum pravam
interpretationem. Multi autem quia vident Paulum adducere Circuncisionem potius quam aliud Legis opus, arbitrantur eum adimere solis
ceremoniis iustitiam. Sed res longe aliter habet. istud enim semper
evenire solet, ut qui merita sua erigere audent adversus Dei iustitiam,
externis magis observationibus superbiant, quam solida probitate. Nam
quicunque serio Dei timore tactus est et affectus, nunquam in caelum
oculos attollere audebit. siquidem quo magis contendet ad veram
iustitiam, eo melius cernet quanto intervallo ab ea distet. Pharisaei autem
qui contenti sunt externa simulatione adumbrasse sanctitatem, non
50 mirum si tam facile sibi blandiantur. Ideo Paulus quum Iudaeis nihil
reliqui fecisset, nisi hoc miserum subterfugium, ut se per Circuncisionem
iustificatos iactarent: inanem quoque istam personam illis nunc detrahit.

26 **Si ergo praeputium, etc.** Argumentum est validissimum, Unumquodque suo fine inferius est, atque illi subordinatur. Circuncisio in
Legem respicit: ergo infra illam esse debet. Plus ergo est Legem servare,
quam Circuncisionem quae illius causa instituta est. Unde sequitur,
incircuncisum qui modo Legem servet, longe [praecedere] Iudaeum
Legis transgressorem cum arida sua et inutili Circuncisione. atque ita
etiamsi natura sit pollutus, Legis tamen observatione sanctificabitur, ut
60 praeputium illi Circuncisionis vice imputetur. Vocabulum autem **Praeputii** secundo loco proprie accipitur, priore abusive pro Gentili: res pro
persona. Porro hic neminem solicitum esse oportet de quibus Legis
cultoribus intelligi possit quod ait Paulus: quando nullos tales reperire
liceat. Simpliciter enim hanc hypothesin proponere, in animo habuit,
Siquis Gentilis reperiatur qui Legem observet, eius iustitiam pluris esse in
praeputio, quam Iudaei sine iustitia Circuncisionem. Itaque quod sequitur, **Iudicabit is qui natura est praeputiatus circuncisum:** non ad personas,
sed ad exemplum refero. Quemadmodum illud, Regina austri veniet, etc.
Item, Viri Ninivitae surgent in iudicio. Nam et verba Pauli in eum
70 sensum nos deducunt. Iudicabit te Gentilis, ait, Legis observator transgressorem: quanquam ille incircuncisus, tu literali Circuncisione praeditus.

27 **Per literam et Circuncisionem.** Hypallage, pro Circuncisione
literali. Neque intelligit eos propterea Legem violare, quod literam

---

57 *A B* praecellere

---

68 *C* Matt 12.48* [= *12.42*]   69 *C* Lk 11.31* [=*11.32*]

habeant Circuncisionis : sed quia cum illa sua externa ceremonia, 〈spiri-
tualem Dei cultum, pietatem scilicet, iustitiam, iudicium, et veritatem,〉
quae 〈tamen Legis〉 praecipua sunt, [obliterare] non desinant.

28 **Non enim qui in manifesto, etc.** Sensus est, verum Iudaeum non
esse aestimandum [vel a carnis progenie, vel a titulo professionis, vel] ab
80 externo symbolo: neque Circuncisionem, quae Iudaeum facit, sola
exteriore figura constare, sed utrunque internum esse. Quod autem de
vera Circuncisione subiicit, [sumptum est ex locis compluribus Scripturae, imo ex communi doctrina: quia passim iubetur populus circuncidere
cor suum, atque id se facturum Dominus promittit. Praeputium enim
non tanquam exigua partis unius corruptio, sed totius naturae, resectum
fuit. Ergo Circuncisio, totius carnis mortificatio fuit. Quod deinde addit,]
Eam in spiritu positam esse, non litera, sic accipe: Literam vocat externam
sine pietate observationem : Spiritum, ceremoniae finem qui spiritualis
est. Nam quum totum pondus signorum ac rituum a fine pendeat, fine
90 ipso sublato, manet sola litera, quae per se inutilis est. Haec autem est
ratio loquutionis: [quia ubi sonat vox Dei, quaecunque praecipit], nisi
[ab hominibus] suscipiantur syncero cordis affectu, manent in litera, hoc
est in frigida scriptura : si vero in animam penetrent, quodammodo in
spiritum transformantur. [Allusio autem est ad discrimen Veteris et Novi
testamenti, quod notat Ieremias capite 31. 33, ubi Dominus ratum et
stabile fore pronuntiat foedus suum postquam visceribus insculptum
fuerit. Eodem alibi quoque respexit Paulus, ubi Legem Euangelio
comparans, illam vocat Literam, quae non mortua solum est, sed etiam
occidit: hoc autem, Spiritus elogio insignit. Porro bis crassa eorum
100 stultitia fuit, qui ex Litera fecerunt genuinum sensum, ex Spiritu
allegorias.]

29 **Cuius laus non ex hominibus.** Quia defiguntur hominum oculi in ea
quae apparent: negat sufficere, quod humana opinione sit commendabi-
le, quae externo splendore saepe decipitur: sed oportere Dei oculis
satisfieri, quibus nec profundissima cordis arcana sunt abscondita. [Ita
rursum hypocritas, qui se falsis persuasionibus deliniunt, retrahit ad
Dei tribunal.]

75-76 *A om.*   77 *A* legis tamen   77 *A B* infringere   79 *A B om.*   82-86 *A B om.*   91 *A B*
Quod quae a Domino nobis praecipiuntur   92 *A B om.*   94-1 *A B om.*   5-7 *A B om.*

---

97 *C* II Cor 3.6*

CAP. III.

1   *Quae igitur praerogativa Iudaei, aut quae utilitas Circuncisionis?*
2   *Multa per omnem modum. ac primum quidem, quod illis credita sunt*
oracula Dei.

Quanquam egregie disputavit Paulus, vacuam Circuncisionem nihil
Iudaeis conducere, quando tamen inficiari non poterat, aliquod inter
Gentes et Iudaeos esse discrimen quod eo symbolo esset a Domino
signatum: eam vero distinctionem cuius author erat Deus, inanem et
nullius momenti facere, absurdum erat : restabat ut hanc obiectionem
10 quoque expediret. Constabat quidem ineptam esse gloriam quam inde
Iudaei captabant. Haerebat tamen adhuc scrupus ille, in quem finem
esset a Domino instituta Circuncisio, nisi aliquo fructu esset commenda-
bilis. Ergo per anthypophoram interrogat, quid Gentili praestet Iudaeus.
Ac quaestionis rationem altera interrogatione subiicit, quum dicit, **Quae**
utilitas Circuncisionis? Nam illa, Iudaeos vulgari sorte hominum exime-
bat[: sicuti Paulus ceremonias maceriam nominat, quae alios ab aliis
separabat.]
2   **Multa per omnem modum.** Id est, Omnino multa. Hic incipit suam
sacramento laudem tribuere: sed cuius gratia, Iudaeis superbire non
20 concedat. Quum enim eos Circuncisionis symbolo insignitos fuisse tradit,
quo filii Dei haberentur : non eos fatetur suo aliquo merito aut propria
dignitate excelluisse, sed Dei beneficiis. Si ergo in homines [respicitur],
pares aliis esse demonstrat: si Dei beneficia considerentur, in illis [habere
docet] quo sint prae aliis populis conspicui.   **Primum quia illis**
credita sunt. Nonnulli anapodoton esse putant: quia plus proponat
quam postea explicet. Mihi autem dictio **Primum** non esse ordinis nota
videtur, sed simpliciter [significat] praecipue vel praesertim, hoc sensu,
Etsi unum istud esset, quod habent Dei oracula sibi commissa: satis
valere [debet] ad eorum dignitatem. [Notatu vero dignum est, quod
30 Circuncisionis utilitas non locatur in nudo signo, sed a verbo aestimatur.
Hic certe quaerit Paulus, quid Iudaeis conferat sacramentum. Respondet, quia Deus, caelestis Sapientiae thesaurum apud eos deposuerit. unde
sequitur, remoto verbo, nihil praestantiae residuum manere.] Oracula

---

16-17 *A B om.*   22 *A B* respiciatur   23-24 *A B* habent   27 *A B* significare
29 *A B* debeat   29-33 *A B om.*

---

16 *C* Eph 2.14*

vocat foedus, quod Abrahae primo, eiusque posteris Divinitus revelatum, postea Lege et Prophetiis consignatum ac explicatum fuit. Sunt
autem commissa illis oracula, ut apud se conservarent quandiu suam
gloriam inter eos continere Domino placuit: deinde tempore dispensatio-
nis, per orbem universum [publicarent]. prius depositarii, deinde oecono-
mi. Quod si tanti aestimandum est hoc beneficium, dum gentem aliquam
40 verbi sui communicatione Dominus dignatur: nunquam satis detestari
ingratitudinem nostram possimus, qui tanta vel negligentia, vel inertia,
ne dicam contumelia, ipsum suscipimus.

   3 *Quid enim si quidam fuerunt increduli? num incredulitas eorum fidem*
Dei faciet irritam?
   4 *Ne ita sit: quin sit Deus verax, omnis autem homo mendax.*
quemadmodum scriptum est, Ut iustificeris in sermonibus tuis, et vincas
quum iudicaris.

   3 **Quid enim si quidam, etc.** Quemadmodum prius, dum Iudaeos
intuebatur nudo signo exultantes, ne scintillam quidem gloriae illis
50 permittebat: ita nunc dum signi naturam considerat, ne illorum quidem
vanitate aboleri eius virtutem testatur. Quoniam ergo supra videbatur
innuisse, siquid esset gratiae in signo Circuncisionis, id totum Iudaeorum
ingratitudine periisse: nunc rursum per anthypophoram interrogat quid
de eo sit sentiendum. Est autem hic species reticentiae: quia minus
exprimit quam velit intelligi. vere enim dixisset, bonam gentis partem Dei
foedus abiecisse: sed quia id valde acerbum erat Iudaeorum auribus,
asperitatem ut mitigaret, quosdam duntaxat nominavit.   **Num**
incredulitas eorum, etc. ⟨Καταργεῖν⟩ proprie [est] irritum et inefficax
reddere: quae significatio praesenti sententiae aptissima est. Tractat enim
60 Paulus, non tantum an hominum incredulitas obstet Dei veritati, quo
minus firma in se ac stabilis maneat: sed an illius effectum ac complementum inter homines ipsos impediat. Sensus igitur est, Quum plurimi
Iudaeorum sint foedifragi, num illorum perfidia sic Dei foedus abrogatum est, ut nullum inter eos fructum edat? Respondet, non posse fieri
hominum pravitate ut non constet Divinae veritati sua constantia.
Proinde utcunque maior pars, Dei foedus fefellerit ac proculcarit, ipsum

---

38 *A B* dispensarent   58 *A* κατεργαζεῖν   58 *A B om.*

43-44 *C* Rom 9.5* [=9.6?] *II Tim 2.12* [=2.13]   45 *C* Jn 3.34* [=3.33] *Ps*
116.11   46-47 *C* Ps 50.6* [=51.4]

nihilominus efficaciam suam retinere, ac vim suam exercere: si non in
omnibus, saltem in ipsa gente. Vis autem est, ut Domini gratia, et in
aeternam salutem benedictio inter eos vigeat. Id autem esse non potest
70 nisi ubi fide promissio recipitur, atque ita confirmatur [utrinque mu-
tuum] foedus. Ergo significat, semper mansisse in gente quosdam, qui in
promissionis fide [stantes], ab illa praerogativa non exciderint.

    4 **Sit autem Deus verax.** Utcunque sentiant alii, ego argumentum esse
puto a necessaria contrarii positione, quo Paulus praecedentem obiectionem infirmet. Nam si haec duo simul stant, imo necessario conveniunt,
ut Deus sit verax, homo mendax: sequitur non impediri Dei veritatem,
hominum mendacio. [Nisi enim duo haec principia inter se nunc
opponeret, temere paulo post, ac de nihilo in refutando absurdo sudaret,
quomodo iustus sit Deus, si iustitiam suam ex nostra iniustitia commen-
80 dat. Quare sensus minime ambiguus est, adeo non everti Dei fidem
perfidia hominum ac defectione, ut illustrior appareat.] **Deum veracem**
dicit, non modo quia bona fide stare promissis paratus sit, sed quoniam
opere implet quicquid loquitur. siquidem dicit, ut imperium mox quoque
fiat opus. Contra **homo mendax,** non tantum quia saepe fallit datam
fidem, sed quia natura mendacium appetit, ac refugit veritatem. Prius
membrum est primarium axioma totius Christianae philosophiae. Posterius sumptum est ex Psalmo 116. 11, ubi David nihil esse certi neque ab
homine, neque in homine confitetur. Insignis autem est hic locus, ac valde
necessariam consolationem continet. nam, quae est hominum perversitas
90 in verbo Dei respuendo vel contemnendo, saepe in dubium veniret eius
certitudo, nisi succurreret, ab humana veritate non pendere Divinam
veritatem. Sed quomodo hoc convenit cum eo quod proxime dictum est,
Ad efficaciam Divinae promissionis requiri fidem hominum quae illam
suscipiat? fides enim mendacio est contraria. Videtur quidem difficilis
quaestio, sed non magna difficultate solvitur: nempe quod Dominus per
hominum mendacia, quae alioqui sunt obstacula suae veritatis, inveniet
tamen illi viam [per invia, ut superior evadat], ⟨ingenitam naturae
nostrae incredulitatem corrigendo in suis electis, et subiugando in suum
obsequium qui videbantur indomiti⟩. [Porro nunc de naturae vitio
100 disputatur, non de gratia Dei quae vitiis remedium est.]   **Ut**
iustificeris. Sensus est, Tantum abesse ut Dei veritas nostro mendacio et
perfidia destruatur, ut inde magis eluceat et emergat. Quemadmodum
David testatur, ideo quia ipse peccator sit, Deum [semper iustum et

---

70-71 *A B om.*   72 *A B* persistentes   77-81 *A B om.*   97 *A B om.*   97-99 *A om.*
99-100 *A B om.*   3-4 *A B* iri iustificatum

rectum fore iudicem], quicquid in se statuat: omnesque impiorum
calumnias, qui iustitiae eius obmurmurare velint, superaturum. ⟨**Sermo-
nes** Dei intelligit David, quae in nos profert iudicia. Nam quod de
promissionibus vulgo exponunt, nimis est coactum. Itaque particula Ut
non ⌐tantum⌐ est finalis, ⌐nec consequentiam longe petitam notat,⌐ sed
illationem valet, hoc sensu, Tibi peccavi, proinde iure de me poenas
10 sumere tibi licebit.⟩ [Quod autem in proprio et genuino sensu locum
Davidis citaverit Paulus, obiectio mox addita confirmat, Quomodo
integra manebit Dei iustitia, si eam nostra iniquitas illustrat? Frustra
enim (ut nuper attigi) et intempestive hoc scrupulo moratus esset Paulus
lectores, nisi intelligeret David, Deum admirabili sua providentia, ex
hominum quoque peccatis elicere iustitiae suae laudem.] Secundum
membrum Hebraice sic habet, Et purus in iudicando te. ⟨Quae loquutio
⌐non alio tendit, quam Deum in omnibus suis iudiciis laude esse dignum,
quantumvis obstrepant impii, suisque querimoniis eius gloriam odiose
obruere conentur⌐. Sed Paulus Graecam translationem sequutus est,
20 quae etiam praesenti instituto melius congruebat. Scimus enim Apostolos in recitandis Scripturae verbis saepe esse liberiores: quia satis
habebant si ad rem apposite citarent. quare non tanta illis fuit verborum
religio.⟩ Proinde ad praesentem locum haec erit applicatio. Si quaelibet
mortalium peccata servire oportet illustrandae Domini gloriae: ipse
autem in sua veritate potissimum glorificatur: sequitur et humanam
vanitatem comprobandae potius, quam evertendae eius veritati servire.
[Quanquam autem verbum κρίνεσθαι tam active quam passive potest
accipi: non tamen dubito quin Graeci praeter mentem Prophetae
transtulerint passive.]

30   5   *Quod si iniustitia nostra Dei iustitiam commendat, quid dicemus?*
num [iniustus] est Deus qui infert iram? secundum hominem dico.

       6   *Ne ita sit. nam quomodo iudicabit Deus mundum?*

       7   *Si enim veritas Dei per meum mendacium excelluit in eius gloriam:*
quid etiamnum et ego velut peccator iudicor:

       8   *Et non (quemadmodum exprobratur nobis, et quemadmodum aiunt*
quidam nos dicere) Faciamus mala, ut veniant bona? quorum iudicium
iustum est.

5-10 *A om.*   8 *B om.*   8 *B om.*   10-15 *A B om.*   16-23 *A* sic autem intelligendum
esse testimonium, quum ex sequenti digressiuncula, tum ex prophetae contextu evincitur.
17-19 *B* tam active quam passive accipi potest   27-29 *A B om.*   31 *A B* iustus

---

16 *Ps 51.6 (MT)*: תִּזְכֶּה בְשָׁפְטֶךָ   19 *LXX*: καὶ νικήσῃς ἐν τῷ κρίνεσθαί σε.

5 **Quod si iniustitia.** Quanquam extra causam principalem est digres-
sio: necesse tamen Apostolo fuit eam interserere: ne malignis ansam
40 maledicendi, quam ultro sciebat ab illis captari, praebuisse ipse videretur.
Nam quum imminerent ad omnem occasionem diffamandi Euangelii,
habebant in Davidis testimonio quod arriperent ad struendam calumniam, Si nihil aliud quaerit Deus, quam ab hominibus glorificari: cur in
eos animadvertit [ubi delinquunt], quum delinquendo eum glorificent?
Iniuste certe offenditur si causam irascendi ex eo accipit quod glorificatur. [Nec vero dubium est quin vulgaris et passim trita fuerit haec
calumnia, ut mox iterum dicetur. Ergo Paulo non licuit eam dissimulan-
ter transire.] At vero nequis [existimet] sui animi conceptionem ipsum hic
efferre, praefatur se suscipere impiorum personam. [Quanquam] uno
50 verbo graviter humanam rationem perstringit, cuius proprium esse
insinuat, Dei sapientiae semper obgannire. non enim ait Secundum
impios, sed Secundum hominem. Atque ita sane est, quum omnia Dei
mysteria carni sint paradoxa: tantum habet audaciae ut contra insurgere
non dubitet: et quae non assequitur, petulanter insectari. Quo admonemur, [si] velimus eorum fieri capaces, [dandam in primis esse operam ut]
proprio sensu vacui, nos in obedientiam verbi totos tradamus et addicamus. **Irae** vocabulum, quod pro iudicio usurpatur, hic transfertur ad
poenam: [acsi dixisset, An iniustus est Deus qui scelera ulciscitur, quae
iustitiam eius illustrant?]
60 6 **Ne ita sit.** In compescenda blasphemia non respondet directe ad
obiectionem, sed [ab eius detestatione primum incipit]: ne videatur
Christiana religio tantas secum absurditates trahere. ⟨Atque id aliquanto
gravius est quam si simplici refutatione usus esset. significat enim,
horrore, non auditu, impiam hanc vocem dignam esse. Mox refutationem adiungit, sed indirectam, ut vocant. neque enim penitus calumniam
diluit, sed tantum respondet, absurdum illud esse quod obiicitur.⟩
⟨Porro sumit argumentum⟩ ab ipsius Dei officio, quo probet id esse
impossibile, **Iudicabit Deus hunc mundum:** ergo iniustus esse non potest.
quod non a [nuda (ut loquuntur)] Dei potentia ductum est, sed [actuali,
70 quae in toto operum eius cursu et ordine refulget]: acsi ita diceretur, Dei
officium est mundum iudicare, id est iustitia sua componere, et in
optimum ordinem reducere quicquid in eo est inordinatum. Iniuste ergo
nihil designare potest. Videturque allusisse ad locum Mosis, Ge-

---

44 *A B* cum deliquerunt?   46-48 *A B om.*   48 *A B* existimaret   49 *A B* Et   55 *A B* ut
si   55 *A B om.*   58-59 *A B om.*   61 *A* satis habet eam detestari   *B* primo etiam
detestatur   62-66 *A om.*   67 *A* Et argumentum adiungit   69 *A B om.*   69-70 *A B*
effectu

nes. 18.25, ubi dum Abraham Deum deprecatur ne penitus Sodomam exitio tradat, Non conveniet, inquit, ut tu, qui iudicaturus es terram, iustum perdas cum impio. Neque vero id tuum est, aut in te cadere potest. Simile est quod habetur Iob 34.17, Num ille qui odit iudicium, dominari poterit? 〈Nam quod in hominibus saepe ⌜reperiuntur⌝ iniqui iudices, id fit quia vel contra ius et fas sibi usurpant potestatem, vel quia
80 temere illuc evehuntur⌝, vel quia a seipsis degenerant⌝. In Deo nihil est tale. Quum ergo natura sit iudex, iustum quoque esse oportet, quia seipsum abnegare non potest.〉 [Ergo ab impossibili ratiocinatur Paulus, iniustitiae perperam accusari Deum, cui proprium et quasi essentiale est, mundum recte gubernare. Quanquam autem ad continuum regimen Dei extenditur haec Pauli doctrina, specialiter tamen notari ultimum iudicium non inficior: quia tunc demum solida extabit recti ordinis instauratio.] Quod si directam refutationem cupis, qua eiusmodi sacrilegia compescantur, sic accipe: Non hoc fieri iniustitiae natura, ut Dei iustitia magis eluceat, sed Dei bonitate superari nostram malitiam, ut in
90 diversum potius quam tendat, finem convertatur.

7 **Si enim veritas Dei per meum mendacium, etc.** Non dubito quin haec quoque obiectio in persona impiorum proferatur. Est enim velut exegesis superioris: et connectenda fuerat, nisi Apostolus indignitate permotus, medium sermonem abrupisset. Sensus est, Si ex nostra falsitate magis perspicua fit Dei veritas, et quodammodo stabilitur, unde [plus] quoque gloriae ad ipsum redit: minime aequum est ut is pro peccatore puniatur qui minister fuerit gloriae Dei.

8 **Et non quemadmodum, etc.** Ecliptica est oratio, in qua subaudiendum est verbum: plena erit si ita resolvas, *Et cur* **non** *potius dicitur*
100 (quemadmodum exprobratur nobis, quod facienda sint mala, ut eveniant bona?) Neque [vero] hanc impiam cavillationem responso dignatur Apostolus: quam tamen optima ratione [licebit] retundere. Hoc [enim] tantum praetexit, Si Deus nostra iniquitate glorificatur, et nihil agere in vita hominem magis decet quam ut Dei gloriam [promoveat]: peccandum ergo in eius gloriam. At prompta est depulsio, Quod malum per se, nonnisi malum parere potest. Nostro autem vitio quod Dei gloria illustratur, id non opus esse hominis, sed Dei: qui ut mirus est artifex, malitiam nostram subigere, [et alio traducere] novit, ut praeter destinatum [a nobis] finem, eam in gloriae suae incrementum convertat.

78-82 *A om.*   78 *B* reprimuntur   80 *B om.*·   82-87 *A B om.*   96 *A B* magis   1 *A B*
om.   2 *A B* licet   2 *A B om.*   4 *A B* provehat   8 *A B* sibi   9 *A B* sibi

10 Praescripsit nobis rationem Deus, qua velit a nobis glorificari, nempe pietatem, quae in verbi obedientia sita est. hos limites qui transilit, Deum non honorare, sed contumelia magis afficere nititur. Quod aliter succedit, Dei providentiae ferendum est acceptum, non hominis pravitati, per quam non stat quominus Dei maiestas evertatur, nedum laedatur.

Quemadmodum exprobratur nobis. [Mirum est, quum tam reverenter dissereret Paulus de arcanis Dei iudiciis, eo proterviae delapsos esse hostes ad eum calumniandum: sed nulla unquam tanta fuit religio aut sobrietas in servis Dei, quae impuras et virulentas linguas compesceret.] Non ergo novum est exemplum, quod hodie doctrinam
20 nostram (quam esse purum Christi Euangelium et scimus ipsi, et testes sunt nobis omnes tum Angeli, tum fideles) tot falsis criminationibus onerant, ac odiosam reddunt adversarii. Nihil fingi potest magis portentosum quam quod impositum fuisse Paulo hic legimus: quo invidia gravaretur apud imperitos eius praedicatio. Feramus ergo quod veritatem quam praedicamus, calumniando impii depravant. Nec ideo desinamus eius simplicem confessionem constanter tueri: quandoquidem satis habet virtutis ad proterenda dissipandaque illorum mendacia. Caeterum Apostoli exemplo, malitiosis technis, quantum in nobis erit occurramus, ne impune maledicant Creatori flagitiosi ac perditi homunciones.
30 **Quorum iudicium iustum est.** Quidam active accipiunt, tantum ut assentiatur illis Paulus, absurdum id esse quod obiectabant, ne putetur Euangelii doctrina cum talibus paradoxis esse coniuncta. Sed mihi passiva significatio magis probatur. non enim [consentaneum fuisset], tantae improbitati simpliciter [annuere, quae potius] acerbe [redargui meretur]. quod mihi facere videtur [Paulus]. Duplici autem nomine damnabilis fuit eorum perversitas. primum quibus venire haec impietas in mentem potuerit usque ad ipsum assensum: deinde qui traducendo Euangelio, calumniam inde instruere ausi fuerint.

Quid ergo? praecellimus? Nequaquam. ante enim constituimus tam
40 *Iudaeos quam Graecos, omnes sub peccato esse.*

9 **Quid ergo?** Ex digressione ad institutum redit. [Etenim ne Iudaei forte suo iure fraudari se exciperent, ubi ea recensuit dignitatis elogia quibus se supra Gentes efferebant]: nunc demum absolvit quaestionem,

---

15-19 *A B om.* 33 *A B* conveniebat, ut 34 *A B* annueret: sed potius ut 34-35 *A B* redargueret 35 *A B om.* 41-43 *A B* Ubi enim ea omnia pertractavit, quibus Iudaei se supra gentes efferebant: ac ostendit, quam inde obtinerent dignitatem

an aliqua in re Gentibus praestarent. Quanquam autem videtur in
speciem haec responsio cum superiori nonnihil pugnare (quia nunc
omni dignitate privat eos quibus multam ante tribuerat) nihil tamen est
dissidii. Nam privilegia illa quibus eminere confessus erat, extra eos sunt,
in Dei bonitate, non proprio ipsorum merito posita. Hic autem de
dignitate eorum quaerit, [si]qua gloriari in seipsis possint. Itaque sic
50 consentiunt ambae responsiones, ut haec ex altera consequatur. Nam
quum praerogativas eorum extolleret, [eas in solis Dei beneficiis inclu-
dens,] [ostendit] nihil eos habere suum. unde protinus id quod nunc
respondet, inferri poterat. Si enim praecipua eorum excellentia est, quod
deposita sunt apud eos Dei oracula: eam autem non habent suo merito:
ergo nihil illis relinquitur quo in conspectu Dei superbiant. Nota autem
sanctum artificium, quod quum excellentiam illis assereret, in tertia
persona loquebatur. Nunc dum vult omnia detrahere, seipsum numero
admiscet, quo effugiat offensionem.   **Ante enim constituimus.**
Verbum [Graecum αἰτιᾶσθαι, quod hic usurpat Paulus, proprie est
60 iudiciale: ideoque reddere placuit Constituimus.] Dicitur enim crimen in
actione constituere accusator, quod testimoniis, ac probationibus aliis
convincere paratus est. Citavit autem Apostolus universum hominum
genus ad Dei tribunal: ut totum sub unam damnationem includeret. Ac
frustra quispiam obiiciat, non hic tantum criminari Apostolum, sed
magis probare. nam vera accusatio nonnisi ea est quae firmis validisque
probationibus nititur: quemadmodum inter accusationem et convitium
alicubi Cicero distinguit. [Porro Esse sub peccato, tantundem valet ac
iuste coram Deo pro peccatoribus damnari, vel teneri sub maledictione
quae peccatis debetur. Nam ut iustitia absolutionem secum affert, ita et
70 peccatum sequitur damnatio.]

10 [*Sicut*] *scriptum est, Quod non est iustus quisquam, ne unus quidem.*

11 *Non est intelligens, non est qui requirat Deum.*

12 *Omnes declinarunt, simul facti sunt inutiles: non est qui exerceat
benignitatem, ne ad unum quidem.*

13 *Sepulchrum apertum guttur eorum, linguis dolose egerunt, Venenum
aspidum sub labiis eorum,*

49 *A B om.*   51-52 *A B om.*   52 *A B* indicavit   59-60 *A B* iudiciale, αἰτιᾶσθαι,
usurpavit Paulus: pro quo, Constituimus, reddere placuit.   67-70 *A B om.*   71 *A B*
Quemadmodum

67 *Cicero, Pro Caelio 13*   71 *C* Ps 14.1* [= *14.1-3*]; *Ps 53.3*   75 *C* Ps 5.10 (LXX)*
[= *5.9*]   75-76 *C* Ps 140.4* [=*140.3*]

14 *Quorum os execratione et amarulentia plenum.*
15 *Veloces pedes eorum ad effundendum sanguinem.*
16 *Contritio et calamitas in viis eorum.*
80 17 *Et viam pacis non noverunt,*
18 *Non est timor Dei prae oculis eorum.*

10 **Sicut scriptum est.** Hactenus rationibus usus est ad homines suae
iniquitatis convincendos. Nunc argumentari [ab authoritate incipit:]
quae apud Christianos est firmissima probationis species, modo [uni
Deo] authoritas deferatur. Atque hinc discant Ecclesiastici doctores
quale suum sit officium. Nam si nullum dogma hic asserit Paulus quod
non Scripturae certo oraculo simul confirmet, multo minus illud ipsum
tentandum est iis quibus nihil aliud est [mandatum] quam ut Euangelium
praedicent, quod per Pauli et aliorum manus acceperunt.   **Non**
90 **est iustus quisquam.** Videtur Apostolus, quum libere sensum magis
adduceret quam verba integra, [antequam ad species descenderet,]
primum generaliter posuisse quae esset summa eorum quae in homine
esse a Propheta referuntur, nempe iustum esse neminem: postea enume-
rasse per partes, fructus ipsius iniustitiae. [Primus autem est quod nemo]
sit intelligens. Insipientia autem mox arguitur eo quod non requirant
Deum. Nam vanus est homo in quo non subest cognitio Dei, quacunque
tandem eruditione alias praeditus sit. Imo disciplinae ipsae et artes, quae
per se bonae sunt, dum hoc fundamento carent, vanae redduntur.
Additur **non esse qui faciat bonitatem:** quo intelligitur, exuisse omnem
100 humanitatis sensum. Nam ut optimum [mutuae inter nos] coniunctionis
vinculum nobis est in Dei cognitione [(quia ut omnibus communis est
pater, optime nos conciliat, extra ipsum vero mera est dissipatio)], ita
eius ignorantiam fere sequitur inhumanitas, dum unusquisque, aliis
contemptis, seipsum amat et quaerit. Contra autem subiicitur, **guttur**
eorum sepulchrum esse apertum, id est voraginem, ad homines perdendos.
Plus est autem quam si dixisset ἀνθρωποφάγους. quia extremae est
immanitatis, tantum esse gurgitem hominis guttur, ut totis hominibus
deglutiendis et absorbendis sufficiat. **Linguas esse fraudulentas,** et labia
esse veneno sublita, eodem spectant. Subiungitur **Os esse execratione et**
10 **amarulentia plenum,** quod vitium contrarium est superiori: sed intelligitur omni ex parte ipsos spirare [malitiam]. si enim suaviter loquuntur,

---

83 *A B* incipit, ab authoritate.   84-85 *A B* unius Dei testimonio   88 *A B* demandatum
91 *A B* om.   94 *A B* Primum quod non   100 *A B* om.   1-2 *A B* om.   11 *A B* nequitiam

---

77 *C* Ps 9.7 (Vg)* [= *10.7*]   78-79 *C* Isa 59.7; Prov 1.16*   81 *C* Ps 36.1*

decipiunt, ac sub blanditiis venenum propinant: sin depromunt quod
habent in animo, illic prodit amarulentia et execratio. Pulcherrima est
quae ex Iesaia subditur loquutio: **contritionem et calamitatem esse in viis
eorum.** Est enim hypotyposis supra modum barbarae feritatis: quae
quacunque grassatur, solitudinem, omnia perdendo, vastitatemque facit:
qua forma Domitianum describit Plinius. Sequitur, **Viam pacis ignorare:**
quia rapinis, violentiis, iniuriis, saevitiae et truculentiae assuefacti, nihil
amice aut benigne facere noverunt. Postremo [in clausula iterum repeti-
20 tur alio verbo quod initio diximus, nempe ex Dei contemptu manare
quicquid est pravitatis. Nam quum sapientiae caput sit Dei timor, ubi ab
eo discessimus, nihil rectum vel syncerum restat. Denique] ut fraenum est
ad coercendam nostram malitiam: ita si abest, in omnem vitiorum
licentiam [solvimur. Ne] cui autem minus apposite videantur detorta
haec testimonia: singula e circunstantiis locorum, unde sunt desumpta,
[expendamus]. David Psal. 14. 1, tantam fuisse in hominibus perversita-
tem dicit, ut Deus ne unum quidem reperire potuerit iustum, omnes
ordine contemplatus. Sequitur ergo, hanc pestem pervagatam in universum genus hominum, quando Dei intuitum nihil latet. Loquitur quidem
30 in fine Psalmi de Israelis redemptione: sed mox indicabimus qualiter
sancti, et quatenus hac sorte eximantur. In aliis Psalmis conqueritur de
hostium suorum improbitate: ubi in se ac suis typum quendam regni
Christi adumbrat: quare sub adversariis eius repraesentantur nobis
omnes qui alieni a Christo, eius Spiritu non aguntur. Iesaias Israelem
[diserte] notat: itaque accusatio eius multo magis in Gentes competit.
Quid ergo? His elogiis hominum naturam depingi, nihil dubium est: ut
inde spectemus qualis sit homo sibi relictus: quandoquidem Scriptura
tales esse omnes testatur qui non sunt Dei gratia regenerati. Sanctorum
nihilo melior foret conditio, nisi emendata esset in illis pravitas. Quo
40 tamen meminerint nihil se natura differre: in reliquiis carnis suae (quibus
semper circundantur) earum rerum semina sentiunt quae fructus [assi-
due] [producerent] nisi [obstaret mortificatio]: quam Domini misericordiae debent, non suae naturae. Quod porro non omnia quae hic
recensentur, vitia in singulis eminent: nihil impedit quominus rite ac vere
in humanam naturam congerantur, quemadmodum adnotavimus supra
cap. 1. 26.

19-22 *A B* loco statuitur conclusio, non esse coram oculis eorum timorem Dei. qui   24 *A
B* solvimur. ¶ Ne   26 *A B* consyderemus   35 *A B om.*   41-42 *A B om.*   42 *A B*
productura sunt   42 *A B* mortificatio impediret

17 *Plinius, Paneg. 48,3 seq*

19 *Scimus autem quod quaecunque Lex dicit, iis qui [in] Lege sunt*
loquitur: ut omne os obstruatur, et obnoxius fiat omnis mundus Deo.
20 *Quoniam ex operibus Legis non iustificabitur omnis caro coram*
50 *ipso. [per Legem enim agnitio peccati.]*

19 **Scimus autem.** Omissis Gentibus, nominatim ad Iudaeos applicat
elogia illa: [in quibus subigendis multo plus erat negotii: quod vera
iustitia non minus quam Gentes destituti, praetextu foederis Dei se
tegebant, acsi hoc illis pro sanctitate sufficeret, Dei electione a reliquo
mundo fuisse distinctos. Et quidem effugia profert, quae satis tenebat
Iudaeis prompta esse. nam quicquid sinistre in Lege dictum erat contra
totum humanum genus, in Gentes reflectere solebant: quasi essent ipsi a
communi ordine exempti. et erant certe, nisi excidissent a suo gradu.
Ergo nequa falsa privatae dignitatis imaginatio eos impediat, et ad solas
60 Gentes restringant quae in ipsos promiscue competunt: Paulus hic
antevertit, atque a fine Scripturae demonstrat, non modo turbae permi-
stos esse, sed peculiariter de ipsis ferri hoc iudicium.] Ac videmus quidem
Apostoli diligentiam in refellendis [obiectis]. Quibus enim Lex data est,
aut quibus instituendis servire debet, nisi Iudaeis? [Quod ergo de aliis
meminit, hoc quasi accidentale est, vel πάρεργον, ut dicunt: suis autem
discipulis praecipue suam doctrinam aptat. In Lege Iudaeos esse dicit,
quibus Lex ipsa destinata erat: unde sequitur, ad eos proprie spectare: et
sub Legis nomine] Prophetias quoque, atque adeo totum Vetus testamentum comprehendit.   **Ut omne os obstruatur.** Id est, ut praecida-
70 tur omnis tergiversatio, atque excusandi facultas. Metaphora a iudiciis
petita, ubi reus siquid habet ad iustam defensionem, vices dicendi
postulat, ut quae sibi imposita sunt purget: si vero conscientia sua
premitur, silet, ac tacitus expectat suam damnationem, suo iam silentio
damnatus. Eundem sensum habet [illa loquendi forma Iob. 39. 37],
Opponam manum meam ori meo. Dicit enim, etiam si non destituatur
aliqua excusationis specie, iustificandi tamen omissa cura, se Dei senten-

---

47 *A B* sub   50 *A B* per...peccati *transposed to follow* p. 67 *line 40*   52-62 *A B* quoniam
illae, plus satis convictae, non habebant iam quod obloquerentur. Hi autem aegerrime
succumbebant, etiam convicti.   63 *A B* obiectis, quibus impediri poterant ⟨Iudaei⟩ a recta
sui cognitione. Ne pretenderent ad profanas gentes eas prophetias pertinere, antevertit:
atque a fine Scripturae demonstrat, eas esse proprias ipsorum admonitiones. *A om.* Iudaei
64-68 *A B* Primi ergo illi per legem docentur. sub Legis vocabulo,   74 *A* formula illa apud
Iob. *A** Cap. 39. *B* formula illa apud Iob. 30

---

50 *C* Gal 2.16*   74 *Job 39.37* [= *40.4*]

tiae concessurum. Proxima particula exegesim continet. Illi enim os
obstruitur qui sic irretitus tenetur iudicio nequa elabi possit. Alioqui
Silere a facie Domini est tremefieri eius maiestate, et quasi eius fulgore
80 [attonitum obmutescere].

20 **Quia ex operibus Legis.** Opera Legis quae dicantur, ambigitur
etiam inter eruditos, dum alii ad universae Legis observationem extendunt, alii restringunt ad solas ceremonias. Chrysostomum, Origenem et
Hieronymum, ut in priorem opinionem concederent, movit adiectum
Legis vocabulum. Nam in ea adiectione putarunt esse peculiarem
connotationem ne de quibuslibet operibus intelligeretur sermo. Atqui
facillima est huius scrupi solutio. nam quia opera eatenus sunt iusta
coram Domino, quatenus illi cultum atque obedientiam reddere per ea
studemus: quo expressius detraheret vim iustificandi operibus universis,
90 ea nominavit opera quae maxime possint iustificare, siqua sint. Lex enim
est quae habet promissiones, citra quas nullum esset operum nostrorum
pretium coram Deo. Vides igitur qua ratione Legis opera expresserit
Paulus: quia scilicet per Legem, operibus pretium statuitur. [Neque vero
id Scholasticos etiam latuit: quibus satis tritum ac vulgare est, opera non
intrinseca dignitate, sed ex pacto meritoria esse. Quanquam autem
falluntur quia non vident vitiis semper inquinata esse opera, quae
meritum illis detrahunt, verum tamen est illud principium, ex voluntaria
Legis promissione pendere operum mercedem. Prudenter ergo et recte
Paulus non de operibus nudis disputat: sed diserte ac nominatim Legis
100 observantiam in medium adducit, de qua proprie quaestio erat.] Quae
autem in eius sententiae patrocinium ab aliis doctis afferuntur, dilutiora
sunt quam oportebat. Circuncisionis mentione, propositum esse exemplum iudicant quod ad solas ceremonias pertineat. Sed cur Paulus
Circuncisionem nominarit, iam exposuimus. ⟨neque enim alii operum
fiducia turgent, quam hypocritae. Scimus autem eos externis modo larvis
gloriari. Deinde Circuncisio, illorum opinione quaedam in Legis iustitiam initiatio erat. simul ergo videbatur opus primariae dignitatis: imo
quasi iustitiae operum fundamentum.⟩ Quod autem ex Epistola ad
Galatas pugnant: ubi quum Paulus eandem [tractat] causam, stylum

---

80 *A B* consternari   93-100 *A B om.*   4-8 *A om.*   9 *A B* tractet

---

83 *Chrysostomus, ad loc., PG 60, 441-2*   83 *Origenes, ad loc., PG 14, 941-4*   84
Hieronymus, Dial. contra Pelag. Lib. 2, PL 23, 559 seq   94 *Bonaventura, In Sent. II, dist.
27, art.2, qu. 3 Conclusio, Op. 2, 668ᵃ⁻ᵇ.   Herborn, Enchir. cap. V passim, and esp. Corp.
Cath. 12, 31 ²⁵ ˢᵉ𐞥 and 33 ²⁵ ˢᵉ𐞥.   De Castro, Adv. haer. fol. CLXᵃ⁻ᵇ.   Biel, In Sent. II,
dist. XXVII, art. 1, Nota 3, Tom. 2, 318ᵇ.   See Inst. (1539) Cap. X [§63], CO 1, 781;
Inst.(1559) III.xvii.3, Op. sel. IV, 256   8 [Gal 2-4]*

10 tamen ad solas ceremonias dirigit: id quoque non satis firmum est ad
obtinendum quod volunt. Certum est, Paulo cum iis fuisse controversiam
qui populum falsa ceremoniarum fiducia ʳinflabantʼ. Hanc ut decidat,
non intra ceremonias se continet, nec disputat specialiter quid illae
valeant: sed universam Legem complectitur: qualiter ex locis apparet qui
omnes derivantur ex illo fonte. Talis quoque fuit disputationis status
quae habita est Hierosolymis inter discipulos. Nos vero non sine ratione
Paulum hic loqui de tota Lege contendimus. nam et nobis abunde
suffragatur filum disputationis quod sequutus est hactenus, et deinceps
sequitur: et loci permulti aliter nos sentire non patiuntur. Et igitur
20 sententia inter primas memorabilis, quod ex Legis observatione nemo
iustitiam consequetur. Rationem ante assignavit[, et mox iterum repetet]:
quia omnes ad unum transgressionis convicti, iniustitiae per Legem
arguuntur. [Pugnant autem haec duo inter se (ut fusius videbimus in
progressu) iustum operibus censeri, et transgressionis reum esse.] Caro
sine aliqua speciali ⟨notatione⟩, homines significat: nisi quod generalius
quodammodo significatum videtur prae se ferre. Qualiter plus exprimitur, quum quis dicit omnes mortales, quam si omnes homines nominet,
ut habes apud Gellium. **Per Legem enim.** A Contrario ratiocinatur, non afferri nobis iustitiam a Lege, quia convincit nos peccati et
30 damnationis: [quando] ex eadem scatebra non prodeunt vita et mors.
[Quod autem ex contrario Legis effectu ratiocinatur, non posse ad ea
nobis conferri iustitiam: sciendum est, aliter non procedere argumentum,
nisi tenemus hoc inseparabile esse ac perpetuum accidens, ut suum
homini peccatum demonstrans, spem salutis praecidat.] Per se quidem,
[quia] ad [iustitiam] instituit, [via est ad salutem: sed obstat nostra
pravitas et corruptio, nequid hac parte proficiat. Iam hoc secundo addere
necesse est, quisquis deprehensus fuerit peccator, eum iustitia spoliari.
Nam cum Sophistis dimidiam iustitiam fingere, ut opera ex parte
iustificent, frivolum est:] sed nihil hac parte proficit, ob hominis
40 vitiositatem.

---

12 *B* instabant   21 *A B* om.   23-24 *A B* om.   25 *A* notione   28-40 *A B* Per...
vitiositatem *transpose to follow l. 44*.   30 *A B* Quia   31-34 *A B* Neque vero aliter
procedet argumentum, nisi intelligas hunc esse unicum legis effectum, ut suum homini
peccatum demonstret.   35 *A B* om.   35 *A B* iustitiam ac vitam   35-39 *A B* om.

---

28 *Aulus Gellius, Noct. Att. IV,1,2 and XIII,29*   38 *Duns Scotus, In Sent. I, dist. 17, qu. 3,
24-6, Op. 10, 83ᵇ seq.   Gerson, De vit. spir., Lectio prima, Corollarium X, Op. III,
123-4.   Biel, In Sent. II, dist. 27, qu. un., art. 2, concl. 4, Tom. 2, 140ᵃ seq.   Eck, Enchir.
cap. V, sig. C 6ᵇ.   Herborn, Enchir. cap. I-IV.   But espec. Guilliaud, Dictio, Iustificari,
pp. 12-3.   See Inst.(1539) Cap. X [§40], CO 1, 763-4; Inst.(1559) III. xiv.13,
Op. sel. IV, 232*

21 *Nunc autem sine Lege iustitia Dei manifestata est, testimonio
comprobata Legis et Prophetarum.*

22 *Iustitia inquam Dei per fidem Iesu Christi, in omnes et super omnes
credentes.*

21 **Nunc autem ⟨sine Lege iustitia Dei⟩.** Dubium est qua ratione Dei
iustitiam appellet, quam per fidem obtinemus: ideone quia sola coram
Deo consistit: an quod eam nobis Dominus sua misericordia largiatur.
Quoniam utraque interpretatio bene quadrabit: neutra ex parte contendimus. Hanc ergo quam et homini Deus communicat, et solam amplecti-
50 tur, [et pro iustitia agnoscit,] dicit revelatam citra Legem esse, ⟨id est⟩
sine Legis adminiculo: ut Lex pro operibus accepta intelligatur. [neque
enim ad doctrinam referre convenit, quam mox gratuitae fidei iustitiae
testem citat. Quod ad ceremonias quidam restringunt, paulo post inane
et frigidum esse ostendam. Restat ergo, ut operum merita excludi
sciamus.] Ubi [etiam] videmus quomodo non admisceat opera Dei
misericordiae: sed sublata et erasa omni operum opinione, solam illam
statuat. ⟨Neque vero me latet, Augustinum secus exponere: Iustitiam
enim Dei esse putat regenerationis gratiam: et hanc gratuitam esse
fatetur, quia Dominus immerentes Spiritu suo nos renovat. Ab hac
60 ⌜autem,⌝ opera Legis excludit, hoc est quibus homines a seipsis citra
renovationem conantur Deum promereri. Mihi etiam plus satis notum
est, quosdam novos speculatores hoc dogma superciliose proferre, quasi
hodie sibi revelatum. Sed Apostolum, omnia sine exceptione opera
complecti, etiam quae Dominus in suis efficit, ex contextu planum fiet.
Nam certe regeneratus erat Abraham, et Spiritu Dei agebatur quo
tempore iustificatum fuisse operibus negat. Ergo a iustificatione hominis
non opera tantum moraliter bona (ut vulgo appellant) et quae fiunt
naturae instinctu excludit, sed quaecunque etiam fideles habere possunt.
Deinde si illa est iustitiae fidei definitio, Beati quorum remissae sunt
70 iniquitates: non disputatur de hoc vel illo genere operum: sed abolito
operum merito, sola peccatorum remissio, iustitiae causa statuitur.
Putant haec duo optime convenire, Fide iustificari hominem per Christi
gratiam: et tamen Operibus iustificari, quae ex regeneratione spirituali

---

41 *A B insert v. 20b* Per legem...peccati. *before v. 21.*   45 *A* iustitia Dei sine lege   50 *A B*
iustitiam   50 *A* ii   51-55 *A B om.*   55 *A B om.*   57-100 *A om.*   60 *B om.*

---

57 *Augustinus, de Spir. et Lit. Cap. 9 (15), PL 44,209*   69-70 *C* Ps 32.1*

proveniant: quia et gratuito nos Deus renovat, et eius donum fide percipimus. At Paulus longe aliud principium sumit: nunquam scilicet tranquillas fore conscientias, donec in solam Dei misericordiam recumbant. ideo alibi postquam docuit, Deum fuisse in Christo, ut homines iustificaret: modum simul exprimit, Non imputando illis peccata. Similiter ad Galatas, Legem fidei contrariam quoad iustificandi effec-
80 tum, ⌐ideo⌐ facit, quia vitam promittat facientibus quod iubet. Atqui Lex non literalem operum larvam duntaxat praecipit, sed syncerum Dei amorem. Sequitur ergo, in fidei iustitia nullum operum meritum admitti. Unde constat, frivolam esse cavillationem, nos in Christo iustificari, quia Spiritu renovemur quatenus sumus Christi membra: nos fide iustificari, quia fide inseramur in Christi corpus: nos gratis iustificari, quia nihil in nobis Deus inveniat praeter peccatum. Nam ideo in Christo, quia extra nos: ideo fide, quia in solam Dei misericordiam et gratuitas eius promissiones nos recumbere necesse est: ideo gratis, quia nos sibi reconciliat Deus, peccata sepeliendo. Neque vero ad iustitiae initium id
90 restringi potest, quemadmodum illi somniant. nam et illa definitio, Beati quorum remissae sunt iniquitates: in Davide locum habuit, quum diu se exercuisset in Dei cultu: et Abraham post tricesimum vocationis suae annum, tametsi rarum sanctitatis exemplar fuerit, non habet opera quibus glorietur apud Deum: atque ideo, quod promissioni credit, illi imputatur in iustitiam. Et quum Paulus tradit, Deum homines iustificare, peccata non imputando, concionem recitat quae quotidie in Ecclesia repetenda est. Et illa ⌐pax⌐ conscientiae quae operum respectu turbatur, non unius est diei, sed in totam vitam durare debet: unde sequitur, non aliter nos esse iustos usque ad mortem, nisi quia in solum Christum
100 respicimus, in quo nos Deus adoptavit, et nunc acceptos habet.⟩ ⟨Hinc quoque⟩ refellitur eorum cavillum qui falsi nos insimulant, quia ex Scriptura haberi asserimus, nos sola fide iustificari, quum particula exclusiva nullibi in Scriptura extet. Atqui si et sine Lege, et extra nos est iustificatio: cur non solius misericordiae censebitur? Si solius misericordiae est: ergo solius fidei. Particula **Nunc** simpliciter adversative potest accipi, ut ad tempus non referatur[: quemadmodum saepe dicimus Iam pro Atqui]. Si ad tempus referre mavis [(quod libenter recipio, ne effugium captare videatur) non tamen sola ceremoniarum abrogatio intelligenda erit: quia tantum propositum fuit Apostolo, comparatione

---

80 *B* in eo   97 *B* pax   *C* pars   100-1 *A* Atque hinc   6-7 *A B om.*   7-10 *A B om.*

---

79 *C* Gal 3.12*

10 illustrare gratiam qua supra Patres excellimus. Itaque] sensus erit,
Euangelii praedicatione, post Christum in carne exhibitum, revelatam
fuisse iustitiam fidei. Unde tamen non sequitur, ante Christi adventum
latuisse. Duplex enim manifestatio hic consideranda est: prior Veteris
testamenti, quae verbo et sacramentis constabat: altera Novi, quae
praeter ceremonias et promissiones, complementum in Christo continet[:
cui etiam accedit plenior claritas per Euangelium].   **Testimonio**
comprobata. Hoc addit ne videatur in dispensatione gratuitae iustitiae,
cum Lege pugnare Euangelium. Quemadmodum ergo negavit, indigere
Legis subsidio fidei iustitiam : ita nunc confirmari eius testimonio, asserit.
20 Quod si Lex gratuitae iustitiae testimonium reddit: apparet non ideo
traditam esse ut homines doceret, sibi per opera iustitiam comparare.
Pervertunt ergo eam qui in eiusmodi finem detorquent. Porro si probationem huius sententiae desideras, persequere ordine summam doctrinae
Mosaicae: et reperies, initio hominem regno Dei deiectum, non aliam
habuisse restitutionem quam in Euangelicis promissionibus de Semine
benedicto, quo praedicitur conterendum caput serpentis, in quo denun-
tiatur benedictio Gentibus. Reperies in praeceptis, tuae iniquitatis [de–
monstrationem: ex] sacrificiis et oblationibus, satisfactionem et purgationem [disces] esse in solo Christo. Ad Prophetas si veneris, reperies
30 luculentissimas gratuitae misericordiae promissiones. de qua re vide
Institutionem nostram.   **Iustitia inquam Dei.** Paucis verbis
ostendit qualis sit haec iustificatio, nempe quod in Christo resideat, per
fidem vero apprehendatur. [Quanquam dum rursus nomen Dei inculcat,
videtur iustitiae de qua agitur, Deum facere authorem, non tantum
approbatorem: acsi diceret Ab eo solo manare, vel eius originem esse ex
caelo, in Christo autem nobis patefieri.] Proinde quum de ipsa quaeritur,
hoc ordine est procedendum. Primum, iustificationis nostrae causam non
ad hominum iudicium referri, sed ad Dei tribunal, ubi nulla iustitia
censetur nisi perfecta absolutaque Legis obedientia: quod facile patet ex
40 promissionibus et minis. Quod si nemo hominum reperitur qui ad tam
exactam sanctitatem conscenderit: sequitur, omnes iustitia in seipsis
destitui. Tum occurrat Christus oportet: qui ut solus iustus est, ita suam
iustitiam in nos transferendo, iustos nos reddit. Nunc vides ut iustitia
fidei, iustitia Christi sit. Ut ergo iustificemur, causa efficiens est miseri-

15-16 *A B om.*   27-28 *A B* admonitionem. In   29 *A B* contemplaberis   33-36 *A B om.*

31 *Inst.(1539) Cap. XI* [§20], *CO 1,815; Inst.(1559) II.x.20, Op. sel. III, 420*

cordia Dei : Christus, materia : verbum cum fide, instrumentum. Quare
fides iustificare dicitur. quia instrumentum est recipiendi Christi, in quo
nobis communicatur iustitia. Postquam facti sumus Christi participes,
non ipsi solum iusti sumus, sed opera nostra iusta reputantur coram
Deo: propterea scilicet quia quicquid est in illis imperfectionis, oblitera-
50 tur Christi sanguine. Promissiones, quae conditionales erant, eadem
quoque gratia ⌐nobis⌐ implentur, quatenus opera nostra, ceu perfecta,
remuneratur Deus[, quia defectus gratuita venia tegitur].   **In
omnes et super omnes.** Ad auxesim diversis loquendi formis idem repetiit :
quo magis exprimeret [quod iam audivimus], et solam hic fidem requiri :
neque distingui [fideles extraneis notis : adeoque nihil referre] Gentilesne
sint, an Iudaei.

     non est sane distinctio.
     23   *Omnes enim peccaverunt, et destituuntur gloria Dei,*
     24   *Iustificati gratis ipsius gratia per redemptionem quae est in Christo*
60 *Iesu :*
     25   *Quem proposuit Deus [propitiatorium] per fidem in sanguine ipsius,*
in demonstrationem iustitiae suae, propter remissionem [delictorum,
     26   *Quae prius extiterunt] in tolerantia Dei ad demonstrationem*
iustitiae suae, in hoc tempore : ut sit ipse iustus, et iustificans eum qui est
ex fide Iesu.

     Non est sane distinctio. [Omnibus sine exceptione necessitatem quae-
rendae in Christo iustitiae iniungit:] acsi diceret, nullam esse aliam
obtinendae iustitiae viam, neque hoc modo alios, illo alios iustificari : sed
omnes simul per fidem, quia sunt omnes peccatores, ideoque non habent
70 unde apud Deum glorientur. [Pro confesso autem sumit, ubi ventum est
ad Dei tribunal, quisquis sibi peccati conscius est, sub ignominia sua
iacere confusum ac perditum : ut nullus peccator, Dei conspectum ferre
queat, quemadmodum in Adae exemplo conspicimus. Iterum ratione a
contrario sumpta pugnat : unde observandum quid sequatur.] Quoniam
omnes sunt peccatores, infert Paulus, [defici vel] esse orbatos iustitiae
laude. nulla ergo [secundum eius doctrinam] iustitia, nisi perfecta et

---

51 *B errata* in nobis   52 *A B om.*   54 *A B om.*   55 *A B* inter fideles,   61 *A B*
propitiationem   62-63 *A B* priorum delictorum,   66-67 *A B om.*   70-74 *A B* siquidem
omnes peccatores manet coram Dei tribunali confusio et ignominia. ut conscientia, peccato
suo confusa, Dei conspectum ferre nequeat, quemadmodum in Adam videmus. Observa
autem, quid ex hac ratione, a contrario sumpta, consequatur.   75 *A B om.*   76 *A B om.*

absoluta. Siqua enim dimidia esset, non oporteret omni gloria protinus
spoliari qui peccator esset. ⟨quo satis refellitur partialis (ut vocant)
iustitiae commentum. Nam si verum esset, nos partim operibus iustifica-
80 ri, partim Dei gratia: non valeret hoc Pauli argumentum, ideo ʳvacuos
esseˀ omnes Dei gloria, quia sint peccatores. Certum igitur est, nullam
esse iustitiam ubi est peccatum, donec maledictionem Christus aboleat.
Atque id est quod habetur ʳad Galatas 3. 10,ˀ Omnes qui sub Lege sunt,
maledictioni esse obnoxios: ab hac vero nos liberari Christi beneficio.⟩
Gloriam Dei accipit pro ea quae coram Deo locum habet, [ut apud
Iohannem, 12.43,] Dilexerunt magis gloriam hominum, quam gloriam
Dei. [Atque ita nos ab humani theatri plausu ad tribunal caeleste vocat.]

24 **Iustificati gratis.** Participium loco verbi positum, more Graecis
usitato. sensus est, Quoniam hominibus in se nihil aliud restat, nisi ut
90 iusto Dei iudicio [confossi] pereant: ideo gratis eius misericordia iustificantur. succurrit enim Christus huic miseriae, ac se fidelibus communicat, ut in se [uno] inveniant omnia quae illis desunt. Nullus est forte in
tota Scriptura insignior locus ad vim istius iustitiae illustrandam.
Ostendit enim Dei misericordiam, causam esse efficientem: Christum
cum suo sanguine, esse materiam: formalem, seu instrumentalem, esse
fidem e verbo conceptam: finalem porro, Divinae et iustitiae et bonitatis
gloriam. Quantum ad causam efficientem, dicit gratis nos iustificari, et
quidem ipsius gratia. [itaque] bis expressit totum esse Dei, nihil nostrum.
Satis fuisset, ⟨gratiam⟩ meritis opponere: sed ne dimidiatam imaginare-
100 mur, [clarius addita repetitione asseruit quod volebat, et uni Dei
misericordiae solidum] iustitiae effectum vindicavit[, quam in partes
discerpunt Sophistae et mutilant, ne suam inopiam fateri cogantur].

Per redemptionem. Materia nostrae iustitiae, quod sua obedientia Christus Patris iudicio satisfecit, et vices nostras subeundo,
tyrannide mortis, qua tenebamur captivi, nos liberavit. ⟨Nam sacrificii
quod obtulit, expiatione, sublatus est noster reatus.⟩ [Quo rursus optime
refellitur eorum commentum qui iustitiam qualitatem esse volunt. Nam
si coram Deo iusti censemur, quia pretio redempti, certe aliunde
mutuamur quod in nobis non est. Et mox clarius exponit Paulus quid ista
10 redemptio valeat, vel quorsum spectet: nempe ut Deo reconciliemur.

78-84 *A om.* 80-81 *B* nudari 83 *B* 3. ad Galat. cap, 85-86 *A B* Ut Ioannis 12, 87 *A
B om.* 90 *A B* confusi, 92 *A B* ipso 98 *A B om.* 99 *A* gloriam 100-1 *A B* soli
integrum 1-2 *A B om.* 5-6 *A om.* 6-14 *A B om.*

78-79 *and* 2 Sophistae. *See note p. 67, line 38*

Christum enim propitiationem, vel (quod magis placet ut sit allusio ad
veterem figuram) propitiatorium vocat. Quid autem id sibi vult, nisi nos
esse iustos, quatenus Christus nobis Patrem propitiat? Sed iam expendere verba convenit.]

    25 **Quem proposuit.** [Quia verbum Graecum προτιθέναι, nunc ante
decernere significat, nunc in medium proferre: si prior expositio recipitur, refert Paulus ad gratuitam Dei misericordiam, quod ordinatus fuerit
Christus mediator qui Patrem nobis sacrificio mortis suae placaret.
Neque enim vulgaris est gratiae commendatio, quod rationem ultro Deus
20 quaesivit qua maledictionem nostram tolleret. Et certe locus hic videtur
cum illo congruere, Sic Deus dilexit mundum, ut Filium suum unigenitum daret. Quanquam si alterum sensum amplectimur, eadem manebit
ratio: quod Deus in medium suo tempore repraesentavit quem apud se
mediatorem decreverat.] In [voce] ῾ἱλαστηρίου᾿ placet esse allusionem
[(ut dixi)] ad vetus propitiatorium. Id enim re ipsa in Christo exhibitum
docet, quod illic figurabatur. Quia tamen improbari non possit [diversa]
opinio, [siquis] simplicius accipere malit, in medio ⟨relinquam⟩. Quod
potissimum voluit hic Paulus, certo ex eius verbis evincitur, Deum sine
Christo semper iratum nobis esse: reconciliari nos per eum, dum iustitia
30 eius accepti sumus. Non enim detestatur in nobis Deus opus suum, id est
quod conditi sumus homines: sed nostram immunditiem, quae lucem
imaginis suae extinguit. Eam ubi abstersit [Christi ablutio], nos ut purum
opus suum amat ille et osculatur.   **[Propitiatorium] per fidem in
sanguine eius.** Ita magis placet ad verbum retinere quod habet Paulus:
siquidem mihi videtur uno contextu voluisse dicere, propitium nobis
Deum reddi simul ac in Christi sanguine repositam habemus fiduciam:
quia per fidem in eius beneficii possessionem venimus. Sanguinem autem
solum nominando, non voluit alias redemptionis partes excludere, sed
potius sub una parte totam summam comprehendere: sanguinem vero
40 nominavit, in quo habemus nostrum lavacrum. [Sic per synecdochen tota
expiatio notatur. Nam quum nuper dixisset pacificatum esse Deum in
Christo, nunc addit fide hunc effectum constare: et simul quid fides
nostra praecipue in Christo respicere debeat.]   **Propter** [remis–

15-24 *A B* Hic Proponere, non proferre significat, aut in medium repraesentare: sed
praeordinare et praestituere, ut ad clementiam Dei referatur, quae rationem ultro
exquisivit, qua nostrae miseriae succurreret.   24 *A B* verbo   24 *B* ἱλαστήριον   25 *A B*
om.   26 *A B* eius   27 *A B* qui   27 *A* relinquatur   32 *A B* Christus Dominus   33 *A B*
om.   40-43 *A B om.*   43-44 *A B* remissionem praecedentium

---

21-22 *C* Jn 3.16*

sionem] delictorum. [Tantundem valet praepositio causalis, acsi dixisset, remissionis ergo, vel in hunc finem ut peccata deleret. Atque haec definitio vel exegesis rursus confirmat quod iam aliquoties monui, non iustificari homines quia re ipsa tales sint, sed imputatione.] Duntaxat enim aliis atque aliis verbis utitur, quo evidentius exprimat, nihil in hac iustitia nostri esse meriti. Nam si [remissione peccatorum eam consequi-
50 mur, colligimus extra nos esse. Deinde si ipsa] remissio [merae Dei liberalitatis est], cadit omne [meritum]. [Quaeritur tamen cur veniam ad praecedentia delicta restringat. Quanquam varie exponitur hic locus: mihi probabile est, Paulum ad Legales expiationes respexisse: quae testimonia quidem erant futurae satisfactionis, Deum vero placare minime poterant. Similis locus est ad Heb. 9.15, quod per Christum allata sit peccatorum redemptio, quae sub Priori testamento manebant. Neque tamen intelligas, non nisi superioris temporis delicta, Christi morte expiata esse: quod delirium quidam fanatici ex loco hoc inscite detorto hauserunt. Tantum enim docet Paulus, usque ad Christi mortem
60 nullum placandi Dei fuisse pretium: nec vero id praestitum vel impletum fuisse Legalibus figuris: quare veritas usque ad tempus plenitudinis suspensa fuit. Porro eadem est eorum ratio quae nos quotidie reatu obstringunt: nam unica est pro omnibus placatio. Quidam ut absurdum illud effugerent, dixerunt remitti superiora delicta, ne peccandi in posterum licentia dari videatur. Et verum est, non offerri veniam nisi admissis delictis: non quod excidat vel pereat redemptionis fructus, si postea labimur, ut Novatus cum sua secta somniavit:] sed quia haec est Euangelii dispensatio, ut iudicium iramque Dei peccaturo proponat, misericordiam peccatori. [Caeterum ille quem attuli, genuinus est sensus.
70 Quod] addit, hanc remissionem fuisse **in tolerantia,** [simpliciter accipiunt pro] mansuetudine, quae scilicet continuerit Dei iudicium, nec inflammari in nostrum exitium permiserit, donec tandem in gratiam nos reciperet. [Sed tacita potius anticipatio esse videtur. nequis enim obiiceret, sero demum apparuisse hanc gratiam, Paulus tolerantiae specimen esse docet.]

44-47 *A B* Istud διά, si liceat, malim resolvere in, per. frigidum enim sensum habebis, si causaliter accipias.   49-50 *A B* eam consequimur per remissionem peccatorum: ipsa autem   50-51 *A B* donum est divinae liberalitatis   51 *A B* humanum meritum   51-67 *A B* Quod vero remissionem destinat iis solis delictis, quae prius extiterunt, id nihil suffragatur Novatianorum errori, qui spem veniae Christianis sustulit: si, post acceptam in baptismo purgationem, iterum laberentur.   69-70 *A B* peccatori, designavit Apostolus, in praeteritum semper respicere, quam Dominus peccatoribus veniam largitur: ne videatur ideo nos sibi reconciliare in Christi sui sanguine, quo posthac licenter peccemus. Nos enim reconciliat: quia iam sumus peccatores, nostra pravitate a se divisi.   70-71 *A B* id est   73-75 *A B om.*

26 **Ad demonstrationem.** Non caret emphasi huius membri repetitio, quam data opera Paulus affectavit, ⟨quia⟩ valde necessaria erat: quando nihil homini difficilius persuadetur quam ut sibi omnia derogans, accepta Deo referat[: quanquam huius novae demonstrationis data opera fit
80 mentio, ut oculos ad spectandum aperiant Iudaei]. **In hoc tempore.** Quod omnium temporum perpetuum fuit, refert ad diem exhibiti Christi[: neque immerito. quod enim sub involucris olim obscure cognitum fuerat, palam manifestavit Deus in Filio suo. Ita Christi adventus, tempus fuit beneplaciti et dies salutis. Omnibus quidem seculis iustitiae suae testimonium aliquod reddidit Deus: sed ubi Sol iustitiae illuxit, longe clarior apparuit. Notanda igitur est Veteris et Novi testamenti comparatio: quia tunc demum revelata fuit liquido Dei iustitia, quando exhibitus fuit Christus.] **Ut sit ipse iustus.** [Definitio est illius iustitiae quam dato Christo ostensam fuisse dixit:
90 sicuti primo capite docuerat patefieri in Euangelio. Duobus autem membris eam constare affirmat. Prius est, Deum esse iustum, non quidem ut unum ex multis: sed qui solus in se omnem iustitiae plenitudinem contineat. Neque enim integra et solida laus qualis debetur, ei aliter tribuitur, quam dum solus obtinet iusti nomen et honorem, toto humano genere iniustitiae damnato. Alterum deinde membrum statuit in iustitiae communicatione, dum scilicet suas divitias Deus apud se minime tenet suppressas, sed in homines effundit. Ergo in nobis relucet Dei iustitia, quatenus nos fide Christi iustificat. frustra enim datus in iustitiam Christus foret, nisi fruitio ex fide accederet. unde sequitur,
100 omnes in se iniustos esse ac perditos donec e caelo oblatum fuerit remedium.]

27 *Ubi ergo ⟨gloriatio⟩? Exclusa est. Per quam legem? [operum]? Nequaquam: sed per legem fidei.*

28 *Constituimus ergo, fide iustificari hominem sine operibus Legis.*

---

77 *A* quae   79-80 *A B om.*   82-88 *A B* Ante enim iustitiae huius revelatio in promissionibus et sacramentis extabat. Tunc promissiones et sacramenta, reipsa suum complementum habuerunt, quia in ipso, confirmantur demum ac stabiliuntur. 2. Corinth. 1.   89-1 *A B* Nunquam ergo integrum ac solidum, ac quale debetur, testimonium redditur Dei iustitiae: nisi cum solam hanc esse dignam hoc honore agnoscimus et fatemur, universis hominibus iniustitiae damnatis. Unum enim Deum oportere iustum praedicari intelligit. Deinde iustitiae ac bonitatis amplitudo in hoc se profert, quod in homines quoque eius communicationem effundit. Quicunque enim iusti sunt, non aliter iustificantur, quam ex fide Christi: sunt enim alioqui omnes impii. Iustificantur ergo, quia iusti censentur, etiam si non sunt: dum illis imputatur in iustitiam Christi obedientia.   2 *A* glorificatio   2 *A B* factorum

27 **Ubi ergo gloriatio?** [Postquam satis superque firmis rationibus homines ab operum fiducia deiecit Apostolus, iam eorum vanitati insultat. Necessarium vero erat hoc epiphonema: quoniam in hac causa non sufficeret docere, nisi maiore vehementia Spiritus sanctus ad prosternendam nostram altitudinem fulminaret.] Gloriationem autem [haud
10 dubie] exclusam dicit, quia nihil possumus nostrum producere quod Dei sit approbatione aut commendatione dignum. [Quod] si materia gloriandi est meritum, [sive illud] de congrue [sive] de condigno [nomines], quo homo [Deum sibi conciliet]: hic utrunque everti vides. [neque enim hic de imminutione vel moderatione agitur: sed Paulus ne guttam quidem reliquam facit.] Deinde si per fidem tollitur operum gloriatio, ut non possit fides pure praedicari, quin omnia Dei misericordiae deferendo, prorsus hominem laude ⌐spoliet⌐: [sequitur] ⟨nullis ad iustitiam consequendam operibus nos adiuvari⟩.   **[Operum?]** Quomodo Apostolus hic negat excludi per Legem nostra merita, quum antea ex Lege
20 damnationem nostram [ostenderit]? [Nam si nos omnes morti addicit, quam ex ea gloriam petemus? an non potius gloria omni nudatos probris operit?] Verum tunc ostendebat [peccatum nostrum patefieri Legis indicio, quia] omnes ab eius observatione descivimus. Hic autem intelligit, si iustitia esset in lege operum, non exclusum iri nostram gloriam: sed quoniam solius fidei est, ideo nihil esse nobis arrogandum: quoniam a Deo omnia accipit fides, nihil affert praeter humilem inopiae confessionem. Et notanda est diligenter fidei et operum antithesis: in qua sine adiectione opera universaliter ponuntur. ⟨Ergo neque de ceremoniis tantum, neque de externa operum specie disserit: sed omnia quae fingi
30 possunt, ⌐operum merita⌐ comprehendit.⟩ Legis ⟨quidem⟩ nomen improprie fidei tribuitur: ⟨sed hoc ⌐Apostoli⌐ sensum minime obscurat. Intelligit enim quum ad fidei normam ventum est, prosterni universam operum gloriam,⟩ [acsi diceret, Operum quidem iustitiam commendari in Lege, sed fidei esse suam legem quae nullam in operibus, qualiacunque sint, iustitiam relinquit].

28 **Constituimus ergo.** Nunc principalem propositionem quasi iam indubiam colligit, addita [etiam] explicatione. Multum enim elucescit

---

5-9 *A B* Egregium epiphonema, quo nostrae vanitati insultat Apostolus, satis iam multis rationibus contusae ac prostratae.   9-10 *A B om.*   11 *A B* Ergo   12 *A B* tam   12 *A B* quam   12 *A B om.*   13 *A B* reputetur Deum sibi conciliare   13-15 *A B om.*   17 *B* spoliat   17 *A B om.*   17-18 *A om.*   18 *A B* Per legem operum.)   20 *A B* petierit   20-22 *A B om.*   22-23 *A B* lege peccatum nostrum patefieri, quod   28-30 *A om.*   30 *B om.*   30 *A om.*   31-33 *A om.*   31 *B om.*   33-35 *A B om.*   37 *A B* illi

fidei iustificatio, dum opera nominatim excluduntur. Ideo nulla hodie in re magis laborant nostri adversarii, quam ut fides cum operum meritis
40 implicetur. Fatentur quidem iustificari hominem fide: sed non sola imo penes charitatem vim iustificationis reipsa locant, utcunque verbo [tenus eam] concedant fidei. Atqui sic gratuitam asserit hoc loco Paulus, ut palam [faciat] cohaerere nullo modo posse cum ulla dignitate operum. [Cur opera Legis nominet, supra docui: et simul ostendi, ridiculos esse qui ad ceremonias restringunt. Frigidum etiam commentum est, opera Legis pro literalibus accipere, quae sine Christi Spiritu fiunt. quin potius tantundem valet epitheton, acsi meritoria dixisset: quia respicit ad mercedem in Lege promissam.] Quod apud Iacobum habetur, non sola fide, sed operibus iustificari hominem, nihil cum [praecedenti] sententia
50 pugnat. Conciliatio potissimum [ex ratione argumenti pendet, de quo illic Iacobus disserit. Neque enim quaestio est, quomodo iustitiam sibi coram Deo acquirant homines: sed quomodo se probent iustos. Refutat enim hypocritas, qui fidei titulo inaniter superbiunt. Crassus ergo paralogismus est: non animadvertere iustificandi verbum aliud esse Iacobo quam Paulo: sicuti diversis de rebus tractant. Fidei quoque nomen esse aequivocum procul dubio apparet. Duplex ista homonymia observari debuit, ut de re iudicium fieret. Neque aliud Iacobum velle ex contextu colligitur, quam hominem ficta vel mortua fide non reddi vel non probari iustum, nisi operibus iustitiam suam confirmet.] qua de re vide Institutio-
60 nem nostram.

29 *Num Iudaeorum Deus tantum? an non et Gentium? certe et Gentium.*

30 *Quandoquidem unus Deus, qui iustificabit Circuncisionem ex fide, et praeputium per fidem.*

29 **Num Iudaeorum.** Secunda propositio: iustitiam illam non magis ad Iudaeos quam ad Gentes pertinere. [Id vero] urgeri valde referebat, ut per universum orbem locus fieret regno Christi. Interrogat ergo non [simpliciter vel praecise] an sit Gentium conditor Deus[, quod extra

---

41-42 *A B om.*   43 *A B* sit   44-48 *A B om.*   49 *A B* praesenti   50-59 *A B* est in animadversione duplicis paralogismi. Quia iustificatio apud Iacobum, non pro imputatione, sed pro declaratione ac testificatione iustitiae posita est, fidei autem vocabulum abusive: per concessionem usurpatum est.   66 *A B* Quam   68 *A B om.*   68-69 *A B om.*

---

48 [*Jas 2.14-26*]   59-60 *Inst.(1539) Cap.X* [§§*71-3*], *CO 1, 787-9; Inst.(1559) III.xvii, 11-2, Op.sel. IV, 264-6*

controversiam notum erat]: sed an non illis quoque servatorem se velit
70 declarare. Postquam enim aequavit totum hominum genus, ac sub
eandem conditionem redegit: siquid sit discriminis inter eos, ex Deo est,
non ex ipsis qui habent omnia inter se paria. Quod si verum est, Deum
suae misericordiae velle participes facere omnes populos terrae: salus, et
quae ad salutem necessaria est iustitia, ad omnes extenditur. Quare in
Dei nomine hic est notatio [mutuae relationis] quae saepe in Scriptura
occurrit: Ego ero vobis in Deum, et vos eritis ⌜mihi⌝ in populum. [Nam
quod Deus peculiarem sibi ad tempus populum elegit, illud naturae
principium non tollit, omnes ad imaginem Dei esse formatos, et educari
in mundo in spem beatae aeternitatis.]

80   30 **Qui iustificat praeputium.** Quum alios per fidem, ex fide alios
iustificari dixit, videtur oblectatus varietate sermonis in eadem re indi-
canda, ut Iudaeorum stultitiam obiter perstringeret, qui discrimen inter
se et Gentes comminiscebantur: quum in causa iustificationis nihil
prorsus differrent. Si enim sola fide fiunt homines huius gratiae compotes: fides autem in utrisque est eadem: ridiculum est, in tanta similitudine
facere dissidium. Itaque subesse in verbis ironiam iudico: acsi diceret: Siquis vult habere differentiam Gentilis a Iudaeo, hanc habeat, quod ille
per fidem, hic vero ex fide iustitiam consequitur. [Nisi forte ita distinguere magis placeat, iustificari ex fide Iudaeos, quia nascuntur gratiae
90 haeredes, dum ius adoptionis a Patribus ad eos transmittitur: Gentes
vero per fidem, quia his adventitium est foedus.]

31 *Legem igitur irritam facimus per fidem? Ne ita sit: sed Legem*
stabilimus.

[31 **Legem igitur irritam, etc.**] Ubi Lex, fidei opponitur, ex eo statim
quandam repugnantiae suspicionem caro arripit, acsi alterum alteri
adversaretur. Praesertim vero facile obtinet falsa haec imaginatio inter
eos qui praepostera Legis intelligentia [imbuti], nihil aliud in ea quaerunt
quam operum iustitiam, promissionibus omissis. Atque hoc nomine
pessime audiebat inter Iudaeos non modo Paulus, sed Dominus quoque
100 ipse: acsi tota sua praedicatione, Legis abrogationem moliretur. Unde
illa contestatio, Non veni ad solvendam Legem, sed implendam. Haec

75 *A B* correlationis   76 *B om.*   76-79 *A B om.*   88-91 *A B om.*   94 *A B om.*   97 *A B*
om.

76 *C* Jer 30.22*   1 *C* Matt 5.17*

autem suspicio tam ad mores, quam ad ceremonias pertinebat. quia
enim Euangelium finem imponit ceremoniis Mosaicis, putatur ad de-
struendum Mosis ministerium tendere. Ad hoc, quia omnem operum
iustitiam obliterat, creditur adversari tot testimoniis Legis, ubi affirmat
Dominus, se iustitiae ac salutis viam illic praescripsisse. Quare hanc Pauli
excusationem neque de ceremoniis seorsum, neque de mandatis (ut
vocant) moralibus: sed in universum de tota Lege accipio. Nam Lex
moralis vere confirmatur ac stabilitur per fidem in Christum: [quando–
10 quidem] in hunc finem lata est, ut hominem de sua iniquitate edoctum,
ad Christum adduceret: sine quo nec ipsa [praestatur, frustraque clamat
quid factu rectum sit]: nec potest nisi cupiditatem magis irritare, quo
maiorem tandem condemnationem homini accersat. Ubi vero ad Christum ventum est, primum in eo invenitur exacta Legis iustitia, quae [per
imputationem], etiam nostra fit. Deinde sanctificatio, qua formantur
corda nostra ad Legis observationem, imperfectam quidem illam, sed
quae ad scopum collineat. Similis ceremoniarum ratio, quae cessant
quidem et evanescunt Christo adveniente: sed eo ipso vere confirmantur.
Si enim per se ⟨aestimantur⟩, inanes sunt et umbratiles imagines: tum
20 demum solidi aliquid habere deprehendentur, si in meliorem finem
respiciant. In eo igitur est summa earum confirmatio, quum docetur,
veritatem suam in Christo esse consequutas. Sic ergo et nos meminerimus
Euangelium dispensare, ut [nostro docendi modo], Lex stabiliatur, sed
nulla alia firmitate, quam fide Christi suffulta.

CAP. IIII.

1 *Quid ergo dicemus invenisse Abraham patrem nostrum secundum
carnem?*

2 *Si enim Abraham ex operibus iustificatus est, habet quo glorietur, sed
non apud Deum.*

3 *Quid enim Scriptura dicit? Credidit Abraham Deo: et imputatum est
illi in iustitiam.*

9-10 *A B* quando   11-12 *A B* impletur   14-15 *A B* imputatione   19 *A* existimantur
23 *A B* nostra doctrina

Cap. IIII. 6 *C* Gen 15.6*

1 **Quid ergo.** Confirmatio est ab exemplo: quae satis firma est, quoniam omnia similia sunt tam in re quam in persona. Nam et ille pater
10 est fidelium, cui nos omnes oportet conformari: et una est iustitiae obtinendae omnibus ratio, non plures. [Multis aliis in rebus non sufficeret exemplum ad communem regulam: sed quia in persona Abrahae speculum vel exemplar iustitiae quae ad totam Ecclesiam communiter pertinet, propositum fuit: merito Paulus quod de illo uno scriptum est, ad totum Ecclesiae corpus accommodat, simul etiam constringit Iudaeos, quibus ad gloriandum nihil erat magis plausibile, quam se iactare Abrahae filios. Sibi vero plus sanctitatis quam sancto Patriarchae tribuere, nunquam ausi essent. Nunc ubi constat gratis iustificatum fuisse illum, posteros eius qui sibi propriam iustitiam ex Lege arrogant, pudore
20 victos obmutescere necesse est.]   [**Secundum carnem?** Quia inter hanc particulam et nomen Patris, in contextu Pauli interponitur verbum εὑρηκέναι, hoc modo, Quid dicemus Abraham patrem nostrum invenisse secundum carnem? quidam interpretes quaeri putant quid secundum carnem adeptus sit Abraham. Quae expositio si placeat, tantundem valebit Secundum carnem, ac naturaliter, vel ex seipso. Probabile tamen est epitheti loco Patri coniungi. Praeterquam enim quod domesticis exemplis solemus magis affici: nominatim generis dignitas, qua nimium Iudaei superbiebant, iterum notatur. Contemptim nonnulli additum hoc putant: quo sensu alibi carnales vocantur filii Abrahae, qui spirituales
30 non sunt, nec prorsus legitimi: ego vero existimo, quod Iudaeis peculiare erat fuisse expressum: quia excellentius fuit, natura et carnis origine, quam sola adoptione esse Abrahae filios, modo simul fides accederet. Concedit ergo Iudaeis propius coniunctionis vinculum, sed tantum ut eos magis promoveat, ne a patris sui exemplo discedant.]

2 **Si enim Abraham.** Epicherema est, id est imperfecta ratiocinatio, quae in hanc formam colligi debet, Si Abraham operibus iustificatus est, potest suo merito gloriari: sed non habet unde glorietur apud Deum: ergo non ex operibus iustificatus est. ⟨Ita membrum illud, **Sed non apud Deum,** est minor propositio syllogismi. Huic attexi debet conclusio quam
40 posui, tametsi a Paulo non exprimitur.⟩ Gloriationem vocat, quum licet praetendere aliquid nostrum, cui merces in iudicio Dei debeatur. Eam quum Abrahae adimat, quis nostrum sibi guttam meriti arrogabit?

3 **Quid enim [Scriptura dicit]?** Probatio est minoris, seu assumptionis, ubi [negavit Abrahae esse] argumentum gloriandi. Nam si Abraham ex eo iustificatur quod amplectitur fide bonitatem Dei: sequitur nullam esse

---

11-20 *A B* Et addit epitheton, Patrem esse Iudaeorum secundum carnem: quo magis illos permoveat. solemus enim domesticis exemplis supra vulgarem modum affici.   20-34 *A B om.*   38-40 *A om.*   43 *A B* dicit Scriptura   44 *A B* negabatur Abraham habere

eius gloriam, quia nihil suum affert, nisi miseriae agnitionem, quae
misericordiam quaerat. Siquidem pro confesso praesumit, fidei iustitiam,
subsidium esse ⟨et quasi asylum peccatori⟩ qui operibus destituitur.
[Nam siqua esset Legis vel operum iustitia, in ipsis hominibus resideret:
50 fide autem, quod sibi deest, aliunde mutuantur: ideoque apte vocatur
imputativa fidei iustitia. Locus porro qui citatur ex Genesi. 15. 6 sumptus est: ubi verbum credendi non ad particulare aliquod dictum restringi
debet, sed ad totum salutis foedus et adoptionis gratiam, quam dicitur
Abraham fide apprehendisse. Refertur quidem illic promissio seminis
futuri, sed quae in gratuita adoptione fundata erat.] Notandum vero, nec
salutem sine Dei gratia, nec Dei gratiam sine ⟨salute⟩ promitti. rursum
nec in Dei gratiam, nec in spem salutis nos vocari, quin iustitia simul
offeratur. ⟨Hoc posito videre licet eos theologiae principia non tenere,
qui Mosis testimonium a Paulo violenter torqueri putant. quia enim
60 particularis est illic promissio, rite et probe fecisse Abraham intelligunt
qui crediderit, et eatenus probatum fuisse a Deo. Sed in eo falluntur,
primum quod non ⌐animadverterunt⌐, illud Credere ad totum complexum extendi. quare ad unum membrum restringi non debebat. Praecipua
autem hallucinatio est, quod a gratiae Dei testimonio non ordiuntur.
Atque hoc agit Deus ut Abraham et suae adoptionis, et paterni favoris
reddat certiorem: sub quo aeterna per Christum salus comprehenditur.
Quare Abraham credendo nihil quam oblatam sibi gratiam amplectitur,
ne irrita sit. Si hoc illi imputatur in iustitiam, sequitur non aliter esse
iustum, nisi quia Dei bonitate confisus, omnia ab ipso sperare audet.
70 Neque enim quid de illo homines senserint, Moses recitat: sed qualis
apud Dei tribunal habitus fuerit.⟩ Abraham ergo in promissione oblatam
sibi Dei benignitatem apprehendit, qua sibi iustitiam communicari
sentiebat. Hanc promissionis et fidei relationem necessarium est, ad
statuendam iustitiam, intelligere: quoniam eadem est hic inter Deum et
nos ratio, quae apud Iurisconsultos inter datorem et donatarium. Neque
⟨enim⟩ iustitiam aliter consequimur, nisi quia ⟨sicuti⟩ Euangelii promissione nobis defertur⟨, ita eius possessionem fide quasi cernimus⟩.
Quomodo conciliandus sit Iacobi locus, qui nonnihil contrarius videtur,

---

48 *A* peccatoris   49-55 *A B* Locus est ex 15. Geneseos. Ubi promissiones Dei, quibus in
foedus salutis, intercedente semine benedicto, adoptatur, dicitur fide suscepisse.   56 *A*
salutis beneficio   58-71 *A om.*   62 *B* animadvertunt   76 *A om.*   76 *A om.*   77 *A om.*

---

75 donatarius = donatorius (Is qui aliquid donatur, *Du Cange III, 180). See Du Cange III,
179, 180 for legal examples*   78 *Calvinus, in Jacob. 2. 14-26, CO 55, 403-7*

supra adnotavi⟨: et illíc fusius, Domino dante, exponam⟩. [Tantum
80 notemus, eos quibus iustitia imputatur, iustificari: quando haec duo a
Paulo tanquam synonyma ponuntur. Unde colligimus, non disputari
quales sint in se homines, sed quo loco Deus ipsos censeat: non quod
separetur a gratuito Dei favore puritas conscientiae et vitae integritas:
sed quia ubi causa quaeritur cur nos Deus amet, ac pro iustis agnoscat,
Christum prodire necesse est, qui sua nos iustitia induat.]

   4 *Ei quidem qui operatur, merces non imputatur secundum gratiam, sed*
secundum debitum.
   5 *Ei vero qui non operatur, credit autem in eum qui iustificat impium,*
imputatur fides sua in iustitiam.

90   4 **[Ei] qui operatur.** Operantem vocat [non quisquis bonis operibus
addictus est, quod studium vigere debet in omnibus Dei filiis: sed] qui
suis meritis aliquid promeretur: [similiter] non operantem, cui nihil
debetur operum merito. ⟨Neque enim fideles vult esse ignavos: sed
tantum mercenarios esse vetat, qui a Deo quicquam reposcant quasi iure
debitum.⟩ [Et iam prius admonuimus, non hic disseri qualiter vitam
instituere nos oporteat, sed quaeri de salutis causa.] Argumentatur autem
a contrariis, [Deum non rependere] nobis iustitiam ut debitam: sed
acceptam ultro [ferre]. Ac Bucero quidem accedo, qui formam argumen-
tandi [indicat], non esse sumptam ab uno verbo, sed ab integra sententia,
100 in hunc modum, Siquis sit qui promereatur aliquid opere suo, res
promerita non imputatur illi gratis, sed ut debita redditur. Fides
reputatur in iustitiam, non quod [ullum a nobis meritum afferat], sed
quia [Dei] bonitatem [apprehendit]. Ergo iustitia non debetur nobis, sed
gratis confertur. [Nam quia nos precario iustificat Christus per fidem,
semper in ea nostri exinanitionem considerat Paulus. Quid enim credimus nisi Christum esse expiationem, ut nos Deo reconciliet?] ⟨Idem aliis
verbis habetur ⌜ad Galatas 3.11⌝, Quod ex Lege nemo iustificetur, patet.
nam iustus fide vivet. Atqui Lex non est ex fide: sed qui fecerit haec, vivet
in ipsis. Quia enim Lex operibus mercedem promittit, inde concludit,

---

79 *A om.*   79-85 *A B om.*   90 *A B* Ei vero   90-91 *A B om.*   92 *A B om.*   93-95 *A om.*
95-96 *A B om.*   97 *A B* quomodo Deus non rependat   98 *A B* ferat   99 *A B* iudicat
2 *A B* aliquid tale promereamur   3 *A B* Domini   3 *A B* apprehendimus   4-6 *A B om.*
6-11 *A om.*   7 *B* 3. ad Galatas capite

---

98 *Bucerus. Apparently reference to Buc*[enn] *on (i) 4.4*, Operanti merces non imputatur *and/*
or (ii) 4.5, Non operanti vero, credenti autem. *fol. 216*[a-b]

10 fidei iustitiam ⌜quae gratuita est, cum illa operaria⌝ non convenire. quod
non stabit si fides operum respectu iustificet.⟩ Observandae sunt diligenter istae collationes quibus omne meritum pròrsus [expungitur].

5 **Credit autem in eum.** Plena energiae periphrasis: qua et fidei et
iustitiae substantiam [naturamque] expressit. [Clare enim definit non
quatenus meritoria virtus est fides, iustitiam nobis conferre, sed quatenus
Dei gratiam nobis impetrat. Neque enim Deum modo pronuntiat
datorem iustitiae: sed nos iniustitiae damnat, ut nostrae inopiae succurrat Dei liberalitas. In summa, nemo ad fidei iustitiam perveniet, nisi qui
in se erit impius. Nam haec periphrasis ad circunstantiam loci aptanda
20 est, quod aliena iustitia nos ornet fides, quam a Deo mendicat. Atque hic
rursus Deus iustificare nos dicitur, dum peccatoribus gratis ignoscit, et
amore dignatur quibus iure irasci poterat: dum scilicet nostram iniustitiam misericordia sua abolet.]

6 *Quemadmodum etiam David finit beatitudinem hominis, cui Deus
imputat iustitiam absque operibus.*

7 *Beati quorum remissae sunt iniquitates, et quorum tecta sunt peccata.*

8 *Beatus vir cui non [imputavit] Dominus peccatum.*

6 **Finit beatitudinem hominis.** Hinc perspicimus, merum esse [eorum]
cavillum [qui] opera Legis [intra] caeremonias [limitant], quando nunc
30 opera simpliciter et sine adiecto vocat, quae prius dicebat opera Legis. si
nemo inficiari potest, simplicem [et non restrictam] loquutionem [qualis
nunc occurrit, promiscue] de opere quolibet intelligendam: id perpetuo
in tota disputatione valere debet. [Nihil enim minus consentaneum, quam
caeremoniis solis vim iustificandi adimi, quum opera indefinite Paulus
excludat. Huc accedit oppositum membrum, quod Deus homines iustificet, peccatum non imputando. quibus etiam verbis] [docemur], iustitiam
Paulo nihil esse quam remissionem peccatorum. Postremo hanc quoque
remissionem gratuitam esse, quia sine operibus imputatur: quod et
Remissionis [nomen indicat]. Non enim remittit creditor, cui numeratum

---

10 *B* cum illius iustitia   12 *A B* extinguitur   14 *A B om.*   14-23 *A B* Ideo enim
iustificamur, quia serio credimus Deum peccatis nostris ignoscere. Ac utcunque ira
ultioneque eius digni simus, nobis nihilo minus esse propitium. Periphrasis enim haec ad
loci circunstantiam aptari debet.   27 *A B* imputarit   28 *A B om.*   29 *A B* quod
29 *A B* ad   29 *A B* limitantur   31 *A B om.*   31-32 *A B om.*   33-36 *A B om.*   36 *A B*
Docemur praeterea   39 *A B* nomine indicatur

26-27 *C* Ps 32.1* [= *32.1-2*]

40 est : sed qui nomen sponte inducit, mera liberalitate. Eant nunc qui
delictorum veniam satisfactionibus redimere docent: a qua Paulus
argumentum petit ad gratuitum iustitiae donum asserendum. Quomodo
enim illis cum Paulo conveniet? Aiunt illi, operibus satisfaciendum [Dei]
iustitiae, quo peccatorum veniam impetremus. Contra hic ratiocinatur,
iustitiam fidei gratuitam esse ac sine operibus, quoniam a peccatorum
remissione pendeat. Vitiosa certe esset ratiocinatio, siqua in remissione
peccatorum opera intercederent. Nec minus [iisdem Prophetae verbis]
ineptiae Scholasticorum dissipantur, de dimidia remissione. Culpa remissa, poenam retineri a Deo nugantur: Propheta autem clamat, non tecta
50 modo peccata esse, hoc est in conspectu Dei sublata: sed etiam addit,
non imputari. Quomodo conveniat, Deum poenam eorum exposcere
quae non imputet? Manet ergo salva nobis pulcherrima sententia,
Iustificari fide, qui gratuita peccatorum remissione coram Deo purgatus
sit. ⟨Praeterea hinc gratuitae iustitiae perpetua in totam vitam duratio
colligi potest. Nam quum David diuturno conscientiae suae cruciatu
fatigatus, in hanc vocem erumpat, de experientia certe sua loquitur. atqui
iam per annos complures Deum coluerat. Ergo post magnos progressus
tandem expertus miseros esse omnes qui ad Dei tribunal vocantur: non
aliam obtinendae beatitudinis ⌈viam⌉ esse ⌈clamat⌉, ⌈quam si⌉ Dominus
60 nos in gratiam recipiat, peccata non imputando.⟩ [Ita probe refellitur
eorum commentum qui fidei iustitiam non nisi initiale esse nugantur, ut
deinde fideles operibus possessionem iustitiae retineant, quam nullis
meritis adepti sunt.] [Quod] autem opera interdum dicuntur in iustitiam
imputari, et aliae quoque beatitudines recensentur, nihil de Pauli sententia detrahit. Refert Psalmus, imputatum esse Phinees sacerdoti Domini in
iustitiam, quod sumpto de scortatore et meretrice supplicio, vindicarit
opprobrium Israelis. Nempe [hominem audimus facinus iustum edidis-
se]: sed uno facto personam non iustificari scimus. Requiritur enim
perfecta, et numeris suis omnibus consummata obedientia[, ut sonat
70 promissio, Qui fecerit haec, vivet in ipsis]. Quomodo ergo imputatur illi
haec ultio in iustitiam? Certe iustificatum prius [esse] Dei gratia oportuit.

---

43 *A B* divinae   47 *A B* verbis prophetae   54-60 *A om.*   59 *B* vitam   59 *B om.*   59 *B*
nisi   60-63 *A B om.*   63 *A B* ¶Quod   67-68 *A B* audimus, hominem, iustum edidisse
facinus   69-70 *A B om.*   71 *A B om.*

---

48 *Thomas Aquinas, S. Theol. III, qu.86, art. 4, Op. XII,* 311^{a-b}.   *Bonaventura, In Sent.*
IV, dist. 18, p. 1, art.2, qu. 2, Op. 4, 477-8.   De Castro, Adv. haer. fol. CLXXXII^{a-b}.
See *Inst.(1539) Cap.IX* [§48], *CO 1, 721-2; Inst.(1559) III.iv.29, Op. sel. IV, 118-9*
65 *C* Ps 106.30*   69-70 *C* Deut 4.1*

Qui enim iam Christi iustitia sunt induti, ii non sibi modo propitium
habent [Deum], sed operibus quoque suis: quorum maculae et naevi,
Christi puritate obteguntur ne in rationem veniant: unde nullis sordibus
infecta opera, iusta reputantur : non aliter quam eiusmodi indulgentia
placere Deo quodlibet humanum opus palam est. Quod si fidei iustitia
unica causa est cur iusta opera habeantur: vide quam insulse arguant,
quia iustitia operibus tribuatur, non solius esse fidei iustitiam. Ego autem
invictum argumentum oppono contra, iniustitiae damnatum iri opera
80 omnia, nisi sola fide homo iustificetur. Simile est de beatitudine.
pronuntiantur beati qui timent Dominum, qui ambulant in viis eius, qui
meditantur eius Legem die ac nocte: sed quia nemo id praestat qua decet
perfectione, ut Dei mandato ad plenum respondeat, irritae sunt omnes
eiusmodi benedictiones, donec purificati ac mundati peccatorum remissione, beati reddimur: atque ita [quidem] ut capaces fiamus eius beatitudinis, quam Dominus ob studium Legis ac bona opera, servis suis
pollicetur. Ergo et operum iustitia, effectus est iustitiae fidei: et beatitudo
ex operibus, effectus beatitudinis, quae sita est in peccatorum remissione.
Si causa destrui ab effectu suo nec debet, nec potest, importune facturi
90 sint, siqui studeant fidei iustitiam per opera evertere. Sed cur non liceat
[(dicet quispiam)] testimoniis illis contendere, operibus hominem iustificari ac beatum reddi? verba enim Scripturae non magis sonant, fide
iustificari hominem, et Dei misericordia beatum esse, quam operibus.
Nempe consideranda est hic [tam series causarum, quam gratiae Dei]
dispensatio. Quia enim locum non [habet quicquid pronuntiatur] de
operum vel iustitia, vel beatitudine, nisi unica haec fidei iustitia praecesserit, et sola partes omnes impleat: hanc erigi ac stabiliri oportet, ut illa,
tanquam fructus ex arbore, inde nascatur et emergat.

9 *Beatitudo ergo ista in Circuncisionem modo, an et in praeputium*
100 *competit? Dicimus enim quod imputata fuit Abrahae fides in iustitiam.*

10 *Quomodo igitur imputata fuit? in Circuncisione quum esset, an in*
praeputio? non in Circuncisione, sed in praeputio.

[Quia Circuncisionis et praeputii tantum fit mentio, inscite colligunt
multi, non aliud in quaestionem venire, quam non acquiri iustitiam ex

---

73 *A B* Dominum   85 *A B om.*   91 *A B om.*   94 *A B* divini operis   95 *A B* habent,
quaecunque pronuntiantur   3-12 *A B om.*

81-82 *C* Ps 1.2* [= 1.1-2]   Ps 128.1

caeremoniis legalibus. Sed attendere convenit cum quo hominum genere
Paulus disputet: scimus enim hypocritas, dum in genere opera meritoria
iactant, fucum tamen obtendere in externis larvis. Iudaeis quoque sua
fuit peculiaris ratio, qui crasso Legis abusu, a vera et solida iustitia
alienati erant. Dixit Paulus, neminem esse beatum nisi quem sibi Deus
10 gratuita venia reconciliat: unde sequitur omnes esse maledictos, quorum
opera in iudicium veniunt. Iam tenetur caput hoc, non propria dignitate,
sed Dei misericordia iustificari homines. sed] nondum [id] satis est, nisi
peccatorum remissio praecedat omnia opera, quorum primum fuit
Circuncisio, quae Iudaicum populum initiabat in Dei obedientiam.
proinde in eo quoque demonstrando pergit. ⟨Semper meminerimus,
Circuncisionem hic tanquam initiale (ut ita loquar) iustitiae legalis opus
⌜recenseri⌝. Neque enim ea Iudaei gloriabantur, tanquam gratiae Dei
symbolo, sed quasi meritoria Legis observatione. ideo se aliis praefere-
bant, quasi plus afferrent coram Deo praestantiae.⟩ [Iam videmus non de
20 uno ritu litem agitari: sed comprehendi sub una specie quicquid est
operum legalium, hoc est, quibus deberi posset merces: ideo autem
praecipue nominari Circuncisionem, quia fundamentum erat legalis
iustitiae. Atqui Paulus ex opposito contendit,] [Si] iustitia Abrahae est
peccatorum remissio (quod secure [ipse] pro confesso assumit) ea autem
Abrahae obtigit ante Circuncisionem: sequitur ergo, peccatorum remissionem non dari praecedentibus meritis. Vides argumentum esse ab
ordine causarum et effectuum. Causa enim semper effectu suo prior est.
atqui iustitia fuit in Abrahamo Circuncisione superior.

11   *Et signum accepit Circuncisionis, sigillum iustitiae fidei quae fuerat*
30 *in praeputio: ut esset pater omnium credentium per praeputium, quo ipsis*
quoque imputetur iustitia:
12   *Et pater Circuncisionis non iis qui sunt ex Circuncisione tantum, sed*
qui insistunt vestigiis fidei quae fuit in praeputio patris nostri Abrahae.

11   **Et signum accepit.** Per anticipationem ostendit, non tamen fuisse
vanam superfluamque Circuncisionem, tametsi non iustificaret: quandoquidem alium haberet valde praeclarum usum, utpote cuius officium erat
iustitiam fidei obsignare, ac veluti ratam facere. Atque interim a fine ipso
insinuat, non esse iustitiae causam. Tendit enim ad confirmandam fidei
iustitiam, et eam quidem iam in praeputio comparatam: ergo nihil illi

---

12 *A B om.*   15-19 *A om.*   17 *B* commemorari   19-23 *A B om.*   23 *A B* Siquidem
24 *A B om.*

40 derogat aut detrahit. Hic [porro habemus] insignem locum, de communi
    sacramentorum usu: sunt enim [(teste Paulo)] sigilla, quibus et Dei
    promissiones cordibus nostris quodammodo imprimuntur, et ⟨sancitur
    gratiae certitudo⟩. Ac tametsi [per se nihil iuvant, Deus tamen qui gratiae
    suae instrumenta esse voluit, arcana Spiritus sui gratia efficit ne profectu
    careant in electis. Et quanvis reprobis tantum mortuae sint ac inutiles
    figurae, vim tamen suam et naturam semper retinent: quia etsi nostra
    incredulitas effectu illorum nos privat, non tamen Dei veritatem labefac-
    tat vel extinguit. Quare maneat hoc fixum, sacra symbola esse testimonia
    quibus gratiam suam Deus cordibus nostris obsignat. De Circuncisionis
50 symbolo peculiariter istud dicendum, repraesentatam illic fuisse dupli-
    cem gratiam. Pollicitus fuerat Deus Abrahae semen benedictum, ex quo
    salus toti mundo speranda erat. Hinc pendebat illa promissio, Ero tibi in
    Deum. Gratuita igitur reconciliatio in Deo, in signo illo inclusa fuit. Et
    analogia congruebat, ut in promissum semen respicerent fideles.] Exige-
    bat vicissim [Deus] integritatem ac sanctimoniam vitae: symbolo indica-
    bat quomodo ad eam perveniretur, nempe si in homine circuncideretur
    quicquid nascitur in carne, quia tota natura vitiosa est. Admonebat ergo
    Abrahamum externo signo, ut spiritualiter carnis ⟨suae⟩ corruptionem
    circuncideret, quo etiam allusit Moses Deuter. 10. 16. Quo autem
60 indicaret non esse hominis opus, sed Dei: [circuncidi voluit teneros
    infantes], qui per aetatem nondum exequi poterant id mandatum. Nam
    spiritualem Circuncisionem esse Divinae virtutis [opus, non tacuit] Mo-
    ses: quemadmodum habes Deuteronomii 30. 6, Circuncidet Dominus
    cor tuum, etc. Prophetae id ipsum multo clarius postea explicarunt.
    ⟨Duae denique, ut Baptismi hodie sunt, ita olim Circuncisionis erant
    partes: nempe tam vitae novitatem, quam peccatorum remissionem
    testari.⟩ [Caeterum quod in Abrahae persona Circuncisio posterior
    iustitia fuit, non semper in sacramentis locum habet: sicut apparet in
    Isaac et posteris : sed Deus semel edere tale ab initio specimen voluit, ne-
70 quis externis rebus salutem affigeret.]

---

40 *A B* habes   41 *A B om.*   42-43 *A* gratiae certo nobis stabiliuntur   43-54 *A B* nihil
citra Spiritum proficiunt: per ipsa tamen, ceu instrumenta, Spiritus sui virtutem Deus
dispensat. De ipso quoque circuncisionis symbolo, peculiariter istud dicendum, quod
promissionis ac mandati repraesentationem habuit. Pollicebatur Dominus semen benedictum, cuius intercessione, Abrahae et semini eius foret in Deum. Addidit signum, quod
analogiam haberet convenientem.   55 *A B om.*   58 *A* sui   60-61 *A B* fieri iubebat in
teneris infantibus   62 *A B* beneficium non dissimulabat   65-67 *A om.*   67-70 *A B om.*

52-53 *C* Gen 17.7*

Ut esset pater. Nota quomodo Abrahae Circuncisio fidem nostram confirmet de iustitia gratuita. est enim obsignatio iustitiae fidei, ut nobis quoque credentibus iustitia imputetur. Atque ita singulari artificio in adversarios retorquet Paulus, quae poterant ab illis obiectari. Si enim ipsa Circuncisionis veritas ac vis est in praeputio: non est cur tantopere se evehant Iudaei supra Gentes. Sed quum dubitatio iniici possit, An non ergo exemplo Abrahae, nos quoque oporteat Circuncisionis sigillo eandem iustitiam confirmare? cur eam Apostolus praetermisit? Nempe quia putabat satis ex suis verbis hanc quaestionem expediri. Nam ubi [admissa
80 fuerit haec sententia], Circuncisionem valere duntaxat ad obsignandam Domini gratiam: sequitur hodie nobis esse supervacuam, qui signum habemus eius loco [Divinitus] institutum. Quia ergo ubi Baptismus est, nullus iam restat Circuncisionis usus, noluit de eo frustra disceptare quod nequaquam dubium erat, cur scilicet in Gentibus fidei iustitia non obsignetur, si similitudinem habent cum Abrahamo. [Credere per praeputium, est Gentes sua sorte contentas non interponere Circuncisionis tesseram. Atque ita praepositio διά ponitur loco ἐv.]

12 **Non iis qui sunt ex Circuncisione.** [Esse hoc loco accipitur pro censeri. Nam carnales Abrahae filios perstringit,] qui nihil habentes
90 praeter Circuncisionem externam, ipsa secure gloriantur. Istud enim [alterum] quod praecipuum est, negligunt, ut Abrahae fidem imitentur, qua una salutem ille adeptus est. Hinc apparet quam solicite discernat fidem a sacramento: [non solum] nequis hoc sine illa contentus sit, perinde acsi ad iustificandum sufficeret[: sed etiam ut illa sola partes omnes impleat. Nam dum Iudaeos qui sunt circuncisi, iustificari fatetur, diserte excipit, modo in fide nuda insistant Abrahae exemplo. Quid enim sibi vult fides in praeputio, nisi ut ostendat solam nec aliunde adiutam sufficere? Cavendum ergo nequis dimidiando, simul duas iustificandi causas misceat]. Eadem ratione revincitur scholasticum dogma, de
100 discrimine sacramentorum Veteris et Novi testamenti: illis enim vim iustificandi adimunt, his attribuunt. Atqui si rite Paulus ratiocinatur, dum Circuncisionem non iustificare ex eo probat, quod fide iustificatus est Abraham: apud nos quoque militat eadem ratio, ut negemus

79-80 *A B* admissum est   82 *A B* a Domino   85-87 *A B om.*   88-89 *A B* Id est,
91 *A B om.*   93 *A B om.*   94-99 *A B om.*

99 *Petrus Lombardus, Sent. IV, dist. 1,* §5, *PL 192, 840.   Thomas Aquinas, S.Theol. III, qu. 62, art. 6, Op. XII, 28ᵇ; Ia IIae, qu. 103, art.2, Op. VII, 254ᵃ; see also Index Elementorum XVI, 504ᵃ⁻ᵇ; and ad loc. (Cap.IV, Lectio II §349), Cai tom. I, 61ᵇ-62ᵃ.   See Inst.(1539) Cap.XVI [§23], CO 1,954; Inst.(1559) IV.xiv.23, Op. sel. V, 280-1*

Baptismo iustificari homines, quando eadem fide, qua Abraham, iustificantur.

13 *Non enim per Legem promissio Abrahae et semini eius data est, ut*
esset haeres mundi: sed per iustitiam fidei.

13 **Non enim.** [Iam Legis et fidei antithesin quam prius attigerat,
clarius repetit,] quae diligenter notanda est: quoniam[si nihil a Lege
10 mutuatur fides ut iustificet], inde intelligimus, [nonnisi] in Dei misericordiam [respicere. Commentum porro eorum qui de caeremoniis hoc dictum esse volunt, nullo negotio refellitur: quia siquid afferent opera ad
iustificationem, dicendum potius erat, non per Legem scriptam, sed per
legem naturae. Atqui non spiritualem vitae sanctitatem opponit caeremoniis Paulus, sed fidem eiusque iustitiam. Summa igitur est, Abrahae
promissam fuisse haereditatem, non quia Legis observatione id esset
promeritus, sed quia fide iustitiam adeptus erat. Et certe (ut mox Paulus
subiiciet) tunc solida demum pace fruuntur conscientiae, ubi donari
gratis sentiunt quod iure non debetur. Hinc etiam sequitur,] Gentibus
20 nihilo minus quam Iudaeis [commune esse beneficium, cuius causa ad
utrosque aeque pertinet. Nam si] sola Dei bonitate fundata est salus
hominum[, eius cursum arcent et impediunt quantum in se est, qui ab ea
excludunt Gentes]. **Ut esset haeres mundi.** [Quum de aeterna
salute nunc agatur, videtur parum tempestive Apostolus lectores ad
mundum transferre: sed generaliter hoc verbo comprehendit instaurationem quae a Christo speranda erat. Praecipua quidem fuit vitae restitutio:
collapsum tamen totius mundi statum reparari oportuit. Ideo Christum
omnium Dei bonorum haeredem Apostolus nuncupat ad Hebr. 1.2,
quia adoptio quam eius gratia adepti sumus, haereditatis possessionem a
30 qua in Adam excidimus, nobis restituit. Quia vero sub typo terrae
Chanaan non modo spes caelestis vitae Abrahae proposita fuit, sed plena
et solida Dei benedictio: iure Apostolus dominium mundi ei promissum
fuisse docet.] Huius gustum quendam in praesenti vita delibant pii: quia

---

8-9 *A B* Iam antithesin statuit inter legem ac fidem   9-10 *A B om.*   10 *A B* fidem non nisi
11-19 *A B* respicere: si nullum habet legis respectum. Eximius locus ad solidam consolationem animis piorum assignandam: cum Dei promissionem simplicem et gratuitam esse
audiunt, simul ostendit, quomodo   20-21 *A B* promissio data sit, ab ipsius causa: quae in
utrisque praecedit. Si enim   22-23 *A B* qui gentem aliquam a salutis communione arcent,
Dei bonitatem conantur impedire.   23-33 *A B* Nusquam huius promissionis forma extat.
sed terra Canaan typus fuit haereditatis fidelium: quae coelum, terram, maria, et omnes
creaturas complectitur.

utcunque [inopiae angustiis] [saepe premantur, quia tamen quae in
eorum usum creavit Deus, tranquilla conscientia participant, eoque
propitio et volente fruuntur terrenis beneficiis non secus ac pignoribus
vel arrhis vitae aeternae, nihil illis obstat sua paupertas quominus
caelum, terram, et mare sui iuris esse agnoscant. Divitias mundi licet
ingurgitent impii, nihil suum vocare possunt: quin potius furto rapiunt,
40 quia] cum Dei maledictione usurpant. [Magnum vero piis suae egestatis
solatium est, quod tenuiter victitando, nihil tamen alienum furantur: sed
legitimum ex caelestis Patris manu demensum recipiunt, donec plenam
haereditatis suae possessionem cernant, dum eorum gloriae servient
creaturae omnes. Nam in hunc finem renovabitur et terra et caelum,] ut
pro suo modo ad illustrandum Dei regnum in partes accedant.

14 *Si enim ii qui sunt ex Lege, haeredes sunt: [exinanita] est fides, [et
abolita] est promissio.*

15 *Nam Lex iram efficit: siquidem ubi non est Lex, neque etiam
transgressio.*

50 14 **Si enim qui sunt ex Lege.** [Ab impossibili vel absurdo arguit, non
promissam fuisse Abrahae quam a Deo gratiam obtinuit, ex pacto legali,
vel operum intuitu: quia si interposita esset haec conditio, Deum eos
solos dignari adoptione qui merentur, vel qui Legem praestant, nemo
confidere auderet, ad se pertinere. Quis enim tantae sibi perfectionis est
conscius, ut sibi haereditatem ex Legis iustitia deberi statuat? Exinanita
ergo fides esset: quia impossibilis conditio non modo suspensas et anxias
teneret animas, sed trepidationem quoque incuteret. Ita evanesceret
promissionum effectus, quia nihil prosunt nisi fide acceptae. Quod] si ad
hanc unam rationem auscultandam adversariis nostris aures essent, non
60 magno negotio dirimeretur [quod inter nos est] certamen. Praesumit
Apostolus pro re indubia, nequaquam Dei [promissionibus] constare
suam efficaciam nisi certa animi fiducia eas [recipimus]. Quid autem
futurum est, si Legis observatione fundetur hominum salus? Conscientiae nihil habebunt certitudinis, sed perpetua inquietudine [vexatae,
tandem desperationi succumbent]. Promissio inde ipsa sine fructu eva-
nescet, cuius complementum a re impossibili ⟨pendebit⟩. Eant nunc qui

---

34 *A B* inopia angustiaque   34-40 *A B* premantur, tamen cum Dei benedictione fruuntur
Dei creaturis in salutem: nec, ut alienis abutuntur: sed ut suas iure possident. quas furto
rapiunt infideles, ac   40-44 *A B* Plenam autem possessionem cernent, cum in gloriam Dei
evecti, omnes creaturas habebunt suae gloriae servientes. In eum siquidem finem et terra et
coelum renovabuntur,   46 *A B* inanis facta   46-47 *A B* irrita facta   50-58 *A B om.*
60 *A B om.*   61 *A B* beneficio   62 *A B* recipiatur   64-65 *A B* vexabuntur   66 *A*
impendebit

miseram plebem docent, operibus sibi salutem comparare: quum Paulus
diserte pronuntiet, abolitam esse promissionem, si in opera recumbat.
Sed apprime cognitu necessarium est illud: fidem in nihilum redigi, si
70 operibus fulciatur. Nam et inde discimus quid sit fides, et qualem
oporteat esse operum iustitiam, cui secure confidere possint homines.
Perire fidem docet Apostolus, nisi in Dei bonitate secure acquiescit
anima: non est ergo fides, aut Dei aut veritatis eius nuda agnitio: ac ne
simplex quidem persuasio quod Deus sit, quod verbum eius sit veritas:
sed Divinae misericordiae certa notitia ex Euangelio concepta, quae
pacem conscientiae apud Deum ac requiem conciliet. Summa ergo est,
Quod si in Legis observatione [reponatur salus], nullam habere eius
fiduciam animus poterit: [imo] quaecunque a Deo promissiones nobis
[offerentur], irritae cedent. Ita deplorati ac perditi sumus, si relegamur ad
80 opera, dum quaerenda est salutis causa vel certitudo.

15 **Nam Lex iram efficit.** Confirmatio proximae sententiae a contrario Legis effectu. Nam quum Lex nihil quam ultionem generet, non
potest afferre gratiam. Bonis quidem ac integris viam vitae [monstraret]:
sed quatenus vitiosis ac corruptis praecipit quid debeant, praestandi
[autem] vires non subministrat, reos apud Dei tribunal peragit. Quae
enim est naturae nostrae vitiositas, quo magis docemur quid rectum sit
ac iustum, eo apertius nostra iniquitas detegitur, [maximeque contumacia: atque hoc modo] gravius Dei iudicium [accersitur]. **Iram** pro Dei
iudicio accipe, in quo significatu passim occurrit. Qui exponunt, iram
90 peccatoris inflammari Lege, quia Legislatorem odit et execratur, quem
videt suis cupiditatibus adversari: argute id quidem dicunt, sed parum
apte ad praesentem locum. Paulum enim nihil aliud voluisse, quam [éx
Lege solam condemnationem nobis omnibus instare], cum verbi [com-
munis usus], tum vero ratio quam mox attexuit, palam facit.

Ubi non est Lex. Secunda probatio, qua id ipsum quod
dixerat confirmatur. Obscurum enim alioqui futurum erat, quomodo a
Lege in nos accenderetur ira Dei, nisi ratio magis appareret. Ea autem
est, quia cognitione [iustitiae] Dei per Legem [percepta], eo gravius
peccamus in Deum, quo minus excusationis nobis superest. Merito enim
100 graviorem poenam sustinent qui voluntatem Dei cognitam aspernantur,
quam qui ignorantia impingunt. Non loquitur autem Apostolus de
simplici iustitiae transgressione a qua nemo eximitur: sed transgressio-

77 *A B* salutis bonum reponatur   78 *A B om.*   79 *A B* afferentur   83 *A B* demonstraret
85 *A B om.*   87-88 *A B* quo   88 *A B* accersatur   92-93 *A B* solam condemnationem
referre ex lege homines posse   93-94 *A B* acceptio   98 *A B om.*   98 *A B* accepta

nem appellat, ubi animus edoctus quid Deo placeat, quidve displiceat, fines voce Dei sibi definitos sciens ac volens perrumpit. Atque ut uno verbo dicam, transgressio hic non simplex delictum, sed destinatam in violanda iustitia contumaciam significat. [Particulam οὖ quam adverbialiter accipio, alii vertunt Cuius: acsi relativum esset pronomen: verum prior lectio melius quadrat, quae etiam magis recepta est.] Utramlibet sequaris lectionem idem manet sensus, Qui Lege scripta non est institu-
10 tus, eum, si peccet, non esse reum tantae transgressionis, quantae convincitur qui Legem Dei contumaciter infregit ac dissipavit.

16 *Propterea ex fide, ut secundum gratiam: quo firma sit promissio universo semini: non ei quod est ex Lege solum, sed etiam quod est ex fide Abrahae: qui est pater omnium nostrum*
17 *(Sicut scriptum est, Quod patrem multarum gentium posui te) coram [Deo cui credidit,] qui vivificat mortuos, et vocat ea quae non sunt, tanquam sint.*

16 **Propterea ex fide.** Absolutio argumenti, quod totum in hanc summam possis colligere, Si per opera nobis [eveniat] haereditas salutis,
20 collabetur eius fides, abrogabitur eius promissio: sed utranque oportet esse certam. ergo per fidem nobis obtingit, [ut in] sola Dei bonitate [fundata eius stabilitas,] certum effectum habeat. Vide ut Apostolus [fidem ex firma stabilique certitudine aestimans,] [haesitantiam ac dubitationem pro incredulitate ducat,] qua et fides aboleatur, et abrogetur promissio. Et tamen haec est dubitatio, quam Scholastici appellant coniecturam moralem: et, si Deo placet, fidei loco substituunt.
[**Ut secundum gratiam.** Hic primo ostendit Apostolus, fidei nihil proponi praeter meram gratiam: et hoc esse eius obiectum, ut vulgo loquuntur. Nam si ad merita spectaret, perperam gratuitum esse inferret
30 Paulus quicquid ipsa a Deo nobis impetrat. Iterum aliis verbis repetam, Si gratia est quicquid fide consequimur, iacet omnis operum consideratio. Sed omnem ambiguitatem clarius dirimit quod proxime sequitur, nempe tunc demum firmam stare promissionem, ubi in gratiam recumbit. Hoc enim verbo confirmat Paulus, quandiu operibus insistunt

---

6-8 *A B* Pro particula, Ubi, habent alii codices relativum, Cuius. Quae varietas ex affinitate Graecarum dictionum accidit, οὖ et οὗ   16 *A B* eo, cui credidit, Deo   19 *A B* obveniret
21 *A B* quo,   22 *A B* stabilita   23 *A B* om.   23-24 *A B* vocet haesitantiam ac dubitationem, incredulitatem   27-39 *A B* Ex fide, ut secundum gratiam.) Habemus hic quale sit obiectum fidei. Nam si quicquid fide obtinemus, gratia est: sublata operum consyderatione, solam Dei gratuitam benevolentiam intuetur.

homines, dubios pendere: quia promissionum fructu se fraudant. Hinc etiam colligere promptum est, gratiam non pro dono regenerationis, ut quidam imaginantur, sed pro gratuito favore sumi: quia ut regeneratio nunquam perfecta est, ad placandas animas nunquam sufficeret, nec per se ratam faceret promissionem.] **Non [ei quod] est ex Lege**
40 **solum.** Haec particula quum alibi significet eos qui praeposteri Legis zelotae, illius iugo sese obstringunt, ac fiducia eius ⟨superbiunt⟩: significat ⟨hic⟩ simpliciter gentem Iudaicam cui Lex Domini tradita fuerat. [Nam quicunque Legis imperio devincti manent, eos maledictioni esse obnoxios alibi Paulus docet. Ideoque certum est a gratiae participatione excludi. Non ergo servos Legis designat qui operum iustitiae addicti, Christo renuntiant: sed Iudaeos qui in Lege educati, Christo nomen dabant. Caeterum] ⟨ut clarior sit sententia, sic resolve, Non iis tantum qui ex Lege sunt, sed omnibus qui fidem imitantur Abrahae, etiam si Legem prius non habuerint.⟩ **Qui est pater omnium nostrum.**
50 Relativum habet vim causalis particulae. vult enim eo probare, Gentes esse huius gratiae consortes, quia eodem oraculo quo delata est Abrahae haereditas et semini eius, Gentes in eius semen fuerunt accitae. Siquidem positus dicitur non unius gentis pater, sed multarum gentium[: quo praesignata est futura gratiae propagatio quae tunc intra unum Israelem continebatur. Nisi enim ad eos extenderetur benedictio promissa, non poterant in Abrahae sobole censeri.] Praeteritum verbi tempus, usu Scripturae vulgari, notat Divini consilii certitudinem. Nam etsi nihil tunc minus apparebat: quia sic tamen ordinaverat Dominus, vere dicitur constitutus multarum gentium pater. Testimonium Mosis parenthesi
60 includatur, quo haec sententia cohaereat, **Qui est pater omnium nostrum coram Deo etc.** Necesse enim fuit simul explicare quae istius cognationis forma esset: ne in carnali generatione nimium gloriarentur Iudaei. Dicit ergo esse **patrem coram Deo** quod idem valet acsi nominaret spiritualem. Id enim iuris non a carne propria, sed a Dei promissione habet.

17 **Cui credidit qui vivificat mortuos.** Hoc circuitu declaratur ipsissima substantia fidei Abrahae: ut eius exemplo transitus quoque fiat ad Gentes. Mirifica enim via perveniendum illi erat ad promissionem quam audiebat [ex ore Domini, quum nullum eius signum extaret]. Promittebatur semen ut vegeto ac vivido: at ipse emortuus erat. ergo oportebat erigi

---

39 *A* enim qui   *B* ei qui   41 *A* superbiunt: aliam habet hic acceptionem   42 *A* enim
43-47 *A B om.*   47-49 *A om.*   53-56 *A B* Quo praesignatum est, fore ut benedictio intra unum Israelem non contineretur: sed ad gentes omnes propagaretur.   68 *A B* a Domino

70 cogitationem eius in virtutem illam Dei qua mortuos vivificat. Iam nihil
absurdi est si Gentes, aridae alioqui et emortuae, in communionem
inseruntur. Qui enim ob id gratiae capaces negat, iniuriam Abrahae facit,
cuius fides ea cogitatione subnixa est, nihil interesse an mortuus sit, qui a
Domino vocatur ad vitam: [cui dum loquitur,] facile est sua potentia
mortuos suscitare. Hic praeterea typum et exemplar habemus universalis
nostrae vocationis, quo nobis ob oculos [statuitur] ortus noster, non in
primam nativitatem, sed spem futurae vitae: nempe [dum a Domino
vocamur], ex nihilo [nos emergere]. Qualescunque enim videamur, ne
scintillam quidem habemus ullius boni quod nos regno Dei aptos reddat.
80 [Ut enim potius] idonei simus ad audiendam Dei vocationem, emori nos
penitus nobismet oportet. Haec est vocationis conditio, ut qui mortui
sunt, a Domino suscitentur: qui nihil sunt, aliquid eius virtute esse
incipiant. Vocandi verbum, [ad praedicationem restringi non debet, sed]
more Scripturae usitato, pro suscitare [capitur, idque] [ad virtutem Dei
magis exprimendam], qui solo nutu quos vult erigit.

18   *Qui ⌈praeter⌉ spem super spe credidit: ut esset pater multarum*
gentium: secundum quod dictum erat, Sic erit semen tuum.

18 **Qui praeter spem.** Si ita legamus, sensus erit, Quum nullum
[occurreret] argumentum, imo quum omnia pugnarent, credere tamen
90 non destitit. [Et sane nihil fidei magis adversum est, quam mentes nostras
oculis affigere, ut ex eorum intuitu petamus sperandi materiam.] Potest
etiam legi Supra spem, et forsan magis apposite: quasi diceret, ipsum sua
fide longe superasse quicquid concipere poterat. [Nisi enim sursum alis
caelestibus evolet fides, ut omnes carnis sensus procul despiciat, in luto
mundi semper haerebit.] ⟨Quum autem Spei vocabulum ⌈Paulus in
eadem sententia⌉ bis usurpet: priore loco significat sperandi argumentum quod ex natura et carnis ratione capi potest:⟩ secundo ⟨loco⟩ fidem
a Deo datam significat, hoc sensu, Quum sperandi materia non esset,
tamen spe in Domini promissionem incubuit: atque ad sperandum satis
100 esse putavit quod Dominus promiserat⟨, utcunque res esset per se
incredibilis⟩.   **Secundum quod dictum erat.** Ita vertere placuit,
ut referatur ad Abrahae tempus. vult enim dicere Paulus, Abrahamum

---

74 *A B* quando illi   76 *A B* statuitur, quis sit   77-78 *A B om.*   78 *A B om.*   80 *A B*
Quo igitur   83 *A B om.*   84 *A B om.*   84-85 *A B* ad exprimendam magis Dei virtutem
86 *B** vel supra   89 *A B* affulgeret   90-91 *A B om.*   93-95 *A B om.*   95-97 *A om.*
95-96 *B om.*   97 *A* loco, spei vocabulum   100-1 *A om.*

[quum ad desperationem plurimae tentationes eum impellerent, ne deficeret,] animum ad id quod sibi promissum erat [convertisse], Semen tuum aequabit stellas caeli, et arenas maris. [Nam consulto] testimonium truncatum adduxit, quo nos acueret ad Scripturae lectionem. Religiose enim id ubique in citanda Scriptura curant Apostoli, ut nos ad diligentiorem eius lectionem accendant.

19 *Ac fide minime debilitatus, non consideravit suum ipsius corpus iam*
10 *emortuum, centenarius quum fere esset: nec emortuam vulvam Sarae:*

20 *Nec vero in Dei promissionem per incredulitatem disquisivit: sed roboratus est fide, tribuens gloriam Deo:*

21 *Ac certo persuasus quod [ubi quid] promisit, possit etiam praestare.*

22 *Ideo et imputatum illi est in iustitiam.*

19 **Ac fide.** Si mavis, altera negatione omissa, poteris ita efferre, Nec debilitatus fide, consideravit suum ipsius corpus. sed hoc nihil ad sensum refert. Nunc [vero] propius demonstrat quid potuerit impedire, [imo prorsus] avertere Abrahamum a promissione recipienda. Semen illi ex Sara promittebatur: quum nec ipse ad generandum, nec Sara ad
20 concipiendum natura habilis esset. Quicquid in seipso ac circa se intueri poterat, promissionis [effectui] adversabatur. Ergo ut locum Divinae veritati faceret, ab iis quae in conspectu erant, ⟨animum⟩ retraxit, et quasi seipsum oblitus est. Neque tamen intelligas, omnino non respexisse illum ad effoetum suum corpus: quum Scriptura contra testetur, ita ratiocinatum secum fuisse, Num ⟨viro⟩ centum annorum nascetur proles? et Sara quae nonagenaria est, pariet? Sed quoniam omissa illa consideratione, totum suum sensum Domino resignavit: dicit Apostolus non considerasse. Et sane maioris fuit constantiae, ab ea re quae se oculis ultro ingerebat, cogitationem distrahere, quam si nihil tale in
30 mentem ei venisset. Effoetum porro fuisse Abrahae corpus aetate ipsa ante Domini benedictionem, satis clare probatur tum hic, tum Genes. 17 et 18. ut Augustini opinio nullo modo sit admittenda, qui alicubi putat in sola Sara impedimentum fuisse. Nec movere nos debet obiectionis absurditas, quae ipsum ad eam solutionem confugere coegit. Ridiculum

---

3-4 *A B* inter multas desperationis tentationes, ⟨ut⟩ Dei beneficio potiretur, convertisse
A quo   4 *A B om.*   5 *A B om.*   13 *A B* quicquid   17 *A B om.*   17-18 *A B* et
21 *A B* complemento   22 *A* animam   25 *A* filio

4-5 [*Gen 22.17*]   31-32 C *Gen 17-18* [*espec. 18.11-2*]   32 *Augustinus, Quaest. in Hept. I,
XXXV, PL 34, 557-8, and I,LXX, PL 34, 566*

esse putat, ut effoetus dicatur Abraham anno centesimo, qui aliquanto post tempore complures liberos sustulerit. Eo enim ipso magis spectabilem potentiam suam reddidit Deus, quod qui prius fuerat instar marcidi atque aridi trunci, ubi caelesti benedictione reviguit, non modo procreando Isaac sufficiat, sed quasi in floridam aetatem restitutus, aliis postea
40 generandis vires habeat. Atqui [excipiet quispiam,] praeter naturae ordinem non [esse] ut vir ea aetate generet. Ut fatear prodigium non esse, parum tamen abest a miraculo. Deinde cogita quot laboribus, molestiis, peregrinationibus, difficultatibus exercitatus tota vita fuisset sanctus ille vir : ac fatendum erit, non magis aetate fractum, quam laboribus attritum exhaustumque fuisse. Postremo non simpliciter, sed per comparationem effoetum vocatur eius corpus. non enim [consentaneum erat], ut qui in flore ac robore aetatis non fuisset gignendo idoneus, cassus virtute nunc demum inciperet. Quod ait, **non fuisse debilem fide,** sic accipe, Non vacillasse, aut fluctuatum esse, ut solemus in rebus ambiguis. Duplex
50 enim est fidei debilitas. una, quae tentationibus adversis succumbendo, excidere nos a Dei virtute facit : altera, quae ex imperfectione [quidem] nascitur[, non tamen fidem ipsam extinguit]. Nam nec mens unquam sic illuminata est, quin maneant multae ignorantiae reliquiae : nunquam sic est animus stabilitus, quin multum haereat dubitationis. Cum iis ergo carnis vitiis, ignorantia scilicet et dubitatione, assiduum est fidelibus certamen : in quo certamine fides eorum graviter concutitur saepe et laborat, verum superior tandem evadit : ut dici possint in ipsa infirmitate firmissimi.

20   **Nec [vero in Dei promissionem].** [Quanquam veterem interpretem
60 et Erasmum non insector,] versio [tamen] mea ratione non caret. Videtur enim Apostolus voluisse dicere, Abraham non examinasse ad incredulitatis trutinam, an praestare posset Dominus quod promittebat. Id proprie est disquirere in aliquid, quum diffidentia illud excutimus, nec [volumus nisi penitus discussum, ubi credibile apparet, admittere]. Rogavit quidem quomodo evenire id posset : at illa fuit admirantis interrogatio : qualis virginis Mariae, dum ab Angelo sciscitabatur quomodo futurum esset quod nuntiabat : et similes. Sancti ergo, dum nuntius illis de operibus Dei

---

40 *A B om.*   41 *A B* est   46 *A B* conveniebat   51 *A B om.*   52 *A B om.*   59 *A B* in promissionem Dei   59-60 *A B om.*   60 *A B om.*   63-64 *A B* nisi penitus discussum, volumus recipere

---

60 *Eras L^{1-5}* : verum ad promissionem dei non haesitabat incredulitate [*2-5:* ob incredulitatem]   *Eras Ann^{1-5}* : id est, Non diiudicavit aut disquisivit quod est diffidentis *1, 431; 5, 363.*   *Vg* : in repromissione etiam Dei non haesitavit diffidentia

affertur, quorum magnitudo captum eorum excedit, in admirationem
[quidem] prosiliunt, sed ex admiratione mox transeunt ad virtutem Dei
70 suspiciendam: impii autem sciscitando irrident, et quasi fabulosum
respuunt. Qualiter vides fieri a Iudaeis, dum rogant Christum quomodo
possit dare carnem suam manducandam. Hac ratione Abraham non
reprehenditur quod riserit, ac quaesierit quomodo viro centum annorum
ac nonagenariae mulieri nasceretur puer: quia in suo stupore locum
nihilominus dabat Divini verbi potentiae. Contra in Sara similis risus et
quaestio reprehensione non caret, quia vanitatis insimulabat Dei promissum. Haec si applicentur ad praesentem causam, patebit non aliam fuisse
originem iustificationis Abrahae, quam Gentium. Sunt ergo contumeliosi
in patrem suum Iudaei, si Gentium vocationi, tanquam absurdae,
80 reclamant. Nos quoque meminerimus, eandem esse nostram omnium
conditionem quae fuit Abrahae. Quae ⟨circa⟩ sunt, omnia Dei promissionibus adversantur. Immortalitatem pollicetur: nos mortalitate et
corruptione circundamur. [Pro iustis] se nos habere pronuntiat: peccatis
sumus cooperti. Propitium [se] ac benevolum nobis esse testatur: indicia
externa iram eius minantur. Quid ergo agendum? Nos ac nostra omnia
clausis oculis [praeterire decet], nequid nos impediat, vel remoretur
quominus Deum credamus veracem. **Sed roboratus est.** Opponitur [superiori membro ubi dictum] fuerat, non fuisse fide debili:
[perinde] acsi diceret, constantia firmitudineque fidei vicisse incredulita-
90 tem. [Nemo enim ex hac lucta victor evadet, nisi qui arma et robur ex Dei
verbo mutuabitur.] Quod addit, **dedisse gloriam Deo,** in eo notandum est,
non posse Deo plus honoris deferri, quam dum fide obsignamus eius
veritatem: [sicuti rursum nulla ei gravior contumelia inuri potest, quam
dum respuitur oblata ab ipso gratia, vel eius verbo derogatur authoritas.
Quare hoc in eius cultu praecipuum est caput, promissiones eius
obedienter amplecti: veraque religio a fide incipit.]

21 [**Quod, ubi quid.**] [Quia fatentur omnes Dei potentiam, nihil
eximium de fide Abrahae videtur dicere Paulus: sed experientia ostendit
nihil magis esse rarum vel difficile, quam Dei virtuti tribuere quem
100 meretur honorem. Nullum enim tam exiguum vel leve obstaculum est,
quo non arceri ab opere manum Dei fingat caro. Hinc fit ut in minimis
quibusque tentationibus nobis effluant Dei promissiones. Extra certa-

---

69 *A B* quidem, ac stuporem etiam, 81 *A* circa nos 83 *A B* Iustos 84 *A om.* *B* sit
86 *A B* praetereamus 88 *A B* ei, quod dictum ante 89 *A B om.* 90-91 *A B om.*
93-96 *A B* Rursum nulla re gravius inhonorari quam diffidentia et incertitudine. Minime
ergo salvus est eius cultus, nisi fidei fundamento subnixus. 97 *A B* Certus quod
quaecunque.) 97-108 *A B om.*

men quidem nemo (ut dixi) Deum omnia posse negat: verum simulac
obiicitur aliquid quod cursum promissionum Dei impediat, Dei virtutem
e suo gradu deiicimus. Quare ut apud nos ius suum et honorem obtineat,
ubi ad comparationem venitur, ita statuere necesse est : non minus ipsam
ad superanda mundi obstacula sufficere, quam validus est solis fulgor ad
discutiendas nebulas.] Solemus [quidem] semper excusare quod nihil.Dei
potentiae derogemus, [quoties] haesitamus de eius promissis: quia [scili—
10 cet haesitandi causam minime praebeat imaginatio (quae perversa et in
Deum palam blasphema foret, liberalius verbo promittere, quam praestare queat) sed is quem sentimus in nobis, defectus.] atqui Dei potentiam
non satis evehimus, nisi putamus nostro vitio esse superiorem. Fides ergo
non imbecillitatem, miseriam, defectum proprium spectare debet: sed
attendere toto studio ad solam Dei virtutem. Nam si iustitia vel dignitate
nostra niteretur: [nunquam conscenderet ad considerandam Dei poten-
tiam]. Atque hoc examen est incredulitatis de quo nuper loquebatur: ubi
Domini potentiam nostro modo metimur. [Neque enim imaginatur fides
Deum posse quicquid vult, ut interim ipsum in otio sedentem relinquat:
20 sed potius in continuo actu locat eius virtutem: praesertim vero ad verbi
effectum eam applicat, ut prompta sit Dei manus ad exequendum quicquid ore protulit.] [Miror cur Erasmo relativum masculinum placuerit:
nam etsi non variat propterea sensus, propius tamen ad Graeca Pauli
verba accedere libuit. Scio passivum esse verbum: sed modica deflexione
mollienda fuit asperitas.]

22 **[Ideo et] imputatum, etc.** [Hinc iam clarius patet cur et quomodo
Abrahae iustitiam contulerit sua fides, nempe quia verbo Dei innixus,
promissam gratiam non repudiavit. Ac sedulo] tenenda est, [memoriae-
que] commendanda ista fidei ad verbum relatio. Nihil enim plus conferre
30 fides nobis potest, quam a verbo acceperit. [Quare non protinus iustus

---

8 *A B* om.   9 *A B* cum   9-12 *A* caussa, defectus sit in nobis   *B* haesitandi causa non
divinae potentiae sit defectus: sed is quem sentimus in nobis.   16-17 *A B* non haereret in
consideranda Dei potentia   18-22 *A B* om.   22-25 *A B* Variant hic graeca exemplaria in
relativo: quod alii masculinum alii neutrum habent. Masculinum refert Deum, neutrum
rem promissam. liberum sit lectori, eligere utrum volet, quando eodem recidit sententia
utraque.   23 *C* proprius   26 *A B* Propterea   26-28 *A B* Ne quis arbitraretur, ideo
iustificatum fuisse Abraham, quia Deum veracem credidisset simpliciter, et verbum eius
certam esse veritatem: concludit, ideo tantum boni ʿesseʾ assecutum, quia promissionem
iustitiae accepisset.   *A* om. esse   28-29 *A B* ac memoriae   30-32 *A B* om.

---

22 *Eras L¹⁻⁵*: quod is qui promiserat   *Eras Ann¹⁻⁵*: Quia quod promissum est potest
etiam facere *1, 431; 5, 363*.   *Vg :* quia quaecumque promisit   22 seq. *A B* variant hic
graeca exemplaria ö *Compl Eras G¹⁻⁵ Col Steph¹⁻³*   *No variants recorded in Tisch Sout*
UBS

erit qui generali tantum confusaque notitia imbutus, Deum veracem esse statuet, nisi in promissione gratiae quiescat.]

23 *Non est autem scriptum propter ipsum tantum, imputatum fuisse illi :*

24 *Sed etiam propter nos, quibus imputabitur credentibus in eum, qui excitavit Iesum Dominum nostrum ex mortuis,*

25 *Qui traditus [fuit] propter delicta nostra, et excitatus propter nostram iustificationem.*

23 **Non est autem scriptum.** [Quoniam probatio ab exemplo (ut supra
40 admonuimus) non semper firma est, ne id in quaestionem veniat, diserte asserit Paulus in Abrahae persona editum fuisse specimen communis iustitiae, quae peraeque ad omnes spectat.] Locus quo admonemur de capiendo exemplorum fructu in Scripturis. Historiam esse vitae magistram, vere dixerunt Ethnici: sed qualiter ab ipsis traditur, nemo in ea tuto proficiat: sola Scriptura [sibi iure vindicat] eiusmodi magisterium. Primum enim generales praescribit regulas, ad quas unamquanque historiam exigamus, quo profectui nostro serviat. Deinde ad liquidum discernit, quae facta imitanda, et quae cavenda. Doctrinam vero, in qua praecipue versatur, sibi peculiarem habet: ut providentiam Domini, erga
50 suos iustitiam ac bonitatem, erga reprobos iudicia demonstret. Quod ergo de Abraham recitatur, negat [Paulus] eius causa duntaxat scriptum. Neque enim res est quae pertineat ad singularem unius ac certae personae vocationem, sed iustitiae obtinendae ratio describitur, quae una perpetuaque inter omnes est: atque id in communi fidelium patre, in quem omnium oculos esse [intentos] decet. Proinde si pure ac pie sacras historias tractare libet, meminerimus sic tractandas esse, ut solidae doctrinae fructum inde referamus. Ac partim quidem [illae nos instituunt] ad formandam vitam, partim ad fidem confirmandam, partim ad timorem Domini excitandum. Ad vitam formandam valebit sanctorum
60 imitatio, si ab illis sobrietatem, castitatem, dilectionem, patientiam, modestiam, mundi contemptum, aliasque virtutes discamus. Ad fidei confirmationem faciet Dei auxilium, quod illis praesens semper fuit.

---

37 *A B* om.   39-42 *A B* om.   45 *A B* sibi vindicat, iure   51 *A B* om.   55 *A B* conversos
57-58 *A B* ex illis instituamur

---

44 Cicero, *de Oratore II, 9, 36*

[consolationem adferet in rebus] adversis protectio, et [paterna quam de ipsis semper gessit, cura.] Iuvabunt nos Dei iudicia, et supplicia in sceleratos edita, [si metum incutiant qui reverentia et pietate corda nostra imbuat]. Quod autem ait, **non propter illum solum,** eo videtur [subindicare], partim quoque scriptum eius gratia. unde quidam intelligunt, in Abrahae [laudem] commemorari [quid fide adeptus sit]: quia Dominus [servos] suos aeternae memoriae vult esse commendatos[: sicut dicit Solomon, nomen eorum fore benedictum]. Sed quid si accipias simplicius? non propter ipsum duntaxat, acsi [privilegium] aliquod singulare [foret,] quod in exemplum trahere non [conveniat]: imo ad nostram institutionem pertinere, quos eadem ratione iustificari oporteat. ⟨Hic certe aptior erit sensus.⟩

24 **Credentibus in eum.** [Quid valeant istae paraphrases, supra admonui : nempe eas inseruit Paulus, ut pro locorum circunstantia fidei substantiam varie designent:] cuius non ultima [est pars Christi resurrectio, quae nobis est futurae vitae hypostasis.] [Si dixisset simpliciter, credere nos in Deum, non ita promptum fuisset colligere quid hoc ad obtinendam iustitiam faceret: sed dum prodit in medium Christus, et in sua resurrectione certum vitae pignus offert, aperte constat ex quo fonte fluat iustitiae imputatio.]

25 **[Qui traditus fuit.]** [Pluribus eandem quam proxime attigi, doctrinam prosequitur et illustrat. Nostra enim magnopere interest, non modo mentes nostras ad Christum dirigi, sed distincte monstrari quomodo salutem nobis acquisierit. Quanquam autem Scriptura, ubi de salute nostra agitur, in una Christi morte subsistit, longius tamen nunc progreditur Apostolus. Nam quia eius consilium erat, explicatius tradere salutis causam, duo eius membra enumerat. Ac primo quidem dicit, morte Christi expiata esse peccata: deinde eiusdem resurrectione partam esse iustitiam. Summa vero est, ubi fructum mortis Christi et resurrectionis tenemus, nihil ad implendos omnes iustitiae numeros deesse. Neque enim dubium est quin mortem a resurrectione separans, ruditati nostrae

63 *A B* consolatio, in   63-64 *A B* tota operum Dei erga servos suos dispensatio.   65-66 *A B* quo eius timore corda nostra imbuantur.   66-67 *A B* insinuare   68 *A B* gratiam   68 *A B* quae illi acciderunt   69 *A B* fideles   69-70 *A B om.*   71 *A B om.*   72 *A B* foret, ac   72 *A B* conveniret   73-74 *A om.*   75-77 *A B* Supra monui, his paraphrasticis formulis varie, pro locorum circunstantia, designari fidei substantiam: 77-78 *A B* pars est, Christi resurrectio, in qua vitae habemus hypostasin.   78-82 *A B om.*   83 *A B* Qui mortuus est propter.   83-100 *A B om.*

70 *C* Prov 10.7*

sermonem accommodet: quia alioqui verum est, Christi obedientia, quam in morte exhibuit, partam fuisse nobis iustitiam: ut etiam proximo capite docebit. Sed quia resurgendo patefecit Christus, quantum morte sua profecisset, haec quoque distinctio ad docendum apta est, Sacrificio, quo expiata sunt peccata, inchoatam fuisse salutem nostram: resurrectione vero demum fuisse perfectam. Nam iustitiae principium est, nos
100 reconciliari Deo: complementum autem, abolita morte vitam dominari.] Significat [ergo Paulus satisfactionem pro peccatis nostris in cruce fuisse peractam. Nam ut Christus nos in gratiam Patris restitueret, reatum nostrum ab ipso aboleri oportuit: quod fieri non poterat nisi poenam, cui solvendae pares non eramus, nostro nomine lueret. Castigatio enim pacis nostrae super eum, inquit Iesaias. Traditum vero dicit potius, quam mortuum: quia expiatio ab aeterno Dei beneplacito pendet, qui hoc modo placari voluit.]   **[Excitatus] propter iustificationem.** [Quia non satis fuisset Christum se irae et iudicio Dei obiicere, ac debitam peccatis nostris maledictionem subire, nisi eius quoque evaderet victor, et
10 receptus in caelestem gloriam, sua intercessione Deum nobis placaret: resurrectioni, per quam mors absorpta est, vis iustificandi ascribitur: non quod sacrificium crucis, quo reconciliati sumus Deo, nihil ad iustitiam contulerit: sed quia in nova vita huius gratiae perfectio clarius apparet. Caeterum] non possum iis assentiri qui secundum hoc membrum ad vitae novitatem referunt: nam de ea nondum coepit agere Apostolus: deinde certum est eodem pertinere utrunque membrum. Proinde si iustificatio renovationem significet, propter peccata fuisse mortuum, eo sensu dictum esset, ut nobis mortificandae carnis gratiam acquireret: quod nemo concedit. Ergo quemadmodum mortuum dixit propter peccata, quia
20 soluta in morte peccatorum poena, nos a mortis calamitate liberavit: ita nunc dicitur suscitatus ad nostram iustificationem, quoniam sua resurrectione vitam [solide] nobis instauravit. [Primum enim] manu Dei percussus est, ut in persona peccatoris, peccati miseria defungeretur: [deinde] in vitae regnum exaltatus est, ut [iustitia] ac [vita suos donaret].

1-7 *A B* morte Christi satisfactionem pro delictis nostris fuisse peractam. Cum enim essemus Dei iudicio debitores, ille, ut nos in gratiam restitueret, nostro nomine persolvit, cui solvendo pares non eramus. Castigatio enim pacis nostrae super eum. Caeterum, quoniam non satis erat, peccati maledictionem sustinuisse, ac se irae Dei obiecisse, nisi et maledictionis victor evaderet, et sua intercessione Deum placaret, ac iram eius extingueret: resurrectioni, per quam mors absorpta est, et declarata erga eum Patris benevolentia, vis iustificandi tribuitur.   7 *A B* Suscitatus   7-14 *A B om.*   22 *A B om.*   22 *A B* Illa, 24 *A B* Hac   24 *A B* iustitiam   24 *A B* vitam suis largiretur

---

5 *C* Isa 53.5*

De iustificatione ergo imputativa adhuc loquitur: atque hoc ipsum confirmabit quod statim sequetur proximo capite.

CAP. V.

1 *Iustificati ergo ex fide pacem habemus apud Deum per Dominum nostrum Iesum Christum:*
2 *Per quem accessum habuimus fide in gratiam istam in qua stetimus, et gloriamur super spe gloriae Dei.*

1 **Iustificati ergo.** Incipit Apostolus ab effectis illustrare id quod de fidei iustitia hactenus asseruit. Itaque totum hoc caput in amplificationibus positum est : quae tamen non minorem vim explicandi, quam confirmandi habeant. [Dixerat enim prius fidem aboleri si ex operibus
10 quaeritur iustitia : quia perpetua inquietudo miseras animas turbabit, quae nihil solidum in se reperient. Nunc ex opposito docet, quietas et tranquillas reddi, ubi fide iustitiam adepti sumus.]   **Pacem habemus.** Singularis iustitiae [fidei] fructus. Nam siquis ab operibus conscientiae securitatem [petere] velit, [(quod in profanis et brutis hominibus cernitur)] frustra id tentabit. Aut enim contemptu vel oblivione Divini iudicii sopitum est pectus, aut trepidatione ac formidine quoque plenum est, donec in Christum recubuerit. ipse enim solus est pax nostra. Pax ergo, conscientiae serenitatem significat, quae ex eo nascitur quod Deum sibi reconciliatum sentit. Eam nec Pharisaeus habet,
20 qui falsa operum fiducia turget : nec [stupidus] peccator, qui vitiorum dulcedine ebrius, non inquietatur. Quanquam enim neuter apertum bellum videtur habere, quemadmodum is qui peccati sensu feritur : quia tamen non vere accedunt ad iudicium Dei, nequaquam concordiam cum illo habent. ⟨stupor enim conscientiae, quidam est veluti a Deo recessus. Ideo pax erga Deum ebriae carnis securitati opponitur : ⌐quia hoc primum est, ut quisque se ad reddendam vitae rationem expergefaciat⌐. Nemo autem se coram Deo intrepide sistet, nisi gratuita reconciliatione fretus : quia quandiu iudex est Deux, terreri omnes et turbari oportet.⟩ Quod validissimo argumento est, adversarios nostros nihil aliud quam
30 sub umbra garrire, quum operibus arrogant iustitiam. [Nam conclusio

---

9-12 *A B om.*   13 *A B om.*   14 *A B* mutuare   14-15 *A B om.*   20 *A B om.*   24-28 *A om.*   25-26 *B om.*   30-32 *A B om.*

haec Pauli, ex principio illo pendet, semper titubare miseras animas, nisi in Christi gratia quiescant.]

2 **Per quem habuimus accessum.** Nam reconciliatio nostra cum Deo⟨, Christo fulta est. Ipse enim solus est dilectus filius: nos vero omnes natura filii irae. Sed gratia haec nobis per Euangelium communicatur⟩: quia est ministerium reconciliationis, cuius beneficio quodammodo inducimur in regnum Dei. [Merito itaque in Christo certum gratiae Dei pignus nobis ante oculos Paulus statuit, quo nos ab operum fiducia melius abstrahat. Et accessus quidem nomine, initium salutis a Christo
40 esse docens, praeparationes excludit, quibus stulti homines Dei misericordiam se antevertere putant: acsi diceret, Christum nihil promeritis obviam venire, manumque porrigere. Postea subiicit continuo, eiusdem gratiae tenore fieri ut firma stabilisque salus nobis maneat: quo significat, perseverantiam non in virtute industriave nostra, sed in Christo fundatam esse. Quanquam simul,] quum [dicit] nos stetisse, indicat quam altas agere radices debeat in piorum cordibus Euangelium: ut ipsius veritate firmati, adversus omnes diaboli et carnis machinas stabiles consistant. ⟨Et hoc verbo fidem non fluxam esse aut unius diei persuasionem significat: sed fixam et alte animis insidentem, ut tota vita perseve-
50 ret. Non igitur qui subito impetu ad credendum impellitur, fidem habet, ut inter fideles numeretur: sed qui constanter et fixo (ut ita loquar) pede ⌜residet in statione Divinitus sibi ordinata, ut semper⌝ Christo ⌜adhaereat⌝.⟩ **Et gloriamur super spe.** Hinc nimirum spes futurae vitae et emergit, et exultare audet, quod velut iactis fundamentis, in Dei gratia constitimus. [Sensus enim Pauli est, quanvis nunc in terra peregrinentur fideles, fiducia tamen sua caelos transcendere, ut futuram haereditatem tranquilli in sinu foveant.] Atque hic evertuntur pestilentissima duo sophistarum dogmata. Alterum quo iubent Christianos esse contentos coniectura morali in percipienda erga se Dei gratia. Alterum
60 quo tradunt omnes esse incertos finalis perseverantiae. Atqui nisi et certa in praesens intelligentia, et in futurum constans ac minime dubia [sit] persuasio: quis gloriari auderet? spes gloriae Dei nobis per Euangelium

---

33-35 *A* in Christo iacet: quae nobis per Euangelium communicata est   37-45 *A B om.*
45 *A B* addit   48-53 *A om.*   52 *B om.*   53 *B*·adhaeret   55-57 *A B om.*   61 *A B om.*

---

58 *Bonaventura, In Sent. IV, dist. 20, pars 1, dub. 1, Op. 4, 527ᵃ.   Thomas Aquinas, S. Theol. II,I, qu. 112, art.5, Op. VII, 327ᵃ.   See Inst.(1539) Cap. V [§28], CO 1, 470; Inst.(1559) III.ii.38, Op. sel. IV, 47 seq   60 Latomus, de fid. et op., Op. 141ᵇ(B-C).   See Inst.(1539) Cap. V [§31], CO 1, 471-2; Inst.(1559) III.ii.40, Op. sel. IV, 50*

affulsit, quod testatur nos fore consortes Divinae naturae. Quum enim videbimus Deum facie ad faciem, similes ei erimus 2. Pet. 1.4, et 1. Iohan. 3.2.

3 *Neque id modo, sed gloriamur etiam in afflictionibus: scientes quod tribulatio patientiam efficiat,*

4 *Patientia vero probationem, probatio autem spem.*

5 *Porro spes non pudefacit: quoniam dilectio Dei diffusa est in* 70 *cordibus nostris per Spiritum sanctum qui datus est nobis.*

3 **Neque id modo.** Nequis obiiceret per ludibrium, Christianos tamen cum sua gloria hic miris modis vexari et conteri, quae conditio longe ⟨abest⟩ a foelicitate: obiectionem illam praevenit, ac pronuntiat, non tantum nihil impediri pios calamitatibus quominus beati sint, sed eorum quoque gloriam inde promoveri. [Ad id probandum ratiocinatur ab effectu: et utitur quidem] eleganti gradatione, qua tandem concludit, in salutem ac bonum nostrum vergere, ⟨quascunque⟩ patimur ⟨aerumnas⟩. Quod autem dicit sanctos in tribulationibus gloriari, non ita est intelligendum acsi res adversas non extimescerent et refugerent, vel nulla 80 earum acerbitate premerentur ubi incidunt: (nam nec patientia inde nasceretur, nisi esset amaritudinis sensus) sed quia dolendo ac gemendo, ingenti tamen consolatione non carent, quod sibi indulgentissimi Patris manu in suum bonum, quicquid ferunt, dispensari reputant, merito dicuntur gloriari. Ubicunque enim profectus est salutis, illic non deest gloriandi materia. Hinc ergo docemur quis sit tribulationum nostrarum finis: siquidem filios Dei praestare libet. Debent enim ad patientiam nos assuefacere: ac nisi faciant, opus Domini vanum et irritum nostra pravitate redditur. [Unde enim probat, non obstare piorum gloriae res adversas, nisi quia patienter eas ferendo, Die auxilium sentiunt, quod 90 eorum spem alit et confirmat? Ergo qui patientiam non discunt, male proficere certum est.] Nec obstat quod in Scripturis extant quaedam sanctorum querelae desperationis plenae. Nam ad tempus interdum ita suos urget Dominus ac constringit, ut vix respirare illis liceat, ac consolationis reminisci: sed momento reducit in vitam, quos in mortis caligine [prope] [demerserat]. Ita semper in illis adimpletur quod ait

---

73 *A* absit   75-76 *A B* Utitur autem ad id probandum   77 *A* quas   77 *A* afflictiones
88-91 *A B om.*   95 *A B om.*   95 *A B* depresserat

Paulus, In [omnibus] premimur, at non anxii reddimur: laboramus, at non destituimur; persecutionem patimur, at non deserimur: deiicimur, at non perimus. **Tribulatio patientiam.** Id non ex natura tribulationis, qua videmus bonam hominum partem ad [obstrependum Deo,
100 atque etiam ad maledicendum instigari. Verum ubi in contumaciae locum successit] interior mansuetudo quae per Spiritum Dei infunditur, et quae per eundem suggeritur consolatio : generandae patientiae instrumenta fiunt tribulationes, quae in obstinatis nihil quam indignationem et fremitum excitare queunt.

4 **Patientia probationem.** Iacobus in simili gradatione diversum videtur sequi ordinem: quia dicit ex probatione esse patientiam. sed diversa verbi acceptio intellecta, utrunque conciliabit. Paulus enim probationem accipit pro experientia quam de ⟨certa⟩ Dei protectione sumunt fideles, ubi eius auxilio freti, omnes difficultates superant : nempe dum patienter
10 ferendo, consistunt stabilis, experiuntur quantum valeat Domini virtus, quam pollicitus est suis semper adfuturam. Iacobus eandem vocem usurpat pro ipsa tribulatione, iuxta communem Scripturae usum: quia per eas servos suos probat et examinat Deus: unde et tentationes saepe dicuntur. Quantum igitur ad praesentem locum, tunc proficimus ut decet in tolerantia, quum reputamus eam nobis [stetisse] Dei potentia, atque ita in futurum spem capimus, nunquam Dei gratiam nobis defuturam, quae semper nobis in necessitate succurrerit. Quare subiicit, ex probatione spem oriri: quia ingrati sumus acceptis iam [beneficiis], nisi eorum recordatione, spem imposterum confirmamus.
20 5 **Spes non [pudefacit].** Hoc est, habet certissimum salutis exitum. Unde constat, nos rebus adversis in hunc finem exerceri a Domino, ut his gradibus salus nostra provehatur. Non possunt ergo miseriae nos reddere miseros, quae pro suo modo beatitudinis sunt adminicula. ⟨Sic probatum est quod dixerat, esse piis inter medias afflictiones gloriandi materiam.⟩ **Quoniam dilectio Dei.** Non refero ad proximum verbum duntaxat, sed ad totam praecedentem sententiam: ideo, inquam, tribulationibus ad patientiam nos acui, ⟨et⟩ patientiam Divini auxilii esse nobis experimentum quo ad spem magis animemur: quia utcunque premamur ac iamiam conterendi videamur, non tamen desinimus Divi-
30 nam erga nos benevolentiam sentire, quae uberrima est consolatio, ac multo amplior, quam si omnia prospere cederent. Siquidem ut adverso

---

96 *A B* omnibus, ait. 99-1 *A B* maledicendum ac obmurmurandum Deo instigari: sed ubi accessit 8 *A* eo certa 15 *A B* constitisse 18 *A B* Dei beneficiis 20 *A B* confundit 23-25 *A om.* 27 *A om.*

---

96 *C* II Cor 4.8*

infensoque Deo misera est ipsa, quae videtur in speciem foelicitas: ita
[eodem] propitio certum est vel calamitates ipsas [in prosperum laetum-
que successum exituras]. Quandoquidem omnia oportet servire arbitrio
Creatoris[: qui pro suo erga nos paterno favore (ut iterum repetet Paulus
capite 8) omnia crucis exercitia in salutem nostram temperat]. Haec
Divinae erga nos dilectionis notitia cordibus nostris instillata est per
Spiritum Dei. Nam et ab auribus, et oculis, et mentibus hominum
abscondita sunt quae praeparavit Deus bona cultoribus suis: solus est
40 Spiritus qui potest ea patefacere. ⟨Et multam habet emphasin participium Diffusa: significat enim adeo uberem esse Divini in nos amoris
revelationem, ut corda nostra impleat. Sic autem per omnes partes
effusa, non modo tristitiam in rebus adversis mitigat: sed quasi suave
condimentum, amabiles reddit tribulationes.⟩ Datum praeterea hunc
⟨Spiritum⟩ dicit, gratuita scilicet Dei bonitate erogatum, non autem
redditum nostris meritis. Quemadmodum probe Augustinus adnotavit:
qui tamen in expositione dilectionis Dei hallucinatur. exponit, nos
constanter adversa tolerare, et hac ratione in spem confirmari, quia
Spiritu regenerati, Deum diligamus. Pia quidem sententia, sed nihil ad
50 Pauli mentem. ⟨Dilectio enim hic non active, sed passive capitur. et
certum est, non aliud doceri a Paulo, quam hunc verum esse omnis
dilectionis fontem, quod persuasi sunt fideles, a Deo se amari: nec leviter
duntaxat hac persuasione ⌐tincti⌐ sunt, sed animos prorsus delibutos
habent.⟩

6 *Christus enim, quum adhuc essemus infirmi secundum rationem
temporis, pro impiis mortuus est.*

7 *Vix sane pro iusto quis moriatur: nam pro bono forsan aliquis etiam
mori audeat.*

8 *Confirmat autem erga nos charitatem suam Deus, quod peccatores*
60 *quum adhuc essemus, Christus pro nobis mortuus est.*

9 *Multo igitur magis iustificati [nunc] per sanguinem eius, servabimur
per ipsum ab ira.*

6 **Christus enim quum adhuc.** In versione non ausus sum mihi tantum
permittere, ut transferrem Secundum tempus quo infirmi eramus: qui

---

33 *A B* ipso   33-34 *A B* bene successuras   35-36 *A B om.*   40-44 *A om.*   45 *A om.*
50-54 *A om.*   53 *B* tacti   61 *A B om.*

---

46 *Augustinus, de Spir. et Lit. Cap. 3 (5), PL 44, 203; de Pat. 17,14, PL 40, 619*

sensus [tamen] magis placebat. Argumentum autem a maiori ad minus hic oritur, quod multis verbis postea prosequetur. quanquam orationis filum non adeo distinctum contexit: sed nihil sensum conturbabit inordinata orationis structura. Si Christus, inquit, impiorum misertus est, si Patri inimicos reconciliavit, si hoc effecit [mortis suae] virtute:
70 multo nunc facilius iustificatos servabit: in gratiam restitutos, in eadem retinebit: praesertim quum ad mortem nunc vitae eius efficacia accedat. Tempus infirmitatis ⟨quidam intelligunt, quo coepit Christus primum manifestari mundo: et infirmos putant vocari homines, qui sub Legis paedagogia similes essent pueris. ⌐Ego⌐ ad unumquenque nostrum refero: et tempus notari dico quod reconciliationem cuiusque cum Deo praecedit.⟩ Siquidem ut omnes nascimur filii irae, ita in ea maledictione detinemur, donec fiamus Christi participes. ⟨Et infirmos appellat, qui nihil in se nisi vitiosum habent. nam eosdem continuo post impios appellat. Neque vero novum est, vocem Infirmitatis hoc sensu accipi. Sic
80 pudenda corporis membra, infirma vocat 1. Corin. 12.22: et praesentiam corporis infirmam, quae nihil dignitatis habet, 2. Corinth. 10.10. ⌐Atque haec significatio paulo post saepius occurret.⌐ Quum ergo infirmi essemus, id est nequaquam digni vel idonei quos respiceret Deus, eo tempore Christus mortuus est pro impiis: quia initium pietatis est fides, a qua alieni erant omnes⟩ pro ⟨quibus est mortuus⟩. [quod etiam competit in] vetustos patres, qui iustitiam ante eius mortem erant consequuti. Nam id beneficium a futura eius morte habebant.

7 **Pro iusto.** Particulam, γὰρ affirmative, seu declarative potius, quam causaliter exponere ratio me coegit. sententia hoc valet, Rarissimum sane
90 inter homines exemplum extat, ut pro iusto mori quis sustineat: quanquam illud nonnunquam accidere possit. Verum ut id demus, pro impio tamen mori qui velit, nemo hominum reperietur. Id Christus fecit. Ita est amplificatio a comparatione⟨, quia tale beneficentiae exemplum quale erga nos Christus edidit, inter homines non extet⟩.

8 **Confirmat autem.** Quum verbum[συνίστησι]dubiae sit significationis, aptius est praesenti loco [pro Confirmare accipi]. Non enim hoc propositum est Apostolo, nos ad gratiarum actionem incitare, sed fiduciam et securitatem animarum stabilire. Confirmat ergo, id est certissimam ac solidissimam erga nos charitatem suam declarat, quod

---

65 *A B* tamen mihi   69 *A* mortuis suae   *B* mortuis sua   72-76 *A* non ad tempus modo revelationis Christi: sed cognitionis, qua in eius communionem inducimur, referas.   74 *B* Ergo   77-85 *A om.*   81-82 *B om.*   85 *A* talibus ipse mortuus est   85 *A B* etiam si respiciamus   93-94 *A om.*   95 *A B* συνιστήσαι   96 *A B* ut pro confirmare accipiatur

100 impiorum causa Christo filio non pepercit. In hoc enim apparet eius
dilectio, quod amore non provocatus, sponte nos prior dilexit, ut ait
Iohannes. ⟨Peccatores hic vocantur (ut pluribus aliis locis) qui toti
vitiosi sunt, ac peccato addicti: ut Iohan. 9. 31, Peccatores non exaudit
Deus. hoc est nequam ac sceleratos homines. Mulier peccatrix, hoc est,
probrosae vitae. Idque melius patet ex antitheto, quod mox sequitur:
iustificati per eius sanguinem. Nam quum haec duo inter se opponat, et
iustificatos dicat qui liberati sunt a peccati reatu: consequens est,
peccatores esse eos qui propter sua maleficia damnati sunt. Summa est,
Si peccatoribus iustitiam acquisivit Christus morte sua, nunc iustificatos
10 multo magis proteget ab interitu.⟩ [Atque hoc postremo membro
comparationem minoris et maioris ad suam doctrinam applicat. Neque
enim satis esset partam nobis semel salutem esse, nisi Christum eandem
ad extremum incolumem et firmam assereret. Id vere nunc contendit
Apostolus, minime timendum esse ne Christus in medio stadio gratiae
suae cursum abrumpat. nam ex quo Patri nos reconciliavit, talis est
nostra conditio, ut suam erga nos gratiam efficacius exerere, et in dies
augere velit.]

   10 *Si enim, quum inimici essemus, reconciliati sumus Deo per mortem*
Filii eius, multo magis reconciliati, servabimur per vitam ipsius.

20   10 Expositio est superioris sententiae cum amplificatione sumpta ex
comparatione vitae et mortis. Inimici, inquit, eramus, quum ad propitiandum Patrem se medium Christus opposuit. Nunc sumus amici per
eius reconciliationem: si morte id effici potuit, vita multo erit potentior et
efficacior. habemus ergo ampla documenta, quae salutis fiduciam animis
nostris confirment. ⟨Reconciliatos fuisse nos Deo per Christi mortem
⌐intelligit,¬ quia sacrificium fuit expiationis quo placatus est Deus
mundo⌐, quemadmodum capite quarto docui¬. Sed videtur hic secum
pugnare Apostolus. nam si mors Christi, Divini erga nos amoris pignus
fuit: sequitur nos iam tunc fuisse illi gratos. Atqui nunc dicit inimicos
30 fuisse: respondeo, quia Deus peccatum odio habet, nos quoque illi esse
exosos quatenus peccatores sumus: quatenus autem arcano suo consilio
nos in Christi corpus cooptat, odisse nos desinit. sed reditio in gratiam
nobis ignota est, donec fide in eam pervenimus. Itaque respectu nostri,

---

2-10 *A om.*   10-17 *A B om.*   25-35 *A om.*   26 *B* docet   27 *B om.*

---

2 *C* Jn 3.16* [= *I Jn 4.19*]   4 *C* Lk 7.37*

semper sumus hostes, donec Christi mors ad propitiandum Deum
intercedat.⟩ [Atque hoc duplicis respectus discrimen notandum est.
Neque enim aliter gratuitam Dei misericordiam agnoscimus, quam si
constet Filio unigenito non pepercisse, quia nos amabat quo tempore
inter ipsum et nos dissidium erat: rursus beneficium Christi morte nobis
praestitum non satis sentimus, nisi hoc nobis initium est nostrae cum
40 Deo reconciliationis: ut persuasi simus, expiatione peracta, nunc esse
nobis propitium qui prius iure infensus erat. Ita quum receptio in gratiam
morti Christi ascribitur, sensus est, tunc sublatum esse reatum, cui
alioqui obnoxii essemus.]

11 *Non solum autem: sed etiam gloriamur in Deo per Dominum Iesum
Christum, per quem nunc reconciliationem accepimus.*

[11 **Non solum autem.**] Nunc ad summum gradum gloriandi conscendit. Nam dum gloriamur Deum esse nostrum, [quicquid] fingi [vel optari
potest bonorum, consequitur, et ex hoc fonte manat]. Non enim
supremum tantum bonorum omnium est Deus, sed summam quoque ac
50 singulas partes in se continet: factus est autem noster per Christum. Ergo
huc fidei beneficio pervenimus, ut nobis ad foelicitatem nihil desit. ⟨Nec
frustra toties reconciliationem inculcat: primum ut discamus in Christi
mortem oculos defigere ⌐quoties¬ de salute nostra agitur: deinde ut
sciamus non alibi collocandam esse fiduciam, quam in peccatorum
expiatione.⟩

12 *Quamobrem sicut per unum hominem peccatum in mundum introiit,
et per peccatum mors: atque ita in omnes homines mors pervagata est:
quandoquidem omnes peccaverunt.*
13 *(Nam usque ad Legem, peccatum erat in mundo: peccatum autem
60 non imputatur, quum non est lex).*
14 *Sed regnavit mors ab Adam usque ad Mosen, etiam in eos qui non
peccaverunt, ad similitudinem praevaricationis Adam, qui est figura futuri.*

12 **Quamobrem sicut.** Nunc [eandem doctrinam] exaggerare incipit ex
comparatione contrariorum. Nam si Christus ideo venit ut nos redimeret
a calamitate in quam inciderat Adam, ac suos omnes secum ⟨praecipita-
verat⟩: non possumus clarius perspicere quid habeamus in Christo,

35-43 *A B om.*   46 *A B om.*   47 *A B* quaecunque   47-48 *A B* possunt bona,
consequuntur   51-55 *A om.*   53 *B* ubi   63 *A B om.*   65-66 *A* praecipitarat

quam ubi nobis demonstratum fuerit quid in Adam perdiderimus: etsi
non omnia sint utrinque similia. Ideo et correctionem Paulus subiicit,
quae suo loco videbitur: et nos praeterea, siquid erit diversitatis,
70 observabimus. Nonnihil obscuram reddit orationem anacoluthos, quia
non exprimitur in comparatione secundum membrum quod priori
respondeat. Sed nos utrunque complanare studebimus, ubi ad eum
locum ventum fuerit.   **Peccatum [in mundum] introiit, et per,**
[etc.] Observa quem hic ponat ordinem. peccatum enim praecessisse
dicit: ex eo sequutam esse mortem. Sunt enim qui contendunt, nos ita
peccato Adae esse perditos acsi nulla nostra culpa periremus, ideo
tantum [quasi] ille nobis peccasset. Atqui diserte affirmat Paulus, in
omnes propagatum esse peccatum qui eius poenam luunt. Atqui id
deinde propius urget, quum rationem assignat paulo post, cur omnis
80 Adae posteritas subiaceat mortis imperio. Nempe, inquit, quoniam
omnes peccavimus. Porro istud Peccare, est corruptos esse et vitiatos. Illa
enim naturalis pravitas quam e matris utero afferimus, tametsi non ita
cito fructus suos edit, peccatum tamen est coram Domino, et eius
ultionem meretur. Atque hoc est peccatum quod vocant originale. Nam
ut Adam prima sua creatione, tam sibi quam posteritati Divinae gratiae
dotes acceperat: sic a Domino [excidens], naturam nostram in seipso
corrupit, vitiavit, depravavit, perdidit. abdicatus enim a Dei similitudine,
semen nisi sui simile gignere non potuit. Peccavimus igitur omnes, quia
naturali corruptione omnes imbuti sumus: ideoque iniqui ac perversi.
90 [Frivolum enim commentum fuit, quo olim Pelagiani verba Pauli eludere
conati sunt, peccatum imitatione diffusum esse ab Adam in totum
humanum genus: quia hoc modo Christus exemplar tantum esset
iustitiae, non causa. deinde hic non agi de actuali peccato, colligere
promptum est: quia si reatum quisque sibi accerseret, quorsum conferret
Paulus Adam cum Christo? Sequitur ergo pravitatem nobis ingenitam,
et haereditariam notari.]
    13 **Usque ad Legem.** Haec parenthesis anticipationem continet. Quo-
niam enim non videtur esse absque Lege transgressio: dubitari poterat
anne ante Legem esset peccatum. Post Legem fuisse, minime dubium
100 erat: tantum haerebat quaestio in tempore Legem praecedente. Respondet igitur, [quanvis Deus nondum Lege scripta sententiam tulisset, male-

---

73 *A B om.*   74 *A B* peccatum mors   77 *A B* quia   86 *A B* excidendo   90-96 *A B om.*
1-3 *A B* non

---

90 *Augustinus, de Pecc. Mer. I, cap. IX (9-10), PL 44,114-5*

dictum tamen fuisse humanum genus, et quidem ab utero : itaque multo
minus] absolvi peccati damnatione eos qui ante Legis promulgationem
scelerate ac flagitiose vixerunt. Semper enim fuit Deus cui cultus
deberetur, semper fuit aliqua iustitiae regula. Haec interpretatio plana est
adeo ac dilucida, ut contrarias satis per se refellat. **Peccatum
autem non imputatur.** Sine Legis obiurgatione, malis nostris quodammodo indormimus. Et quanquam nos male agere non nesciamus : obruimus
tamen quantum in nobis est, ingerentem se mali notitiam, saltem subita
10 oblivione delemus. Dum Lex arguit et obiurgat, quasi vellicando nos
expergefacit, ut subinde redeamus ad cogitandum Dei iudicium. Significat ergo Apostolus, qua sunt homines perversitate, quum Lege non
excitarentur, boni et mali discrimine magna ex parte ablegato, secure et
suaviter sibi indulsisse, quasi nullum esset Dei iudicium. Alioqui imputata fuisse hominibus a Deo flagitia, testimonio sunt supplicium Cain,
diluvium ⟨quo totus orbis absorptus est⟩, Sodomae clades, et poenae ob
Abrahamum Pharaoni et Abimelech irrogatae : postremo plagae Aegyp-
tiis inflictae. Homines quoque sibi vicissim imputasse, palam est ex tot
querimoniis et expostulationibus, quibus alii alios iniquitatis insimulant :
20 rursum ex apologiis quibus studiose purgant sua facta. Unumquenque
demum sibi et mali et boni fuisse conscium, crebra sunt exempla quae
arguant. sed utplurimum ad sua maleficia connivebant, ut sibi nihil
imputarent in peccatum, nisi coacti. ⟨Ideo quum sine Lege imputari
peccatum negat, ⌜comparative⌝ loquitur : quia scilicet ubi nullis Legis
stimulis punguntur, in socordiam se demergunt.⟩ [Hanc porro sententiam prudenter inseruit Paulus, ut inde melius discerent Iudaei quam
gravem culpam ipsi sustinerent quos Lex aperte damnabat. Nam si a
poena non fuerunt immunes quos Deus nunquam ad suum tribunal reos
citavit, quid Iudaeis fiet quibus Lex suum reatum praeconis instar edicit ?
30 imo iudicium denuntiat ? Altera etiam potest adduci ratio cur diserte
dicat peccatum regnasse ante Legem, non tamen fuisse imputatum :
nempe ut sciamus causam mortis a Lege non prodire, sed tantum
monstrari. Pronuntiat igitur statim a lapsu Adae omnes misere fuisse
perditos, quanvis Lege demum patefactus fuerit interitus.] ⟨Particulam
adversativam δὲ si transferas Quanquam, melius fluet contextus :⟩ [quia
sensus erit, licet sibi indulgeant homines, non tamen effugere Dei
iudicium posse, etiam dum Lex eos non arguit.] **Regnavit mors
ab Adam.** [Clarius explicat nihil hominibus profuisse quod] ab Adam

---

16 *A om.*   23-25 *A om.*   24 *B* comparatione   25-34 *A B om.*   34-35 *A om.*   35-37 *A
B om.*   38 *A B* Utcunque

usque ad Legis promulgationem licenter [et secure lascivierint], delectu
40 boni et mali valere iusso : adeoque sine Legis admonitione, sepulta [fuerit]
peccati recordatio, [quia] peccatum [nihilominus] vigebat in condemnationem. Quare tunc quoque mors regnavit, quia iudicium Dei opprimere
non potuit hominum caecitas ac durities.

14 **Etiam in eos qui** ⟨**non**⟩. Quanquam hic locus de parvulis vulgo
intelligitur, qui nullius peccati actualis rei, originali vitio pereunt : malo
tamen communiter interpretari de iis qui sine Lege peccaverunt. Contexenda enim haec sententia est cum praecedentibus verbis[, ubi dictum
fuit], eos qui Lege carebant, non sibi imputasse peccatum. Illi ergo ad
similitudinem transgressionis Adae non peccabant : quia non habebant
50 ut ille, revelatam certo oraculo Dei voluntatem. [Adamo] enim vetuerat
Dominus, ⟨fructum⟩ scientiae boni et mali ⟨attingere⟩ : istis mandatum
nullum praeterquam conscientiae testimonium dederat. Voluit ergo
Apostolus tacite innuere, hac diversitate inter Adamum et posteritatem
non fieri ut damnatione eximantur. Interim quoque sub universali
catalogo comprehendentur infantes.   **Qui est [figura] futuri.**
Haec particula posita est vice alterius membri. Videmus etenim duntaxat
alteram comparationis partem expressam, altera per [anacoluthon prae-
termissa]. perinde ergo accipias acsi scriptum esset, Sicut per unum
hominem intravit peccatum in universum mundum, et per peccatum
60 mors : ita per unum hominem rediit iustitia, et per iustitiam vita. Quod
autem dicit, Adam typum gerere Christi, non mirum est : nam etiam in
rebus maxime contrariis apparet semper aliqua similitudo. Quoniam
igitur ut Adae peccato perditi sumus omnes, ita Christi iustitia repara-
mur : Adamum non male vocavit Christi typum. Observa autem non
vocari Adamum, peccati figuram : Christum, iustitiae : [acsi tantum
exemplo suo nobis praeirent :] sed [alterum] cum altero [conferri] : ne cum
Origene [perperam] hallucineris[, et quidem pernicioso errore. Nam et
philosophice profaneque disputat de humani generis corruptelis, et
gratiam Christi non modo enervat, sed totam fere delet. Quo minus
70 excusabilis est Erasmus, qui in excusando tam crasso delirio nimium
laborat].

---

39 *A B* homines lascivirent   40 *A B* esset   41 *A B om.*   41 *A* tantum   *B* tamen   44 *A*
peccaverunt   47-48 *A B* quibus dicebatur   50 *A* Adae   *B* Adam   51 *A* ne fructum
51 *A* attingeret   55 *A B* forma   57-58 *A* anacoluthum praetermissam   *B*
anacoluthum   65-66 *A B om.*   66 *A B* alterius fieri   66 *A B* collationem   67 *A B*
pernitiose   67-71 *A B om.*

---

67 *Origenes, ad loc. PG 14, 1019-21*   70 *Eras L¹* : qui est forma futuri   *Eras L²⁻⁵* : qui typum
                                                                                    →

15 *Sed non sicut delictum, ita et donum. Nam si unius delicto multi mortui sunt, multo magis gratia Dei, et donum Dei in gratia, quae fuit unius hominis Christi, in multos abundavit.*

15 Sed non sicut delictum. Iam sequuntur epanorthoseis, id est correctiones [nuper] allatae comparationis: in quibus tamen non ita anxie discutit Apostolus quicquid est inter Christum et Adam [dissimile]: sed occurrit erroribus, in quos proclivis alioqui lapsus fuisset. Nos vero quod deerit explicationi, attexemus. Quum autem multoties discriminis
80 mentionem repetat, nulla tamen est repetitio in qua non sit ἀνανταπόδοτον, vel saltem ellipsis aliqua : quae sunt quidem orationis vitia, sed quibus nihil maiestati decedit caelestis Sapientiae quae nobis per Apostolum traditur. Quin potius singulari Dei providentia factum est ut sub contemptibili verborum humilitate, altissima haec mysteria nobis traderentur: ut non humanae eloquentiae potentia, sed sola Spiritus efficacia niteretur nostra fides. Nondum autem hic nominatim illam correctionis rationem exponit: sed simpliciter maiorem gratiae per Christum acquisitae amplitudinem esse docet, quam contractae per primum hominem damnationis. Quod Apostolum hic nonnulli argumen-
90 tari putant, haud scio an satis firmum apud omnes futurum sit. Non inepte quidem [inferri posset], Si tantum valuit in multorum perniciem Adae lapsus, multo magis in multorum bonum efficacem esse Dei gratiam: quando in confesso est, Christum ad servandum longe esse potentiorem, quam Adamum ad ⟨perdendum⟩. Sed quia refelli nequeant, siqui accipere ⟨citra illationem velint: utramlibet sententiam per me

---

76 *A B om.*   77 *A B* dissimilitudines   91 *A B* inferatur   94 *A* perdendum ac mihi certe sic videtur.   95-96 *A* velint citra illationem: utramlibet sententiam eligere, per me liberum sit

---

gerit illius futuri   *Eras Ann*$^{1-5}$: Forma futuri.) τύπος τοῦ μέλλοντος, id est, Figura seu typus futuri, hoc est, venturi Christi, [*Ann*$^{2-5}$ *add:* ut futuri nomen pertineat ad tempus quo haec scribebat Paulus, sed ad Adam qui praecessit Christum cuius typum gerebat...Coactius enim mihi videtur, quantumvis [*Ann*$^{2-3}$: quamlibet] argutum dixeris, quod Origenes indicat haec et ad venturi seculi conditionem posse referri. Forma igitur et typus erat Christi Adam.] Quanquam ea figura in diversum recidit [*Ann*$^{4-5}$ *add:* et analogia potius est quam similitudo.] Nam ut ille princeps peccandi et moriendi, ita hic dux et autor innocentiae et immortalitatis. Proinde eleganter scripsit Origenes [*Ann*$^{2-5}$ *add:* et hunc secutus Ambrosius] iuxta genus constare similitudinem, iuxta speciem pugnantiam esse. Ut ab Adam quiddam dimanavit in omnes, ita et a Christo, hic genus est. Caeterum ab illo mors et peccatum, ab hoc innocentia et vita, hic species est. Porro forma Graecis est typos, quod velut exemplar sonat, unde aliud exprimitur simile. *1, p. 433; 5, p. 374*

liberum sit eligere⟩. ⟨Tametsi quod proxime sequitur, non potest censeri illatio: et tamen eiusdem est rationis. Unde probabile est, Paulum simpliciter corrigere, vel exceptione moderari quod de similitudine Christi et Adae dixerat. Nota autem, non hic plures conferri cum multis,
100 (neque enim de hominum multitudine agitur) sed quum multos perdiderit Adae peccatum, non minus habituram esse momenti Christi iustitiam ratiocinatur ad multos servandos.⟩ Quod **unius delicto periisse** nos tradit, sic accipe: quia ex ipso in nos corruptio transfusa sit. ⟨Neque enim sic perimus eius culpa, quasi extra culpam ipsi simus: sed quia eius pecca-tum, peccati nostri causa est, exitium nostrum illi Paulus adscribit. Peccatum nostrum voco, quod nobis ingenitum est, et cum quo nasci-mur.⟩   **[Gratia] [Dei], et donum [Dei] in gratia.** [Gratia proprie delicto opponitur]: donum quod ex gratia procedit, morti. Itaque gratia [meram] Dei bonitatem [significat], [vel gratuitum amorem, cuius speci-
10 men exhibit in Christo, ut nostrae miseriae succurreret]. Donum [autem est fructus misericordiae] qui ad nos pervenit: [nempe reconciliatio qua vitam sumus adepti et salutem, iustitia, vitae novitas, et quicquid simile est. Unde perspicimus quam inscite gratiam definiant Scholastici, dum nihil aliud esse volunt quam] qualitatem hominum cordibus infusam. ⟨gratia enim proprie in Deo, est effectus gratiae in nobis.⟩ [Ipsam autem dicit fuisse **unius hominis Christi,** quia Pater eum constituit fontem, ex cuius plenitudine omnes hauriant. Atque ita docet, ne guttam quidem vitae extra Christum posse reperiri: nec aliud esse inopiae nostrae et defectus remedium, quam si ipse ex sua abundantia in nos transfundat.]

20 16   *Et non sicut per unum qui peccaverat, [ita] donum. iudicium enim ex uno in condemnationem: donum autem ex multis delictis in iustificationem.*

16   Haec specialis correctionis ratio, quod ex delicto uno valuit reatus in nostram omnium damnationem: sed gratia, sive potius gratuitum donum, efficax est in iustificationem ex multis delictis. ⟨Est enim proximae sententiae declaratio: quia nondum expresserat quomodo aut qua in parte Adamum superet Christus.⟩ Hoc discrimine constituto,

---

96-2 *A om.*   3-7 *A om.*   7 *A B* Gratiam   7 *A B om. (bis)*   7-8 *A B* Gratiam opponit delicto   9 *A B om.*   9 *A B* significabit   9-10 *A B* qua sublevamur a miseria   11 *A B* autem, benignitatis divinae fructum   11-14 *A B* Atque ita vides, gratiam pessime a Scholasticis definiri,   15 *A om.*   15-19 *A B om.*   20 *A B* ita et   24-26 *A om.*

---

13 *Latomus, Ad Luth. Responsio, Cap.III, Op. fol. 58ª-59.*   *See Inst.(1539) Cap.X* [§6], *CO 1, 740; Inst.(1559) III.xi.15, Op. sel. IV, 199*

constat impie sensisse eos, qui tradiderunt nihil aliud in Christo nos
recuperare, quam ut ab originali peccato seu corruptione ab Adamo
contracta, liberemur. Adde quod illa multa delicta a quibus testatur nos
30 Christi beneficio purgari, non modo intelligenda sunt quae unusquisque
ante Baptismum admiserit: sed quibus sancti quotidie [novum reatum
contrahant], ac quorum merito damnationi subiacerent, nisi continuo
gratia haec succurreret. 〈Quum iudicio donum opponat, prius rigorem
significat, sicut alterum gratuitam veniam.〉 [ex rigore enim damnatio est,
ex venia absolutio. vel (quod idem valet) si iure nobiscum agat Deus,
sumus omnes perditi: nos autem gratis in Christo iustificat.]

17 *Si enim unius delicto mors regnavit per unum: multo magis, qui*
exuberantiam gratiae et doni iustitiae acceperunt, in vita regnabunt per
unum Iesum Christum.

40 17 **Si enim unius delicto.** Generalem rursum correctionem subiicit, in
quam magis insistit: quia [ei] nequaquam propositum est singulas partes
exequi, sed praecipuam rei summam constituere. Antea pronuntiaverat
gratiae vim magis quam delicti exuberasse. hinc fideles consolatur ac
confirmat: simul excitat, [hortaturque ad reputandam] Dei benignitatem.
Hoc enim sibi vult tam anxia repetitio, ut Dei gratia pro dignitate
praedicetur: ut homines a sui fiducia ad Christum traducantur: ut eius
gratiam adepti, plena [fruamur] securitate[, unde tandem nascitur grati-
tudo]. Huc autem summa tendit, Quia Christus Adamum superat: huius
peccatum, illius vincit iustitia: huius maledictio, illius obruitur gratia: ab
50 hoc mors profecta, illius vita 〈absorbetur〉. [Caeterum] nec huius
[quoque] comparationis membra inter se respondent. dicere enim debuerat, vitae beneficium magis regnare ac vigere per gratiae exuberantiam〈:
pro eo dicit, fideles regnaturos, quod tantundem valet: quia regnum
fidelium in vita, est etiam vitae regnum in fidelibus〉. [Porro] duas hic
differentias inter Christum et Adamum adnotare operae pretium est:
quas non ideo subticuit Apostolus, quia negligendas censeret, sed quia
praesentis argumenti nihil referebat eas enumerare. Prior est, quod
peccato Adae non per solam imputationem damnamur, acsi alieni
peccati exigeretur a nobis poena: sed ideo poenam eius sustinemus, quia
60 et culpae sumus rei, quatenus scilicet natura nostra in ipso vitiata,

---

31-32 *A B* contaminantur   33-34 *A om.*   34-36 *A B om.*   41 *A B* illius   44 *A B* ad
.recognoscendam   47 *A B* fruantur   47-48 *A B om.*   50 *A* obsorbetur   50 *A B om.*
51 *A B om.*   52-54 *A om.*   54 *A B* ¶Caeterum

iniquitatis reatu obstringitur apud Deum. At per Christi iustitiam alio modo in salutem restituimur. neque enim ideo nobis accepta fertur, quia intra nos sit : sed quod Christum ipsum cum bonis suis omnibus, Patris largitate nobis donatum possidemus. ⟨Itaque donum iustitiae non qualitatem qua nos Deus imbuat, ut perperam quidam interpretantur, sed gratuitam iustitiae imputationem significat. Exponit enim Apostolus quid intellexerit per nomen Gratiae.⟩ Altera est, quod non ad omnes homines pervenit Christi beneficium, quemadmodum universum suum genus damnatione Adam involvit. Ac ratio quidem in promptu est: nam
70 quum ista quam ex Adam trahimus, maledictio in nos per naturam derivata sit: non mirum est si totam massam complectatur. at vero ut in participationem [gratiae] Christi veniamus, in eum inseri nos per fidem oportet. Ergo ut misera peccati haereditate potiaris, satis est esse hominem: residet enim in carne et sanguine. ut Christi iustitia fruaris, fidelem esse necessarium est: quia fide acquiritur eius consortium. Infantibus peculiari ratione communicatur: habent enim in foedere ius adoptionis, quo in Christi communionem [transeunt]. De piorum liberis loquor, ad quos promissio gratiae dirigitur. nam alii a communi sorte nequaquam eximuntur.

80   18   *Itaque quemadmodum per unius delictum, in omnes homines in condemnationem: sic et per unius [iustificationem], in omnes homines in iustificationem vitae.*

18   Oratio est defectiva: quae plena [erit], si vocabula Condemnationis et Iustificationis in nominativo [legantur]: ut ⟨certe⟩ resolvere convenit, si sensum integrum habere libet. Est autem conclusio generalis eius comparationis quae praecessit. Iam enim omissa interiectae correctionis mentione, illam similitudinem absolvit, Quemadmodum unius delicto constituti sumus peccatores: ita Christi iustitiam esse efficacem ad nos iustificandos. [Quanquam non ponit δικαιοσύνην, sed δικαίωμα
90 Christi: ut admoneat, ipsum non sibi privatim fuisse iustum, sed iustitiam qua praeditus fuit, latius patere, ut collato sibi dono fideles locupletet.] Communem omnium gratiam facit, [quia omnibus exposita est,] non quod ad omnes extendatur re ipsa. nam etsi passus est Christus pro peccatis totius mundi, atque omnibus indifferenter Dei benignitate

offertur : non tamen omnes apprehendunt. ⟨Possent etiam repeti duae illae voces quibus nuper usus est, Iudicium ac Gratia, hoc sensu, Sicut iudicio Dei factum est ut peccatum unius in multorum condemnationem manaret, ita gratia in multorum iustificationem erit efficax. Iustificatio vitae (meo iudicio) pro absolutione capitur quae nobis vitam restituit,
100 acsi vivificam diceret.⟩ [Nam inde spes salutis, si nobis propitius est Deus: iustos autem esse oportet, ut simus ei accepti. Ergo ex iustificatione vita.]

19 *Quemadmodum [enim] per inobedientiam unius hominis peccatores constituti sunt multi: sic et per obedientiam unius, iusti constituentur multi.*

Non est tautologia, sed necessaria proximae sententiae declaratio. ⟨nam et unius hominis culpa nos ita reos esse ostendit, ut non simus insontes. Prius dixerat, nos damnari: sed nequis innocentiam sibi arrogaret, subiicere etiam voluit, damnari unumquenque, quia peccator sit. Deinde quum pronuntiat, nos Christi obedientia constitui iustos:
10 hinc colligimus, Christum, eo quod Patri satisfecerit, iustitiam nobis comparasse. Unde sequitur, iustitiae qualitatem esse in Christo: sed nobis acceptum ferri quod illi proprium est.⟩ ⟨Simul qualis⟩ sit Christi iustitia interpretatur, quum vocat obedientiam. ubi adnotemus quaeso quid nos afferre in conspectum Dei oporteat, si velimus operibus iustificari; nempe Legis obedientiam, nec una [quidem] aut altera in parte, sed numeris omnibus absolutam. Nam si iustus ceciderit, non veniunt in memoriam omnes eius iustitiae priores. Est hinc quoque discendum, perversa consilia placendi Deo captari ab iis qui a seipsis excogitant quod illi obtrudant. Vera enim demum ratio est [eius] colendi,
20 quum sequimur quod nobis praecepit, et obedientiam eius verbo [prae–stamus]. Eant nunc qui operum iustitiam confidenter sibi arrogant, quae [non aliter constat quam si adsit plena integraque Legis observatio. atqui hanc] nullibi [reperiri] [certum est. Colligimus] similiter, [eos desipere] qui conficta a seipsis opera Deo venditant, quae nihilo pluris reputat, quam stercora. Obedientia enim melior, quam victimae.

20 *Lex vero intervenit, ut abundaret delictum: ubi vero abundavit delictum, superabundavit et gratia.*

95-100 *A om.* 100-2 *A B om.* 3 *A B om.* 6-12 *A om.* 12 *A* Quid enim 15 *A B om.* 19 *A B om.* 20-21 *A B* exhibemus 22-23 *A B om.* 23 *A B* reperitur. 23 *A B om.* 23 *A B om.*

21 *Quo sicut regnavit peccatum per mortem, sic et gratia regnet per*
iustitiam in vitam aeternam, per Iesum Christum Dominum nostrum.

30   20 **Lex autem intervenit.** Haec quaestio pendet ex eo quod ante
dixerat, ante Legem publicatam peccatum [fuisse]: nam eo audito, istud
extemplo sequebatur, Quorsum igitur opus Lege? Quare necessario
quoque haec difficultas solvenda fuit : sed quia tum non erat [opportuna
longior digressio], distulit in hunc locum. Ac nunc etiam obiter expedit,
intercessisse Legem, ut peccatum abundaret. ⟨Neque enim totum Legis
officium ac usum enarrat: sed partem unam duntaxat attingit, quae
praesenti causae congruebat. Docet enim, ut locus fieret Dei gratiae,
oportuisse hominibus suum exitium melius patefieri. Erant quidem
⌐naufragi¬ ante Legem : quia tamen in suo interitu sibi videbantur natare,
40 in profundum demersi sunt, quo illustrior fieret liberatio, quum inde
praeter humanum sensum emergunt. Neque vero absurdum fuit, Legem
hac partim de causa ferri, ut homines semel damnatos, bis ⌐damnet¬ : quia
nihil iustius est quam modis omnibus adduci homines, ⌐imo convictos
trahi¬ ut mala sua sentiant.⟩   **Ut abundaret [delictum].** Quomodo hunc locum post Augustinum exponere soleant, notum est, quod
scilicet irritetur eo magis cupiditas, dum Legis repagulis arcetur: quia
naturale est homini niti in vetitum. Sed ego non aliud incrementum hic
designari intelligo, quam notitiae et pervicaciae. Nam peccatum sub
hominis oculos a Lege statuitur, ut [assidue cogatur paratam sibi
50 damnationem cernere]. Ita peccatum conscientiam occupat[, quod alioqui a tergo reiectum homines negligerent]. Deinde qui prius iustitiae fines
simpliciter transgrediebatur, nunc, Lege posita, contemptor fit [Divini
imperii, ex quo ei innotuit Dei voluntas, quam sua libidine conculcat.
Unde sequitur augeri peccatum per Legem, quia tunc spernitur authoritas Legislatoris, ac maiestas imminuitur.]   **Superabundavit [et]**
gratia. Postquam peccatum homines ⟨submersos⟩ tenuisset, gratia tum
opitulata est. ⟨docet enim, eo melius illustrari gratiae magnitudinem,
quod peccato exundante, tam ubertim se effundat, ut illud peccati
diluvium non superet modo, sed etiam absorbeat.⟩ Atque hinc discen-
60 dum, non ideo nobis propositam esse in Lege condemnationem ut in ea

---

31 *A B* fuisse, iustitiae transgressionem.   33-34 *A B* opportunitas longiori digressioni
35-44 *A om.* 39 *B* naufragii 42 *B* damnaret   43-44 *B om.*   44 *A B* peccatum
49-50 *A B* illi, velit nolit, assidue obversetur.   50-51 *A B om.*   52-55 *A B* divinae
maiestatis, cuius voluntatem suae postponit.   55 *A B om.*   56 *A* subversos
57-59 *A om.*

---

45 *Augustinus, Serm. de verb. Ap. 3, PL 38, 894 ; de Spir. et Lit. Cap. 4 (6A), PL 44, 204*

maneamus: sed ut agnita probe nostra miseria, ad Christum erigamur, qui missus est aegris medicus, captivis liberator, afflictis consolator, oppressis vindex. Ies. 61. 1.

21 **Quo sicut regnavit.** Ut peccatum mortis aculeus dicitur, quia nihil adversus hominem iuris mors habet nisi peccati causa: ita vim suam per mortem peccatum exequitur. ideo dicitur imperium suum per illam exercere. In posteriore membro est synchysis, non tamen supervacua. ⟨Simplex fuisset antithesis, si ita dixisset: ut regnet iustitia per Christum.⟩ ⟨Verum⟩ non contentus Paulus opposuisse contraria contra-
70 riis, addit gratiam: quo fortius infigeret memoriae, id totum non nostri esse meriti, sed Divinae beneficentiae. ⟨Prius dixerat mortem ipsam regnasse: nunc peccato regnum tribuit, sed cuius finis vel effectus sit mors. Et regnasse dicit, praeterito tempore: non quod regnare desierit in iis qui ex carne tantum et sanguine nati sunt: sed ita partitur inter Adam et Christum, ut suum utrique tempus assignet. Ergo simul ac vigere in singulis incipit Christi gratia, cessat peccati et mortis regnum.⟩

CAP. VI.

1 *Quid ergo dicemus? manebimus in peccato, ut gratia abundet?*
2 *Ne ita sit. qui mortui sumus peccato, quomodo [adhuc vivemus] in eo?*

1 **Quid ergo dicemus?** [Hoc toto capite disseret Apostolus, perperam eos Christum discerpere, qui gratuitam ab ipso iustitiam nobis donari fingunt absque vitae novitate. Quanquam ultra progreditur, obiiciens, tunc videri gratiae dari locum si homines in peccato defixi iaceant. Scimus enim nihil magis esse proclive, quam ut sibi caro quovis praetextu indulgeat: deinde calumnias omnes excogitat Satan, quibus gratiae
10 doctrinam infamet, quod ei non ita difficile est.] [Nam quum humano sensui παραδοξώτατον sit] quicquid de Christo praedicatur, nihil novum videri debet si audita fidei iustificatione, caro toties tanquam ad diversos scopulos impingit. Pergendum est tamen, nec Christus ideo supprimendus qu.a multis sit in lapidem offensionis et petram scandali. Qua enim ratione impiis cedet in ruinam, piis [vicissim] in resurrectionem erit. Quanquam importunis quaestionibus semper est occurrendum, nequid secum absurdi trahere videatur Christiana doctrina. [Porro] quod adver-

---

68-69 *A om.*   69 *A* Siquidem   71-76 *A om.*   3 *A B* manebimus   4-10 *A B om.*
10-11 *A B* Cum sit humano sensui παραδοξώτατον   15 *A B om.*   17 *A B om.*

sus Divinae gratiae praedicationem vulgatissimum est obiectum, nunc
Apostolus exequitur: [nempe] si verum est, eo benignius ac largius
20 subvenire nobis Dei gratiam, quo maiore peccati mole obruimur, nihil
nobis magis expedire quam ut in peccati profundum [demersi, novis
subinde delictis iram Dei provocemus]: tunc enim demum [magis
copiosam] nos sensuros, quo nihil melius optare licet. Modum autem
refellendi postea videbimus.

2 [**Ne ita sit.**] Videtur quibusdam Apostolus duntaxat voluisse κατὰ
δείνωσιν reprehendere tam importunam insaniam: sed [ex aliis locis
patet] quam sit illi familiaris [haec] responsio, etiam in multa argumenta-
tione: quemadmodum hic [quoque] valde diligenter obiectam calumniam
[paulo post] [depellet]: prius tamen hac detestantis particula reiicit[, quo
30 lectores admoneat nihil minus esse consentaneum quam Christi gratiam
iustitiae nostrae reparatricem vitia nostra alere].   [**Qui**] **mortui**
sumus peccato. Argumentum a contrarii positione. Nam qui peccat, eum
peccato vivere certum est: nos mortui peccato sumus per Christi
gratiam: [falsum ergo est, peccato quod abolet, vigorem dare]. Sic enim
[res] habet, nunquam sine [regenerationis dono reconciliari Deo fideles]:
imo in hunc finem nos iustificari, ut [deinde vitae puritate Deum
colamus. Nec vero nos Christus suo sanguine aliter abluit, suaque
expiatione Deum nobis reddit propitium, quam dum nos facit Spiritus
sui participes, qui nos in sanctam vitam renovat. Plus quam igitur]
40 praepostera [esset] operis Dei inversio, si [occasione gratiae quae nobis in
Christo offertur, peccatum vires colligeret.] [Neque enim medicina,
morbi quem extinguit, fomentum est. Porro memoria tenendum est quod
nuper attigi, Paulum non hic tractare quales nos Deus inveniat, dum
vocat in societatem Filii sui, sed quales esse nos deceat, postquam nostri
misertus, gratis nos adoptavit. Adverbio enim futuri temporis, qualis
iustitiam sequi debeat mutatio, ostendit.]

3   *Num ignoratis quod quicunque baptizati sumus in Christum Iesum, in*
mortem eius baptizati sumus?

4   *Consepulti ergo sumus* [ei] *per Baptismum in mortem: ut quemadmo-*

---

19 *A B om.*   21-22 *A B* demergamur   22-23 *A B* copiosam Dei gratiam
25 *A B* Absit   26-27 *A B* meminisse possumus   27 *A B om.*   28 *A B om.*   29 *A B om.*
29 *A B* depulsurus est   29-31 *A B om.*   31 *A B* Si enim   34 *A B* Ergo illa peccati
occasio non est   35 *A B* res se   35 *A B* regeneratione, iustificationis gratiam apprehendi.
36-39 *A B* regenerati, vitae puritate Dominum glorificemus. Quam ergo est   40 *A B om.*
40-41 *A B* ex occasione susceptae Christi gratiae peccatum in nobis vires colligat? cum ideo
tantum vigeat Christi gratia, ut peccatum emoriatur.   41-46 *A B om.*   49 *A B* ipsi

50 *dum suscitatus est Christus ex mortuis per gloriam Patris, sic et nos in*
   novitate vitae ambulemus.

   3 **Num [ignoratis]**. [Proximam sententiam, quod scilicet peccatum in
   suis interimat Christus, probat a Baptismi effectu, quo initiamur in eius
   fidem. Nam extra controversiam est, induere nos Christum in Baptismo:
   et hac lege nos baptizari, ut unum cum ipso simus. Iam alterum
   principium sumit Paulus, nos in Christi corpus tunc vere coalescere, ubi
   mors eius fructum in nobis suum profert. Imo docet hanc mortis
   societatem, praecipue in Baptismo spectandam esse. Neque enim ablutio
   sola illic, sed mortificatio quoque, et veteris hominis interitus proponi-
60 tur: unde palam fit, ex quo recipimur in Christi gratiam, mortis eius
   efficaciam statim emergere.] Porro quid valeat [haec cum morte Christi
   societas], continuo [sequitur].
      4 **Consepulti ergo [sumus]**. [Iam incipit indicare quorsum illud spec-
   tet, nos in Christi mortem baptizari, tametsi nondum plane explicat: ut
   scilicet nobis emortui, fiamus novi homines. Nam a mortis societate
   transitum merito facit ad vitae participationem: quia haec duo inter se
   individuo nexu cohaerent, veterem hominem Christi morte aboleri, ut
   eius resurrectio iustitiam instauret, nosque efficiat novas creaturas. Et
   certe quum nobis in vitam datus sit Christus,] quorsum referret nos cum
70 ipso emori, nisi ut [resurgamus in meliorem vitam? Ideoque non alia
   ratione, quod in nobis mortale est occidit, nisi ut vere nos vivificet. Porro
   sciamus] Apostolum [non] hic simpliciter nos adhortari ad Christi
   imitationem, acsi diceret mortem Christi exemplaris vice esse, quod
   Christianis omnibus conveniat imitari. ⟨Nam certe⟩ altius conscendit:
   doctrinam enim profert, ex qua postea exhortationem [eliciet sicuti]
   promptum est. Haec autem est doctrina, Quod mors Christi efficax est,
   ad nequitiam carnis nostrae extinguendam ac profligandam: resurrectio
   [vero], ad suscitandam melioris naturae novitatem: quodque per Baptismum in istius gratiae participationem cooptamur. Hoc fundamento

---

52 *A B* ignoratis fratres   52-61 *A B* Ab effectu baptismi, quo initiamur primum in
christianam fidem, intentionem suam probat, scilicet nos peccato mortuos esse. Constat
nos in Christi participationem baptisari, ut ipso induamur. Cum autem praecipuum Christi
consortium respiciat in eius mortem, inde palam fit, ex quo primum recipimur in Christi
gratiam, mortis, eius nos fieri participes.   61-62 *A B* societas cum morte Christi
62 *A B* sequetur   63 *A B* sumus ipsi.   63-69 *A B* Ex mortis communione ad vitae quoque
consortium, transitum facit. Quae optima deductio est, spectato Christi officio: qui non ad
trucidandos suos venit, sed potius vivificandos. Cum enim semper vita et salus in eo
apparere debeat,   70-72 *A B* in meliorem vitam resurgamus? simul incipit indicare, qualis
sit mortis et resurrectionis huius natura: tametsi nondum explicat. Principio, ne putemus
72 *A B om.*   74 *A* siquidem   75 *A B* elicere   78 *A B om.*

80 iacto, exhortari Christianos opportunissime licet, ut suae vocationi
respondere contendant. Adhaec, non refert quod ista virtus non in
omnibus apparet baptizatis. [nam suo more Paulus, quia ad fideles est
sermo, substantiam et effectum externo signo coniungit. Nam scimus fide
eorum sanciri et ratum esse quicquid Dominus visibili symbolo offert. In
summa, qualis sit Baptismi rite suscepti veritas, docet.] Sic ex Galatis
quicunque in Christo baptizati essent, Christum induisse omnes testatur.
Nimirum ita loquendum [dum simul conveniunt] Domini institutio et
fides piorum. Nunquam enim nuda inaniaque habemus symbola, nisi ubi
Divinae beneficentiae energiam nostra [ingratitudo ac malignitas impe-
90 dit].   **Per gloriam Patris.** Id est insignem virtutem qua se vere
gloriosum declaravit, et veluti gloriae suae magnificentiam illustravit.
⟨Ita⟩ [saepe in Scripturis] eximio aliquo elogio insignitur Dei potentia,
quae se in Christi resurrectione exeruit: [neque id frustra. magnopere
enim refert, tam expressa incomparabilis Dei potentiae commemoratione
non modo ultimae resurrectionis fidem, quae carnis sensum longe
exuperat, sed alios quoque fructus, quos ex Christi resurrectione percipimus, apud nos magnifice extolli.]

5 *Nam si insititii facti sumus similitudini mortis eius, nimirum et*
resurrectionis participes erimus:
100   6 *Illud scientes, quod [vetus] noster homo simul cum ipso crucifixus*
est, ut aboleretur corpus peccati, ut non ultra serviamus peccato.

5 **Nam si insititii.** Confirmat verbis clarioribus quod iam posuerat
argumentum. [Nam similitudo quam adhibet, nihil iam ambiguum
relinquit: quia insitio non exempli tantum conformitatem designat, sed
arcanam coniunctionem, per quam cum ipso coaluimus, ita ut nos
Spiritu suo vegetans, eius virtutem in nos transfundat. Ergo] ut surculus
communem habet vitae et mortis conditionem cum arbore in quam
insertus est: ita vitae Christi non minus quam et mortis participes nos

---

82-85 *A B* Quia enim rite non suscipitur baptismus, nisi cum Dei promissionibus et ipsarum
quoque substantia iungatur: ideo, dum apud fideles sermo est, solet rem et veritatem cum
symbolo copulare.   87 *A B* cum respicitur   89-90 *A B* ingratitudine ac malignitate,
impedimus   92 *A* Ista   92 *A B* semper   93-97 *A B* Vult autem Scriptura, tam expressa
divinae virtutis commemoratione, stabilire resurrectionis fidem: quam alioqui difficulter
sibi caro persuaderi sinit.   100 *A B* vetus ille   3-6 *A B* Insitione enim Christo coaluimus.
Primum

---

85 *C* Gal 3.27*

esse [consentaneum est]. Nam si insiti sumus in similitudinem mortis
10 Christi, illa autem, resurrectione non caret: ergo nec nostra sine resurrectione erit. Caeterum bifariam [exponi possunt verba], vel nos Christo
insitos esse in similitudinem mortis eius: vel simpliciter [insitos esse]
similitudini. Prior lectio posceret [dativum Graecum ὁμοιώματι, ad
modum notandum referri]. Nec illam inficior habere pleniorem sensum:
sed quoniam altera magis quadrat simplicitati dictionis, eam praeferre
visum est. quanquam parvi interest, quum utraque in eundem recidat
sensum. Chrysostomus existimat Paulum dixisse similitudinem mortis,
pro morte, ut alibi, In similitudinem hominum factus. Verum ego in ista
⟨voce⟩ aliquid significantius perspicere mihi videor. Praeterquam quod
20 valet ad inferendam resurrectionem, videtur huc tendere, quod non
moriamur instar Christi, morte naturali: sed hanc nobis esse cum eius
morte [convenientiam]: quia ut ipse morte defunctus est in carne, quam a
nobis susceperat, ita emorimur in nobis, ut in eo vivamus. Non ergo
eadem est mors, sed similis: [quia spectanda est inter praesentis vitae
interitum et spiritualem renovationem analogia]. **Insititii.** Magna est vocabuli huius energia, et quae clare ostendit Apostolum non
exhortari tantum, sed potius de Christi beneficio docere. ⟨Neque enim
quicquam a nobis requirit quod studio industriave nostra praestandum
sit: sed insitionem Dei manu factam praedicat.⟩ Non est autem cur
30 singulis partibus metaphoram aut comparationem applicare studeas.
Nam inter arborum insitionem et hanc nostram spiritualem occurret
statim diversitas: quod in illa surculus alimentum ducit a radice, ⟨fructus
autem edendi nativam⟩ proprietatem retinet: in hac autem non modo
vigorem ac succum vitae a Christo trahimus, sed in eius naturam ex
nostra demigramus. Verum nihil aliud voluit notare Apostolus quam
efficaciam illam mortis Christi, ⟨quae in carnis nostrae interitu se
exerit⟩: alteram quoque resurrectionis, ad [renovandam] in nobis meliorem ⟨spiritus naturam⟩.

6 **Quod vetus homo noster.** Vetus homo, qualiter et Vetus testamen-
40 tum, dicitur respectu novi. Vetus enim esse incipit, quum inchoata
regeneratione [sensim aboletur]. Totam autem naturam significat quam

---

9 *A B* decet. Quanquam validior est ratiocinatio.   11 *A B* legi potest   12 *A B* ei   13-14 *A
B* ut dativus graecus ὁμοιώματι, in modi significatione caperetur   19 *A* dictione   22 *A B*
convenientiam et proportionem   24-25 *A B om.*   27-29 *A om.*   32-33 *A* fructificandi
naturam   36-37 *A* ad conficiendum carnis nostrae ingenium   37 *A B* renovandum   38 *A*
spiritum   41 *A B* incipit aboleri

---

17 *Chrysostomus, ad loc. PG 60, 484*   18 *C* Phil 2.7*

afferimus ex utero, quae adeo regni Dei capax non est, ut interire eatenus
oporteat, quatenus in veram vitam instauramur. Hunc veterem hominem
dicit esse affixum cruci Christi, quia eius virtute conficitur. Ac nominatim allusit ad crucem, quo expressius indicaret non aliunde nos mortifica-
ri, quam ex eius mortis participatione. Neque enim iis consentio qui
crucifixum magis quam mortuum vocasse exponunt, quia vivat adhuc ac
vigeat aliqua ex parte. Vera quidem est sententia : sed quae praesenti loco
parum congruit. Corpus peccati, quod paulo post subiicit, non carnem et
50 ossa, sed massam designat. homo enim naturae propriae relictus, massa
est ex peccato conflata. ⟨Finem abolitionis notat, quum dicit, **ne amplius
serviamus peccato.** Unde sequitur, nos, quandiu sumus Adae filii, ac nihil
quam homines, peccato sic esse mancipatos, ut nihil possimus aliud
quam peccare: Christo vero insitos, a misera hac necessitate liberari: non
quod statim desinamus in totum peccare, sed ut simus tandem in pugna
superiores.⟩

7   *Qui enim mortuus est, iustificatus est a peccato.*
8   *Si vero mortui sumus cum Christo, credimus quod et vivemus cum eo :*
60   9   *Scientes quod Christus suscitatus ex mortuis, amplius non moritur,
mors illi amplius non dominatur.*
10   *Quod enim mortuus est, peccato mortuus est semel : quod autem
vivit, vivit Deo.*
[11   *Sic et ipsi existimate vosmet esse mortuos quidem peccato, viventes
autem Deo, in Christo Iesu Domino nostro.*]

7   **Qui enim mortuus est.** Argumentum a mortis proprietate, seu
effectu. Nam si mors abolet omnes vitae actiones, nos qui peccato mortui
sumus, ab eius actionibus cessare oportet, quas durante sua vita exerce-
70 bat. Iustificatum accipe pro absoluto, et ⟨a⟩ servitute vindicato. Nam
quemadmodum ab accusationis vinculo liberatur qui absolvitur sententia
iudicis: ita mors ab hac vita nos solvendo, ab omnibus eius officiis nos
liberat. Porro quanquam inter homines nusquam extat tale exemplum,
non est tamen cur vel inanem esse speculationem putes quod hic dicitur,
vel animum despondeas, quod in eorum numero te non reperias qui
carnem suam penitus crucifixerunt. Hoc enim opus Dei non primo quo in
nobis inchoatur die, simul etiam perficitur: sed paulatim augescit, ac
quotidianis incrementis paulatim ad finem perducitur. Sic ergo in summa
habeto, Si Christianus es, oportere in te signum apparere communionis

---

51-56 *A om.*   63-64 *A B transpose to follow* continuet *p. 126 line 39*   68 *A om.*

cum morte Christi: cuius fructus est, ut crucifixa sit caro tua cum suis concupiscentiis omnibus. Caeterum hanc communionem non ideo nul-
80 lam esse, si reliquias carnis vivere adhuc in te sentias: sed meditandum assidue eius augmentum, donec ad metam perventum sit. Bene enim est si mortificatur continenter caro nostra: neque parum profectum est, ubi regnum illi ademptum, Spiritui sancto cessit. Est altera mortis Christi communicatio de qua loquitur Apostolus, quum saepe alias, tum 2. Corint. 4, nempe crucis tolerantia, quam sequitur et vitae aeternae consortium.

8 **Si vero mortui sumus.** Hoc non in alium finem repetit, nisi ut declarationem subiiciat, quae postea sequitur, quod Christus semel excitatus, iam non moritur. quo docere vult, hanc vitae novitatem tota
90 vita esse Christianis persequendam. Nam si Christi imaginem in se repraesentare debent et mortificatione carnis, et spiritus [vita]: illam semel in perpetuum fieri, hanc perpetuo durare necesse est. Non quod uno momento emoriatur caro in nobis[, sicuti nuper diximus]: sed quia retrocedere in ea mortificanda non liceat. Si enim in coenum nostrum revolvimur, Christum abnegamus: cuius nisi per vitae novitatem, consortes esse non possumus, sicut ipse vitam incorruptibilem agit.

9 **Mors illi [amplius] non dominatur.** Videtur innuere, semel dominatam Christo fuisse mortem. Et sane quum se pro nobis in mortem dedit, quodammodo permisit se ac subiecit eius potestati: ea tamen conditione
100 ut impossibile esset eius doloribus ipsum vinctum detineri, succumbere, vel absorberi. Itaque dominium eius ad momentum subeundo, in aeternum ipsam deglutivit. ⟨Quanquam simplicius loquendo, mortis dominium ad voluntariam mortis conditionem refertur, cui finem imposuit resurrectio.⟩ [Summa est, Christum, qui nunc Spiritu suo fideles vivificat, vel suam illis vitam arcana virtute e caelis inspirat, mortis imperio exemptum fuisse quum resurrexit, ut ab eodem immunes suos omnes reddat.]

10 **[Peccato mortuus est semel.]** [Quod dixerat nos Christi exemplo in perpetuum a mortis iugo solutos esse, nunc ad sententiam suam accom-
10 modat, quod scilicet tyrannidi peccati amplius obnoxii non simus: idque demonstrat a finali mortis Christi causa, quia scilicet mortuus est ut peccatum extingueret. Porro in forma loquendi notandum est quid

---

91 *A B* vivificatione   93 *A B om.*   97 *A B* ultra   2-4 *A om.*   4-7 *A B om.*   8 *A B* Semel peccato mortuus est   8-13 *A B* Non

---

85 [*II Cor 4.17-8*]

Christo conveniat. Neque enim dicitur peccato mortuus,] ut peccare
desineret, qualiter ubi de nobis sermo est, [accipi oportet: sed quia
mortem obiit peccati causa, ut se ἀντίλυτρον statuens, vim et ius peccati
in nihilum redigeret. Dicit autem semel perfunctum esse, non modo] quia
aeterna redemptione per [unicam] oblationem [parta], factaque peccati
[per suum sanguinem purgatione fideles] in aeternum sanctificavit[: sed
ut in nobis quoque mutua similitudo respondeat. Etsi enim mors
20 spiritualis continuos in nobis progressus habet, semel tamen proprie mori
dicimur, dum Christus suo sanguine nos Patri reconcilians, Spiritus
quoque virtute simul regenerat].   **Quod autem vivit.** Sive Apud
Deum, sive In Deo exponas, in eundem recides sensum. significat enim
vivere in regno Dei immortali et incorruptibili vitam nulli iam mortalitati
obnoxiam: cuius figura in regeneratione piorum apparere debet. ⟨Hic
memoria repetendum est similitudinis nomen. Neque enim in caelo nos
dicit victuros, sicut illic Christus vivit: sed vitam novam, quam a
regeneratione in terra degimus, caelesti eius vitae facit conformem. Et
quod debere nos peccato mori ad eius exemplum docet, non ita convenit
30 ut eadem mors possit dici. peccato enim morimur, quum moritur in nobis
peccatum: aliter Christus, qui moriendo peccatum profligavit. ⌜Iam vero
quod prius dixerat, credere nos vitam fore nobis communem, Credendi
verbo⌝ satis ostendit, se de Christi gratia concionari. Nam si tantum
officii moneret, haec erat loquendi ratio: Quando sumus Christo com-
mortui, cum eo similiter vivendum est. Verbum autem Credendi, denotat
hic tractari fidei doctrinam quae in promissionibus sit fundata: ⌜acsi
dictum esset⌝, Statuere debent fideles ita se Christi beneficio secundum
carnem esse mortuos, ut vitae novitatem idem Christus ad finem usque
continuet.⟩ [Futurum vero tempus in verbo Vivendi, non ad ultimam
40 resurrectionem pertinet: sed simpliciter notat perpetuum vitae novae
cursum, quandiu in mundo peregrinamur.]
    [11 **Sic et ipsi existimate.** Additur iam illa quam attigi analogiae
definitio. Nam] ⟨quod Christum semel peccato mortuum esse, ⌜et⌝

14-16 *A B* intelligitur: sed ut peccatum destrueret. semel autem mortuus est,   17 *A B*
unam   17 *A B* acquisita   18 *A B* purgatione per suum sanguinem fideles   18-22 *A B*
om.   25-39 *A om.*   31-33 *B* Cum dicit: credimus nos victuros,   36-37 *B* hoc sensu,
39-41 *A B om.*   41 *A B Insert* ¶ *v. 11* Sic et...nostro.   42-43 *A B om.*   43-44 *A om.*
43 *B* et nunc

18 *C* Heb 10.14* [= *10.13-4*]

aeternum Deo vivere dixerat, utrunque ad nos⟩ [accommodans, quomodo nunc vivendo moriamur admonet, nempe ubi peccato renuntiamus. Sed illam quoque partem non omittit, ubi semel fide amplexi sumus Christi gratiam, licet tantum inchoetur carnis mortificatio in nobis, hoc tamen ipso peccati vitam extingui, ut deinde spiritualis novitas, quae Divina est, perpetuo duret. Nisi enim peccatum semel usque in finem in
50 nobis occideret Christus, parum firma et stabilis esset eius gratia. Sensus ergo verborum est,] Sic [rem habere in vobis] reputate, ut [semel Christus in peccati interitum mortuus est], sic ut [in posterum] peccare [desinatis], semel vos esse mortuos: imo quotidie pergendum in ea mortificatione quae in vobis coepta est, donec peccatum penitus extinguatur. Ut Christus excitatus est ad [incorruptibilem vitam], ita ⟨vos Dei gratia ⌐renatos¬ esse, ut⟩ totam vitam in sanctitate et [iustitia] ⟨traducatis⟩: [quando aeterna est, semperque vigebit haec, qua renovati estis, Spiritus sancti virtus. Caeterum retinere malui Pauli verba, **In Christo Iesu,** quam cum Erasmo vertere, Per Christum: quia illo modo melius exprimitur
60 insitio illa quae nos unum cum Christo facit].

12 *Ne ergo regnet peccatum in mortali vestro corpore, ut illi obediatis in cupiditatibus suis:*
13 *Neque exhibeatis membra vestra arma iniustitiae peccato: sed exhibeatis vosmetipsos Deo, tanquam ex mortuis viventes: et membra vestra, arma iustitiae Deo.*

12 **Ne [ergo regnet].** Exhortationem nunc orditur, quae sponte consequitur ex ea doctrina quam tradidit de nostra cum Christo [societate], Tametsi peccatum in nobis residet, tamen [absurdum esse ut] ad exercendum regnum suum [vigeat]: quia supra ipsum eminere debet virtus
70 sanctificationis, ut vita nostra testetur, nos vere esse membra Christi.

44-51 *A om.* *B* accommodat. Nempe quod si fide amplectamur Christi gratiam, mortificatio carnis nostrae rata erit, ut non sit denuo inchoanda. Deinde, quod spiritualis vita, quae divina est, perpetuo durabit. Nam alioqui parum firmitudinis haberet. semper itaque ad similitudinem ante positam nos Paulus revocat.   51 *A B* ¶Sic   51 *A B* rem, inquit, in vobis habere   51-52 *A B* Christus semel mortuus est, quo peccato defungeretur, id est peccati poena: 52 *A B om.*   52 *A B* desineretis   55 *A B* incorruptionem   55-56 *A om.*   56 *B* renatis   56 *A* iustitia vobis esse *B* iustitia aeterna Dei virtute   56 *A* traducendam   57-60 *A B om.*   66 *A B* regnet igitur   67 *A B* participatione   68 *A B* non vigere   69 *A B* debet

---

59 *ErasL¹*: in Christo   *ErasL²⁻⁵*: per Christum   *Vg*: in Christo

[Nuper admonui vocem Corporis non pro carne et cute et ossibus accipi, sed] pro tota hominis massa, ⟨ut ita ⌐loquar.⌐⟩ [Id certius colligere licet ex praesenti loco:] quia [alterum] membrum ⟨quod⟩ [mox] subiiciet de corporis partibus, [ad animam quoque extenditur.] [Sic autem crasse Paulus terrenum hominem significat. facit enim naturae nostrae corruptio, ut nihil origine nostra dignum spiremus. Sic etiam Deus, Genesis 6. 3, dum conqueritur hominem non secus ac brutas pecudes carnem esse factum, nihil illi nisi terrenum relinquit. Eodem spectat illud Christi, Quod natum est ex carne, caro est. Nam siquis excipiat, aliam esse
80 animae rationem: in prompta est solutio, Ut nunc sumus degeneres, animas nostras terrae affixas esse, et sic corporibus addictas, ut a sua praestantia desciverint. Denique natura hominis corporea vocatur, quia privatus caelesti gratia, quaedam est fallax tantum umbra, vel imago. Adde quod hoc corpus a Paulo per contemptum vocatur mortale, ut doceat totam hominis naturam ad mortem et exitium inclinare. Iam vero] peccatum appellat, primam illam pravitatem animis insidentem, quae nos ad peccandum impellit: ex qua proprie maleficia et flagitia omnia scaturiunt. Inter ipsum et nos statuit medias concupiscentias: ut illud sit loco Regis, concupiscentiae sint velut edicta et imperia.

90   13 **Neque exhibeatis membra vestra.** Ubi semel peccatum in animo regnum occupavit, omnes nostri partes continuo in eius obsequium applicantur. Quare hic regnum peccati describit a consequentibus, quo melius ostendat quid praestandum sit nobis, si eius iugum excutere volumus. Similitudinem autem petit a re militari, quum membra nostra vocat arma: perinde acsi diceret, Quemadmodum miles arma semper habet parata, ut in usum conferat quoties a duce suo [iussus] fuerit: illis nunquam utitur, nisi ex eius nutu: ita Christiani debent reputare omnes sui partes arma esse spiritualis militiae. si ergo ulla sui parte ad [pravitatem] abutuntur, peccato merent. atqui [sacramentum militiae,
100 Deo et Christo dixerunt, quo obstricti tenentur]. decet igitur eos procul esse ab omni commercio castrorum peccati. Viderint hic quo iure Christianum nomen fastuose obtendant, quorum singula membra, tan-

---

71-72 *A B* Corpus, per contemptum, vocavit mortale: ut doceret totam hominis naturam ad mortem inclinare. puto enim   72 *A om.*   72 *B* loquar,   72-73 *A B* usurpasse hanc vocem   73 *A B* secundum   73 *A om.*   73 *A B om.*   74 *A om.*   *B* toti naturae conveniet.   74-85 *A B om.*   96 *A B* missus   99 *A B* nequitiam   99-100 *A B* sacramento, Deo et Christo se obstrinxerunt

---

71 *in Cap. 6.6, p. 124 lines 49 seq*   79 *C* Jn 3.6*

quam Satanae prostibula, in omnem foeditatem perpetrandam parata
sunt. Contra nunc iubet ut nos totos sistamus Deo: nempe ut ab omni
vagatione mentem atque animum coercentes, in quam nos abstrahunt
carnis cupiditates, [unius Dei] nutum intueamur, ad excipienda ipsius
iussa simus intenti, ad exequenda eius mandata simus accincti: membra
quoque nostra illius arbitrio destinata ⟨sint⟩ ac consecrata: ut nihil
quam eius gloriam spirent omnes animae ac corporis nostri facultates.
10 ⟨Et ratio additur, quia non frustra Dominus, abolita priore vita, in
aliam nos creavit, quam actiones debent comitari.⟩

14 *Peccatum enim vobis non dominabitur. [non enim] estis sub Lege:
sed sub gratia.*
15 *Quid ergo? peccabimus, quia non sumus sub Lege, sed sub gratia?
Absit.*
16 *Nescitis quod cui exhibuistis vos servos in obedientiam, eius servi
estis cui obeditis: sive peccati, in mortem: sive obedientiae, in iustitiam?*
17 *Gratia autem Deo, quod fuistis servi peccati: obedistis vero ex
animo typo doctrinae, in quem traducti estis.*
20 18 *Manumissi vero a peccato, servi facti estis iustitiae.*

14 **Peccatum vobis non dominabitur, etc.** In recitandis ac refellendis
expositionibus quae nullam habent, aut exiguam veri speciem, immorari
non est necesse. Una est quae caeteris probabilius sustineri queat: quae
scilicet [dictionem] Sub Lege accipit pro ⟨Subiectum esse Legis literae,
quae animum non renovat⟩: ut [rursum] Sub gratia [esse tantundem
valeat ac] Spiritu gratiae a pravis cupiditatibus liberatum esse. sed neque
ipsa mihi simpliciter probatur. Nam si recipimus hunc sensum, quorsum
illa quae statim sequitur, interrogatio pertinebit? Peccabimusne quia non
sumus sub Lege? Nunquam certe quaestionem eiusmodi subiecisset
30 Apostolus, nisi ⟨intellexisset, nos a Legis rigore esse absolutos, ne
amplius summo iure Deus nobiscum agat⟩. Quare non est dubium quin
hic aliquam ab ipsa Domini Lege manumissionem indicare voluerit.
Verum omissa contentione, exponam breviter quod sentio. Videtur
primum mihi hic esse consolatio, qua fideles confirmantur, ne in studio
sanctimoniae deficiant ob imbecillitatis suae sensum. Exhortatus erat ut
omnes suas facultates in obsequium iustitiae applicarent. At quum

6 *A B* eius   8 *A* sunt   10-11 *A om.*   12 *A B* siquidem non   24 *A B* particulam
24-25 *A* lege peccati condemnari   25 *A B om.*   25-26 *A B* significet   30-31 *A* de lege
Dei locutus fuisset

circunferant carnis reliquias, necesse est eos aliquantum claudicare.
Proinde ne infirmitatis suae conscientia [fracti], animos despondeant,
tempestive occurrit, interposita consolatione ex eo petita, quod iam non
40 exiguntur eorum opera ad severum Legis examen, sed benigne ac
indulgenter [ea Deus accepta habet], remissa impuritate. Iugum Legis
ferri non potest, ut non frangat [vel atterat] ferentes: restat ergo ut fideles
ad Christum confugiant, ac vindicem libertatis ipsum implorent. ipse
autem se talem exhibet. Nam ideo Legis subiit servitutem, cui debitor
alioqui non erat, ut eos qui sub Lege erant redimeret, quemadmodum ait
Apostolus. Ergo Non esse sub Lege, [significat non tantum mortua litera
nobis praescribi quod nos in reatum addicat, quia ad praestandum simus
impares: sed etiam] obnoxios nos [amplius] non esse Legi, quatenus
exigit perfectam iustitiam, edicta morte [omnibus] qui ab ulla parte
50 [declinaverint]. Sub Gratiae nomine [similiter intelligimus] utranque
redemptionis partem: hoc est, remissionem peccatorum qua [iustitiam
Deus nobis imputat], et sanctificationem Spiritus, per quam ad bona
opera [nos refingit]. Particulam adversativam [existimo] positam pro
rationali, quod non est infrequens: acsi dictum esset, Quia sumus sub
gratia, ideo non sumus sub Lege. Nunc sensus erit perspicuus. Vult enim
nos consolari Apostolus, ne animis [fatiscamus] in studio bene agendi,
propterea quod multas imperfectiones adhuc in nobis sentiamus. Utcunque enim peccati aculeis vexemur, non potest tamen nos subigere, quia
Spiritu Dei superiores [reddimur], deinde in gratia constituti, sumus
60 liberati a rigida Legis exactione. Hic porro intelligendum est quod pro
confesso praesumit Apostolus, omnes qui gratia Dei destituti sunt, Legis
iugo constrictos, sub damnatione teneri. Atque adeo id a contrario
arguere licet, homines quandiu sub Lege sunt, peccati dominio subiacere.

15 **Quid ergo? etc.** Quia Dei mysteriis perpetuo carnis sapientia
obstrepit, necessario subiicit hanc [prolepsim. nam quum Lex, bene
vivendi sit regula, et moderandis hominibus data sit: putamus ea soluta,
protinus corruere] omnem disciplinam, frangi repagula, nullum denique
manere delectum aut discrimen boni et mali. Atqui in eo [fallimur], quod

---

38 *A B* tacti   41 *A B* a Domino accipiuntur   42 *A B om.*   46-48 *A B* significabit   48
A B om.   49 *A B* omnibus iis   50 *A B* declinarint   50 *A B* intelligemus   51-52 *A B*
iustitia imputatur   53 *A B* regeneramur   53 *A B* accipiemus   56 *A B* deficiamus   59
A B reddamur   65-67 *A B* prolepsim, quae tam absurdam quaestionem, quae moveri
poterat, praeveniret. Cum enim lex, sit vitae moderatio: putat caro, soluta lege, protinus
corruere debere   68 *A B* fallitur

45-46 *C* Gal 4.5*

[Legis abrogatione aboleri putamus quam Deus] in Lege commendat
70 [iustitiam: quum hoc ad recte vivendi praecepta minime trahendum sit,
quae Christus confirmat ac sancit potius quam abroget. Atque haec
quidem propria solutio est, nihil aliud quam maledictionem tolli, cui
extra gratiam obnoxii sunt cuncti mortales. Sed Paulus quanvis id diserte
non exprimat, oblique tamen ostendit.]

16 [**Absit.**] **Nescitis, etc.** Non nuda est reiectio, ut quidam putaverunt,
quasi malit talem quaestionem detestari quam refutare. siquidem continuo [post sequitur] confutatio a natura contrariorum, in hunc fere
sensum, Inter Christi et peccati iugum [plus est dissidii, quam] ut ferre
simul utrunque quis possit. Si peccamus, peccato nos addicimus in
80 servitutem: atqui contra [redempti sunt a tyrannide peccati fideles, ut]
Christo [serviant: ergo impossibile est peccato manere devinctos.] Sed
argumenti huius seriem ut a Paulo digesta est, [propius excutere praesta-
bit.]   **Cui obeditis.** Hoc relativum habet vim rationalis particulae, ut saepe fit. [Quemadmodum] siquis dicat, Nullum est flagitii genus
quod non cadat in parricidam, qui scelus omnium extremum, et immani-
tatem prope beluis ipsis exhorrendam in se admittere non dubitarit.
Estque ducta Pauli ratio partim ab effectis, partim a natura correlati-
vorum. [Primum enim, si obediunt, servos esse colligit:] quia obedientia
[testatur ius praecipiendi habere qui in obsequium suum ita cogit.] Haec
90 ab effectu servitutis est ratio: ex qua nascitur altera illa, Si vos servi: ergo
[vicissim] penes ipsum est dominium.   **Sive obedientiae.** Improprie loquutus est. nam si partes partibus reddere voluisset, dicendum erat
Sive iustitiae in vitam. Sed quum inversio verborum nihil impediret
intellectum rei, maluit per nomen Obedientiae exprimere quid esset
iustitia. in qua tamen metonymia est, quia pro ipsis Dei mandatis
accipitur. Quod autem sine adiecto posuit [hoc nomen,] indicavit solum
utique Deum esse cuius imperio conscientiae subiaceant. Ideo enim
obedientia, etiam suppresso Dei nomine, ad Deum nihilominus refertur,
quia multiplex esse non potest.

100   17 **Gratia autem Deo.** Applicatio est similitudinis ad praesentem
causam: in qua, quum admonendi tantum essent, se iam non esse peccati
servos, adiungit gratiarum actionem. primum quo doceat non esse id

---

69 *A B* in abrogatione legis putat contineri abolitionem iustitiae, quam Dominus
70-74 *A B* cum sola maledictio abrogetur. Respondet ergo Apostolus.   75 *A B* Absit, an
77 *A B* subiicitur   78 *A B* nulla est convenientia,   80 *A B om.*   81 *A B* servimus.
Ergo peccatum fugiendum est.   82-83 *A B* inspiciamus.   84 *A B* Ut   88 *A B*
Quandoquidem, inquit, ei obeditis: eius servi estis.   89 *A B* vestra testatur illum habere
ius praecipiendi.   91 *A B om.*   96 *A B* eo

proprii meriti, sed singularis Dei misericordiae: simul ut ab ipsa gratiarum actione discant quantum sit Dei beneficium, eoque magis [ad peccati
detestationem animentur]. Agit autem gratias non [eius temporis respectu quo fuerunt peccati servi, sed pro liberatione quae sequuta est, dum
esse defuerunt quod prius erant. Haec vero tacita prioris status cum
praesenti comparatio emphasin continet. calumniatores enim gratiae
Christi perstringit Apostolus, dum ostendit, ea cessante, totum huma-
10 num genus captivum teneri sub peccato: simul autem ac se illa exerit,
cessare peccati regnum]. ⟨Hinc colligere licet, non ideo manumitti nos a
servitute Legis, ut peccemus: quia Lex non ante suum dominium perdit,
quam Dei gratia nos sibi vindicat, ⌐ut iustitiam in nobis instauret:
ideoque⌐ impossibile est, peccato nos subesse, quum in nobis regnat Dei
gratia. Diximus enim prius, sub hoc nomine contineri Spiritum
regenerationis.⟩   **Obedistis ex animo.** [Hic etiam externae literae arcanam Spiritus virtutem ex opposito confert Paulus, acsi diceret
Christum intus animos formare melius, quam si Lex minando et terrendo
cogeret. Hoc modo diluitur calumnia illa, Si nos a Legis subiectione
20 Christus liberet, afferre peccati licentiam: quandoquidem non ad effraenem lasciviam suos emittit, ut sine modestia exultent tanquam equi per
campos soluti: sed traducit ad legitimam vivendi rationem. Quanquam
vero Erasmus Formam vertere maluit post Veterem interpretem, ego]
Typum relinquere coactus sum, [qua voce usus est Paulus:] nisi quis
[forte] Exemplar malit. nam [mihi expressam iustitiae imaginem videtur
designare, quam cordibus nostris Christus insculpit. Ea autem respondet
Legis praescripto,] ad quod actiones omnes nostras [formari decet], ut ne
vel ad dextram, vel ad sinistram [deflectant].

18 **Manumissi vero a peccato.** Sensus est, Absurdum est ut post
30 manumissionem quis in servitutis conditione maneat: statum enim
libertatis quem accepit, tueri debet. non ergo convenit, sub peccati
imperium vos redigi, a quo per [Christi] manumissionem liberati estis.
Argumentum a causa efficiente. Sequitur quoque alterum a causa finali,
Ideo exempti estis a peccati servitute, ut in regnum iustitiae transiretis:
itaque peccati oblitos penitus esse convenit, et totum animum ad

---

4-5 *A B* peccatum detestentur   5-11 *A B* pro eo, quod fuerunt: sed quod esse desierunt
11-16 *A om.*   13-14 *B* Nam   16-23 *A B om.*   24 *A B om.*   25 *A B om.*   25-27 *A B*
videtur mihi voluisse designare praescriptum verbi Dei,   27 *A* confirmari deceat *B*
conformari deceat   28 *A B* posthac declinemus   32 *A B* Dei

---

23 *ErasL*[1-5], *Vg*: formam doctrinae. *See Note to p. 113, line 70*

iustitiam convertere, in cuius obsequium traducti estis. Observandum
quomodo nemo possit iustitiae servire, nisi Dei potentia et [beneficio]
prius a peccati tyrannide liberatus. Quemadmodum Christus ipse testatur, Si Filius vos liberaverit, vere liberi eritis. Quae igitur erunt nostrae
40 praeparationes ex virtute liberi arbitrii, si principium boni est ab ista
manumissione, quam sola Dei gratia peragit?

19 *Humanum dico propter infirmitatem carnis vestrae: quemadmodum*
exhibuistis membra vestra serva immunditiae et iniquitati, in iniquitatem:
sic et nunc exhibete membra vestra serva iustitiae, in sanctificationem.

19 **Humanum dico.** [Humanitus se loqui dicit non quo ad substantiam, sed quo ad formam: sicuti Christus apud Iohan. 3. 12, terrena se
offerre dicit, quum tamen de caelestibus mysteriis disserat: sed non tam
magnifice ut ferebat rerum dignitas, quod se ad captum rudis et tardi
populi submitteret. Sic autem praefatur Apostolus, quo melius demon-
50 stret nimis crassam et improbam esse calumniam, ubi fingitur libertas a
Christo parta licentiam peccandi dare. Simul etiam admonet fideles, nihil
magis absurdum esse, vel etiam turpe ac pudendum, quam spiritualem
Christi gratiam terrena manumissione apud ipsos minus valere.] Acsi
diceret, Possem ex comparatione iustitiae et peccati ostendere quanto
ferventius vos rapi oporteat in illius obsequium, quam huic sitis obse-
quuti: verum ut aliquid condonem vestrae infirmitati, comparationem
eiusmodi omitto. Ut tamen agam vobiscum summa indulgentia, hoc
certe possum merito postulare, ne frigidius saltem vel negligentius colatis
iustitiam, quam peccato paruistis. Subest autem reticentiae species,
60 quum plus aliquid volumus intelligi, quam verbis exprimamus. Nihilominus enim eos hortatur ad obedientiam iustitiae tanto studiosius obeundam, quanto dignior illa est cui serviatur, quam peccatum: tametsi
videatur minus verbis postulare. **Quemadmodum exhibuistis.**
Hoc est, [quum praesto antehac fuerint omnes vestri partes ad obsequium peccati, facile inde apparuit quam misere vos sibi mancipatos et
addictos teneret carnis vestrae pravitas. Nunc ergo peraeque alacres ac
prompti sitis ad capessendum Dei imperium:] nec minor sit nunc ad bene
agendum strenuitas, quam olim fuit ad peccandum. Non observat

---

37 *A B* benignitate   45-53 *A B om.*   64-67 *A B* Quanta alacritate vos exposuistis ad
obsequium peccati, tantam nunc ad serviendum Deo depromiti.

38-39 *C* Jn 8.36*

quidem ordinem antitheseos in aptandis utrinque partibus: quemadmo-
70 dum 1. Thessalon. 4. 7, immunditiem sanctitati opponit. sensus tamen
eius patet. ⟨Primum duas species ponit, Immunditiem et Iniquitatem:
quarum prior castitati et sanctimoniae opponitur, altera ad iniurias
spectat quibus laeduntur proximi. Deinde nomen Iniquitatis bis repetit,
diverso sensu. priore enim loco, rapinas, fraudes, periuria, et omne genus
iniurias significat: secundo universalem vitae corruptionem:⟩ acsi ita
positum esset, Prostituistis membra vestra perpetrandis operibus iniquis,
ut iniquitatis regnum in vobis vigeret. [Iustitiam pro lege et regula iuste
vivendi positam interpretor, cuius finis est sanctificatio: ut scilicet pure se
fideles in Dei cultum consecrent.]

80   20   *Quando enim servi fuistis peccati, liberi fuistis iustitiae.*
      21   *Quem ergo fructum habuistis tunc in iis de quibus nunc erubescitis?
siquidem finis eorum, mors.*
      22   *Nunc vero manumissi a peccato, Deo autem in servitutem addicti,
habetis fructum vestrum in sanctificationem: finem vero, vitam aeternam.*
      23   *[Stipendia] enim peccati, mors: donum vero Dei, vita aeterna, in
Christo Iesu Domino nostro.*

      20   **[Quando] enim servi fuistis.** Repetit adhuc illam, cuius mentionem
prius fecerat, inter iustitiae et peccati iugum discordiam. sunt enim res
adeo contrariae, peccatum et iustitia: ut qui alteri se devovit, necesse sit
90 ab [altero discedere]. Id autem facit ut dum seorsum inspiciuntur, clarius
appareat quid sit ab utroque sperandum. Discretio enim maiorem affert
lucem considerandae uniuscuiusque rei naturae. Hinc ergo peccatum
statuit, illinc iustitiam. Tum posito discrimine, ostendit quid utrinque
consequatur. ⟨Meminerimus itaque Apostolum a contrariis adhuc argumentari, hoc modo, Quandiu peccati fuistis servi, emancipati eratis a
iustitia. nunc versa sorte, servire vos iustitiae decet, quia estis a peccati
iugo liberati. Liberos iustitiae vocat, qui nullo obsequii fraeno tenentur
ad colendam iustitiam. Haec est carnis licentia, quae sic nos a Dei
subiectione manumittit, ut diabolo mancipet. Misera ergo et maledicta
100 libertas quae effraeni, vel potius rabioso, impetu in exitium nostrum
exultat.⟩

71-75 *A* Vocabulum porro iniquitatis, quod bis diversis casibus repetit, priore loco,
significat flagitia et iniqua opera, secundo, fontem ipsum unde oriuntur.   77-79 *A B om.*
85 *A B* Autoramentum   87 *A B* Cum   90 *A B* alterius consortio exulare   94-1 *A om.*

21 **Quem ergo fructum, etc.** Non poterat gravius exprimere quod [volebat], quam appellando eorum conscientiam, et quasi in eorum persona pudorem confitendo. Pii enim simul atque illuminari incipiunt Christi Spiritu et Euangelii praedicatione, totam vitam praeteritam, quam extra Christum egerunt, damnabilem libenter agnoscunt: ac tantum abest ut conentur excusare, ut potius eos sui pudeat. Quinetiam hanc ignominiae suae recordationem perpetuo in animum revocant, quo sic pudefacti, verius ac propensius coram Domino humilientur. Nec

10 otiosum est quod dicit, **nunc erubescitis**: innuit enim, quam caeco nostri amore laboremus, dum peccatorum tenebris sumus obvoluti, qui tantas in nobis sordes non reputemus. Sola est lux Domini, quae potest oculos nostros aperire, ut perspicere queant latentem in carne nostra foeditatem. Ille igitur demum Christianae philosophiae primordiis imbutus est, qui sibi serio displicere, ac suae miseriae verecundia confundi bene didicit. Tandem a consequenti apertius etiamnum indicat quantum erubescere debeant, quum intelligant se fuisse in praecipitio mortis et ruinae propinquos: imo iam mortis portas ingressos, nisi Dei misericordia retracti essent.

20 22 **[Habetis fructum vestrum] in ⟨sanctificationem⟩.** Quemadmodum duplicem peccati finem ante proposuit, ita nunc iustitiae. Peccatum in hac vita malae conscientiae [tormenta] affert, deinde aeternam mortem. Iustitia praesentem fructum colligimus, sanctificationem: in futurum speramus vitam aeternam. Haec, nisi supramodum stupidi simus, debent odium horroremque peccati, iustitiae vero amorem ac desiderium animis nostris ingenerare. Quod autem τέλος quidam interpretantur Vectigal, non puto esse ex mente Apostoli. Nam etsi verum est, nos pendere poenam mortis peccato, non tamen verbum illud alteri membro ⟨conveniet⟩ cui aptatum est a Paulo. nam vita non dicetur tributum iustitiae.

30 23 **Stipendia enim peccati.** [Sunt qui putant odiose notari quam maligna solvatur merces peccatoribus, dum Paulus mortem obsoniis comparat.] quae vox apud Graecos accipitur interdum pro cibariis militaribus. [Potius videtur oblique perstringere caecos eorum appetitus, qui peccati illecebris exitialiter se inescant nos secus ac hamo pisces. Simpliċius tamen erit pro stipendiis accipere: nam certe mors reprobis plus satis amplum est praemium.] Est autem conclusio et quasi epilogus

---

3 *A B* volebat, sigillatim enumerando   20 *A B* Fructum vestrum habetis   20 *A* sanctificatione   22 *A B* confusionem   28-29 *A* conveniat   30-32 *A B* Ego iis minime assentior, qui Apostolum proprio verbo usum putant, ad signandam mercedis malignitatem: cum nominavit ὀψώνια.   33-36 *A B* Nam quod ad praemii quantitatem attinet, plus satis amplum est. Accipio itaque generali significatu, pro Stipendio.

[proximae sententiae.] [neque tamen frustra aliis verbis idem iterum repetit: sed terrore duplicato magis detestabile reddere peccatum voluit.]

Donum [vero] Dei. ⟨Falluntur qui hanc propositionem sic
40 convertunt, Vita aeterna est donum Dei:⟩ quasi iustitia sit subiectum, donum Dei sit praedicatum. quia nihil ad [antitheton] ille sensus pertineret. Verum ut iam docuit, peccatum nonnisi mortem parere: ita nunc subiungit, quod donum istud Dei, nostra scilicet iustificatio et [sanctificatio] vitae aeternae beatitudinem nobis afferat. ⟨Vel si mavis, quemadmodum mortis causa peccatum est, ita iustitia qua per Christum donamur, vitam aeternam nobis restituit.⟩ Interim tamen hinc certissime colligetur, salutem nostram Dei gratiae, meraeque beneficentiae totam esse. Poterat enim alioqui dicere, stipendium iustitiae esse vitam aeternam, ut membrum membro responderet: sed videbat, donum Dei esse
50 quo ⟨eam⟩ consequimur, non meritum nostrum. Atque id quoque donum non unum, nec simplex esse: nam Filii iustitia induti, Deo reconciliamur, et Spiritus virtute in sanctitatem regeneramur. Ideoque addidit, **in Christo Iesu,** quo nos ab omni propriae dignitatis opinione avocaret.

CAP. VII.

1 *Num ignoratis fratres (scientibus enim Legem loquor) quod Lex dominatur homini quandiu vivit?*

2 *Nam viro subiecta mulier, viventi viro alligata est per Legem[: quod si mortuus fuerit vir, soluta est a lege viri].*

3 *Proinde vivente marito, si alteri viro coniuncta fuerit, adultera vocabitur: quod si mortuus fuerit vir, liberata est a lege, ne amplius sit adultera si alteri nupserit.*

4 *Itaque fratres mei, vos quoque mortui estis Legi per corpus Christi:*
10 *ut posthac alterius sitis, eius qui ex mortuis suscitatus est: ut fructificemus Deo.*

Tametsi quaestionem de abrogatione Legis sufficienter (ut in brevi) solverat: quia tamen et difficilis est, et multas ex se alias generare poterat, copiosius adhuc prosequitur quomodo Lex sit nobis abrogata: deinde

---

37 *A B* sententiae, quae proxime praecessit.   37-38 *A B om.*   39 *A B* autem   39-40 *A* Hoc non ita est accipiendum, quasi velit tribuere salutis nostrae laudem misericordiae Dei: 41 *A B* antithetum   44 *A B* sanctificationem, et   44-46 *A om.*   50 *A om.*   4-5 *A B om.*

ostendit quanto id nostro bono fiat: quia dum nos sibi devinctos extra Christum tenet, nihil aliud quam damnare potest. Ac nequis ex eo Legem ipsam criminetur, obiectiones carnis excipit ac refutat: ubi locum insignem de usu Legis eleganter tractat.

1 **Num ignoratis.** Sit generalis propositio, Legem non in alium finem
20 latam esse hominibus, quam [ut] praesentem vitam moderetur: apud mortuos nullum ei superesse locum. cui postea hypothesin subiiciet, nos illi esse mortuos in Christi corpore. Alii intelligunt, tamdiu manere Legis imperium ad nos constringendos, dum ipsius usus viget. Sed quoniam sententia haec obscurior est, neque tam proprie quadrat hypothesi, quae statim sequetur: eos sequi malo qui de viri, non Legis vita dictum accipiunt. Ac interrogatio quidem plus energiae habet ad certitudinem eius quod dicitur, asserendam. Ostendit enim illud nemini eorum vel novum, vel ignotum: sed in confesso peraeque esse inter omnes.

Scientibus enim Legem loquor. Haec parenthesis eodem est
30 referenda, quo propositio, acsi diceret, sibi [compertum] non tam Legis imperitos esse ipsos, ut de eo dubitarent. Quanquam [autem] de omnibus simul legibus posset utrunque intelligi, de Lege tamen Dei [de qua] nunc [quaestio] agitatur, satius est accipere. [Quod putant quidam Legis scientiam tribui Romanis, quia suo imperio et iure bonam orbis partem regerent, puerile est. Nam partim Iudaeos, vel alios hospites, partim homines plebeios et obscuros alloquitur. Imo Iudaeos maxime respicit, quibuscum negotium erat de Legis abrogatione. Ne vero captiose secum agi putent, vulgare ac omnibus notum principium sumere se ostendit, cuius minime ignari essent, qui educati a pueritia fuerant in Legis
40 doctrina.]

2 **[Nam] viro subiecta [mulier], etc.** Simile adducit, quo probet nos a Lege ita esse solutos, ut nihil [in nos imperii proprie ac suo iure amplius retineat]. Tametsi autem [aliis rationibus probare id poterat]: quia tamen optime congruebat ad rem illustrandam exemplum coniugii, vice confir- mationis sumptam inde similitudinem inseruit. [Caeterum nequis] con- turbetur, quod inter se comparata membra non omnino respondent: praemonendi sumus, Apostolum data opera voluisse exigua inversione deflectere asperioris verbi invidiam. Debuerat dicere, ut ordine similitu- dinem contexeret, Mulier post mortem viri soluta est a coniugii vinculo:
50 Lex quae locum habet mariti erga nos, mortua est nobis: ergo sumus ab

---

20 *A B* ut eius regula   30 *A B* compertum esse   31 *A B om.*   32 *A B* quae   33 *A B om.*
33-40 *A B om.*   41 *A B* Nam quae   41 *A B* est   42-43 *A B* illi debeamus subiectionis
43 *A B* citra hoc potuisset id, quod assumpserat, obtinere   45 *A B* Ne quis autem

eius potestate liberi. Sed ne offenderet Iudaeos verbi asperitate, si dixisset Legem esse mortuam, deflexione est usus, dicens nos Legi esse mortuos. Nonnullis quidem videtur argumentari a minori ad maius: quia tamen vereor ne id coactius sit, priorem intellectum, qui simplicior est, magis probo. Totum ergo argumentum in hanc seriem [dirigendum] est. Mulier viventi viro per Legem subdita est, ut transire ad alium non possit: post viri mortem soluta est eius legis vinculo, ut libere, quem velit, sibi inducat [maritum].

Tum sequitur applicatio:

60 Lex velut maritus noster fuit, sub cuius iugo detinebamur, donec nobis mortua est.

Post Legis mortem Christus nos assumpsit, id est a Lege solutos adiunxit [sibi.

Ergo] Christo e mortuis suscitato copulati, adhaerere ei soli debemus: [atque] ut aeterna est Christi vita post resurrectionem, ita posthac nullum futurum est divortium.

[Porro Legis nomen non eodem ubique sensu hic ponitur: sed nunc ius mutuum coniugii, nunc imperium mariti cui subiicitur mulier, nunc Mosis doctrinam significat. Ac tenendum quidem est, Paulum eam
70 duntaxat partem quae propria est Mosis ministerio, hic attingere. Nam quatenus decem praeceptis tradidit Deus quid rectum sit, vitamque nostram instituit, nulla somnianda est nobis Legis abrogatio: quia vigere perpetuo debet Dei voluntas.] [Itaque] diligenter meminerimus, non esse hanc a iustitia quae in Lege docetur, solutionem: sed a rigida exactione, et ea quae inde sequitur, maledictione. ⟨Non ergo bene vivendi regula quam Lex praescribit, abrogata est: sed qualitas illa quae libertati per Christum partae opponitur, nempe dum summam perfectionem requirit: et quia non praestamus, constringit nos sub aeternae mortis reatu.⟩ Caeterum quia nolebat hic decidere quale esset ius coniugii: non fuit
80 solicitus de recensendis causis quae mulierem a viro liberam faciant. Itaque perperam hinc peteretur certa doctrina.

4 **[Per corpus] Christi.** [Primum] Christus erecto crucis trophaeo, triumphavit de peccato: quod ut fieret, oportuit conscindi chirographum quo tenebamur obligati. Chirographum illud Lex est, quae dum vim suam exercet, peccato nos obaeratos reddit, ideoque vocatur peccati virtus. Huius ergo chirographi inductione liberati sumus in corpore Christi, dum cruci affixum est. [Sed ultra progreditur Apostolus, nempe

---

55 *A B* digerendum   58 *A B om.*   63-64 *A B* sibi. Ergo   65 *A B om.*   67-73 *A B om.*
73 *A B* Porro   75-78 *A om.*   82 *A B* In corpore   82 *A B* Nam   87-96 *A B om.*

solutum fuisse Legis vinculum, non ut nostro arbitrio vivamus, sicuti
mulier vidua sui iuris est dum in caelibatu degit: sed alteri marito nos iam
90 esse devinctos: imo de manu (quod aiunt) in manum a Lege ad Christum
nos transiisse. Interea sententiae duritiem mitigat, quum dicit Christum
ut nos insereret in suum corpus, a iugo Legis nos liberasse. Nam etsi
Christus ultro Legi se ad tempus subiecit, non tamen aequum est Legem
ei dominari. Porro libertatem quae sibi propria est, suis quoque membris
communicat. Itaque nihil mirum si Legis iugo eos eximit quos sibi
copulat sacro nexu, ut unum sint cum eo corpus.] **[Eius] qui
suscitatus est.** [Iam diximus Christum in Legis vicem substitui, nequa
extra ipsum fingatur libertas, neve quis a Lege divortium facere audeat,
sibi nondum mortuus.] Hac [vero] periphrasi usus est, [ad notandam]
100 vitae aeternitatem, quam a resurrectione [adeptus est] Christus: ut sciant
Christiani, copulam hanc fore perpetuam. Porro de spirituali coniugio
Christi cum Ecclesia, clarius ad Ephesios [cap. 6.] **Ut fructificemus Deo.** Causam finalem semper adiungit, nequid licentiae [quispiam]
carni [suae] et eius concupiscentiis [hoc praetextu indulgeat, quod] a
Legis servitute nos asseruit Christus. [nam secum nos Patri in sacrificium
obtulit, et in hunc finem nos regenerat, ut vitae novitate fructificemus
Deo. Scimus autem quos a nobis fructus postulet caelestis Pater, nempe
sanctitatis et iustitiae. Nec vero] id libertati nostrae derogat, si [Deo
servimus. imo] si volumus tanto Christi beneficio frui, posthac non licet
10 nisi de promovenda Dei gloria cogitare, cuius causa nos Christus
assumpsit: alioqui manemus non Legis modo, sed peccati mortisque
mancipia.

5 *Quum enim essemus in carne, affectus peccatorum qui sunt per
Legem, in membris nostris operabantur ad fructificandum morti.*

6 *Nunc vero soluti sumus a Lege, mortui ei in qua detinebamur: ut
serviamus in novitate spiritus, et non in vetustate literae.*

5 **Quum [enim] essemus.** A contrario dilucidius adhuc ostendit [quam
perperam Legis zelotae sub eius imperio adhuc detineant fideles.

---

96 *A B* Ei   97-99 *A B om.*   99 *A B om.*   99 *A B* quo denotaret   100 *A B* habet   2 *A
B om.   C* cap. 6.   3 *A B om.*   4 *A B* nostrae   4 *A B* fuisse quaesitum putemus, dum
5-8 *A B* Illa autem causa est, ut ei fructificemus, qui nos sibi acquisivit, et quodammodo
mancipavit. Neque enim   8-9 *A B* Domino serviamus. Ergo   17 *A B om.*   17-22 *A B
om.*

---

2 [*=5.22-33*]

Quandiu enim dominatur ac viget literalis Legis doctrina absque Christi
20 Spiritu, non cohibetur carnis lascivia, sed potius ebullit. unde sequitur
non stabiliri iustitiae regnum, nisi dum nos Christus a Lege manumittit.
Simul Paulus admonet] quae opera nos deceant solutos a Lege. Quandiu
[ergo] iugo Legis detinetur homo, assidue peccando, nihil quam mortem
conciliare sibi potest. Si Legis servitus solum peccatum generat, ergo
manumissio quae contraria est, ad iustitiam debet tendere: si illa ad
mortem ducit, ergo haec ad vitam. Sed ipsa Pauli verba expendamus.
Dum eius temporis statum describere vult, quo Legis imperio subiaceba-
mus, dicit nos in carne fuisse. Unde intelligimus, eos omnes qui sub Lege
sunt, nihil aliud inde consequi, quam ut [externo eius spiritu feriantur ip-
30 sorum aures] sine fructu et efficacia : quandoquidem Dei Spiritu intus
destituti sunt. Itaque necesse est penitus eos vitiosos ac perversos [mane-
re, donec sanando morbo melius remedium succedat]. Et nota formulam
Scripturae usitatam, In carne esse, pro eo quod est, solis naturae dotibus
esse praeditum, sine singulari gratia qua electos suos Deus dignatur.
[Porro si totus hic vitae status in vitio ponitur, apparet nullam animae
nostrae partem naturaliter integram esse: nec aliam vim esse liberi
arbitrii, nisi ut pravos affectus tanquam iacula in omnes partes emittat.]
        Affectus peccatorum qui [sunt] per Legem. Hoc est, Lex in
nobis excitabat pravos affectus, qui suam efficaciam in omnibus nostri
40 partibus [exerebant]. nulla [enim] pars erat quae non serviret pravis
affectibus. Hoc est Legis opus, si non accesserit interior ille magister
Spiritus, corda nostra [magis accendere], ut in tales cupiditates ebulliant.
Sed observa hic Legem conferri cum vitiosa hominis natura: cuius
perversitas [ac libido] quo magis iustitiae repagulis coercetur, eo furiosius
[erumpit. Addit rursus, quandiu affectus carnis sub Lege dominabantur,
eos fructificasse morti, ut Legem ostendant per se exitialem fuisse. Unde
sequitur eos desipere qui mortiferam servitutem tantopere appetunt.]
        6 **Nunc vero soluti a Lege.** [Suum a contrariis argumentum persequi-
tur, Si Legis vinculum adeo nihil ad carnem fraenandam valebat, ut
50 peccandi incitamentum magis foret: ideo nos solvi necesse est,] ut
peccare desinamus. Si ideo a Legis servitute sumus manumissi ut Deo
serviamus: perperam faciunt qui inde captant peccandi licentiam: perpe-

---

23 *A B* enim   29-30 *A B* verbo eius extra doceantur   31-32 *A B* esse   35-37 *A B om.*
38 *A B om.*   40 *A B* exercebant   40 *A B om.*   42 *A B* excitare   43 *A B om.*   44-47 *A*
B erumpit. ¶ Ad fructificandum morti.) Id est ad fructus in mortem colligendos. Peccatores
enim nihil possunt, quam graviorem iram Dei sibi indies accumulare. Unde superius dixit,
eos thesaurum irae sibi colligere.   48-50 *A B* Si legis vinculum nihil aliud proderat, nisi ut
peccaremus: ergo ideo solvimur

ram loquuntur qui docent laxata esse hoc modo concupiscentiis fraena. Nota ergo, nos tum a Lege solvi, quum ab eius rigida exactione et maledictione absolutos, Spiritu suo nos imbuit Deus, quo in viis suis ambulemus. **Mortui ei.** Haec pars rationalis est, vel potius modum subindicat quo liberati sumus: videlicet dum Lex eatenus est nobis abrogata, ne intolerabili eius [onere premamur:] [vel ne inexorabilis eius rigor nos maledictione obruat.] **In novitate spiritus.**
60 Spiritum literae opponit, quia antequam ad Dei voluntatem voluntas nostra per Spiritum sanctum formata sit, non habemus in Lege nisi externam literam: quae fraenum quidem externis nostris actionibus iniicit, concupiscentiae autem nostrae furorem minime cohibet. Novitatem vero spiritui attribuit, quia in locum veteris hominis succedit: ut litera vetus dicitur, quae interit per Spiritus regenerationem.

7 *Quid ergo dicemus? Lex peccatum est? Absit. Sed peccatum non cognovi nisi per Legem. concupiscentiam enim non noveram, nisi Lex diceret, Non concupisces.*
8 *Occasione autem sumpta, peccatum per mandatum effecit in me*
70 *omnem concupiscentiam.*

7 **Quid ergo di.** Quoniam dictum est, nos a Lege liberari oportere, ut in spiritus novitate Deo serviamus: videbatur hoc haerere vitium in Lege, [quasi] nos ad peccatum impelleret. Atqui quum illud supramodum absurdum sit, iure refellendum suscepit Apostolus. Quum autem rogat an peccatum sit, intelligit an peccatum sic generet ut illi imputari eius culpa debeat. **Sed peccatum non ⟨cognovi⟩.** Peccatum ergo in nobis, non in Lege residet: [quia eius causa est prava carnis nostrae cupiditas: in eius vero] notitiam venimus ex agnitione iustitiae Dei quae nobis in Lege declaratur. Neque vero intelligas, nullum prorsus haberi
80 discrimen inter aequum et iniquum sine Lege: sed nos [vel] nimis [esse] hebetes in videnda nostra pravitate, [vel dum nobis adulamur, prorsus reddi stupidos]: quemadmodum etiam sequitur. **[Concupiscentiam enim.]** Declaratio est igitur [superioris] sententiae, in qua demonstrat ignorationem peccati de qua loquutus erat, in eo fuisse sitam quod concupiscentiam suam non animadvertebat. [Consulto autem in una

---

58 *A B* rigore premeremur.   58-59 *A B om.*   73 *A B* quod   76 *A* cognoscebam   77-78 *A B* cuius in   80 *A B om.*   80 *A B* esse stupidos et   81-82 *A B om.*   82-83 *A B* Nam concupiscentiam.)   83 *A B* praecedentis   85-87 *A B om.*

specie insistit, in qua maxime regnat hypocrisis, cui semper annexa est supina indulgentia et securitas.] ⟨Nunquam ⌐enim⌐ ita iudicio privantur homines, quin suum apud eos discrimen retineant externa opera. imo coguntur etiam scelerata consilia et similes conatus damnare: quemad-
90 modum facere nequeunt, quin rectae voluntati suam tribuant laudem. Sed vitium concupiscentiae occultius est, ac profundius reconditum: quo fit ut nunquam in rationem veniat quandiu iudicant ex suo sensu homines.⟩ Neque vero expertem ⟨eius⟩ se fuisse iactat: sed ita indulgebat sibi, ut latens illud in corde vitium non reputaret. Nam quum [ad tempus deceptus foret, quando] iustitiam non [credebat] impediri concupiscentia: tum demum intellexit se esse peccatorem, dum vidit concupiscentiam Lege prohiberi, qua nemo hominum vacuus est. Dicit Augustinus, hoc verbo totam Legem complexum esse Paulum: quod modo probe intelligatur, verum erit. Nam ubi Moses ostendit a quibus cavendum sit, ne
100 proximum offendamus: subiicit interdictum concupiscentiae, quod ad illa omnia referendum est. ⟨Non dubium est quin superioribus praeceptis damnasset quoscunque pravos affectus animi nostri concipiunt: sed multum inter deliberatam voluntatem interest, et appetitus quibus titillamur. Hoc igitur ultimo praecepto tantam a nobis integritatem Deus exigit, ut nulla nos vitiosa cupiditas ad malum solicitet, utcunque non accedat consensus.⟩ [Ideo dixi Paulum hic altius conscendere quam ferat communis hominum captus. Nam politicae quidem Leges consilia se, non eventus punire clamant: Philosophi etiam subtilius tam vitia quam virtutes locant in animo: sed Deus hoc praecepto ad concupiscentiam
10 usque penetrat, quae voluntate occultior est: itaque vitii loco non censetur. Nec tantum apud Philosophos veniam obtinuit, sed hodie acriter contendunt Papistae, in regenitis non esse peccatum. Atqui Paulus se reatum suum deprehendisse ex hoc latente morbo dicit. unde sequitur, quicunque eo laborant, minime esse excusabiles, nisi quatenus culpam Deus ignoscit. Tenenda interim est illa distinctio inter pravas libidines quae ad consensum usque perveniunt, et concupiscentiam quae sic corda titillat et afficit, ut in medio impulsu subsistat.]

87-93 *A om.* 87 *B om.* 93 *A om.* 94-95 *A B om.* 95 *A B* crederet 1-6 *A om.*
6-17 *A B om.*

---

97 *Augustinus, de Spir. et Lit. Cap 4 (6), PL 44, 203-4* 7 *Cicero, Pro Milone VII, 19* 8 *Plutarch, de virtute morali, cap. 3, Moralia tom. III, 149* *Cicero, Tusc. Disp. III, 1-3. See Inst.(1539) Cap.II [§21], CO 1,316; Inst.(1559) II.ii.3, Op. sel. III, 243-4* 12 *Conc. Trid. Sessio V §5, Denzinger, Enchir. p.368. See Calvinus, Acta Syn. Trid. cum Antidoto, CO 7, 423-8*

8 **Occasione autem sumpta.** A peccato ergo et carnis corruptione nascitur quicquid mali est: in Lege est tantum occasio. Quanquam autem
20 videri queat de excitatione ⟨modo⟩ loqui, qua per Legem instigatur cupiditas nostra ut in maiorem ebulliat insaniam: tamen ad cognitionem ⟨praecipue⟩ refero, acsi dictum foret, Detexit in me omnem concupiscentiam: quae dum lateret, quodammodo nulla esse videbatur. Neque tamen inficior quin acrius a Lege extimuletur caro ad concupiscendum⟨: atque etiam hoc modo se in lucem proferat: quod et Paulo accidere potuit⟩. ⟨Sed quod de manifestatione dixi,⟩ contextui videtur magis convenire. Continuo enim subiicit,

Sine Lege enim peccatum est mortuum.

9 *Ego autem vivebam sine Lege aliquando. Adveniente autem mandato,*
30 *peccatum revixit:*

10 *Ego autem mortuus sum, et deprehensum est a me, mandatum quod erat in vitam, cedere in mortem.*

11 *Peccatum enim, occasione sumpta per mandatum, abduxit me a via, et per illud occidit.*

12 *Itaque Lex quidem sancta, et mandatum sanctum, et iustum, et bonum.*

Sine Lege [enim] peccatum. Clarissime exprimit quem sensum habeant superiora. Perinde enim est acsi diceret sepultam esse sine Lege, peccati notitiam. Estque sententia generalis, cui mox exemplum suum accommo-
40 dat. Quamobrem miror quid in mentem venerit interpretibus, ut verterent in praeterito imperfecto, acsi Paulus de se loqueretur: quum facile sit videre, illum a propositione universali voluisse incipere, deinde rem explanare suo exemplo.

9 **Ego autem vivebam.** Vult innuere, fuisse tempus quo ⟨sibi, vel apud se peccatum⟩ mortuum erat. Neque vero est intelligendum quod fuerit exlex aliquo tempore: sed istud Vivebam habet propriam connotationem: quia absentia Legis faciebat ut viveret, ⟨hoc est inflatus iustitiae suae fiducia vitam sibi arrogaret, quum tamen esset mortuus⟩. [Quo clarior sit sententia, sic resolve, Quum aliquando essem sine Lege,
50 vivebam. Dixi autem emphaticum esse hoc verbum, quia iustum se

---

20 *A om.*   22 *A* simpliciter   24-26 *A om.*   26 *A* sed posterior interpretatio   37 *A B om.*   44-45 *A* peccatum sibi   47-48 *A om.*   48-51 *A B om.*

---

40 *Vg, ErasL^{1-5}, Buc^{met}, Bull*: mortuum erat [or erat mortuum]

fingendo, vitam quoque sibi arrogabat.] hic ergo est sensus, Quum
seposita Legis cogitatione peccarem, sic sopitum erat peccatum quod
non observabam, ut prope mortuum videretur. Ego contra, quia peccator mihi non videbar, acquiescebam in me, putans mihi domi esse vitam.
Nam mors peccati, vita est hominis: rursum vita peccati, mors hominis.
Verum quaeritur, quod fuerit illud tempus quo per Legis ignorantiam,
sive (ut ipse loquitur) absentiam, sibi confidenter vitam arrogaret.
Certum enim est, fuisse eruditum a puero in doctrina Legis: [sed illa erat
literalis theologia, quae suos discipulos non humiliat. Nam sicut alibi
60 dicit, velum interpositum esse ne lucem vitae in Lege conspiciant Iudaei:
sic etiam ipse quantisper Spiritu Christi vacuus velatos habuit oculos, sibi
in externa iustitiae larva placuit]. Legem ergo absentem vocat, quae
tametsi ob oculos obversaretur, non afficiebat tamen eum serio iudicii
Domini sensu. sic obtecti sunt velamine hypocritarum oculi, ut non
videant quantum exigat praeceptum istud quo vetamur concupiscere.

    Adveniente autem [mandato]. Sic advenientem e converso
Legem nunc vocat, quae vere intelligi coepta sit. Illa ergo peccatum
excitavit quasi a mortuis, quia detexit Paulo quanta pravitate scaterent
intima cordis sui, et simul ipsum occidit. [Meminerimus semper de ebria
70 confidentia ipsum loqui, in qua desident hypocritae dum sibi adulantur,
quia ad peccata sua connivent.]

    10 **Et deprehensum est a me.** Duo hic dicuntur, Quod praeceptum
viam vitae nobis demonstret in Dei iustitia: ideoque datum sit, ut Legem
Domini observantes vitam aeternam assequamur, si non obstaret nostra
omnium pravitas. Caeterum quia nemo est nostrum qui Legi obtemperet,
quin potius pedibus ac manibus praecipites volvimur in eam viam a qua
nos revocat, non potest afferre nisi mortem. sic distinguendum inter
Legis naturam et vitium nostrum. [Unde sequitur, quod Lex vulnus
lethale nobis infligit, accidentale esse: quemadmodum si morbus incura-
80 bilis remedio salubri magis exacerbetur. Fateor quidem accidens esse
inseparabile, ideoque Legem alibi Euangelii respectu vocari ministerium
mortis: sed hoc tamen fixum manet, non suapte natura nobis esse
noxiam, sed quia eius maledictionem corruptio nostra provocat et
accersit.]

    11 **Abduxit me a via.** [Verum quidem est, quanvis nos lateat Dei

---

58-62 *A B om.*   66 *A B* lege   69-71 *A B om.*   78-84 *A B om.*   85-97 *A B* Nam tametsi
opera omnia ⟨*A* omnia opera⟩ nostra, etiam dum nos latet Domini voluntas, erroris plena
sunt: tamen imprudentes aberramus. Atqui ubi lex prodit, quae ostendat qua sit via

---

59-60 *C* II Cor 3.14*

voluntas, nec praeluceat ulla doctrina, totam hominum vitam vagam et
erroribus plenam esse: imo donec viam recte vivendi Lex monstret, nihil
quam errare possumus. Sed quia tunc demum errorem sentire incipimus
ubi Dominus alta voce nos coarguit, merito dicit Paulus, Ubi peccatum a
90 Lege detegitur, nos a via abduci. Ergo verbum ἐξαπατᾷν, non de re ipsa,
sed de notitia exponi debet: quia scilicet ex Lege palam fit quantum a
recto cursu discesserimus: ideo necessario vertendum fuit, a via abducere, quia hinc peccatoribus qui secure antea pergebant, taedium, et
displicentia sui, dum se ad mortem properasse intelligunt postquam
peccati foeditas a Lege in medium producta est. Porro nomen Occasionis
iterum inculcat, ut sciamus Legem per se non esse mortiferam, sed
aliunde id contingere, et esse quasi adventitium.]

12 **Itaque Lex quidem sancta.** Quidam [in vocibus Legis et Mandati]
putant esse geminationem: quibus ita assentior, ut [statuam subesse]
100 nonnihil energiae. hoc est, Lex ipsa, et quicquid Lege praecipitur, id
totum sanctum est, ergo summa dignitate reverendum: iustum, ergo
nullius iniustitiae insimulandum: bonum, ergo omni vitio purum ac
vacuum. Sic ab omni criminatione Legem vindicat, nequis in eam
conferre ausit quod a bonitate, iustitia, sanctitate sit alienum.

13 *Quod ergo bonum est, mihi in mortem cessit? Absit, imo peccatum,
ut appareat peccatum, per bonum operatur mihi mortem: ut fiat supramodum peccans peccatum per mandatum.*

Quod ergo bonum est. Hactenus sic Legem ab omnibus calumniis
asseruit, ut dubium tamen adhuc restaret sitne illa causa mortis. [Imo hic
10 perplexae haerent humanae mentes, qui conveniat ex singulari Dei
beneficio nihil quam exitium nos referre.] Huic ergo nunc obiectioni
respondet, negans ex ea esse mortem, ⟨quanvis⟩ eius occasione nobis a
peccato inferatur. Tametsi autem videtur haec responsio pugnare in
speciem cum eo quod prius dixit, se deprehendisse mandatum quod in
vitam datum erat, in mortem cedere: nihil tamen pugnat. Antea siquidem
intelligebat, nostra pravitate fieri ut Lege abutamur in nostrum exitium,
contra quam ferat eius natura: hic autem negat esse mortis materiam, ut
illi mors imputari debeat. 2. ad Corinth. 3. 7, liberius de Lege loquitur,

---

incedendum, simul errorem nostrum indicat, dum palam facit, quantum a rectitudine
discesserimus, hoc est a via abducere. ut ergo nos errare faciat peccatum, occasionem a lege
sumit. Tum aversos a via vitae, mortis necessitate irretitos tenet. sequitur ergo, legem non
peccati causam esse: sed occasionem duntaxat.   98 *A B om.*   99 *A B* putem ei inesse
9-11 *A B om.*   12 *A* tametsi

ubi vocat mortis administrationem. Verum id facit ut in contentione fieri
20 solet: non Legis naturam, sed falsam adversariorum opinionem respiciens.   **Imo peccatum, etc.** Salva aliorum pace, sic legendum
arbitror ut posui: itaque hunc esse sensum, Quodammodo iustificatur
peccatum antequam detegatur a Lege: quum vero Legis occasione
revelatur, tunc vere accipit peccati nomen: eoque magis scelestum, atque
(ut sic loquar) peccatorium tunc apparet, quod inversam Legis bonitatem
in perniciem nostram convertit. Valde enim pestiferam rem esse oportet
quae efficiat, ut quod alioqui salubre est natura, noxam afferrat. ⟨Sensus
est, oportuisse per Legem detegi peccati atrocitatem: quia nisi peccatum
immani quodam, vel enormi (ut loquuntur) excessu prorumperet, non
30 agnosceretur peccatum. Excessus hic eo se violentius profundit, dum
vitam convertit in mortem. Itaque tunc excusationi locus tollitur.⟩

14 *Scimus enim quod Lex spiritualis est: ego autem carnalis sum,*
venditus sub peccato.

15 *Quod enim operor non intelligo. siquidem non quod volo, hoc ago:*
sed quod odi, hoc facio.

16 *Si vero quod nolo, hoc facio: consentio Legi Dei quod sit bona.*

17 *Nunc vero non iam illud operor ego, sed quod habitat in me*
peccatum.

14 **Scimus [enim] quod Lex.** Nunc propius committere inter se Legem
40 et hominis naturam incipit, ut clarius intelligatur unde mortis vitium
emergat. Deinde exemplum proponit hominis regenerati: in quo sic
carnis reliquiae cum Lege Domini dissident, ut spiritus ei libenter
obtemperet. Sed initio (ut diximus) nudam naturae et Legis comparationem proponit. Quum nullum sit in rebus humanis dissidium maius, quam
spiritus et carnis: Lex spiritualis est, homo carnalis. Quae igitur convenientia naturae hominis cum Lege? nempe quae luci cum tenebris. Porro
quod Legem spiritualem vocat, non tantum eo significat, requirere
interiores cordis affectus, ut nonnulli exponunt: sed pro ratione antitheti,
habet oppositam significationem cum verbo Carnalis. ⟨Priores illi sic
50 exponunt: Lex spiritualis est: hoc est, non pedes tantum et manus ligat,
quoad externa opera: sed cordis affectibus imposita est, syncerumque
Dei timorem exigit. At hic ʼantithesisʼ expressa est inter carnem et spiritum.⟩ [Porro ex contextu satis patebit, et iam ante etiam aliqua ex parte
fuit ostensum, sub carne comprehendi quicquid afferunt homines ex

---

27-31 *A om.*   39 *A B om.*   49-53 *A om.*   52 *B* antithetis

utero. Caro autem vocantur homines quales nascuntur, et quandiu suum
ingenium retinent: quia ut vitiosa sunt, ita nihil sapiunt vel spirant nisi
crassum et terrestre. Spiritus contra corruptae naturae instauratio vocatur, dum nos Deus ad imaginem suam reformat. Inde autem loquendi
ratio, quia Spiritus donum est quae in nobis refingitur novitas.] ⟨Quare
60 doctrinae Legis integritas vitiosae hominis naturae opponitur.⟩ sensus
est igitur, Lex caelestem quandam et [Angelicam] iustitiam requirit, in
qua naevus nullus appareat, ad cuius munditiem nihil desideretur: ego
autem carnalis homo nihil possum quam illi adversari. Illa autem
Origenis expositio, quae tamen ante hoc tempus multis arrisit, indigna est
quae refutetur. Legem spiritualem a Paulo vocatam dicit, quia non sit
literaliter intelligenda Scriptura. Quod istud ad causam praesentem?

     [**Venditus**] **sub peccato.** Hac particula declarat quid valeat per
se caro. Natura enim non minus servus est peccati homo, quam empta
mancipia, quibus heri non secus ac bobus vel asinis, pro libidine
70 abutuntur: sic prorsus agimur peccati imperio, ut tota mens, totum cor,
omnes actiones in peccatum propendeant. ⟨Coactionem semper excipio:
sponte enim peccamus, quia peccatum non esset, nisi voluntarium. Sed
addicti sumus ita peccato, ut nihil sponte possimus quam peccare: quia
malitia quae in nobis dominatur, huc nos rapit.⟩ [Quare haec similitudo
non coactam (ut loquuntur) astrictionem sonat, sed voluntarium obsequium, cui nos ingenita servitus addicit.]

    15 **Quod enim operor, non intelligo.** Nunc descendit ad exemplum
magis particulare hominis iam regenerati: in quo utrunque quod intendit, clarius apparet: nempe et quanta sit discordia inter Legem Dei et
80 hominis naturam, et quomodo nequaquam ex se mortem Lex generet.
Siquidem quum homo carnalis tota animi propensione in libidinem
peccandi ruat: videtur ita libera electione peccare, ut sit in potestate eius
moderari sibi: ut haec opinio perniciosissima apud omnes fere invaluit,
hominem naturali facultate posse utrumlibet eligere, citra Divinae
gratiae auxilium. at vero dum voluntas fidelis hominis Spiritu Dei ad
bonum agitur, illic perspicue patet naturae pravitas quae obstinate
resistit, et nititur in adversum. Ergo aptissimum in homine regenerato
exemplum est, unde cognoscas quantum sit naturae nostrae dissidium
cum Legis iustitia. hinc etiam alterius membri demonstratio aptius

---

53-59 *A B om.*   59-60 *A om.*   61 *A B* Euangelicam   67 *A B* Venundatus
71-74 *A om.*   74-76 *A B om.*

---

64 *Origenes, ad loc. PL 14,1085*

90 petitur, quam ex nuda humanae naturae consideratione. Lex enim, quia
in homine penitus carnali solam mortem parit, facilius illic insimulatur:
quia dubium est unde vitium proveniat. In homine regenerato fructus
salutares profert: unde apparet, per carnem tantum obstare quominus
vivificet: tantum abest ut a seipsa mortem generet. Quo igitur tota haec
disputatio fidelius ac certius intelligatur, notandum est, hoc certamen de
quo loquitur Apostolus, non prius extare in homine, quam Spiritu Dei
fuerit sanctificatus. Nam homo naturae suae relictus, totus sine repugnantia in cupiditates fertur. Quanquam enim impii stimulis conscientiae
lancinantur, neque ita sibi blandiri possunt in suis vitiis, ut non aliquem
100 amaritudinis gustum sentiant: non possis tamen inde colligere, aut
malum ab iis odio haberi, aut bonum amari. Tantum sic eos torqueri
Dominus permittit, ut iudicium suum aliqua ex parte illis demonstret:
non [vero ut] aut iustitiae amore, aut peccati odio afficiat. Hoc itaque
inter eos ac fideles est discrimen, quod illi nunquam ita excaecati sunt et
indurati animis, quin si appellantur de suis facinoribus, proprio conscientiae iudicio illa damnent. Etenim non plane est extincta in illis intelligentia, quin aequi et iniqui differentiam habeant. interdum etiam propter
mali sui sensum horrore concutiuntur, ut quandam in hac vita damnationis speciem sustineant. nihilominus toto ex corde peccatum illis placet:
10 ideoque in ipsum incumbunt sine vera affectus repugnantia. Illi enim
conscientiae aculei, quibus punguntur, potius ex iudicii contradictione
nascuntur, quam ex contrario voluntatis affectu. Pii contra, in quibus
coepta est Dei regeneratio, sic divisi sunt, ut praecipuo cordis desiderio
ad Deum suspirent, caelestem iustitiam expetant, peccatum oderint: sed
rursum carnis suae reliquiis in terram retrahantur. Itaque dum sic
distrahuntur, vim ipsi naturae suae faciunt, et sibi fieri ab ipsa sentiunt.
Neque iudicio rationis tantum coacti peccata sua damnant: sed quia
serio cordis affectu ea abominantur, et in iis sibi displicent. Haec est lucta
Christiana de qua Paulus ad Galatas loquitur, inter carnem et spiritum.
20 Proinde bene dictum est, hominem carnalem totius animi consensu ac
conspiratione in peccatum ruere: divisionem vero ⟨statim⟩ tum incipere
primum ubi a Domino vocatus est, ac spiritu sanctificatus. Regeneratio
enim inchoatur tantum in hac vita: residuum carnis quod manet,
corruptos suos affectus semper sequitur, atque ita pugnam contra

---

3 *A B* ut vero   21 *A* istam

---

19 *C* Gal 5.17*

Spiritum movet. Imperiti qui non reputant qua in re versetur Apostolus,
aut quam agendi oeconomiam teneat, putant hominis naturam hic
describi. Et sane talis est apud Philosophos descriptio humani ingenii.
Verum Scriptura longe altius philosophatur, quia videt nihil in corde
hominis remansisse praeter perversitatem, ex quo Adam imagine Dei
30 spoliatus est. ⟨Ita Sophistae, quum liberum arbitrium definire volunt, vel
aestimare quid valeat naturae facultas, in hunc locum insistunt. Atqui
Paulus, ut iam dixi, non hic proponit nudam hominis naturam: verum
qualis et quanta sit fidelium infirmitas, sub persona sua describit. In
communi errore aliquandiu versatus est Augustinus: verum loco propius
excusso, non tantum retractavit quod male docuerat, ⌐sed libro ad
Bonifacium primo,⌐ multis validis rationibus contendit, non aliter quam
de renatis posse exponi.⟩ [Et nos operam dabimus, ut ita esse lectores
perspicue agnoscant.]   **Non intelligo.** [Significat] se opera, quae
ex infirmitate carnis ʹadmittit, non agnoscere ut sua: quoniam ea
40 detestatur. [Itaque non prorsus male Erasmus Probandi verbum posuit:
sed quia ambiguum esse poterat, verbum Intelligendi retinere malui.
Unde colligimus, recto iudicio sic consentaneam esse Legis doctrinam, ut
eius transgressionem quasi rem brutam repudient fideles. Quia vero
fateri videtur Paulus, se aliter docere quam Lex praecipiat, decepti
fuerunt multi interpretes, qui putarunt eum sumpsisse alienam personam: hinc ille vulgaris error, describi hoc toto capite ingenium hominis
non regeniti. Atqui Paulus sub transgressione Legis omnes piorum lapsus
intelligit, qui nec Dei timorem, nec studium recte agendi illis excutiunt.
Itaque negat se facere quod Lex exigit, quia non praestat omnibus
50 numeris, sed quodammodo fatiscit in suo conatu.]   **[Siquidem
non] quod volo.** Ne intelligas istud perpetuum in eo fuisse ut nihil boni
unquam implere potuerit: sed quaeritur duntaxat, se, quod cupit, non
posse praestare: ut ea qua decet alacritate bonum persequatur, quia
tenetur quodammodo alligatus: rursum, deficere in quo minime vellet,
quia carnis imbecillitate claudicat. Non facit igitur bonum quod vult,

---

30-37 *A om.*   35-36 *B* lib. ad Bonifac. 1.   37-38 *A B om.*   38 *A B* Intelligit   40-50 *A B
om.*   50-51 *A B* Non enim

---

27 *Plato, Repub. IV,14; Phaedrus XXXIV (253-4).*   See *Inst.(1539) Cap.II [§§20-1],
CO 1, 315-6; Inst.(1559) II.ii.2-3, Op. sel. III, 242-4*   30 *Petrus Lombardus, Collect. ad
loc. 1535, fol.XXXIV(F) seq., PL 191, 1424.*   *Thomas Aquinas, ad loc. Cap. VII, Lectura
III, §§564-71, Cai 102^b-103^b.*   *Caietan, ad loc., fol. XXI(K) seq.*   *Cochlaeus, De Lib.
Arb., sig. E2^b.*   See *Inst.(1539) Cap.II [§25], CO 1, 319; Inst.(1559) II.ii.6, Op. sel. III,
248*   34 *Augustinus, Retract. II, Cap.1, §1, PL 32, 629; contra Pelag. I, cap. X (§18) - XI
(§24), PL 44, 560-2*   40 *Eras L^{1-5}*: Quod enim ago, non probo   *Vg*: non intellego

pium pectus, quia non iusta strenuitate insistit: facit malum quod non vult, quia stare desiderat, et ⟨labitur, vel saltem vacillat. Caeterum⟩ istud velle et nolle, ad spiritum referre oportet, qui primas in fidelibus tenere debet. Est quidem et sua carni voluntas: sed [Paulus] quod praecipuo
60 cordis affectu appetebat, vocat Voluntatem: quod cum eo pugnabat, id vocat suae voluntati contrarium. [Hinc vero colligere licet quod diximus, Paulum hic de fidelibus disserere, in quibus viget aliqua Spiritus gratia, quae illustret sanae mentis consensum cum iustitia Legis: quia in carnem non cadit peccati odium.]

16 **Si vero quod nolo facio, consentio Legi.** Id est, dum cor meum in Lege acquiescit, et oblectatur eius iustitia (quod certe fit ubi transgressionem odio habet) in eo sentit ac fatetur Legis bonitatem, ut satis vel experientia docente, convincamur, Legi nihil mali esse imputandum: imo salutarem hominibus eam fore, si in recta puraque corda incideret. Hic
70 autem consensus non est accipiendus qualem audimus in impiis, quorum sunt voces, Video meliora, proboque, Deteriora ⟨sequor. Item,⟩ Quae nocitura, sequar: fugiam, quae profore credam. Illi enim coacti faciunt, quod subscribunt in Dei iustitiam, a qua sunt alioqui prorsus aliena voluntate: at pius serio quoque et promptissimo pectoris desiderio consentit: quia nihil mallet quam in caelum evolare.

17 **Non iam operor illud.** Non est deprecatio se excusantis, acsi culpa vacaret: quo modo multi nugatores iustam defensionem habere se putant, qua tegant sua flagitia, dum in carnem ea reiiciunt: sed est testificatio quam longe dissentiat a sua carne, spirituali affectu. tanto
80 enim [spiritus] fervore feruntur in [Dei] obedientiam fideles, ut carnem ⟨suam⟩ abnegent. [Porro hic locus palam evincit, nonnisi de piis qui iam regeniti sunt, Paulum disputare. Quandiu enim manet homo sui similis, quantus quantus est, merito censetur vitiosus. Atqui Paulus hic se negat totum a peccato occupari, imo ab eius servitute se eximit: acsi diceret, in aliqua tantum animae suae parte residere peccatum, quum ipse serio cordis affectu nitatur, et aspiret ad Dei iustitiam, reque ipsa demonstret Legem Dei se intus insculptam gestare.]

18 *Novi enim quod non habitat in me (hoc est in carne mea) bonum. Siquidem velle adest mihi: sed ut perficiam bonum, non reperio.*
90 19 *Non enim quod volo, facio bonum: sed quod nolo malum, id ago.*

---

57 *A* labitur. ¶ Caeterum   59 *A B om.*   61-64 *A B om.*   71 *A* sequor. ¶ Item   80 *A B om.*   80 *A B om.*   81 *A* suas   81-87 *A B om.*

20 *Si vero quod nolo, ego id facio: non iam ego operor illud, sed quod*
habitat in me peccatum.

18 **Novi enim.** Dicit nullum in se bonum habitare, quantum ad
naturam. Idem ergo hoc valet acsi dictum foret, In me, Quatenus ex me.
Prima enim oratione damnat se totum pravitatis, quum fateatur nihil
boni in se habitare: deinde correctionem subiicit, ne sit contumeliosus in
Dei gratiam, quae ipsa quoque in eo habitabat, sed pars carnis non erat.
[Atque hic rursum confirmat sibi non de quolibet homine sermonem esse,
sed tantum de fideli, qui propter carnis reliquias et Spiritus gratiam in
100 seipso divisus est. Quorsum enim ista correctio, nisi pars aliqua a vitio
immunis foret? ideoque non carnalis.] Nomine Carnis semper comprehendit omnes humanae naturae dotes, ac omnino quicquid in homine est,
excepta spiritus sanctificatione. Quemadmodum Spiritus vocabulo,
quod illi opponere solet, significat [partem animae quam Spiritus Dei] a
malitia [repurgatam sic refinxit ut in ea refulgeat Dei imago]. Utrunque
igitur [nomen, nempe tam Carnis quam Spiritus in animam] competit:
sed alterum qua parte est regenerata, alterum qua naturalem adhuc
affectum retinet. **Velle adest mihi.** Non intelligit sibi nihil esse
praeter [inefficax desiderium]: sed efficaciam operis negat respondere
10 voluntati: quia remoram iniicit caro, ne exacte faciat quod facit. Sic
etiam accipe quod sequitur, Facere malum quod non vult: quia non
modo impedit sua fideles caro, ne celeriter currant: sed opponit etiam
multa obstacula ad quae impingant. ⟨non faciunt igitur, quia non
implent qua decet alacritate.⟩ [Proinde hoc Velle cuius meminit, fidei
promptitudo est, dum pios format Spiritus sanctus, ut praesto sint,
suaque membra exhibere studeant ad praestandum Deo obsequium.
Quia vero impar est facultas, se reperire negat Paulus quod optandum
esset, nempe boni desiderii effectum. Eodem spectat quae proxime
sequitur confessio, Eum non facere bonum quod cupit, sed potius malum
20 quod non vult: quia scilicet fideles quamlibet recte animati sint, propriae
tamen infirmitatis sibi conscii, nullum a se opus proficisci culpa vacuum
censent. Nam quum Paulus non de paucis delictis piorum hic agat, sed in
genere totum vitae eorum cursum designet, colligimus optima eorum
opera semper aliqua vitii macula foedari: ut nulla speranda sit merces,
nisi quatenus illis Deus ignoscit. Tandem repetit illam sententiam,

98-1 *A B om.*   4 *A B* quod spiritus Dei in homine   5 *A B* repurgatum, ad iustitiam
sanctificavit   6 *A B* vocabulum animae,   9 *A B* inefficacem voluntatem   13-14 *A om.*
14-29 *A B om.*

quatenus praeditus est caelesti luce, iustitiae Legis se fidum esse testem ac subscriptorem. Unde sequitur, si nobis constaret pura naturae integritas, Legem non fore mortiferam: nec vero per se adversam homini qui sana mente praeditus, a peccato abhorret. verum sanitas a caelesti medico est.]

30   21   *Reperio igitur [Legem], volenti mihi facere bonum, quod mihi malum insideat.*

22   *Consentio enim Legi Dei secundum interiorem hominem.*

23   *Video autem alteram legem in membris meis, repugnantem legi mentis meae, et captivum me reddentem legi peccati quae est in membris meis.*

Hic quadruplicem Legem fingit Paulus. Legem Dei, quae sola proprie sic nuncupatur, quia est iustitiae regula, qua vita nostra recte formatur. Huic coniungit legem mentis, sic appellans propensionem fidelis animae ad obedientiam Divinae Legis: quia est quaedam nostri cum Lege Dei
40 conformatio. Ex adversa parte opponit legem [iniustitiae], ac sic allusione quadam appellat imperium, quod habet iniquitas tam in homine nondum regenerato, quam in carne hominis regenerati. Nam et tyrannorum iura, utcunque iniquissima [sint], leges tamen dicuntur abusive. Huic legi peccati, respondere facit legem membrorum, hoc est concupiscentiam in membris sitam: propter eam quam habet cum iniquitate [symphoniam]. [Quod ad primum membrum spectat, quia nomen Legis in proprio sensu accipiunt multi interpretes, subaudiunt κατά, vel διά: atque ita vertit Erasmus Per Legem: acsi dixisset Paulus se Lege Dei magistra et duce deprehendere ingenitum sibi vitium. Verum ut nihil subaudias, bene fluet
50 sententia, Fideles dum ad bonum nituntur, quandam in se tyrannicam legem reperire, quia eorum medullis et ossibus infixa sit vitiositas Legi Dei adversa et repugnans.]

22   **Consentio [enim] Legi Dei.** Hic ergo vides qualis sit in piis animis divisio, ex qua oritur illa concertatio spiritus et carnis, quam Augustinus alicubi eleganter vocat luctam Christianam. Lex Dei ad iustitiae rectitudinem hominem vocat: iniquitas quae est velut lex tyrannica Satanae, ad

---

30 *A B* per legem   40 *C* iustitiae   43 *A B* sunt   45 *A B* convenientiam   46-52 *A B om.*
53 *A B om.*

---

48 *ErasL¹*: Reperio igitur legem   *ErasL²⁻⁵*: Reperio igitur per legem   *Vg*: Invenio
igitur legem   54 *Augustinus, Serm. de Temp. 45, PL 38, 818; Hom. 50, PL 39, 1541; de
Agon., PL 40, 289*

nequitiam instigat. Ad Divinae Legis obedientiam fert spiritus: caro in contrariam partem retrahit. Homo ita variis voluntatibus distractus, iam quodammodo duplex est: sed quoniam principatum debet tenere spiri-
60 tus, illa praecipue sese parte censet ac aestimat. Ideo Paulus ait, se captivum a carne sua vinciri: quia quod titillatur adhuc pravis concupis-centiis, et commovetur, id coactio est respectu spiritualis desiderii, quod prorsus resistit. Caeterum notanda est diligenter acceptio interioris hominis et membrorum: quia plurimi quum male intelligerent, ad hunc scopulum impegerunt. Interior igitur homo, non anima simpliciter dicitur, sed spiritualis eius pars quae a Deo regenerata est: Membrorum vocabulum residuam alteram partem significat. Nam ut anima est pars excellentior hominis, corpus inferior: ita spiritus superior est carne. Hac ergo ratione, quia spiritus locum animae tenet in homine: caro autem, [id
70 est corrupta et vitiata anima,] corporis: ille interioris hominis, haec membrorum [nomen obtinet]. ⟨Alio quidem sensu capitur exterior homo, 2. ad Corinth. ⌜4. 16.⌝ Sed praesentis loci circunstantia, quam posui interpretationem necessario exigit. Interior autem vocatur per excellen-tiam, quia cor et reconditos affectus possideat, quum appetitus carnis vagi sint, et quasi extra hominem.⟩ [Vel certe perinde est acsi quis caelum terrae conferret. Nam contemptim Paulus membrorum appellatione designat quicquid in homine apparet, ut arcanam renovationem melius ostendat sensus nostros latere ac fugere, nisi quoad fide apprehenditur. Iam quum lex mentis haud dubie significet affectum rite compositum,
80 perperam ad homines nondum regenitos torqueri hunc locum patet. Tales enim mente privatos esse docet Paulus, quia eorum anima a ratione degenerat.]

24   *Miser ego homo, quis me [eripiet a] corpore mortis hoc?*
25   *Gratias ago Deo, per Iesum Christum Dominum nostrum. itaque idem ego mente servio Legi Dei: carne autem legi peccati.*

24   **Miser ego.** Claudit disputationem exclamatione [vehementiae] plena, qua docet non modo luctandum cum carne nostra esse, sed assiduo gemitu deplorandam apud [nos et coram Deo] nostram infoelici-tatem. Non quaerit autem a quo sit liberandus, quasi dubitans[, ut
90 increduli qui non tenent] unicum esse liberatorem: sed vox est anhelantis,

ac prope fatiscentis, quia non satis praesentem opem videat. [Ideo et
verbum Eripere posuit, quo exprimeret ad hanc liberationem opus esse
non vulgari Dei potentia.] Corpus mortis vocat massam peccati, [vel
congeriem ex qua totus homo conflatus est: nisi quod in eo tantum
manebant reliquiae, quarum] vinculis [captivus detinebatur]. [Pronomen
τούτου, quod ego cum Erasmo, ad corpus retuli, morti quoque apte
congruit: sed eodem fere sensu: quia docere voluit Paulus apertos esse
filiis Dei oculos, ut naturae suae corruptionem, et mortem quae inde
nascitur, prudenter a Dei Lege discernant. Caeterum Corporis appellatio
100 eadem est quae Externi hominis ac Membrorum: quia Paulus vitii
originem hanc esse notat, quod homo a creationis suae lege, descivit,
atque ita carneus et terrestris factus est. Nam etsi adhuc brutis animali-
bus excellit, vera tamen praestantia ei adempta est, et quod reliquum
manet, innumeris corruptelis est refertum: ut merito eius anima, quatenus degener est, dicatur in corpus transisse. Sic etiam Deus apud Mosen,
Non amplius litigabit Spiritus meus cum homine, quia ipse etiam caro
est: ubi hominem spirituali excellentia spolians, pecudibus probrose
comparat.] [Insignis vero est hic Pauli locus ad conterendam omnem
carnis gloriam. docet enim, perfectissimos quosque, quandiu in carne sua
10 habitant, miseriae esse addictos, quia morti sunt obnoxii: imo dum se
penitus excutiunt, nihil in sua natura praeter miseriam ipsis occurrere.
Porro ne torpori indulgeant, suo exemplo ad anxios gemitus eos Paulus
extimulat, iubetque quandiu in terra peregrinantur, mortem appetere,
tanquam unicum mali sui remedium. atque hic rectus est finis expetendae
mortis. Profanos enim saepe desperatio ad idem votum impellit: sed
praesentis vitae fastidio magis quam suae iniquitatis taedio mortem
perperam appetunt. Adde quod fideles quanvis ad verum scopum
colliment, non tamen effraeni impetu feruntur ad mortem optandam, sed
Dei arbitrio se subiiciunt, cui vivere et mori nos oportet. quare non
20 fremunt indignatione adversus Deum, sed suas in eius sinum anxietates

---

91-93 *A B om.*   93-95 *A B* cuius   95 *A B* detinebatur captivus   95-8 *A B om.*   8-23 *A B*
Insignis locus, qui docet, oportere fideles perpetuo miseriae sensu affici, quandiu in terra
peregrinantur. Ideoque mortem appetere tanquam unicum mali sui remedium. sic tamen, ut
haec affectio modum non excedat. Neque enim sic debent in miseriae suae cogitatione
haerere, ut inaestimabilem, qua Dei benignitate donati sunt, felicitatem obliviscantur. Sed
tantum quo se ad veram humilitatem demittant, et ad maiorem profectum excitent. Sic
appetere mortem debent, impuritatis suae taedio, non immodico vitae praesentis taedio,
quod in indignationem adversus Deum transeat. Ideo sequitur:

---

96 *Eras L¹*: ex corpore mortis hoc   *Eras L²⁻⁵*: ex hoc corpore morti obnoxio   *Vg*: de
corpore mortis huius   6-7 *C* Gen 6.3*

suppliciter deponunt: quia non ita in miseriae suae cogitatione subsi-
dunt, quin acceptae gratiae memores, dolorem laetitia temperent, quemadmodum sequitur.]

25   **Gratias ago.** [Hanc ergo gratiarum actionem continuo subiecit,
nequis eum in sua querimonia Deo contumaciter obstrepere putaret.
Scimus enim quam proclivis sit, etiam in iusto dolore ad murmur vel
impatientiam lapsus. Etsi ergo Paulus sortem suam deflens, ad exitum
suspirat: simul tamen fatetur se acquiescere in Dei gratia. Neque enim
sanctos, dum suos defectus examinant, quid iam a Deo acceperint oblivisci
30 decet. Porro haec cogitatio ad fraenandam impatientiam, fovendamque
quietem sufficit, receptos se in Dei custodiam esse, ne unquam pereant: et
iam primitiis Spiritus se donatos, quae certam illis spem faciant haereditatis aeternae. Quod si promissa caelorum gloria nondum fruantur: ea
tamen quam adepti sunt, mensura contenti, nunquam gaudii materia
carent.]   **[Itaque idem ego.]** Brevis epilogus, quo docet nunquam
ad iustitiae metam pertingere fideles quandiu in carne sua habitant: sed in
cursu esse, donec corpore exuantur. [Mentem rursus vocat, non rationalem animae partem quam celebrant Philosophi: sed quae Spiritu Dei
illustrata est ut recte sapiat et velit. Neque enim solius intelligentiae fit
40 mentio, sed coniungitur serium cordis desiderium. Hac porro exceptione
fatetur se ita esse Deo addictum, ut reptans in terra, multis sordibus
inquinetur.] Notabilis locus, ad convincendum illud perniciosissimum
Catharorum dogma, quod hodie suscitare rursum conantur tumultuosi
quidam spiritus.

CAP. VIII.

1   *Nulla igitur condemnatio est iis qui sunt in Christo Iesu: qui non
secundum carnem ambulant, sed secundum spiritum.*

2   *Lex enim Spiritus vitae in Christo Iesu, liberum me reddidit a lege
peccati et mortis.*

3   *Quod enim impossibile erat Legi, eo quod infirmabatur per carnem,*

24-35 *A B* Hanc igitur gratiarum actionem continuo subiecit, ne desyderium illud potius
quoddam adversus Deum murmur videatur, quam pium suspirium. Sic affecti esse debent
fideles: ut amore sanctitatis et innocentiae, miseram carnis suae conditionem execrentur: et
tamen parati sint tandiu eam ferre, donec visum Domino fuerit: freti primitiis, quibus
Dominus eos de regni sui haereditate certos reddidit: et gratiae mensura, quam adepti sunt,
contenti.   35 *A B* Igitur mente quidem.)   37-42 *A B om.*   7 *A B om.*

misso Deus Filio suo [*in similitudine carnis peccati,*] *etiam de peccato damnavit peccatum in carne:*

    4 *Ut iustificatio Legis impleretur in nobis qui non secundum carnem*
10 *ambulamus, sed secundum spiritum.*

    Ubi certamen subiecit quod habent pii cum carne sua perpetuum, redit ad consolationem illis valde necessariam cuius antea meminerat: quod tametsi a peccato adhuc teneantur obsessi, mortis tamen potestati iam exempti sint, et omni maledictioni: modo non in carne vivant, sed in spiritu. Tria enim simul coniungit, imperfectionem qua semper laborant fideles, [Dei] indulgentiam in ea condonanda et ignoscenda, regenerationem spiritus: [atque hoc quidem postremum,] nequis vana opinione se lactet, acsi liberatus esset a maledictione, carni suae interim secure indulgens. Ut ergo frusta sibi blandiatur homo carnalis, si de emendanda vi
20 ta nihil solicitus, huius gratiae praetextu impunitatem sibi promittat: ita habent trepidae piorum conscientiae invictum propugnaculum, quod dum in Christo manent, sciunt se esse extra omne damnationis periculum. [Nunc verba expendere operae pretium est. **Secundum spiritum ambulare** dicit, non qui penitus exuerint omnes carnis sensus, ut tota eorum vita praeter caelestem perfectionem nihil redoleat: sed qui in domanda et mortificanda carne sedulo laborant, ut appareat studium pietátis in ipsis regnare. Tales negat ambulare secundum carnem, quia ubicunque viget syncerus Dei timor, carni imperium abrogat, quanvis non aboleat omnes eius corruptelas.]
30   2 **Lex enim Spiritus vitae.** Probatio est superioris sententiae: quae ut intelligatur, notanda est verborum significatio. [Legem spiritus] improprie [vocat,] Dei Spiritum qui [animas] nostras Christi sanguine aspergit, [non tantum] ut a [peccati labe] emundet, [quo ad reatum: sed in veram puritatem sanctificet. Addit esse vivificam (nam genitivus Hebraico more pro epitheto capitur) unde sequitur eos qui hominem in litera Legis detinent, morti ipsum addicere]. Ex adverso legem peccati et mortis appellat carnis imperium, et quae inde consequitur, mortis tyrannidem. Lex Dei tanquam in medio ponitur: quae docendo iustitiam, conferre eam non potest, quin potius in peccati et mortis servitutem fortioribus vinculis
40 nos astringit. Sententia igitur est, Quod Lex Dei homines condemnat, id fit

---

16 *A B* Domini   17 *A B* om.   23-29 *A B* om.   31 *A B* Legem enim spiritus vitae   32 *A B* vocat, gratiam iustificationis et sanctificationis. vel si una voce malis,   32 *A B* conscientias   32-33 *A B* om.   33 *A B* peccato   33-36 *A B* deinde, per regenerationem in obsequium Dei reformat

quia quantisper sub Legis obligatione manent, peccati servitute premuntur: atque ita rei sunt mortis. Spiritus autem Christi, dum inordinatas
carnis cupiditates corrigendo, legem peccati in nobis abolet, simul a mortis
reatu nos vindicat. [Siquis excipiat, veniam ergo qua sepeliuntur nostra
delicta, a regeneratione pendere: facilis solutio est, non assignari causam a
Paulo, sed modum tradi duntaxat quo solvimur a reatu. Negat autem
Paulus externa Legis doctrina id nos consequi, sed dum Spiritu Dei
renovamur, simul etiam iustificari gratuita venia, ne peccati maledictio in
nos amplius recumbat. Perinde ergo valet haec sententia acsi dixisset
50 Paulus, regenerationis gratiam ab imputatione iustitiae nunquam disiungi. Legem peccati et mortis non ausim cum quibusdam accipere pro Lege
Dei, quia asperior videtur loquutio. Quanvis enim peccatum augendo
mortem generet, Paulus tamen ab hac invidia consulto supra deflexit.
Quanquam nihilo magis eorum opinioni assentior qui legem peccati
exponunt de carnis concupiscentia, acsi diceret Paulus, se illius esse
victorem. Nam paulopost satis (ut arbitror) patebit de absolutione
gratuita loqui, quae tranquillam nobis cum Deo pacem conciliat. Legis
nomen retinere malui quam cum Erasmo Ius aut potestatem vertere: quia
non temere Paulus ad Legem Dei allusit.]

60   3 **Quod enim impossibile erat Legi.** Nunc sequitur expolitio, vel
illustratio probationis, Quod scilicet Dominus gratuita sua misericordia
nos in Christo iustificavit: id quod Legi erat impossibile. sed quia maxime
insignis est sententia, singulas eius partes expendamus. [De gratuita
iustificatione, vel de venia qua Deus sibi nos reconciliat, hic tractari, ex
postrema clausula licet colligere, ubi adiungit, Qui secundum spiritum,
non secundum carnem ambulamus. Nam si docere vellet Paulus, Spiritu
regenerationis nos instrui ad vincendum peccatum, quorsum ista addi-
tio? Optime autem convenit, postquam gratuitam remissionem pollicitus
est fidelibus, doctrinam hanc ad eos restringi, qui poenitentiam fidei
70 adiungunt, nec abutuntur Dei misericordia ad carnis licentiam. Deinde
notanda est causae redditio. Docet enim Apostolus quomodo gratia

---

44-59 *A B om.*   63-93 *A B* A lege, inquit, nec iustitia, nec salus provenire nobis poterat. ac
ne quis intelligeret de ceremoniis, expressit nominatim, impotentiam illam non esse a legis
vitio: sed carnis debilitate. acsi diceret: Lex quidem, quantum ad doctrinam, sufficiebat ad
nos iustificandos: quia perfectam iustitiae regulam continebat. sed eam iustitiam assequi
non poterat caro nostra.

---

58 *Eras L[1-5]*: a iure peccati   *Eras Ann[1-5]*: Et hic elegantius vertisset, A iure peccati.
Caeterum sermo Graecus anceps est. Potest enim sic accipi, A lege peccati et mortis, ut lex
ad utrumque ex aequo referatur: sive a lege peccati et a morte, quae comes est peccati. *1,
436; 5, 381*

Christi nos a reatu absolvat. Iam quod attinet ad verba, τὸ ἀδύνατον Legis, haud dubie pro defectu vel impotentia accipitur: acsi dictum esset, inventum fuisse a Deo remedium, quo Legis impossibilitas sublata fuit. Particulam ἐν ᾧ, quam Erasmus reddidit, Ea parte qua, quia causalem esse arbitror, vertere placuit, Eo quod. Quanquam autem apud idoneos linguae Graecae authores forte non occurret talis loquendi forma: quia tamen Apostoli passim Hebraicas phrases usurpant, dura videri non debet haec interpretatio. Certe sani lectores concedent expressam hic
80 fuisse defectus causam, ut paulopost iterum dicemus. Iam quum Erasmus principale verbum suppleat, mihi videtur aliter contextus optime fluere. Copula καὶ Erasmum decepit, ut insereret verbum Praestitit. Ego vero amplificandi causa positam fuisse sentio. Nisi cui forte magis probetur Graeci scholiastae coniectura, qui membrum hoc Et de peccato, superioribus connectit, Deum misisse Filium suum in similitudine carnis peccati, et pro peccato. Ego tamen quod putavi ex genuino Pauli sensu esse, sequutus sum. Nunc venio ad rem ipsam. Clare affirmat Paulus, ideo expiata fuisse peccata Christi morte, quia Legi impossibile erat iustitiam nobis conferre. Unde sequitur, plus in Lege praecipi, quam
90 praestando simus: quia si pares essemus implendae Legi, frustra aliunde quaesitum esset remedium. Quare absurdum est Legis praeceptis vires humanas metiri: quasi Deus exigendo quod iustum est, spectasset qualis et quanta facultas nostra esset.] **[Eo quod infirmabatur.** Nequis parum honorifice Legem impotentiae argui putaret, vel hoc restringeret ad caeremonias, expressit nominatim Paulus defectum illum non a Legis esse vitio, sed carnis nostrae corruptela. Fatendum enim est, siquis in solidum satisfaciat Legi Dei, eum coram Deo iustum fore. Legem ergo non negat sufficere ad nos iustificandos, quantum ad doctrinam, utpote quae perfectam iustitiae regulam continet: sed quia iustitiam illam non
100 assequitur caro nostra, concidit vel evanescit totum Legis robur. Ita refellitur eorum error, vel potius delirium, qui tantum caeremoniis vim iustificandi detrahi putant: quum Paulus vitium diserte in nobis statuens, declaret se in doctrina nihil requirere.] Porro Infirmitatem Legis accipe

---

93-3 *A B om.*

---

75 *Eras L¹*: in quo imbecillis   *Eras L²⁻⁵*: ea parte qua imbecillis   *Eras Ann¹⁻⁵*: Potest et sic accipi, In eo quod infirmabatur: hoc est quatenus infirmabatur, [*Ann⁵ adds:* ut ἐν positum sit pro διὰ.] *1, 436; 5, 382   Vg*: in quo infirmabatur   80 *Eras L²⁻⁵*: hoc deus proprio filio, misso sub specie carnis peccato obnoxiae, praestitit, ac de peccato condemnavit...   *Eras Ann⁵*: Nisi enim subaudias verbum praestitit, aut efficit, aut aliud his simile, coniunctio videtur ociosa. *381-2*   84 *Oecumenius*, Ἐξήγησις *p. 308, PG 118, 471-2*

quomodo solet usurpare Apostolus, vocabulum ἀσθενείας, non tantum
pro modica imbecillitate, verum ⟨pro impotentia:⟩ ut significet Legem
nihil prorsus habere momenti ad conferendam iustitiam. Vides ergo nos
penitus excludi [ab] operum iustitia: ideoque ad Christi iustitiam nos
confugere, quia in nobis nulla esse potest. Quod scitu in primis necessarium est: quia Christi iustitia nunquam vestiemur, nisi prius certo
10 noverimus, propriae iustitiae nihil nos habere. Carnis ⟨nomen⟩ in eodem
semper significatu ponitur, nempe pro nobis ipsis. Legem Dei ergo
inutilem nobis facit naturae nostrae corruptio: ⟨quia quum vitae ostendat viam, in mortem ruentes a praecipitio nos non reducit⟩.

Misso Deus Filio suo. Nunc modum ostendit quo [iustitiam caelestis
Pater nobis restituit per Filium: nempe quia peccatum damnavit in ipsa
carne Christi: hoc est, quasi deleto chirographo culpam abolevit, quae nos
coram Deo tenebat obstrictos. Damnatio enim peccati nos in iustitiam
asseruit, quia deleto reatu absolvimur, ut nos Deus iustos reputet. Sed
primum exprimit Christum fuisse missum, ut admoneat iustitiam in nobis
20 minime residere, quum ab illo petenda sit: ac frustra homines suis meritis
confidere, qui non nisi precario iusti sunt: vel iustitiam ab expiatione
mutuantur, quam implevit Christus in carne sua. Eum vero In similitudine
carnis peccati venisse dicit: quia tametsi nullis maculis inquinata fuit
Christi caro, peccatrix tamen in speciem visa est, quatenus debitam
sceleribus nostris poenam sustinuit. Et certe in eam velut sibi obnoxiam,
mors exeruit omnes virtutis suae partes. Et quia Pontificem nostrum sua
experientia discere oportuit quid sit infirmis succurrere: subire voluit
Christus infirmitates nostras, ut esset ad sympathiam propensior: qua
etiam in parte apparuit quaedam peccatricis naturae imago.]
30 **Etiam de peccato.** [Dixi nuper a quibusdam hoc exponi de causa
vel fine cur Deus Filium suum miserit, nempe ut pro peccato satisfaceret.
Chrysostomus et plaerique post eum paulo durius intelligunt, damnatum

---

5 *A om.*   6 *A B om.*   10 *A* dictio   12-13 *A om.*   14-29 *A B* Dominus in iustitiam nos
asseruit per Filium: quod eum scilicet induit carne nostra, ut in eadem carne iusto eius
iudicio satisfieret, in qua fuerat per transgressionem offensus. Et caro illa, tametsi nullis
maculis inquinata, similitudinem gessit carnis peccatricis. primum ut in eam, velut sibi
obnoxiam, mors omnes virtutis suae partes exereret ac intenderet: deinde, quia oportebat
Pontificem nostrum, infirmitates, quibus laboramus, experiri et sustinere: quo redderetur
ad commiserationem propensior.   30-46 *A B* Damnatum dicit peccatum, quod regnum
illud, quo nos premebat, abiudicatum et abrogatum illi est: vel potius, quod tota peccati vis
abolita fuit: dum sese Christus adversus eam opposuit. De peccato, id est, satisfactione
quam exhibuit Christus: qui pro nobis peccatum, id est κάθαρμα, seu expiatio factus est. sic
et in secunda ad Corinthios loquitur. Eum, inquit, qui peccati expers erat, pro nobis
peccatum fecit: ut iustitia Dei efficeremur in illo.

---

32 *Chrysostomus, ad loc. PG 60, 514*

fuisse peccatum de peccato, quia inique et praeter meritum vim Christo attulerit. Fateor quidem, quia iustus et insons pro peccatoribus poenam subiit, hoc modo solutum fuisse redemptionis pretium: sed ego adduci nequeo ut nomen Peccati alio sensu hic positum esse existimem, quam pro expiatrice victima, quae אשם dicitur Hebraeis, sicuti Graeci κάθαρμα vocant sacrificium, cui maledictio iniungitur. Sic idem Paulus, 2. ad Corinth. 5. 21, dicit Christum qui peccatum non noverat, peccatum pro
40 nobis esse factum, ut efficeremur iustitia Dei in illo. Praepositio autem περὶ, causaliter hic sumitur, acsi dixisset, Super illo sacrificio, vel propter onus peccati Christo impositum, iure suo deiectum fuisse peccatum, ne iam nos sibi habeat obnoxios. Damnatum enim metaphorice dicit, ut qui excidunt causa: quia Deus in reos amplius non admittit quibus absolutio per Christi sacrificium parta est. Si dicamus regnum peccati, quo nos premebat, fuisse abrogatum, idem valebit oratio.] Itaque quod nostrum erat, ad se recepit Christus: ut quod suum erat, in nos transfunderet. suscepta enim nostra maledictione, sua nos benedictione donavit. Addit hic Paulus, **in carne:** quo certior sit nostra fiducia, dum videmus peccatum
50 in ipsa natura nostra fuisse devictum et abolitum. sic enim sequitur, naturam nostram vere fieri participem eius victoriae. quod etiam mox declarat.

    4 **Ut [iustificatio Legis] impleretur.** [Qui intelligunt Spiritu Christi renovatos Legem implere, commentum a sensu Pauli penitus alienum afferunt: neque enim eousque proficiunt fideles quandiu peregrinantur in mundo, ut iustificatio Legis in illis plena sit, vel integra. Ergo hoc ad veniam referre necesse est: quia dum nobis accepta fertur Christi obedientia, Legi satisfactum est, ut pro iustis censeamur. Perfectio enim quam Lex exigit, ideo in carne fuit exhibita, ne amplius ad nos damnandos
60 vigeat eius rigor. Sed quia suam iustitiam nullis communicat Christus, nisi quos Spiritus sui vinculo sibi coniungit, additur iterum regeneratio, ne putetur Christus peccati esse minister: sicuti proclive est multis ad carnis lasciviam rapere quicquid de paterna Dei indulgentia traditur: alii autem maligne calumniantur hanc doctrinam, acsi recte vivendi studium extingueret.]

53 *A B* iustitia Dei   53-65 *A B* Iustitiam vocat, obedientiam Christi: quae in carne nostra exhibita, nobis imputatur: ut, eius beneficio, pro iustis censeamur. sed eam obtinemus tum demum, cum in Christi consortium recepti sumus: vinculo Spiritus, illi sociati. ubi autem Spiritus, illic regeneratio. Ideoque addit particulam: Qui non secundum carnem, etc. Qua designat, ut prius, effectum eius societatis perpetuum: ac finem simul indicat, cur Christo coniungamur, esse vitam spiritualem: ne putetur esse peccati minister Christus.

5 *Qui enim secundum carnem sunt, ea quae carnis sunt cogitant: qui vero secundum Spiritum, ea quae sunt Spiritus.*

6 *Cogitatio certe carnis, mors est: cogitatio autem Spiritus, vita et pax.*

7 *Quandoquidem cogitatio carnis, [inimicitia] est adversus Deum. nam*
70 *Legi Dei non subiicitur: nec enim potest.*

8 *Qui ergo in carne sunt, Deo placere non possunt.*

[5 **Qui enim secundum carnem.**] [Discrimen hoc carnis et Spiritus affert non solum ut ratione a contrario sumpta confirmet quod prius dixit, non competere Christi gratiam nisi in illos qui Spiritu regeniti, innocentiae student: sed etiam ut fideles opportuna consolatione sublevet, ne sibi multarum infirmitatum conscii, animos despondeant. Quia enim non alios a maledictione exemerat nisi qui spiritualem vitam agunt, videri poterat cunctis mortalibus spem salutis praecidere. Quis enim reperietur in mundo Angelica puritate ornatus, ut nihil ei cum carne sit negotii? Necessario
80 itaque addenda fuit haec definitio, quid sit Esse in carne, et ambulare secundum carnem. Ac principio quidem, non tam argute Paulus distinguit: sed tamen ut in progressu videbimus, consilium eius est spem bonam facere fidelibus, quanvis adhuc illigati sint carni suae: modo ne fraenum laxent eius cupiditatibus, sed Spiritui sancto se regendos permittant. Quum dicit **carnales curare,** vel meditari, **quae sunt carnis,** se pro carnalibus non habere testatur qui ad caelestem iustitiam aspirant, sed qui mundo prorsus sunt addicti. Ideo Cogitandi verbum quod latius patebat, reddidi loco τοῦ φρονεῖν, quo intelligerent lectores, eos demum excludi a filiis Dei, qui dediti carnis illecebris, mentes suas et studia ad
90 pravas cupiditates applicant. Iam secundo membro fideles ad bene sperandum hortatur, si sursum ad meditationem iustitiae, Spiritu se attoli sentiant. Ubicunque enim regnat Spiritus, signum est salvificae

---

69 *A B* simultas   72 *A B om.*   72-97 *A B* Hanc inter Spiritum et carnem affert differentiam, ut, ratione a contrario sumpta, confirmet id quod dixit: non competere Christi gratiam, nisi iis, qui, Spiritu regenerati, innocentiae studeant. Nam qui in carne sunt, eorum omnia studia sunt carnalia. Ea porro non nisi mortem generare possunt. A spe igitur vitae excluduntur eiusmodi omnes. Contra autem, qui Spiritu Dei praediti sunt, spiritualia meditantur: a quibus demum prodeunt fructus vitae. Ubicụnque ergo regnat Spiritus, signum est salvificae Dei gratiae. Ubi carnis regnum est, illic apparet nondum habere locum Dei gratiam. Verum ut membratim singula dispiciamus, quod primo loco dicit, eos, qui in carne sunt, carnalia meditari: argumentum est a causa ad effectum, simul autem adversam partem comparat de spiritualibus. *B [continuing]* Porro in carne esse homines significat, quandiu in puris, ut vocant, naturalibus manent. Carnis enim et primi aut veteris hominis essentia idem valent. Eodem sensu dicit secundum carnem esse, qui nondum sunt regeniti. Secundum Spiritum vero, in quibus viget regnum Spiritus.

Dei gratiae : sicuti nullum habet locum Dei gratia, ubi extincto Spiritu viget carnis regnum. Caeterum quod ante admonui, breviter hic repeto, In carne vel Secundum carnem perinde valere atque Esse dono regenerationis vacuos. Tales vero sunt quicunque in puris (ut vulgo loquuntur) naturalibus manent.]

6 **Cogitatio certe carnis.** [Erasmus, Affectum : vetus interpres, Prudentiam posuit. Atqui quum certum sit idem esse Paulo τὸ φρόνημα quod,
100 Moses vocat figmentum cordis, et hac voce comprehendi omnes animae sensus, a ratione et intelligentia usque ad affectus : mihi nomen Cogitationis melius quadrare visum est. Quanquam autem Paulus particula rationali γὰρ usus est, non tamen dubito quin simpliciter confirmet. nam hic est species concessionis : quia postquam breviter definivit quid sit In carne esse, iam subiicit quis finis omnes carni deditos maneat. Ita a contrario demonstrat non esse capaces gratiae Christi quicunque in carne manent : quia ad mortem toto vitae cursu contendunt ac feruntur. Notabilis autem est locus, ex quo discimus, naturae cursu nos ruere in mortem praecipites : quia nihil a nobis concipimus nisi exitiale. Mox vero
10 contrarium membrum opposuit, quo doceret, siqua pars nostri ad vitam tendit, Spiritum proferre vim suam : quia a carne nulla vitae scintilla manaret. Cogitationem Spiritus, vitam appellat : quia sit vivifica, vel ad vitam ducat. Pacis vero nomine omnes foelicitatis partes Hebraico more designat. Quicquid enim agit in nobis Dei Spiritus, ad nostram beatitudinem spectat : frustra tamen ideo quis tribuat salutem operibus. Quanquam enim Deus salutem nostram inchoat, et demum absolvit in imaginem suam nos refingendo : unica tamen causa, est eius beneplacitum, quo nos facit Christi consortes.]

7 **Quandoquidem cogitatio carnis.** Subiungit probationem eius quod

---

98-18 *A B* Ita est accipienda haec vox, ut rationem totam comprehendat, ab intellectu ad voluntatem. Non potui magis proprie reddere Graecum vocabulum φρόνημα.. Nunc iam a contrario demonstrat, non esse capaces beneficii Christi, qui in carne manent : quia ad mortem toto vitae cursu contendunt. Ac notabilis est locus : ut discamus naturam nostram nihil parere, nisi quod nos in mortem praecipitet. ¶ Cogitatio Spiritus.) Ideo hoc alterum membrum opposuit, quo magis exprimeret, non a carne esse, si quid ad vitam respicit. Quod enim tribuitur Spiritui, carni adimitur. Solus ergo Spiritus est, a quo prodeunt vitae ac salutis fructus. Per Pacem, intellige omnes felicitatis partes. Atque hic quidem videmus, quomodo omnes Dei gratiae, etiam bona opera, in salutem nobis cedant. Quanquam frustra operibus salutem quis ob id tribuat. Hinc enim tantum boni consequimur, quia sumus Christi consortes, non aliqua, vel nostra, vel operum dignitate.

---

98 *Eras L¹ Vg* : prudentia   *Eras L²⁻⁵* : affectus   *Eras Ann¹⁻⁵* : Ita hoc loco φρόνημα, non tam significat sapientiam aut prudentiam quam affectum et curam, seu cogitationem.
1, 436 ; 5, 382   100 *C* Gen 6.5*

20 posuerat, nihil ⟨scilicet⟩ exire a studiis carnis nostrae, nisi mortem: quia
hostiliter pugnent cum Dei voluntate. [Voluntas autem Dei, iustitiae
regula est: unde sequitur iniustum esse quicquid ab ea dissidet.
quod si iniustum, simul et mortiferum.] [Iam adverso] et infesto Deo, frustra quis
vitam expectet. Iram enim eius mors protinus necessario consequitur,
quae est irae eius ultio. Atque hic observemus, hominis voluntatem
Divinae voluntati per omnia adversari. Quantum enim differt pravitas a
rectitudine, tantum dissidii nobis cum Deo esse oportet.   [**Nam
Legi] Dei.** Exegesis proximae sententiae. Declarat enim quomodo cum Dei
voluntate belligerentur omnes carnis meditationes[: quia non aliunde
30 petenda est Dei voluntas, quam ubi eam patefecit. In Lege enim ostendit
quid sibi placeat: ideo qui rite examinare volunt quam bene cum Deo sibi
conveniat, sua omnia consilia et studia ad hanc normam exigant. Etsi enim
nihil in mundo agitur nisi moderatrice arcana Dei providentia, hoc
praetextu nihil nisi eo approbante fieri dicere, intolerabilis est blasphemia:] quod hodie phrenetici quidam cavillantur. [Recti enim et iniqui
discrimen quod palam et distincte ante oculos nostros Lex statuit, in
profundo labyrintho quaerere, cuius vecordiae est?] Habet quidem
abditum [(ut dixi)] suum consilium Dominus, quo universa pro nutu
dispensat: sed quia incomprehensibile nobis est, [sciamus a nimis curiosa
40 eius investigatione arceri. Maneat interim hoc fixum, nihil ei placere nisi
iustitiam: nec de operibus nostris iudicium recte fieri nisi ex Lege, in qua
non ficte testatus est quid sibi vel gratum sit, vel displiceat.]
          [**Nec] enim potest.** En liberi arbitrii facultas, quam satis evehere
Sophistae nequeunt. Certe Paulus disertis verbis hic affirmat quod ipsi
pleno ore detestantur, nobis esse impossibile subiicere Legis obedientiae
nostros affectus. [Iactant illi cor in utranque partem esse flexibile, modo
adiuvetur Spiritus instinctu: ac penes nos liberam esse boni vel mali
optionem, ut suppetias tantum afferat Spiritus: nostrum vero sit eligere
vel respuere. Fingunt etiam bonos motus, quibus sponte praeparamur:

---

20 *A om.*   21-23 *A B om.*   23 *A B* Adversario autem   27-28 *A B* Legi enim   29-35 *A B*
Nam cum in lege suam voluntatem manifestarit Dominus, legi autem illae penitus
adversentur: sequitur, cum Dei voluntate bellum gerere. Ergo secundum Apostolum Dei
voluntatem in lege quaerere convenit. Quare intolerabilis est blasphemia, dicere nihil nisi eo
approbante fieri: 35-37 *A B om.*   38 *A B om.*   39-42 *A B* ei sinamus. satis sit nobis,
accepta illi esse opera nostra, si legis regulae conformentur, displicere omnia, quae fiunt
praeter legem.   43 *A B* Neque   46-53 *A B om.*

---

35 *See Calvinus, Contre la secte furieuse des Libertins, CO 7, 183-98;*   *Inst.(1539) Cap.*
XIV [§§42-4], *CO 1, 892-4;*   *Inst.(1559) I.xvii.3-5, Op. sel. III, 205-9*   46 *See*
Inst.(1539) Cap. II [§§23-4], *CO 1, 317-9; Inst.(1559) II.ii.4-5, Op. sel. III, 244-7*

50 Paulus contra, duritie et indomita contumacia cor nostrum turgere
pronuntiat, ut ad subeundum Dei iugum naturaliter nunquam flectatur :
neque de uno vel altero affectu disputat, sed indefinite loquens, omnes qui
ex nobis nascuntur motus in hunc fasciculum coniicit.] Procul igitur sit a
Christiano pectore illa de arbitrii libertate gentilis philosophia. Servum
peccati se quisque, ut re vera est, agnoscat, quo [per Christi gratiam
manumissus] liberetur. alia libertate prorsus stultum est gloriari.

8 **Qui [ergo] in carne sunt.** Adversativam particulam δὲ per causalem,
non sine causa exposui: siquidem colligit ex praedictis Apostolus, eos qui
se carnis libidinibus [agendos tradunt], universos esse Deo abominabi-
60 les. [Atque hactenus sententiam illam confirmavit, omnes qui secundum
Spiritum non ambulant, a Christo esse alienos, quia vacui sunt caelesti
vita.]

9 *Vos autem non estis in carne, sed in Spiritu: siquidem Spiritus Dei*
habitat in vobis. siquis vero Spiritum Christi non habet, hic non est eius.

10 *Si vero Christus in vobis est: corpus quidem mortuum est propter*
peccatum, Spiritus autem vita est propter iustitiam.

11 *Si inquam Spiritus eius qui suscitavit Iesum ex mortuis, habitat in*
vobis: qui suscitavit Christum ex mortuis, vivificabit et mortalia corpora
vestra propter Spiritum [suum] in vobis habitantem.

70 9 **Vos autem.** [Generalem sententiam ad eos quibus scribit, per
hypothesin accommodat: non tantum ut sermonem tanquam proprium
ad ipsos dirigens, vehementius afficiat: sed ut certo colligant ex definitio-
ne nuper posita, se ex eorum esse numero a quibus Legis maledictionem
Christus detulit. Simul tamen explicando quid] valeat Spiritus Dei in
electis, et quos fructus edat[, hortatur eos ad vitae novitatem].

Si [quidem] Spiritus Dei. Correctio apposite subiecta, qua
excitantur ut seipsos propius examinent, ne Christi nomen frustra
praetendant. Haec autem est certissima nota qua discernuntur filii Dei a
filiis mundi: si Dei Spiritu ad innocentiam, ad sanctitatem regenerati
80 sunt. [Quanquam ei videtur non tam fuisse propositum hypocrisim
corrigere, quam suggerere gloriandi materiam adversus praeposteros
Legis zelotas, quibus pluris erat mortua litera, quam interior vis Spiritus,

---

55-56 *A B* Dei gratia,   57 *A B* vero   59 *A B* tradiderunt   60-62 *A B om.*   69 *C** vel,
eius   70-74 *A B* Iam descendit ad generalis sententiae applicationem: quia plus energiae
habet, velut proprium ad ipsos sermonem dirigere: simul explicationem secundi membri
exequitur: quid scilicet   75 *A B om.*   76 *A B* tamen   80-87 *A B om.*

Legem animans. Porro docet hic locus, Paulum hactenus per Spiritus nomen non mentem vel intelligentiam (quae superior pars animae vocatur a liberi arbitrii patronis) sed caeleste donum notasse. Spirituales enim esse exponit non qui proprio motu rationi obtemperant, sed quos Spiritu suo Deus gubernat.] Neque tamen dicuntur esse secundum Spiritum, quia Spiritu Dei pleni sint (quod nemini adhuc contigit) sed quod Spiritum in se habeant manentem, utcunque aliquid carnis sentiant
90 in se residuum. ⟨manere autem non potest quin superiores partes teneat. Notandum enim est, a praecipua sui parte denominari hominem.⟩

Siquis vero Spiritum Christi non habet. Subiungit hoc, ut ostendat quam necessaria sit in Christianis carnis abnegatio. Regnum Spiritus, est carnis abolitio: in quibus non regnat Spiritus, illi ad Christum non pertinent. ergo Christiani non sunt qui carni serviunt. [Christum enim a Spiritu suo qui divellunt, eum faciunt mortuo simulachro vel cadaveri similem. Ac semper tenendum est illud Apostoli consilium, gratuitam peccatorum remissionem a Spiritu regenerationis non posse disiungi: quia hoc esset quasi Christum discerpere.] Id si
100 verum est, mirum est ab Euangelii adversariis nos arrogantiae insimulari, quod Christi Spiritum in nobis habitantem agnoscere audemus. Nam aut Christum abnegare convenit: aut fateri, per eius Spiritum nos esse Christianos. Horribile sane auditu, homines sic a Domini verbo defecisse, ut non modo Christianos se esse iactent absque Dei Spiritu: sed fidem quoque aliorum irrideant. ⟨atqui haec Papistarum est philosophia.⟩ [Iam vero hic observent lectores, promiscue Spiritum nunc Dei Patris, nunc Christi vocari: non modo quia in Christum, quatenus mediator noster est et caput, effusa est tota illius plenitudo, ut inde sua in quenque nostrum portio deflueret: sed quoniam idem Spiritus Patris et Filii communis est,
10 quorum una est essentia, et eadem aeterna Deitas. Quia tamen nulla nobis nisi per Christum communicatio est cum Deo, prudenter Apostolus a Patre, qui longius abesse videtur, ad Christum descendit.]

10 **Si vero Christus in vobis est.** Quod antea dixerat de Spiritu, nunc de Christo dicit: quo significatur modus habitationis Christi in nobis. nam ut per Spiritum sibi nos in templa consecrat, ita per eundem in nobis residet. [Iam vero quod prius attigimus, nunc apertius explicat, filios Dei non a plena et solida perfectione censeri spirituales, sed tantum propter inchoatam in illis vitae novitatem.] Est autem hic prolepsis, qua occupat dubitationem, quae alioqui nos vexare poterat. nam utcunque partem

---

90-91 *A om.*   96-99 *A B om.*   5 *A om.*   5-12 *A B om.*   16-18 *A B om.*

20 nostri spiritus [occupet], videmus tamen alteram partem adhuc a morte
detineri. Respondet ergo, vim vivificandi in Spiritu Christi inesse, quae
ad mortalitatem nostram absorbendam valeat. [Unde infert] patienter
expectandum esse, dum reliquiae peccati prorsus aboleantur. [Porro ante
admoniti sunt lectores ne per vocabulum Spiritus, animam nostram
intelligant,] sed regenerationis Spiritum : quem Vitam appellat [Paulus]
non modo quia vivit ac viget in nobis, sed quia vivificat nos suo vigore,
[donec] extincta mortali carne [perfecte demum renovet: sicut] econverso
vox Corporis, crassiorem illam massam designat quae nondum Spiritu
Dei est purificata ⟨a sordibus terrenis, quae nihil nisi crassum sapiunt⟩.
30 [nam corpori tribuere peccati culpam alioqui absurdum esset. Rursum
anima adeo vita non est, ut ne ipsa quidem vivat. Sensus ergo Pauli est,
quanvis peccatum morti nos adiudicet, quatenus in nobis adhuc remanet
primae naturae vitiositas, Spiritum tamen Dei esse victorem? nec obstare
quod tantum primitiis donati sumus, quia vel una eius scintilla, vitae
semen est.]

    11 **Si inquam Spiritus.** Confirmatio est [proximae sententiae] sumpta
a causa efficiente, in hunc modum, Si potentia Spiritus Dei, Christus
excitatus est, ac Spiritus aeternam retinet potentiam: eandem in nobis
quoque exeret. [Sumit autem pro confesso, in Christi persona editum
40 fuisse virtutis specimen quae ad totum Ecclesiae corpus pertinet. Quia
autem Deum, resurrectionis facit authorem, vivificum Spiritum ei assignat.]   **[Qui suscitavit.]** Periphrasi Deum descripsit, quod magis
praesenti proposito quadrabat, quam si eum simpliciter nomine appellas-
set. Eadem ratione suscitati Christi gloriam Patri assignat: nam efficacius id erat ad probandum quod intendit, quam si tribuisset ipsi Christo.
Obiici enim poterat, Christus ad se excitandum pollebat ea virtute, a qua
procul absunt omnes homines. Verum ubi dicit, Christum Deus excitavit
Spiritu suo, quem et vobis communicavit: nihil contra afferri potest quin
spem certam resurrectionis ita nobis fecerit. Neque tamen quicquam
50 derogatur alteri sententiae, Potestatem habeo ponendi animam meam, et
iterum recipiendi eam. A seipso certe, ac propria virtute Christus
resurrexit: sed quemadmodum solet Patri transcribere quicquid in se

---

20 *A B* occuparit   22 *A B* Ideo   23-25 *A B* Per vocabulum Spiritus, ne animam nostram
intelligas: 25 *A B om.*   27 *A B* et   27 *A B* renovat. Idque propter iustitiam, in qua
efficacia est peccati perimendi.   29 *A om.*   30-35 *A B om.*   36 *A B* sententiae superioris
39-42 *A B* Quod autem nunc Christi, nunc Dei Spiritum promiscue nominat: in eo notat
divinitatis in utroque unitatem.   42 *A B* Is qui excitavit.)

50-51 *C* Jn 10.18*

Divinae virtutis est, ita Apostolus non improprie ad Patrem transtulit quod fuit in [Christo] maxime proprium opus Divinitatis. **Mortalia** porro **corpora** vocat quicquid adhuc restat in nobis morti obnoxium: ut mos illi usitatus est crassiorem nostri partem hoc nomine appellare. [Unde colligimus, non de ultima resurrectione quàe momento fiet, haberi sermonem, sed de continua Spiritus operatione, qua reliquias carnis paulatim mortificans, caelestem vitam in nobis instaurat.]

60   12   *Itaque fratres, debitores sumus, non carni, ut secundum carnem vivamus.*

13   *Si enim secundum carnem vixeritis, moriemini: si vero Spiritu facta carnis mortificaveritis, vivetis.*

14   *[Quicunque] enim Spiritu Dei aguntur, ii filii Dei sunt.*

[12   **Itaque fratres.**] Conclusio est praecedentium. Nam si renuntiandum est carni, cum ea nihil nobis esse debet. Rursum si Spiritum regnare in nobis oportet, [ab illius nutu non pendere absurdum est.] Oratio Pauli hic est defectiva, quoniam alterum antitheti membrum omittit, nos scilicet esse Spiritui debitores. Verum sensus non obscure patet. Habet
70   autem haec conclusio vim exhortationis: quemadmodum semper a doctrina exhortationem solet deducere: sic alibi, Ephe. 4. 30, monet ne contristemus Spiritum Dei, quo obsignati sumus in diem resurrectionis. Item, Gala. [5. 25], Si Spiritu vivimus, et Spiritu ambulemus. Id autem fit dum carnalibus concupiscentiis renuntiamus, ut nos iustitiae Dei addicamus veluti in servitutem. Sic sane ratiocinandum est: non ut blasphemi quidam solent, qui blaterant oscitandum esse, quoniam nihil sit nostrae facultatis. Atqui hoc est veluti cum Deo belligerari, si gratiam eius oblatam nobis contemptu ac negligentia extinguimus.

13   **Si enim secundum carnem.** Addit comminationem, quo acrius
80   torporem illis omnem excutiat: qua etiam probe refelluntur qui iustificationem fidei iactant sine Christi Spiritu. Quanquam sua ipsorum conscientia plus satis redarguuntur: quia nulla est in Deum fiducia, ubi non sit et amor iustitiae. Verum est quidem, nos sola Dei misericordia iustificari in Christo: sed aeque et istud verum ac certum, omnes qui iustificantur, vocari a Domino ut digne sua vocatione vivant. [Discant ergo fideles non in iustitiam modo, sed in sanctificationem quoque amplecti, sicuti in utrunque finem nobis datus est, ne mutila sua fide eum

---

54 *A B* eo   56-59 *A B om.*   64 *A B* Qui   65 *A B om.*   67 *A B* in illius nutum respiciendum nobis.   73 *A B* 6   85-88 *A B om.*

lacerent.]   **Si [vero] Spiritu facta carnis.** Ita temperat sententiam, ut non deiiciat animum [piis], qui sibi multae adhuc infirmitatis
90 conscii sunt. Nam utcunque peccatis simus adhuc obnoxii, nihilo tamen
minus vitam nobis promittit: modo carnis mortificandae studium prosequamur. [Neque enim exacte requirit carnis interitum, sed tantum eniti
nos iubet ad domandas eius libidines.]

    14 **Quicunque enim Spiritu Dei aguntur.** Probatio est eius quod
proxime praecessit. [Docet enim eos demum censeri in Dei filiis, qui
reguntur eius Spiritu: quoniam hac nota suos Deus agnoscit. Ita
excutitur inanis iactantia hypocritis, qui sine re titulum usurpant: et
fideles animantur ad indubiam salutis suae fiduciam. Summa huc redit,]
Filii Dei sunt, quicunque Spiritu Dei aguntur: omnes filii Dei, haeredes
100 sunt vitae aeternae: ergo certi de vita aeterna esse debent quicunque
aguntur Spiritu Dei. Media autem propositio, sive assumptio, praeter-
missa est, quia erat indubitata. Caeterum observare convenit, esse
multiplicem Spiritus actionem. Est enim universalis, qua omnes creaturae sustinentur, ac moventur: sunt et peculiares in hominibus, et illae
quidem variae. sed hic sanctificationem intelligit, qua non nisi electos
suos Dominus dignatur, dum eos sibi in filios segregat.

    15 *Etenim non accepistis Spiritum servitutis iterum in terrorem: sed*
accepistis Spiritum adoptionis, per quem clamamus, Abba, Pater.

    16 *Ipse enim Spiritus [simul] testificatur spiritui nostro quod sumus filii*
10 *Dei.*

    17 *Si vero filii, etiam haeredes: haeredes quidem Dei, cohaeredes*
autem Christi: siquidem compatimur, ut et una glorificemur.

    18 *Existimo certe non esse pares afflictiones huius [temporis] ad*
futuram gloriam quae revelabitur erga nos.

    [Confirmat nunc illam fiduciae certitudinem, in qua fideles acquiescere
nuper iussit, idque a speciali effectu Spiritus: quia non ideo datus est ut
nos trepidatione iactet, vel anxietate torqueat: sed potius ut sedata omni
perturbatione, tranquillo in statu mentes nostras componens, ad securam
et liberam Dei invocationem nos excitet.] ⟨Non ⌐ergo⌐ solum prosequitur
20 quod ⌐ante attigit⌐ argumentum,⟩ [sed in altero illo membro quod simul

---

88 *A B om.*   89 *A B* iis   92-93 *A B om.*   95-98 *A B om.*   9 *A B om.*   13 *A B* mundi
15-19 *A B* Declarat nunc, quomodo filii Dei sint, qui Spiritu Dei aguntur, ab effectu sumpta
ratione. Quandoquidem hanc certitudinem Spiritus ipse nobis affert.   19-20 *A om.*   19 *B*
om.   20 *B* coepit   20-24 *A om. B* non esse participes gratiae Christi, nisi qui eius
Spiritu renovati sunt: sed alterum membrum, quod attigerat, simul coniungit, de paterna
Dei indulgentia, qua nobis ignoscit, dum adhuc carnis infirmitate laboramus.

coniunxerat, magis insistit: nempe de paterna Dei indulgentia qua suis infirmitatem carnis, et vitia quibus adhuc laborant, ignoscit. Huius fidem nobis certam fieri docet a Spiritu adoptionis, qui nobis fiduciam precandi non dictaret, nisi gratuitam veniam obsignando.] Ac quo eam rem magis illustret, duplicem Spiritum statuit: alterum servitutis appellat, quem ex Lege concipere possumus: alterum adoptionis, qui ex Euangelio est. Illum dicit fuisse ⟨olim⟩ datum in timorem, hunc in securitatem ⟨hodie dari⟩. Ex tali contrariorum comparatione magis (ut vides) elucescit illa, quam confirmare vult, salutis nostrae certitudo. Eadem comparatione
30 utitur author epistolae ad Hebraeos, quum ait, nos non accessisse ad montem Sinai, ubi omnia terrifica sic erant, ut populus consternatus, quasi praesenti mortis denuntiatione, deprecatus sit ne verbum sibi fieret, et Moses ipse confessus sit se fuisse pavefactum: sed accessisse ad Sion montem Domini, et civitatem eius Ierusalem caelestem, ubi est mediator Novi testamenti Iesus, etc. [Ex adverbio Iterum, colligimus Legem cum Euangelio hic conferri: quia hoc inaestimabile beneficium suo adventu nobis attulit Filius Dei, ne amplius servilis Legis conditio nos constringat.] Neque tamen inde colligas, vel Spiritu adoptionis neminem ante Christi adventum fuisse praeditum: vel quicunque Legem acceperint,
40 servos fuisse, non filios. Ministerium enim Legis cum Euangelii dispensatione potius confert, quam personas cum personis. [Fateor quidem hic moneri fideles quanto cum ipsis liberalius nunc egerit Deus, quam olim cum Patribus sub Veteri testamento: externam tamen dispensationem respicit, cuius tantum ratione praecellimus: quia ut praestantior fuerit Abrahae, Mosis, et Davidis fides quam nostra, quatenus tamen in speciem sub paedagogia eos Deus continuit, nondum ad libertatem quae nobis patefacta est, progressi erant. Simul vero notandum est, consulto propter Pseudoapostolos antithesin statui inter literales Legis discipulos, et fideles, quos Christus caelestis magister non tantum oris sonitu
50 compellat, sed intus Spiritu suo efficaciter docet.] Et quanquam in Lege foedus gratiae continetur, ipsum tamen inde removet: quia [Euangelium opponens], nihil considerat nisi quod erat Legis [ipsius] proprium, nempe iubere et vetare, mortisque denuntiatione coercere transgressores⟨: adeoque Legem sua qualitate induit, qua ab Euangelio differt⟩. [Vel siquis ita malit, Legem proponit nudam, quatenus in ea Deus nobiscum

---

27 *A om.*   27-28 *A om.*   35-38 *A B om.*   41-50 *A B om.*   51-52 *A B om.*   52 *A B om.*
53-54 *A om.*   54-56 *A B om.*

---

30 *C* Heb 12.18*

operum respectu paciscitur.] Sic igitur de personis habendum est, in
populo Iudaico, quum Lex promulgaretur, ac post eam quoque promul-
gatam, eodem fidei Spiritu illuminatos fuisse pios: ideoque obsignatam
fuisse eorum cordibus spem aeternae haereditatis, cuius Spiritus arrhabo
60 est et sigillum. Hoc tantum interest, quod benignius et largiore manu
effusus est Spiritus in regno Christi. Quod si in ipsam doctrinae
dispensationem respicias, videbitur tunc primum salus certo manifestata,
quum in carne exhibitus fuit Christus: tanta obscuritate omnia sub
Veteri testamento involuta erant, praeut est Euangelii perspicuitas.
Deinde si Lex in se reputetur, nihil quam miserae servituti addictos,
mortis quoque horrore constringere homines potest: quia nihil boni
promittit, nisi sub conditione: mortem vero edicit in omnes transgressores. Quare ut sub Lege Spiritus servitutis erat qui conscientiam
formidine premebat: ita sub Euangelio est Spiritus adoptionis, qui salutis
70 nostrae testimonio animas nostras [exhilarat]. [Observa autem terrorem
servituti coniungi, quia fieri aliter non potest quin Lex misera inquietudine vexet ac cruciet animas quandiu suum imperium exercet. Quare illis
pacandis non aliud remedium est quam ubi Deus nobis delicta condo-
nans, quasi pater filiis indulget.]   **Per quem clamamus.** Personam ideo mutavit, ut sortem omnium sanctorum communem exprimeret: acsi dixisset, Spiritum accepistis, per quem vos, ut nos reliqui omnes
fideles, clamatis. Habetque mimesis non minimam emphasin, quod in
persona fidelium Patris nomen enuntiat. Duplicatio appellationis per
diversas voces, ⟨amplificationem continet.⟩ ⟨Significat enim Paulus, ita
80 nunc per totum mundum publicatam esse Dei misericordiam, ut promiscue linguis omnibus invocetur: quemadmodum Augustinus observat.
ergo inter omnes gentes consensum exprimere voluit.⟩ [Unde sequitur
nihil iam differre Graecum a Iudaeo quum inter se coaluerint. Aliter
loquitur Propheta Iesaias, denuntians linguam Chanaan omnibus fore
communem: eodem tamen sensu, quia non externum idioma respicit, sed
cordis harmoniam in colendo Deo, et in profitendo vero et puro eius
cultu idem et simplex studium.] ⟨Clamoris nomen ad fiduciam exprimendam positum est, acsi diceret non dubitanter nos precari, sed intrepide
claram vocem attollere in caelum.⟩ [Vocabant quidem etiam fideles sub

---

70 *A B* consolatur   70-74 *A B om.*   79 *A* quid, praeter amplificationem, valeat, non
video. nisi quis inter varia idiomata consensum designari velit.   79-82 *A om.*   82-87 *A B*
om.   87-89 *A om.*   89-96 *A B om.*

---

81 *Augustinus, Serm de verb. Ap. 13, PL 38, 858; de Spir. et Lit. Cap. 32 (56), PL 44,*
236   84 *C* Isa 19.18*

90 Lege Deum Patrem, sed non tam libera fiducia, quum procul eos a
Sanctuario velum arceret: nunc autem ubi Christi sanguine patefactus est
nobis ingressus, familiariter et quasi pleno ore gloriari licet nos esse filios
Dei: unde nascitur hic clamor. Denique ita impletur Oseae vaticinium,
Dicam illis, Populus meus vos: illi vicissim respondebunt, Tu Deus
noster. Nam quo apertior est promissio, eo etiam maior precandi
libertas.]

16 **Ipse enim Spiritus.** [Non simpliciter dicit testem esse Spiritum Dei
spiritui nostro, sed compositum verbum usurpat, quod vertere liceret,
Contestatur, nisi aliud Latinis esset contestatio. Intelligit autem Paulus,
100 Spiritum Dei tale nobis testimonium reddere, ut eo duce et magistro,
spiritus noster statuat firmam esse Dei adoptionem. Neque enim sponte
mens nostra nisi praeeunte Spiritus testimonio, hanc nobis fidem dictaret. Porro est hic] exegesis [proximae] sententiae. nam dum nobis testatur
Spiritus, nos esse Dei filios, simul hanc animis nostris fiduciam ingerit, ut
Deum audeamus invocare Patrem. ⟨Et certe quum sola cordis fiducia os
nobis aperiat, nisi de paterno Dei amore Spiritus testimonium cordibus
nostris reddat, mutae ad concipiendas preces linguae erunt. Tenendum
enim semper illud principium est, Non aliter Deum rite nos precari, nisi
ut ore patrem vocamus, ita talem esse certo simus in animis nostris
10 persuasi.⟩ [Cui alterum quoque respondet, Non aliter quam Dei invocatione fidem nostram probari. Itaque non abs re Paulus nos ad hoc
examen revocans, tunc demum constare ostendit quam serio quisque
credat, ubi se precibus exercent qui gratiae promissionem amplexi sunt.]
Atque hic egregie refutantur nugae illae Sophistarum de morali coniectura: quae nihil aliud est quam incertitudo, et animi anxietas, imo potius
vacillatio et hallucinatio. Simul respondetur eorum obiectioni: rogant
quomodo Dei voluntatem homo perspectam habere queat. Atqui haec
non humani captus est certitudo: sed testimonium Spiritus Dei, ⟨ut
fusius tractat in priore ad Corinth. epist. unde etiam petenda est huius
20 loci plenior expositio⟩. Stat itaque sententia, Neminem posse nominari
Dei filium, qui non se talem agnoscat: quae cognitio, scientia ab
Iohanne, ad denotandam certitudinem, vocatur.

17 **Si vero filii.** Argumento ab ⟨annexis vel consequentibus⟩ ducto

---

97-3 *A B om.* 3 *A B* prioris 5-10 *A om.* 10-13 *A B om.* 18-20 *A om.* 23 *A*
adiunctis ceu annexis

---

93 *C* Hos 2.23* 14 *See note to p. 103, line 58* 19 *I Cor 2.10-6; see Calvinus,
Comment. ad loc., CO 49, 340-6* 22 *C* I Jn 5.19-20*

probat, in eo constare salutem, si Patrem habeamus Deum. Filiis
destinata est haereditas: quando igitur nos sibi in filios Deus adoptavit,
simul haereditatem quoque destinavit nobis. Deinde subindicat qualis sit
haereditas, nempe caelestis, ideoque incorruptibilis et aeterna, et qualis
in Christo manifestata fuit. qua manifestatione et omnis incertitudo
tollitur, et commendatur haereditatis excellentia, quam participamus
30　cum ipso Dei unigenito. [Quanquam Pauli consilium est, ut paulo post
melius liquebit, haereditatem nobis promissam splendide extollere, ut ea
contenti, fortiter mundi illecebras spernamus, et patienter feramus
quicquid molestiarum nobis in mundo incumbit.]　　　　**[Siquidem
compatimur.**] Variae huius loci sunt interpretationes, sed mihi sensus iste
prae aliis omnibus arridet, Nos Christi cohaeredes esse, modo ad
cernendam haereditatem, eadem qua ipse via [progressus est, ipsum
sequamur]. Atque ita quod mentionem Christi iniecit, eo quoque voluit
ad hanc cohortationem transitum facere, velut his gradibus, Dei haereditas ideo nostra est quia in filios, eius gratia sumus adoptati. Ac ne dubia
40　sit, eius possessio iam Christo delata est, cuius facti sumus consortes.
Atqui eam Christus per crucem adiit: ergo et nobis eo modo adeunda est.
Neque timendum est quod verentur quidam, ne sic gloriae aeternae
causam laboribus nostris [transcribat Paulus]. siquidem haec loquendi
formula, Scripturae insolita non est: sed ordinem potius, quem in salute
nobis dispensanda sequitur Dominus, quam causam, denotat. [Nam
antehac satis asseruit gratuitam Dei misericordiam contra operum
merita. nunc dum ad patientiam nos hortatur, non disputat unde nobis
proveniat salus, sed quo modo suos Deus gubernet.]

　　18　**Existimo certe.** Tametsi non inepte omnino faciunt qui hoc
50　accipiunt in modum correctionis: malo tamen ad [cohortationem ampli-
ficandam] referre vice anticipationis: ut sit sensus, Neque vero molestum
esse nobis debet si ad caelestem gloriam nobis per varias afflictiones
procedendum est, quandoquidem illae si cum magnitudine gloriae huius
conferantur, levissimi sunt momenti. ⟨Futuram gloriam pro aeterna
posuit: sicuti afflictiones mundi vocat, quae subito transeunt.⟩ Hinc
liquet, pessime intellectum hunc locum a Scholasticis, ex quo frivolam

---

30-33 *A B om.*　　　33-34 *A B* Si tamen et una cum ipso affligimur.)　　　36-37 *A B*
progrediamur　43 *A B* transcribamus　　45-48 *A B om.*　　50-51 *A B* cohortationis
amplificationem　　54-55 *A om.*

---

56 *Biel, In Sent. Lib. II, Dist. XXVII, Tom. 2, p. 138*[b]　　*Caietan, ad loc.,*
XXV(K)-XXVI(A). But note Soto: Respuunt quoque vocem 'condignae' vertuntque
'pares' ne probare videantur scholasticum verbum 'condigni meriti'. *p. 224*[a]

suam distinctionem congrui et condigni hauserunt. Neque enim dignitatem utriusque confert Apostolus : sed gravitatem crucis tantum elevat,
comparatione magnitudinis gloriae, idque ad confirmandos patientia
60 fidelium animos.

19 *Siquidem intenta expectatio creaturae, revelationem filiorum Dei*
expectat.
20 *Vanitati enim creatura subiecta est non volens, sed propter eum, qui*
subiecit ipsam in spe.
21 *Quoniam ipsa quoque creatura asseretur a servitute corruptionis, in*
libertatem gloriae filiorum Dei.
22 *Novimus enim, quod creatura universa congemiscit, et ad hunc diem*
parturit.

[19 **Intenta expectatio creaturae.**] Patientiae, ad quam hortatus erat,
70 exemplum nobis extare docet in ipsis quoque mutis creaturis. sic enim,
omissa expositionum varietate, hunc locum accipio, Nullum esse elemen-
tum, nullamve mundi partem, quae non veluti praesentis miseriae
agnitione tacta, in spem resurrectionis intenta sit. Et duo quidem
proponit, Creaturas omnes laborare: spe tamen sustineri. Unde etiam
apparet quam immensum sit aeternae gloriae pretium quod omnia in sui
desiderium excitare ac rapere potest. Porro loquutio ista, **Expectatio**
expectat, etsi paulo est inusitatior, habet tamen convenientissimum
sensum: significare enim voluit, magna anxietate constrictas, et magno
desiderio suspensas creaturas, expectare diem illum, qui gloriam filiorum
80 Dei [palam] exhibebit. ⟨Revelationem filiorum vocat, quum similes Deo
erimus: quemadmodum Iohannes dicit. quanvis enim sciamus nos esse
eius filios, nondum tamen apparuit (1. Iohan. 3. 2).⟩ [Retinui autem
Pauli verba, quia mihi audacior quam par sit, visa est Erasmi versio,
Donec palam fiant filii Dei: neque tamen satis exprimere Apostoli
mentem. Non enim intelligit patefactum iri Dei filios extremo die: sed
palam tunc fore quam optabilis et beata sit eorum conditio, ubi exuti sua
corruptione, caelestem gloriam induent. Nam spem creaturis, quae sensu
carent, ideo tribuit, ut fideles, oculos aperiant ad conspectum invisibilis
vitae, quanvis adhuc sub deformi habitu lateat.]

69 *A B om.*   80 *A B om.*   80-82 *A om.*   82-89 *A B om.*

83 *Eras L¹* : revelationem filiorum dei expectat   *Eras L²⁻⁵* : expectat ut palam fiant filii
dei

90 20 **Vanitati enim subiecta.** Declarat expectationis finem [a contrario]. quia enim creaturae nunc corruptioni obnoxiae, non ante instaurari possunt, quam filii Dei in integrum restituantur, ideo suam instaurationem expetentes, in manifestationem regni caelestis respiciunt. Vanitati subiectas dicit, quia non solido firmoque in statu permanent: sed veluti evanidae et fluxae, celeri cursu transeunt. [neque enim dubium quin vanitatem opponat integrae naturae.]   **Non volens.** Quum sensus nullus insit talibus creaturis, voluntas certe pro inclinatione naturali accipienda est, secundum quam universa rerum natura in conservationem ac perfectionem suam fertur. invita igitur et repugnante
100 natura, vim patitur quicquid detinetur sub corruptione. [Sed singulas mundi partes κατὰ προσωποποιίαν tanquam sensu praeditas inducit: quo magis nos stuporis nostri pudeat, nisi caduca mundi fluctuatio quam conspicimus, altius nos erigat.]   **Sed propter eum.** [Obedientiae exemplum in creaturis omnibus proponit, et eam addit ex spe nasci, quia hinc Soli et Lunae, stellisque omnibus ad assiduum cursum alacritas: hinc terrae ad fructus gignendos sedulitas obsequii, hinc aeris indefessa agitatio, hinc aquis ad fluxum promptus vigor, quia Deus suas quibusque partes iniunxit: nec tantum praeciso imperio mandavit quid fieri vellet, sed spem renovationis intus simul indidit. Nam in tristi dissipatione,
10 quae Adae lapsum sequuta est, singulis fere momentis diffluereet tota mundi machina, et singulae partes fatiscerent, nisi eas aliunde fulciret arcana quaedam stabilitas. Nimis ergo turpe esset, minus in filiis Dei valere arrham Spiritus, quam in mortuis creaturis arcanum instinctum. Ergo] utcunque alio naturaliter inclinent creaturae, quia tamen placitum est Deo eas sub vanitatem redigere, eius imperio obtemperant: et quia melioris conditionis spem ille fecit, in ea se sustentant, desiderium suum differentes, donec promissa sibi incorruptio reveletur. προσωποποιία est, quod spem illis attribuit, ut prius, velle et nolle.

21 **Quoniam [ipsa quoque.]** Ostendit quomodo in spe subiecta sit
20 creatura vanitati: quia scilicet futurum est ut aliquando eximatur: quemadmodum testatur Iesaias, et Petrus clarius etiamnum modo confirmat. Hinc sane reputare convenit quam horribilem maledictionem meriti simus: quum nostrorum vitiorum innoxiae omnes creaturae a

90 *A B om.*   95-96 *A B om.*   100-3 *A B om.*   3-14 *A B om.*   19 *A B* et ipsa liberabitur.)

21 [*Isa 65.17*]   [*II Pet 3.13*]

terra usque ad caelum poenas luant. nam quod laborant sub corruptione,
id nostra culpa fit. Ita condemnatio generis humani caelo ac terrae
creaturisque universis impressa est. Rursum hinc apparet in quantam
gloriae excellentiam evehendi sint filii Dei, ad quam amplificandam et
illustrandam creaturae omnes innovabuntur. [Porro non intelligit consortes eiusdem gloriae fore creaturas cum filiis Dei, sed suo modo
30 melioris status fore socias: quia Deus simul cum humano genere orbem
nunc collapsum in integrum restituet. Qualis vero futura sit integritas illa
tam in pecudibus quam in plantis et metallis, curiosius inquirere neque
expedit, neque fas est: quia praecipua pars corruptionis est interitus.
Quaerunt arguti, sed parum sobrii homines, an immortale futurum sit
omne animalium genus: his speculationibus si fraenum laxetur, quorsum
tandem nos abripient? Hac ergo simplici doctrina contenti simus, tale
fore temperamentum, et tam concinnum ordinem, ut nihil vel deforme,
vel fluxum appareat.]

[22 **Novimus enim quod.**] Eandem iterum sententiam repetit, quo
40 transitum ad nos faciat: etsi vim ac formam habet conclusionis quod
nunc dicitur. Ex eo enim quod creaturae sunt corruptioni obnoxiae,
idque non appetitu naturali, sed Dei ordinatione, deinde quod spem
habent exuendae olim corruptionis, sequitur eas congemiscere instar
mulieris parturientis, donec liberatae fuerint. [Est autem aptissima haec
similitudo, ut sciamus gemitum hunc de quo loquitur, non inanem nec
mortuum esse: quia tandem fructum laetum ac foelicem pariet. Summa
est, Creaturas neque praesenti statu contentas esse, neque tamen ita
laborare ut sine remedio tabescant: sed parturire, quia eas manet
instauratio in melius. Quum autem Congemiscere dicit, non intelligit
50 ipsas simul inter se mutua anxietate constringi, sed comites nobis
adiungit.] [Particula Hactenus, vel Ad hunc usque diem, ad levandum
diuturni langoris taedium pertinet. Nam sit tot seculis durarunt in suo
gemitu creaturae, quam inexcusabilis erit nostra mollities vel ignavia, si
in brevi umbratilis vitae curriculo deficimus?]

23 *Non solum autem, sed ipsi quoque qui [primordia] Spiritus habemus:
nos inquam ipsi in nobis ipsis gemimus, adoptionem [expectantes], redemptionem corporis nostri.*

28-38 *A B om.*   39 *A B* Scimus omnem creaturam congemiscere.)   44-51 *A B om.*
51-54 *A B* Quod ait, Hactenus, perinde valet, atque si dictum esset, quandiu hic rerum
status durat.   55 *A B* primitias   56 *A B* expectando

24 *Spe enim salvi facti sumus: spes vero quae* [*conspicitur*], *non est*
spes: quod enim [*conspicit*] *quis, quomodo etiam speret?*

60   25 *Si ergo quod non* [*conspicimus*], *speramus: per patientiam expecta-*
mus.

[23 **Non solum.**] Sunt qui putent Apostolum exaggerare hic voluisse
futurae nostrae beatitudinis dignitatem, ex eo quod ardenti desiderio
ipsam omnia expetant: neque solum irrationalia, sed nos quoque Spiritu
Dei regenerati. Quae sententia defendi quidem potest, mihi tamen
videtur [comparatio esse maioris et minoris]: acsi diceret, Tanti est ipsis
quoque elementis sensu ac ratione carentibus futurae gloriae nostrae
excellentia, ut quodam eius desiderio flagrent: multo magis nos qui
Spiritu Dei sumus illuminati, et spei firmitudine, et studii contentione ad
70 tantam boni magnitudinem aspirare [et eniti] convenit. Ac duplicem
affectum requirit in fidelibus, [nempe] ut praesentis miseriae sensu
gravati, ingemiscant: patienter nihilominus liberationem expectent.
⟨Vult enim futurae beatitudinis expectatione erectos, animi altitudine
superare omnes praesentes aerumnas: ut non reputent quales ⌜sint⌝ nunc,
sed quales futuri sint.⟩   **[Ipsi] qui primordia.** Quod alii Primitias interpretantur [raram et eximiam praestantiam, mihi nullo modo
placet: ideoque ad vitandam ambiguitatem vertere liceret] Primordia.
Non enim de solis Apostolis, quemadmodum illi, dictum accipio: sed de
universis fidelibus qui in hoc mundo guttulis duntaxat Spiritus aspersi,
80 vel certe quum optime profecerunt, certa eius mensura praediti, a
complemento [adhuc] non parum absunt. Haec igitur sunt Apostolo
primordia [vel primitiae quibus integer proventus opponitur. Nam quia
nondum plenitudine donati sumus, non mirum est inquietudine nos
moveri]. Quod autem repetit **nos ipsi,** et subiungit **in nobis ipsis,** ad
epitasin id facit, quo ardentius desiderium exprimat. Nec desiderium
modo nominat, sed gemitum : quia ubi sensus miseriae, illic et gemitus.
          Adoptionem expectantes. [Improprie quidem, sed non sine

---

58 *A B* videtur   59 *A B* videt   60 *A B* videmus   62 *A B om.*   66 *A B* argumentum esse
a minori   70 *A B om.*   71 *A B om.*   73-75 *A om.*   74 *B* sunt   75 *A B* Nos ipsi
76-77 *A B* pro eo reddidi   81 *A B om.*   82-84 *A B om.*   87-99 *A B* Iam quidem et
peracta est nostra adoptio: et, arabone dato, nobis confirmata. superest tamen eius
manifestatio. scimus, inquit Ioannes, quod sumus filii Dei: sed nondum apparuit. Verbo
igitur suo et Spiritu iam nos Dominus adoptavit sibi in filios, re autem ipsa exhibebit
adoptionem, cum nos in regni sui haereditatem collocabit. sic intelligendum, quod per
exegesin de redemptione corporis subiungit. Nam tametsi Christi morte adimpleta fuit
nostra redemptio: eo tamen bono nondum fruimur, donec ex hac ereptos humilitate,
gloriae suae per resurrectionem Dominus nos conformabit.

optima tamen ratione adoptio hic vocatur haereditatis ad quam adoptati sumus fruitio. Significat enim Paulus decretum illud Dei aeternum, quo
90 nos sibi ante mundum conditum elegit in filios, de quo nobis per Euangelium testatur, et cuius fidem per Spiritum cordibus nostris obsignat, irritum fore nisi certa sit promissa resurrectio, quae illius est effectus. Quorsum enim Deus nobis est pater, nisi ut terrena peregrinatione defunctos, caelestis nos haereditas excipiat? Eodem spectat quae mox subiiciter **corporis redemptio.** Sic enim solutum fuit a Christo redemptionis nostrae pretium, ut tamen mors adhuc suis vinculis nos ligatos teneat, imo eam intus gestemus: unde sequitur, inane ac infructuosum fore mortis Christi sacrificium, nisi fructus in caelesti renovatione appareat.]

100 24 **Spe enim salvi.** [Alio argumento Paulus exhortationem suam confirmat, quia scilicet a specie mortis salus nostra separari nequeat, quod probat ex spei natura. Nam quum spes ad res nondum compertas se extendat, et mentibus nostris rerum quae absconditae sunt ac procul remotae imaginem repraesentet, quicquid vel palam cernitur, vel manu tenetur, non potest sperari. Atqui pro confesso sumit Paulus quod negari non potest, quandiu versamur in mundo, salutem nostram in spe sitam: unde sequitur longe supra sensus nostros apud Deum esse repositam. Quod dicit non esse spem quae conspicitur, dura quidem loquutio est, sed quae sensum non obscurat. Simpliciter enim docere vult, quum spes
10 futuri boni sit, non praesentis, cum aperta possessione nunquam esse coniunctam. Ergo siquibus grave est ingemiscere, ordinem a Deo positum evertant necesse est, qui non prius suos ad triumphum vocat, quam in tolerantiae militia exercuerit. Atqui quum Deo visum fuerit salutem nostram quasi in sinu clauso fovere, nobis expedit in terra laborare, premi, lugere, affligi, imo iacere quasi semimortuos, vel mortuis similes. Nam qui visibilem salutem appetunt, ab ea se abdicant, spei renuntiantes quae eius custos est Divinitus ordinata.]

25 **Si [ergo] quod non [conspicimus].** Argumentum ab antecedenti ad consequens: quia spem necessario sequitur patientia. Nam si molestum

---

100-17 *A B* Ne grave sit nobis ingemiscere, neve desiderium nostrum fatiscat, ostendit ab ordine, quem in salute nobis dispensanda servare, Domino visum est: id quoque nobis expedire, ut hic laboremus, affligamur, lugeamus. Quod ut probet, pro confesso assumit, quod negari non potest: salutem nostram esse nunc in spe sitam. Deinde a propria spei natura arguit, salutem nostram in occulto esse, si speratur. speramus enim, quae non apparent. Quod autem dicit, spem, quae videtur, non esse spem: impropria est locutio sed apertus sensus. Nempe, cum spes futuri sit, non praesentis boni, cum certa possessione nunquam esse coniunctam. 18 *A B* vero 18 *A B* videmus

20 est bono carere quod desideres: nisi patientia te sustineas ac soleris, desperatione concidas oportet. Spes ergo patientiam semper secum trahit. Ita est aptissima conclusio, [evanescere quicquid Euangelium de resurrectionis gloria promittit, nisi] crucem et tribulationes patienter ferendo, praesentem vitam transigamus. Si enim vita invisibilis est, mortem oportet habere prae oculis: si invisibilis gloria, ergo praesens ignominia. Itaque si vis paucis complecti totum hunc locum, in hanc formam argumenta Pauli digeras, Piis omnibus salus in spe est reposita: proprium spei est, futuris et absentibus bonis intentam esse: ergo salus fidelium est abscondita. Iam spes non nisi per patientiam sustinetur: ergo
30 non consummatur salus fidelium nisi patientia. Porro habemus hic notabilem locum, quod patientia sit individua fidei comes. cuius rei in promptu est ratio, quia, dum melioris conditionis spe nos consolamur, mollescit ac mitigatur praesentium miseriarum sensus, ne sint adeo toleratu difficiles.

26 *Similiter vero Spiritus etiam [coopitulatur] infirmitatibus nostris. non enim quid oraturi simus quemadmodum oportet, novimus: verum Spiritus ipse intercedit pro nobis gemitibus inenarrabilibus.*

27 *Qui vero scrutatur corda, novit cogitationem Spiritus, quod secundum Deum intercedit pro sanctis.*

40 [26 **Similiter vero Spiritus, etc.**] [Ne exciperent fideles se magis esse imbecillos, quam ut ferendis tot ac tam duris oneribus pares essent, Spiritus subsidium illis proponit quod ad superandas omnes difficultates abunde sufficit. Non est ergo cur quisquam queratur crucis tolerantiam] supra suas vires [esse, quando caelesti] virtute roboramur. [Et magna est vis] Graeci [verbi] συναντιλαμβάνεσθαι, quod scilicet partes oneris quo nostra infirmitas gravatur, ad se recipiens Spiritus, [non modo] auxiliatur [nobis] et succurrit, [sed perinde nos sublevat acsi ipse nobiscum onus subiret]. Et in voce Infirmitates, pluralis numerus suam habet [αὔξησιν. Nam quia experientia ostendit, nisi Dei manu fulciamur, innumeras

---

22-23 *A B* nihil nobis expectandum esse boni a Deo, nisi ut,   35 *A B* opitulatur   40 *A B om.*   40-43 *A B* Hoc Spiritus subsidium, quo adiuvatur patientia nostra: ideo primum subiecit, quo certius intelligamus, Dei ordinatione sic fieri, ut ingemiscendo, ad redemptionem nostram enitamur, quandoquidem per Spiritum suum tales gemitus excitat. deinde ne quis conqueratur, etiam si expediat crucem tolerare, id tamen esse   44 *A B* siquidem ad id, Dei   44-45 *A B* Magna autem vis est   45 *A B* vocabuli   46 *A B* ita   47 *A B* ei   47-48 *A B om.*   48-55 *A B* αὔξησιν, ad exprimendum, protinus fore, ut omni ex parte concidamus, nisi eius virtute fulciamur.

50 ruinas protinus instare: admonet Paulus etiam si omni ex parte simus
debiles, ac variae infirmitates lapsum nobis minentur, satis fore praesidii
in Dei Spiritu, ne unquam labefactemur, vel ulla malorum congeries nos
obruat. Caeterum hae Spiritus suppetiae certius nos docent Dei ordinatione sic fieri, ut per gemitus et suspiria ad redemptionem nostram
enitamur.]   ⟨**Non enim quid**⟩ **oraturi.** Supra de. [Spiritus testi-
monio] loquutus fuerat, quo Deum cognoscimus nobis esse patrem, [et
quo freti, audemus] ut patrem invocare: nunc [secundum istud invocatio-
nis membrum iterum repetens,] dicit nos [ab eodem Spiritu doceri]
quomodo [invocandus sit], et quid precibus [ab eo sit petendum]. [Et
60 opportune anxiis piorum desideriis preces attexuit, quia non ideo
aerumnis eos Deus affligit ut intus caecum dolorem vorent, sed ut se
exonerent precando, atque ita fidem suam exerceant.] Quanquam autem
[diversas huius loci expositiones afferri scio, mihi tamen videtur Paulus
hoc simpliciter velle, caecos esse nos in rogando Deo: quia etsi mala
nostra sentimus, magis tamen implicitae sunt ac confusae mentes
nostrae, quam ut recte eligant quid conveniat, vel expediat. Siquis
excipiat, regulam nobis in verbo Dei praescribi: respondeo, affectus
nostros nihilominus manere tenebris oppressos donec eos luce sua
Spiritus dirigat.]   [**Verum**] **Spiritus ipse intercedit.** [Quanvis
70 nondum re ipsa vel eventu appareat, preces nostras fuisse a Deo
exauditas, colligit tamen Paulus in ipso precandi studio iam lucere
caelestis gratiae praesentiam: quia nemo sancta et pia vota sponte
conciperet. Effutiunt quidem increduli suas preces, sed cum mero Dei
ludibrio, quia in illis nihil est vel sincerum, vel serium, vel rite compositum. Quare bene precandi modum a Spiritu dictari necesse est: ideo
vocat gemitus inenarrabiles, in quos Spiritus impulsu erumpimus, quia
ingenii nostri captum longe excedunt.] Interpellare [autem] dicitur Spiritus Dei, non quod ipse re vera [suppliciter se ad precandum vel
gemendum demittat], sed quod [in animis nostris excitet] ea vota quibus
80 [nos solicitari] convenit: deinde [corda nostra sic afficiat, ut suo ardore in
caelum usque penetrent.] [Atque] ita loquutus est [Paulus], quo signifi-

---

55 *A* Nam id quod   55-56 *A B* testimonio Spiritus   56-57 *A B* quo audeamus,
57-58 *A B om.*   58 *A B* edoceri ab eodem Spiritu,   59 *A B* sit invocandus   59 *A B*
postulandum   59-62 *A B om.*   63-69 *A B* variae afferuntur huius loci expositiones: ego
tamen ita intelligo, Quid orare conveniat, aut expediat, nescimus ipsi, caeci enim hic sumus.
69 *A B* Sed   69-77 *A B om.*   77 *A B om.*   78-79 *A B* precetur vel ingemiscat   79 *A B*
animos nostros excitet ac erigat ad   80 *A B* solicitari eos   80-81 *A B* afficiat suspiriis ac
gemitibus corda nostra, quae nec concipere naturali instinctu, nec sponte praemeditari
queant.   81 *A B* Verum   81 *A B om.*

cantius id totum tribueret Spiritus [gratiae. Iubemur quidem pulsare, sed nemo sponte praemeditari vel unam syllabam poterit, nisi arcano Spiritus sui instinctu nos Deus pulset, adeoque sibi corda nostra aperiat.]

27 **Qui vero scrutatur corda[, novit cog.**] Insignis ratio ad confirmandam nobis fiduciam, quod a Deo exaudiamur dum per eius Spiritum precamur. Nostra enim vota familiariter ipse novit, utpote Spiritus sui cogitata. Et hic verbi Nosse, adnotanda est proprietas: significat enim, Deus non ut novos et insolentes illos Spiritus affectus non animadverte-
90 re, vel tanquam absurdos reiicere: sed agnoscere, et simul benigne excipere ut agnitos sibi et probatos. [Ergo sicut nuper testatus est Paulus, iam Deum nobis auxiliari, dum nos quasi in gremium suum deducit: ita nunc alterum solatium adiungit, vota nostra quorum ipse moderator est, minime frustratum iri. Additur etiam continuo post ratio, quia nos ita ad arbitrium suum conformat. Unde sequitur, irritum esse non posse quod eius voluntati consentaneum est, qua omnia reguntur.] [Hinc] [quoque] discamus, primas tenere partes in oratione consensum cum voluntate Domini: quem nostra ipsorum desideria minime [alligatum] tenent. Quare si orationes nostras acceptas esse Deo volumus, rogandus ipse ut
100 eas moderetur ad suum arbitrium.

28 *Novimus autem quod iis qui diligunt Deum, omnia cooperantur in bonum: iis scilicet qui secundum propositum vocati sunt sancti.*

29 *Quoniam quos praecognovit, etiam praefinivit conformes imaginis Filii sui: ut sit ipse primogenitus inter multos fratres.*

30 *Quos vero praefinivit, eos et vocavit: et quos vocavit, eos etiam iustificavit: et quos iustificavit, eos etiam glorificavit.*

[28 **Novimus autem.**] Ex supradictis nunc concludit, tantum abesse quin salutem nostram remorentur huius vitae [aerumnae], ut sint potius eius adminicula. Nec obest quod illativam particulam posuit, quum illi
10 non sit novum, adverbia sic confundere: quanquam haec conclusio simul anticipationem continet. Obstrepit enim hic [carnis sensus], Minime apparere quod Deus vota nostra exaudiat, quando eodem semper cursu procedunt nostrae afflictiones. [Itaque Apostolus occupat, Quanvis non

---

82-84 *A B* gratiae, quod ad iustos ac legitimas precationes instituuntur mentes nostrae et corda excitantur.   *B* [*continuing*] Idque in eum finem, ut statuamus, non frustratum iri nostra desideria, quorum dux et moderator est Dei Spiritus.   85 *A B om.*   91-96 *A B om.* 96 *A B* ¶ Qui secundum Deum.) Hinc   96 *A B om.*   98 *A B om.*   7 *A B om.*   8 *A B* calamitates   11 *A B* stultitia humana   13-23 *A B* Hic ergo Apostolus occupat: Etiam si affligamus, modo in Deum intendamus cogitationem, in bonum nobis ac salutem id cedere. Memineris autem Paulum, per vocem, Omnia, nihil quam res adversas designare.

statim succurrat suis Deus, non tamen eos deserere: quia miro artificio,
quae videntur incommoda, in eorum salutem convertat. Siquis malit
seorsum legere hanc sententiam, ut novo argumento contendat Paulus,
non aegre vel moleste ferendas esse res adversas, quae salutem adiuvant,
non repugno. Interea non obscurum est consilium Pauli, Licet promiscue
similibus malis obnoxii sint electi et reprobi, longum tamen esse discri-
20 men: quia Deus fideles afflictionibus erudiens, eorum salutem procuret.
Tenendum vero est, Paulum non nisi de rebus adversis loqui: acsi dixisset
Divinitus sic temperari quaecunque sanctis accidunt, ut quod mundus
noxium esse putat, exitus utile esse demonstret.] Nam tametsi verum est
quod ait Augustinus, [peccata quoque sua, ordinante Dei providentia,
sanctis adeo non nocere, ut potius eorum saluti inserviant]: ad hunc
tamen locum non pertinet, [ubi] de cruce [agitur]. Notandum vero quod
pietatis summam sub dilectione Dei complexus est: ut revera inde pendet
universum iustitiae studium.   **Iis qui secundum propositum.**
Videtur [addita esse haec particula] instar correctionis: nequis [putaret,
30 fideles quia Deum diligunt, suo merito hoc consequi ut tantum ex rebus
adversis] fructum percipiant. [scimus enim, ubi de salute agitur, libenter
homines a seipsis incipere, fingereque sibi praeparationes quibus Dei
gratiam antevertant. Ergo Paulus quos vocavit Dei cultores, eosdem
prius ab eo fuisse electos docet. Certum est enim ideo notari ordinem, ut
sciamus a gratuita Dei adoptione tanquam a prima causa pendere, quod
sanctis omnia in salutem succedunt. Imo ostendit Paulus, fideles Deum
non prius diligere, quam ab ipso vocati sint: sicuti alibi admonet,
prius Galatas a Deo fuisse cognitos, quam ipsum cognoscerent. Verum
quidem est hoc Pauli, nullis prodesse in salutem afflictiones, nisi qui
40 Deum amant: sed aeque verum est illud Iohannis, tunc demum incipere a
nobis diligi, ubi nos gratuito amore praevenit. Porro vocatio de qua hic
loquitur Paulus, late patet. Neque enim ad manifestationem electionis,
cuius paulo post fiet mentio, debet restringi, sed simpliciter humano
cursui opponitur: acsi dixisset Paulus, Fideles non sibi acquirere pietatem proprio motu, sed Dei manu potius adduci, quatenus eos sibi in

---

24-25 *A B* etiam peccata, quae pii admittunt, ipsorum saluti, sic ordinante Dei providentia,
inservire   26 *A B* qui peculiariter   26 *A B* loquitur   29 *A B* haec particula addita esse
29-31 *A B* existimaret, hoc homines mereri sua in Deum dilectione, ut a tribulationibus
tantum bonorum   31-50 *A B* Ostendit enim, qui sint illi, qui Deum diligunt. Nempe, quos
pro gratuita sua voluntate Dominus in sanctorum suorum societatem vocavit. Ubique enim
in Scripturis propositum Dei hominum operibus opponitur. Vocationem autem posuit pro
cooptatione.

---

24 *Augustinus, de Corrept. et Grat. 9,24, PL 44,930*   38 *C* Gal 4.9*   40 [*I Jn 4.10,19*]

peculium deligit. Propositi nomen, quicquid ab hominibus fingitur mutuo afferri, diserte excludit : acsi negaret Paulus, alibi quaerendas esse electionis nostrae causas, quam in arcano Dei beneplacito : quod melius ex primo ad Ephes. capite patet. item 2. ad Timoth. primo, ubi etiam
50 antithesis huius propositi et iustitiae humanae diserte exprimitur.] Dubium tamen non est quin [Paulus] ideo [hic] nominatim [dixerit] salutem nostram fundari Dei electione, ut transitum inde [ad id faceret] quod protinus subiecit, [eodem] scilicet [caelesti decreto nobis destinatas esse afflictiones quae nos Christo configurent,] quo salutem nostram cum crucis tolerantia velut quodam necessitatis vinculo connecteret.

    29 **Quoniam quos [praecognovit.**] Ab ipso igitur electionis ordine demonstrat, omnes fidelium afflictiones nihil esse aliud, quam modum quo Christo conformentur : quod ipsum necessarium esse, antea testatus fuerat. Proinde non est quod nobis doleat, aut acerbum ac grave sit
60 affligi : nisi et Domini electionem, qua sumus praeordinati ad vitam, indigne ferimus : nisi gravatim ferimus imaginem filii Dei in nobis repraesentare, per quam ad caelestem gloriam praeparamur. [Dei autem praecognitio cuius hic Paulus meminit, non nuda est praescientia, ut stulte fingunt quidam imperiti : sed adoptio qua filios suos a reprobis semper discrevit. Quo sensu Petrus dicit fideles in sanctificationem Spiritus fuisse electos secundum praecognitionem Dei. Quare insulse colligunt illi quos dixi, Deum non alios elegisse nisi quos sua gratia dignos fore praevidit. Neque enim Petrus fidelibus blanditur, acsi pro suo quisque merito electus foret : sed eos ad aeternum Dei consilium
70 revocans, omni dignitate eos abdicat. Hoc etiam loco Paulus quod nuper de proposito attigerat, alio verbo repetit. unde sequitur, notitiam hanc a beneplacito pendere, quia Deus nihil extra seipsum praescivit quos voluit adoptando, sed tantum signavit quos eligere volebat. Verbum προορίζειν quod Praedestinare vertunt, ad circunstantiam huius loci refertur : quia Paulus duntaxat intelligit, Deum ita statuisse ut quoscunque adoptavit, iidem Christi imaginem gestarent : neque simpliciter dixit, Ut conformes sint Christo, sed **imagini Christi** : ut doceret vivum et conspicuum exemplar extare in Christo, quod omnibus Dei filiis ad imitationem proponitur. Summa porro est, Gratuitam adoptionem in

---

51 *A B* om.   51 *A B* om.   51 *A B* expresserit   52 *A B* faceret ad id   53 *A B* eadem
53-54 *A B* Dei electione destinatas esse nobis tribulationes, quibus Christo configuremur.
56 *A B* praecognovit etc.)   62-82 *A B* om.

---

68 [*I Pet 1.2*]

80 qua salus nostra consistit, ab hoc altero decreto inseparabilem esse, quod
nos ferendae cruci addixit: quia nemo caelorum haeres esse potest, qui
non ante unigenito Dei Filio fuerit conformis.] **Ut sit ipse
primogenitus.** Vel **ut esset.** Nam utroque [modo] resolvi potest Graecus
infinitivus εἶναι, prius tamen mihi magis probatur. Porro in Christi
primogenitura hoc tantum notare voluit [Paulus,] si praerogativam
obtinet inter omnes filios Dei Christus, merito nobis in exemplar esse
[datum], nequid detrectemus quod ille subire dignatus sit. Ergo ut
caelestis Pater ius et dignitatem quam Filio suo detulit, modis omnibus
testetur, vult omnes quos in haereditatem regni sui adoptat, eius exemplo
90 conformes fieri. [Quanvis enim diversa sit piorum in speciem conditio, ut
aliqua est inter membra humani corporis varietas: singulis tamen
connexio est cum suo capite. Itaque sicut primogenitus familiae nomen
sustinet: ita Christus in sublimi gradu locatur, non modo ut honore
emineat inter fideles, sed etiam ut communi fraternitatis nota sub se
omnes contineat.]

30 **Quos vero praefinivit, eos et vocavit.** Iam ut clariori demonstratione confirmet quam verum sit, illam cum Christi humilitate conformatio-
nem saluti nobis esse, gradatione utitur: in qua docet, sic cum vocatione,
iustificatione, gloria denique nostra, cohaerere [societatem] crucis, ut
100 nullo modo separari queant. Verum quo [melius Apostoli mentem
teneant lectores, memoria repetere convenit quod ante admonui, verbum
Praefiniendi, non electionem notare,] sed illud [Dei] propositum [vel]
decretum quo suis crucem ordinavit ferendam: [eosdem vero nunc
vocatos esse docens, significat Deum quod de illis statuit non [tenere]
penes se absconditum, sed patefecisse, ut impositam sibi legem aequo et
mansueto animo suscipiant. Vocatio enim hic ab arcana electione
distinguitur tanquam inferior. Nequis ergo exciperet, quam cuique
sortem Deus attribuerit, minime sibi constare: dicit Apostolus Deum sua
vocatione palam testari de arcano suo consilio. hoc vero testimonium
10 non in sola externa praedicatione consistit, sed adiunctam habet efficaciam Spiritus: quia de electis agitur, quos Deus non voce tantum
compellat, sed intus etiam trahit. Iustificatio non male ad continuum
Divinae gratiae tenorem posset extendi, a vocatione ad mortem usque:

---

83 *A B om.*   85 *A B* Paulus, Quod   87 *A B* debet   90-95 *A B om.*   99 *A B*
communicationem   100-2 *A B* mens eius intelligatur, sciendum est hic nomine Prae-
finitionis, vel, ut alii vertunt, Praedestinationis, non designari electionem: quam prae-
notionis verbo significavit.   2 *A B* Domini   2 *A B* ac   3-20 *A B* Vocationis nomine,
intelligitur manifestatio electionis: cum Dominus verbi sui ministerio, et Spiritus gratia, se
nobis declarat esse Patrem. Per Iustificationem, tam gratuitam, quae in Christo possidetur,
iustitiam, quam sanctificationem denotat: adeoque universum divinae beneficentiae
tenorem, a vocatione ad mortem usque.   4 *C* temere   *MS. correction of* m *to* n
in some copies.

sed quia hoc verbum in tota epistola pro gratuita iustitiae imputatione usurpat Paulus, nulla necessitas cogit ab hoc sensu deflectere. Consilium enim Pauli est, magis pretiosam compensationem nobis offerri, quam ut afflictiones refugere liceat. Quid autem magis optabile, quam Deo reconciliari, ne miseriae nostrae amplius maledictionis signa sint, neque ad interitum tendant? Ideo mox adiungit, eosdem glorificari qui cruce
20 nunc premuntur, ut nihil illis iacturae afferant aerumnae et probra.] Glorificatio etsi nondum exhibita est nisi in Capite nostro, quia tamen in eo iam quodammodo aeternae vitae haereditatem cernimus, gloria eius tantam gloriae nostrae securitatem nobis affert, ut praesenti possessioni merito aequiparetur spes nostra. [Adde quod Paulus secundum linguae Hebraicae phrasim, praeterito tempore in verbis usus est praesentis loco. Certe minime dubium est continuum actum notari, hoc sensu, Quos nunc Deus pro suo consilio sub cruce exercet, simul vocare, et iustificare in spem salutis: ut gloriae ipsorum nihil decedat dum humiliantur. Nam licet eam deforment coram mundo praesentes aerumnae: coram Deo
30 tamen et Angelis integra semper refulget.] Hoc ergo sibi vult hac gradatione Paulus, Non alio pertinere fidelium afflictiones, quibus nunc humiliantur, quam ut regni caelestis gloriam [adepti, ad gloriam resurrectionis Christi perveniant, cum quo nunc crucifiguntur].

31   *Quid ergo dicemus ad haec? si Deus pro nobis, quis contra nos?*
32   *Qui proprio Filio non pepercit, sed pro nobis omnibus tradidit eum: quomodo non etiam cum eo donaret nobis omnia?*
33   *Quis intentabit crimina adversus electos Dei? Deus est qui iustificat.*
34   *Quis ille qui condemnet? Christus est qui mortuus est, quin potius etiam suscitatus: qui et in dextera Patris est, qui et intercedit pro nobis.*

40   31 **Quid ergo.** Iam re bene [probata], erumpit in exclamationes, quibus exprimit [qua magnitudine animi praeditos esse oporteat fideles, dum res adversae eos ad desperationem solicitant. Docet autem his verbis, in paterno Dei favore consistere invictam fortitudinem, quae tentationes omnes superet. Nam scimus non aliter iudicium de amore Dei vel odio solere fieri, quam ex praesentis status intuitu. Ergo ubi infoeliciter res cadunt, moeror animos occupans, omnem fiduciam et consolationem excutit. Reclamat autem Paulus, principium altius petendum esse: ideoque praepostere ratiocinari qui in tristi militiae nostrae

24-30 *A B* om.   32-33 *A B* adipiscantur   40 *A B* comprobata   41-55 *A B* animi magnitudinem, qua debeant consistere Christiani omnes in adversitatibus. Et primum quidem, fontem securitatis ostendit: quo pium pectus quasi insultare queat omnibus creaturis.

spectaculo subsistunt. Fateor quidem Dei flagella per se irae Dei signa
50 merito censeri: sed quia in Christo benedicuntur, iubet Paulus ante
omnia paternum Dei amorem a sanctis apprehendi: ut hoc clypeo freti,
secure malis omnibus insultent. Hic enim murus nobis est aheneus, Deo
propitio nos contra omnia pericula securos fore. Neque tamen intelligit,
nihil nobis fore adversum: sed contra omne hostium genus victoriam
promittit.] **Si Deus pro nobis.** Hoc est praecipuum, adeoque
unicum fulcrum quod nos in omni tentatione sustineat. Nisi enim
habemus Deum propitium, etiam si arrideant omnia: tamen nulla certa
fiducia concipi potest. Contra autem, unus illius favor nobis satis
magnum solatium [pro omni tristitia], satis validum praesidium adversus
60 omnes malorum tempestates. Atque huc pertinent tot Scripturae testimonia, ubi sancti sola Dei virtute freti, contemnere audent quicquid in
mundo sibi adversum est: Si ambulavero in medio umbrae mortis, non
timebo mala, quoniam tu mecum es. In Domino confido, quid faciet mihi
caro? Non timebo millia populi circundantis me, etc. Nulla enim vel sub
caelo, vel supra caelum potentia est, quae brachio Dei resistere queat.
Ergo illo defensore, nulla prorsus timenda est noxa. Proinde ille demum
veram in Deum fiduciam prodit, qui protectione eius contentus, nihil ita
formidat ut animum despondeat. Concutiuntur certe fideles saepenume-
ro: sed nunquam penitus deiiciuntur. ⟨Huc in summa Apostoli consilium
70 spectat, pium animum stare interiori Spiritus sancti testimonio debere,
non autem pendere a rebus externis.⟩

32 **Qui proprio Filio non pepercit.** [Quia nostra maxime interest,
penitus de paterno Dei amore nos ita esse persuasos, ut in hac gloriatione
intrepide stemus: ideo pretium nostrae reconciliationis Paulus in medium
adducit quo confirmet Deum nobis favere.] [Et sane hoc inaestimabilis
amoris] documentum est insigne ac luculentum, quod Pater Filium
impendere in salutem nostram non dubitavit. Ex eo itaque argumentum
a maiori ad minus ducit [Paulus,] quum nihil habuerit ipso vel [charius],
vel pretiosius, vel excellentius: [nihil quod utile nobis fore provideat,
80 neglecturum]. Hic locus admonere nos debet ac expergefacere, [quid
secum nobis afferat Christus] ad contemplandas [eius] divitias. nam
ut est pignus immensae erga nos charitatis Dei, ita non nudus, aut
inanis ad nos missus est: sed caelestibus omnibus thesauris refertus,

---

59 *A B om.*   69-71 *A om.*   72-75 *A B om.*   75-76 *A B* Hoc inexplicabilis dilectionis
78 *A B* Paulus. Quod   78 *C* clarius   79-80 *A B* facile, quae multo sunt viliora, largietur
80-81 *A B om.*   81 *A B* Christi

62-64 *C* Ps 22.4 [= 23.4]   Ps 11.1 [= 56.11]   Ps 3.7 [= 3.6]*

[nequid eum possidentibus ad plenam foelicitatem desit]. Tradere autem, hic significat In mortem exponere.

33   **Quis intentabit crimina.** Prima [et summa piorum in rebus adversis consolatio est, certo persuasos esse de paterna Dei benevolentia: quia hinc et salutis certitudo, et tranquilla animae securitas: qua fit ut dulcescant res adversae, vel saltem mitigetur doloris acerbitas. Ergo ad
90 patientiam vix aptior exhortatio afferri potest, quam ubi intelligimus Deum nobis esse propitium. Ideoque hanc fiduciam Paulus consolationis facit] principium, qua [fideles decet] adversus mala omnia roborari. Quoniam autem salus hominis, accusatione primum impetitur, deinde evertitur damnatione, accusationis periculum priore loco avertit. Unus enim est Deus, ad cuius tribunal sisti nos oportet. Ille ergo quum nos iustificet, nullus restat accusationi locus. [Non videntur quidem exacte in suas partes digestae antitheses: debuerat enim potius haec duo membra inter se opponere, Quis accusabit? Christus est qui intercedit. Deinde subiicere alterum iugum, Quis condemnabit? Deus est qui iustificat. Dei
100 enim absolutio, condemnationi: et Christi patrocinium, accusationi respondet. Sed Paulus non temere alio modo transtulit, volens a summo usque ad infimum (ut loquuntur) munire fiducia Dei filios, quae longissime anxietates et metus arceret. Magis ergo emphatice colligit filios Dei non esse obnoxios accusationi quia Deus iustificat, quam si dixisset Christum esse patronum: quia melius exprimit viam iudicio eminus praeclusam esse, ubi pronuntiat iudex se a reatu prorsus eximere, quem ad poenam volebat trahere accusator. Secundae quoque antitheseos eadem est ratio. longe enim abesse ostendit fideles a subeundae damnationis periculo, quum Christus peccata expiando praevenerit Dei
10 iudicium, suaque intercessione non mortem solum aboleat, sed oblivione inducat peccata nostra, ne in rationem veniant. Summa est, non solum praesentibus remediis, ubi ad Dei tribunal ventum est, nos a terrore liberari, sed Deum longius occurrere, quo melius fiduciae nostrae consulat. Caeterum] hic animadvertendum est, quod semper antehac monuimus, Paulo nihil esse aliud Iustificari, quam Dei sententia absolutos pro iustis haberi. Neque vero difficile est in praesenti loco id evincere, ubi argumentatur a positione unius contrarii ad alterius destructionem: siquidem absolvere, et in reos recipere, contraria sunt. itaque nullam adversum nos accusationem admittet Deus, quia omni culpa nos absol-
20 vit. Nam diabolus certe accusator est piorum omnium: Lex ipsa Dei, et

---

84 *A B* ut ab ipso hauriamus omnia   86-92 *A B* Christianorum fiducia, unde in rebus caeteris patientia et tranquillitas dependet, est salutis certitudo. Hanc ergo facit consolationis   92 *A B* debent fideles   96-14 *A B om.*

propria etiam conscientia eos redarguit: sed apud eum iudicem qui eos
iustificat, nihil haec omnia proficiunt. Nullus ergo adversarius salutem
nostram quatefacere, nedum labefactare potest. Porro electos sic nominat, ut nihil addubitet se in ipsorum esse numero. Neque id ex speciali
revelatione (quemadmodum Sophistae quidam mentiuntur) sed ex communi piorum omnium sensu. Quòd ergo hic de electis dicitur, unusquisque piorum, exemplo Pauli, ad se trahat. [alioqui non modo frigida esset
doctrina, sed penitus mortua iaceret, si electionem sepeliret in arcano Dei
consilio. Sed quum sciamus, data opera hic proferri quod piorum
30 unusquisque ad se accommodare debeat, non dubium est nos omnes ad
vocationis nostrae examen adduci, ut statuamus nos esse Dei filios.]

34 **Quis [ille qui condemnet]?** Quemadmodum nullus accusando
proficere quicquam potest ubi iudex absolvit : ita nulla restat condemnatio ubi satisfactum est legibus, et iam est poena persoluta. Christus autem
is est qui supplicio nobis debito semel defunctus, eo ipso professus est se
subire nostras vices, ut nos liberaret: qui ergo posthac damnare nos
volet, Christum ipsum revocet in mortem oportet. Ille vero non mortuus
est tantum: sed per resurrectionem, mortis victor emersit, ac de eius
potentia triumphavit. Et plus etiam addit, nempe ipsum nunc sedere in
40 Patris dextera: quo significatur, ipsum caeli ac terrae dominium obtinere,
plenumque rerum omnium arbitrium ac moderationem. Sicut habetur
Eph. 1. 20. Postremo sic sedere docet, ut sit perpetuus pro salutis nostrae
defensione advocatus et intercessor. unde sequitur, Siquis nos damnare
velit, eum non modo irritam facere Christi mortem, sed bellum [cum
incomparabili eius virtute, qua eum ornavit Pater, summum ei imperium
deferens] cum tanta virtute, suscipere. Haec tanta securitas quae diabolo,
morti, peccato, et inferorum portis insultare ausit, debet piis omnibus
pectoribus insidere: quia nulla est nostra fides, nisi certo nobis persua-
deamus Christum nostrum esse, et Patrem nobis in ipso propitium. Nihil
50 ergo pestilentius, nec magis exitiale fingi potest Scholastico dogmate de
incertitudine salutis.   **Qui intercedit.** [Hoc diserte addi necesse
fuit, ne Divina Christi maiestas nos expavefaciat. Quanquam ergo e
sublimi solio pedibus suis omnia subiecta tenet, eum tamen mediatoris
persona Paulus induit: cuius conspectum horrere absurdum esset, quando non solum comiter ad se nos invitat, sed coram Patre deprecator pro
nobis apparet. Porro] hanc intercessionem carnali sensu ne metiamur.

27-31 *A B om.*   32 *A B* condemnabit   44-46 *A B om.*   51-56 *A B om.*

---

25 *Thomas Aquinas, S.Theol. II,I, qu. 112, art.5.   See Inst.(1539) Cap. V [§31], CO
1,471-2; Inst.(1559) III.ii.40, Op. sel. IV,50   50 See note to p. 103, line 60*

non enim cogitandus est supplex, flexis genibus, manibus expansis, Patrem deprecari: sed quia apparet ipse assidue cum morte et resurrectione sua, quae vice sunt aeternae intercessionis, et vivae orationis
60 efficaciam habent ut Patrem nobis concilient, atque exorabilem reddant, merito dicitur intercedere.

35   *Quis nos dirimet a dilectione Christi? tribulatio? an angustia? an persequutio? an fames? an nuditas? an periculum? an gladius?*
36   *Quemadmodum scriptum est, Quod propter te morimur quotidie, reputati sumus tanquam oves mactationi destinatae.*
37   *Sed in iis omnibus [supervincimus̨] per eum qui dilexit nos.*

35   **Quis nos dirimet.** Nunc latius illa securitas ad inferiora [extendi–tur]. Qui enim persuasus est de Divina erga se benevolentia, potis est in gravissimis afflictionibus subsistere: quae homines ideo tantopere crucia-
70 re solent vel quod Dei providentia contingere eas non cogitant: vel quod signa esse irae Dei interpretantur, vel quod arbitrantur se a Deo destitutos, vel quod nullum exitum expectant, vel meliorem vitam non meditantur, aut aliud simile. Animus vero huiusmodi erroribus purgatus facile residebit et conquiescet. Porro [sensus hic verborum est,] quicquid eveniat, [standum nobis in hac fide esse, Deum qui nos semel amore suo complexus est, nunquam abiicere nostri curam. Neque enim simpliciter dicit, nihil esse quod Deum ab amore nostri divellat: sed notitiam vivumque sensum amoris quem nobis testatur, vult ita in cordibus nostris vigere, ut in afflictionum tenebris semper luceat. Sicuti enim nebulae
80 quanvis liquidum solis conspectum obscurent, non tamen eius fulgore in totum nos privant: sic Deus in rebus adversis per caliginem emittit gratiae suae radios, nequa tentatio desperatione nos obruat: imo fides nostra promissionibus Dei tanquam alis fulta, sursum in caelos per media obstacula penetrare debet. Verum quidem est, res adversas irae Dei signa esse, si per se aestimentur: sed ubi praecessit venia et reconciliatio, statuendum est, Deum, quanvis nos castiget, nunquam tamen misericordiae oblivisci. Admonet quidem quid simus meriti, sed non minus testatur salutem nostram sibi esse curae, dum nos ad poenitentiam solicitat. **Dilectionem** vero **Christi** nominat, quia Pater in eo

---

66 *A B* superiores evadimus   67-68 *A B* se extendit   74 *A B* hunc sensum habent verba: 75-98 *A B* nunquam ita nos gradu deiiciet, quin agnoscamus nos a Deo diligi, ac eius benignitate conservari. Nulla igitur nos adversitas deprimet, nulla nos tribulatio a spe abducet, nulla angustia constantem gratiae Dei fiduciam nobis excutiet. Nam quod passive quidam amorem Dei accipiunt, quo a nobis diligitur, id nullo negotio refelletur ipsius Pauli verbis.

90 sua quodammodo viscera nobis aperuit. Quum ergo extra Christum
quaerendus non sit amor Dei, merito huc nos revocat Paulus : ut in radiis
gratiae Christi, fides nostra serenam Patris faciem conspiciat. Summa est,
nullis rebus adversis fidem hanc labefactari debere : Deo propitio nihil
nobis esse adversum. Quod passive Christi amorem quidam accipiunt
quo a nobis diligitur, acsi Paulus nos instrueret ad invictam fortitudinem : commentum hoc nullo negotio refellitur ex toto contextu Pauli, et
mox etiam scrupulum omnem eximet Paulus, amorem hunc clarius
definiens.] **Tribulatio? an anxietas? an persequutio?** [Pronomen
100 masculinum quod nuper posuit, tacitam emphasim in se continet. Nam
quum in neutro genere dicere posset, Quid nos separabit : maluit
personam mutis creaturis attribuere, ut totidem athletas committeret
nobiscum in certamen, quot tentationum species fidem nostram concu-
tiunt. Porro] [tria haec] sic inter se differunt, quod tribulatio quodlibet
[molestiae vel incommodi] genus comprehendit : [angustia vero interior
est passio, dum scilicet difficultates nos ad inopiam consilii redigunt.
Talis fuit Abrahae et Lot anxietas, dum alter uxorem suam, alter filias
prostituere coactus est : quia deprehensi et perplexi, exitum non reperiebant. Persequutio proprie tyrannicam violentiam designat, qua filii Dei
10 praeter meritum ab impiis vexantur. Etsi autem Paulus item 2. Cor. 4. 8,
filios Dei στενοχωρεῖσθαι negat, vel in angustias redigi, non tamen
secum dissidet : quia non simpliciter immunes facit ab anxia solicitudine,
sed intelligit liberari : sicuti etiam exempla Abrahae et Lot declarant.]

36 [**Quemadmodum**] **scriptum est.** Non parum momenti affert hoc
testimonium ad causam : innuit enim tantum abesse ut mortis terrore
excidere debeamus, ut sit hoc pene [fatale servis Dei], mortem habere
prae oculis velut praesentaneam. [Probabile est in illo Psalmo describi
miseram populi oppressionem sub Antiochi tyrannide : quia diserte
exprimitur, tam crudeliter in Dei cultores non alia de causa saevitum
20 fuisse, quam verae pietatis odio. Additur etiam praeclara contestatio,
quod ne sic quidem a Dei foedere desciverint : quod in primis a Paulo esse
observatum arbitror.] Nec obest quod [illic queruntur] sancti de calamitate quae eos praeter consuetudinem tunc premebat. Nam quum innocentiam suam prius testati, tot malis se gravari ostendant : convenienter
inde argumentum trahitur, non esse novum, quod sancti praeter meri-

---

98-3 *A B om.* 3 *A B* Haec tria 4 *A B* adversitatis 4-12 *A B* Anxietas est consilii
animique inopia, quae prae difficultate contingit. Quali bis deprehensus fuit Abraham, cum
uxorem, prostituere : et Loth, cum filias suas libidini Sodomitarum offerre cogeretur.
Persecutio est proprie iniuria, qua immerentes a malis hominibus vexamur. 13 *A B* An
gladius? quemadmodum 15 *A B* proprium servorum Dei 16-21 *A B om.* 21 *A B* in
Psalmo illo conqueruntur

tum, impiorum saevitiae a Domino permittuntur. Illud autem non fieri
nisi ipsorum bono, constat : quando hoc Dei iustitia esse alienum docet
Scriptura, ut perdat iustum cum impio: quin potius hoc convenire ut
rependat iis qui affligunt, afflictionem: iis autem qui affliguntur, relaxa-
tionem. Deinde pro Domino pati se affirmant: Christus autem beatos
30   pronuntiat qui [patiuntur propter iustitiam]. Quod autem aiunt se mori
quotidie, eo significant, mortem ita sibi impendere, ut talis vita nihil fere
a morte distet.

    37   [**Supervincimus**] **per eum.** Id est eluctamur semper, et emergimus.
[verbum quod Paulus usurpat, licet Latinis minus usitatum, retinui.]
Evenit quidem interdum ut [videantur] succubuisse [fideles, et attriti
iacere]: adeo Dominus [ipsos] non modo exercet, sed etiam humiliat. Hic
tamen exitus semper datur, ut [potiantur] victoria. Quo tamen [recognos-
cant] unde haec [invicta virtus, iterum repetit quod dixerat. neque enim
tantum docet, Deum quia nos diligit, manum ad nos fulciendos suppone-
40   re: sed eandem illam sententiam de Christi amore confirmat.] Atque
unum hoc verbum plus satis declarat, non loqui Apostolum de amoris
fervore quo in Deum rapimur, sed de [paterna ipsius Dei vel Christi in
nos benevolentia: cuius persuasio penitus cordibus nostris infixa, semper
ab inferis in lucem vitae nos extrahet, et satis ad fulturam nostram
valebit.]

    38   *Persuasus enim sum quod neque mors, neque vita, neque Angeli,*
neque principatus, neque virtutes, neque praesentia, neque futura,
    39   *Neque altitudo, neque profunditas, neque ulla alia creatura poterit*
nos dirimere a charitate Dei, quae est in Christo Iesu.

50   Iam ad hyperbolas quoque effertur, quo magis in iis quae sentiuntur
nos confirmet. Quicquid in vita est, ait, vel in morte, quod nos divellere a
Deo posse videatur, nihil efficiet. imo ne Angeli quidem ipsi, ut
fundamentum istud evertere conentur, nobis nocebunt. Nec obstat quod
Angeli sunt administratorii spiritus, [et] in salutem electorum destinati.

---

30 *A B* sua causa patiuntur   33 *A B* Superiores evadimus   34 *A B om.*   35 *A B*
videamur   35-36 *A B om.*   36 *A B* suos   37 *A B* potiamur   37-38 *A B* recognoscant
fideles,   38-40 *A B* gratia, admonet primum, Dei esse, nec aliunde proficisci quod nos sic
iuvat, nisi quia nos diligit.   42-45 *A B* persuasione divinae in nos benevolentiae et
clementiae.   54 *A B om.*

---

27 *C* Gen 18.23*   28-29 *C* II Thess 1.6* [= *1.6-7*]   29-30 *C* Matt 5.10*   53-54 *C**
Heb 1.14

Nam ab impossibili ratiocinatur Paulus: quemadmodum Galat. 1. 8. In
quo observare licet quomodo debeant omnia nobis vilescere prae Dei
gloria: quando et ipsis Angelis abuti fas est ad veritatem eius asserendam. Principatuum quoque et Virtutum nominibus Angeli designantur:
sic dicti quod sunt primaria Divinae potentiae instrumenta. Sunt autem
60 additae istae duae voces, ut si Angelorum nomen humilius sonaret, istis
plus quiddam exprimeretur. Nisi ita accipere malis, Neque Angeli, et
quaecunque sunt sublimes virtutes: qui modus est loquendi, ubi de rebus
nobis incognitis, et captum nostrum excedentibus sermo habetur.

38 **Neque praesentia, neque futura.** Quanvis hyperbolice loquatur, re
ipsa tamen asserit, nulla temporis longitudine fieri posse ut a Domini
gratia separemur[: quod addere operae pretium fuit quia non tantum
cum dolore quem ex malis praesentibus sentimus, nobis lucta est: sed
etiam cum metu et solicitudine, quibus angunt nos quae impendent
pericula. Sensus est ergo, non esse metuendum ne adoptionis fidem
70 deleat quantumvis diuturna malorum continuatio]. Itaque istud Scholasticis non obscure repugnat, qui neminem de finali perseverantia certum
esse nugantur, nisi specialis revelationis beneficio, quod rarissimum ipsi
faciunt. Quo dogmate destruitur tota fides, quae certe nulla est, nisi ad
usque mortem, et post mortem quoque extendatur. Nos autem contra,
oportet confidere, quod qui coepit in nobis opus bonum, perficiet usque
in diem Domini Iesu.

39 **Quae est in Christo.** Id est, cuius Christus est vinculum. ille enim
Filius est dilectus, in quo complacitum est Patri. Proinde si per hunc Deo
cohaeremus, certi sumus de [inflexibili et indefessa Dei] in nos benevolen-
80 tia. [Hic iam porro distinctius loquitur quam nuper, amoris fontem in
Patre statuens, a Christo autem in nos asserens defluere.]

CAP. IX.

1 *Veritatem dico in Christo, non mentior: testimonium simul mihi*
reddente mea conscientia cum Spiritu sancto,

2 *Quod dolor sit mihi magnus, et assiduus cruciatus cordi meo.*

3 *Optarim enim ego ipse anathema esse a Christo pro fratribus meis:*
cognatis inquam meis secundum carnem:

66-70 *A B om.*   79 *A B* divina   80-81 *A B om.*

70-72 *See note to p. 187, line 25*   77-78 *C* Matt 3.17*

    4   *Qui sunt Israelitae, quorum est adoptio, et gloria, et testamenta, et*
legislatio, et cultus, et promissiones:
    5   *Quorum sunt Patres, et ex quibus est Christus secundum carnem, qui*
10 *est super omnia Deus benedictus in secula. Amen.*

    Hoc capite incipit occurrere offensionibus quae hominum animos
divertere a Christo poterant: quod Iudaei, quibus ipse ex [Legis pacto
destinatus erat], non modo [eum respuebant, vel habebant contemptui],
sed magna ex parte abominabantur. Hinc enim alterutrum ex duobus
videbatur consequi: aut Divinae promissioni suam non constare veritatem: aut Iesum quem Paulus praedicabat, non esse Christum Domini,
qui Iudaeis peculiariter promissus fuerat. Duplicem hunc nodum optime
in sequentibus solvit Paulus. Locum tamen istum sic tractat, ut temperet
ab omni in Iudaeos acerbitate, ne ipsorum animos exulceret: neque
20 tamen pilum eis concedat in detrimentum Euangelii. sic enim eis sua
ornamenta tribuit, ut nihil prorsus decedat Christo. ⟨Caeterum quasi ex
abrupto transilit ad eius rei mentionem, ut nullus appareat orationis
contextus: et tamen sic novum sermonem ingreditur quasi iam prius
attigisset. Hoc ideo facit quoniam absoluta doctrinae tractatione, ubi ad
Iudaeos mentem suam reflectit, illorum incredulitate tanquam aliquo
prodigio perculsus, erumpit in subitam contestationem, non aliter quam
si de re prius agitata tractaret: quandoquidem nemo erat cui non sponte
haec cogitatio mox obreperet, Si haec Legis et Prophetarum est doctrina,
qui fit igitur ut tam pervicaciter eam ⌐repudient⌐ Iudaei?⟩ [Adde quod res
30 passim nota erat, quicquid hactenus de Lege Mosis et Christi gratia
disseruit, Iudaeis magis esse exosum, quam ut eorum consensu adiuvare-
tur Gentium fides. Quare necesse fuit scandalum istud tollere, ne
Euangelii cursum abrumperet.]
    1   **Veritatem dico in Christo.** Quoniam ista inter plerosque opinio
praesumpta erat, Paulum esse quasi iuratum suae gentis hostem, ut
domesticis quoque fidei nonnihil suspectus foret, acsi defectionem
doceret a Mose: antequam de re proposita disputet, praefatione utitur ad
praeparandos sibi lectorum animos: ubi falsa illa mali affectus in
Iudaeos suspicione se liberat. Et quia res non indigna erat iuramento,
40 contra vero hoc conceptum iam praeiudicium suam alioqui affirmatio-
nem vix credibilem fore prospiciebat: iureiurando asseverat se verum
dicere. Quo exemplo [et similibus (ut primo capite admonui)] discere nos

---

12-13 *A B* promissione debebatur   13 *A B* aspernabantur eum   21-29 *A om.*   29 *B*
respuant   29-33 *A B om.*   42 *A B om.*

oportet quae sint legitima iuramenta: nempe quae fidem faciant veritati,
quae et cognitu utilis est, et alias non crederetur. Particula **in** [**Christo**],
idem valet ac Secundum [Christum]. Quod addit **Non mentior,** eo
significat se loqui citra fictionem aut fucum.   **Testificante mihi**
mea conscientia. His verbis conscientiam suam vocat in iudicium Dei,
quia Spiritum de eius sensu attestatur. [Nam hoc consilio interposuit
Spiritus nomen, ut melius testatum faceret se omni prava aemulatione
50 vacuum et purum, duce et moderatore Spiritu Dei, Christi causam agere.
Saepe contingit ut quis excaecatus carnis affectu (licet non fallat sciens et
volens) lucem veritatis obscuret.] Atque hoc est proprie iurare per nomen
Dei, illum testem advocare ad fidem rebus dubiis adstruendam: et simul
nos iudicio eius obligare, si mentiamur.

    2 **Quod dolor est mihi magnus.** Non caret artificio, quod orationem
ita abscidit, nondum exprimens qua de re loquatur. nondum enim
opportunum erat, interitum gentis Iudaicae aperte exprimere. Adde
quod ita maiorem doloris vehementiam insinuat: [quia defectivae orationes ut plurimum sunt patheticae]. Sed mox declarabit doloris causam,
60 ubi pleniorem sinceritatis suae fidem fecerit. Porro quod tantopere
Paulum cruciavit Iudaeorum exitium, quod Deo volente, atque ita
disponente, accidisse noverat: hinc docemur non impedire obedientiam
quam Dei providentiae deferimus, quin ad perditorum hominum ruinam
ingemiscamus, cui tamen sciemus iusto Dei iudicio destinatos. Potest
enim idem animus duplicem hunc affectum recipere: ut, quum in Deum
respicit, libenter perire sustineat quos perdere ille decrevit: quum ad
homines cogitationem reflexit, eorum malis condolescat. Longe ergo
falluntur qui ἀπάθειαν καὶ ἀναλγησίαν in hominibus piis requirunt, ne
Dei ordinationi repugnent.

70   3 **Optarim enim.** Nullam maiorem charitatis vehementiam exprimere
poterat, quam hac testificatione. haec enim perfecta demum est dilectio,
quae nec mortem pro amici salute refugiat. Atqui particula addita, non
de temporaneo duntaxat exitio ipsum loqui indicat, sed aeterna morte.
Allusitque ad nomen anathematis, quum dixit, A Christo. nam a
segregando dictum est. Quid est autem a Christo segregari, nisi excludi
ab omni salutis expectatione? Ardentissimae ergo dilectionis fuit documentum, quod non dubitaret Paulus sibi damnationem imprecari, quam
videbat Iudaeis impendere, quo eos liberaret. Nec obstat quod salutem
suam Dei electione fundatam esse noverat, quae excidere nullo modo

---

44 *A B* Iesu   45 *A B* Iesum   48-52 *A B om.*   *C* (licet non fallat) sciens et volens lucem
58-59 *A B* sunt enim fere, defectivae orationes, patheticae

80 potest. Nam ferventiores isti affectus ut praecipitanter feruntur, ita nihil
    aliud intuentur aut considerant, quam id quo tendunt. Itaque non
    coniungebat electionem Dei cum voto suo Paulus: sed praeterita eius
    memoria, totus in Iudaeorum salutem intentus erat. Iam vero quod multi
    dubitant an licitum fuerit desiderium, ea dubitatio sic expediri potest:
    dilectionis hunc esse perpetuum limitem ut ad aras usque procedat. quod
    si ergo in Deo, non extra Deum, diligimus: nunquam erit nimius noster
    amor. Talis vero fuit iste Pauli. gentem enim suam dum tot Dei beneficiis
    dotatam cernebat, Dei dotes in ipsa, et propter Dei dotes ipsam
    amplectebatur. eas quoque dotes perire indignissime ferebat: inde fiebat
90 ut in extremum hoc votum confuso animo erumperet. Sic non recipio
    eorum opinionem qui Paulum solius Dei, non hominum intuitu, haec
    dixisse putant: nec [aliis rursum] assentior qui sine Dei consideratione,
    tantum hominum amori dedisse tradunt: sed hominum charitatem cum
    studio gloriae Dei coniungo. [Nondum tamen quod praecipuum erat,
    explicui, Iudaeos hic respici insignibus suis ornatos, quibus ab humano
    genere distincti erant. Nam foedere suo Deus ita ipsos in sublime
    extulerat, ut ipsis cadentibus, labasceret in mundo fides ipsius Dei et
    veritas. Fuisset enim irritum foedus cuius perpetua fore dicitur stabilitas,
    quandiu sol et luna in caelo fulgebunt: ut magis absurdum esset illud
100 aboleri, quam tristi foedaque confusione misceri totum mundum. Quare
    non simplex et nuda est hominum comparatio: quanvis enim membrum
    unum perire quam totum corpus, praestaret: ideo tamen Iudaeos tanti
    aestimat Paulus, quia electi populi persona, atque (ut vulgo loquuntur)
    qualitate ipsos induit. quod etiam ex contextu melius liquet, sicuti mox
    suo loco videbimus. Voces istae **cognatis inquam meis secundum carnem,**
    quanquam nihil novum significant, plurimum tamen ad amplificationem
    valent. Primum enim nequis eum libenter aut sponte captare putet
    causam dissidii cum Iudaeis, significat non ita se exuisse humanitatis
    sensum quin moveatur horribili isto carnis suae interitu. Deinde quum
10 Euangelium cuius erat praeco, necesse esset prodire ex Sion, generis sui
    commendationem non frustra pluribus verbis inculcat. Nam exceptio
    Secundum carnem, non extenuandi causa, ut alibi, meo iudicio additur,

---

92 *A B* illis   94-17 *A B* De voce Anathematis...[lines 15-17]...confundit. Voces istae,
Cognatis inquam meis, quanquam nihil novum significant, plurimum tamen valent ad
amplificationem. *B [continuing]* Significat enim, non ita se...[lines 8-9]...interitu. Ne quis
eum libenter aut sponte dissidii causam cum Iudaeis captare putet.

98-99 *C* Ps 72.7* [= *72.5*]

sed potius fiduciae. Quanquam enim Paulum abdicaverant Iudaei, non tamen se ex illa gente oriundum dissimulat, cuius adhuc vigebat electio in radice, quanvis rami exaruissent. De voce Anathematis quae tradit Budaeus, pugnant cum sententia Chrysostomi, qui ἀνάθεμα καὶ ἀνάθη-μα confundit.]

4 **Qui sunt Israelitae.** [Hic iam aperta est causae redditio, cur tantopere ipsum torqueret populi excidium, ut paratus esset suo ipsius
20 interitu illum redimere: nempe quia Israelitae erant. Nam relativum pronomen, causalis adverbii loco positum est. Sic Mosem, quum e libro vitae deleri cuperet, haec anxietas torquebat, ne in nihilum redigeretur sacrum et electum Abrahae genus. Ergo] ⟨praeter humanum affectum, alias quoque rationes, et quidem superiores, commemorat, quae Iudaeos illi conciliare debuerint: nempe quod Dominus eos quadam veluti praerogativa sic extulerat, ut essent a communi hominum ordine segregati.⟩ Et haec dignitatis elogia, testimonia sunt amoris. non enim solemus adeo benigne loqui, nisi de iis quos amamus. Et quanquam sua ingratitudine reddebant se indignos qui censerentur ab istis Dei donis,
30 non tamen desinit illos inde revereri. quo docet, impios non posse ita contaminare bonas Dei dotes, quin semper merito sint laudabiles ac suspiciendae: quanquam illis ipsis qui abutuntur, nihil inde accedat nisi [maius probrum]. Quemadmodum autem non est committendum ut improborum odio dona Dei in ipsis contemnamus: ita econverso adhibenda est prudentia, ne benigna eorum aestimatione ac commemoratione ipsos inflemus, multo etiam magis ne laudes nostrae adulationis speciem prae se ferant. Sed imitemur Paulum, qui sua Iudaeis ornamenta sic concedit, ut postea declaret, omnia sine Christo [nihil] esse. Porro non frustra hoc ponit inter eorum laudes, quod Israelitae essent. nam id
40 summae benedictionis loco precatus fuerat Iacob, ut nomen suum super eos invocaretur. **Quorum adoptio.** [Ad hunc scopum dirigitur tota Pauli oratio, utcunque defectione sua Iudaei impium cum Deo divortium fecerint, non tamen prorsus extinctam in illis esse lucem gratiae Dei, sicuti et cap. 3. 3, dixit, Quanvis illi increduli et foedifragi essent, non tamen eorum perfidia exinanitam esse Dei fidem. non modo quia residuum sibi aliquod semen ex tota multitudine servavit, sed quia

---

18-23 *A B om.*   23-27 *A om.*   33 *A B* maior confusio   38 *A B* nihili   41-53 *A B om.*

---

16 *Budaeus, Comm. Ling. Graec. (1529) p. 425; (1530) col. 625; (1548) p. 503. The first two editions do not refer here to Chrysostom*   16 *Chrysostomus, ad loc., PG 60,549* 21 *C* Ex 32.32*   40 *C* Gen 48.16*

haereditario iure nomen Ecclesiae adhuc penes ipsos manebat. Quanquam autem istis omnibus ornamentis iam se exuerant, ut nihil prodesset
vocari Abrahae filios: quia tamen erat periculum ne eorum culpa
50 vilesceret apud Gentes Euangelii maiestas, non quid meriti sint reputat
Paulus, sed eorum foeditatem ac dedecus pluribus oppositis velis tegit,
donec persuasum sit Gentibus, Euangelium ex caelesti fonte, ex Dei
sacrario, ex gente electa ad se fluxisse.] Nam Dominus praeteritis
omnibus aliis gentibus eos sibi in peculium selegerat, et in filios
adoptaverat, quemadmodum saepe apud Mosem et Prophetas testatur.
nec contentus simpliciter filios nominare, nunc primogenitos vocat, nunc
delicatos. Exod. 4. 22, Sic dicit Dominus, Filius meus primogenitus
Israel. dimitte filium meum ut serviat mihi. Iere. 31. 9, Factus sum
Israeli pater, et Ephraim primogenitus meus est. Item, Nonne filius mihi
60 pretiosus Ephraim? nonne puer delectabilis? ideo conturbata sunt super
eum viscera mea, et adhuc miserebor eius. Quibus verbis non suam
tantum indulgentiam erga Israelem commendare vult, sed potius vim
adoptionis demonstrare, sub qua caelestis haereditatis promissio continetur. **Gloria** excellentiam significat, in quam populum illum extulerat
Dominus prae omnibus reliquis populis: idque cum multis ac variis
modis, tum quod in medio eius habitabat. Nam praeter multa praesen-
tiae suae signa, singulare eius specimen in Arca exhibebat unde et
responsa dabat, et populum suum exaudiebat, ut suam in illis adiuvandis
potentiam exereret. Qua ratione gloria Dei vocabatur, ut [1] Sam. 4. 22.
70 Quoniam pacta hic a promissionibus distinxit, hanc differentiam observemus, ut Pactum nobis sit, quod disertis ac solennibus verbis concipitur :
habetque mutuam stipulationem, [nempe] foedus cum Abrahamo [ic–
tum]: Promissiones [vero] [sint] quaecunque in Scripturis sparsim occur-
runt. [Nam ubi Deus semel foedus cum veteri populo percussit, novis
subinde promissionibus non destitit gratiam suam offerre. unde sequitur,
promissiones ad pactum, tanquam ad unicum caput referri: sicuti
specialia Dei auxilia quibus favorem suum Deus erga fideles testatur, ex
unico electionis fonte manant. Quia autem Lex nihil aliud quam foederis
illius renovatio fuit quae eius memoriam melius sanciret: videtur hic

---

69 *A B* 2   72 *A B* quale est   72-73 *A B* ictum, et alterum cum populo, in monte Sinai.
73 *A B om.*   73 *A B* sunt   74-80 *A B* Pacto velut percutit foedus nobiscum Deus:
promissionibus simplicius suam nobis gratiam offert. Itaque pactum, est promissionis
species magis splendida et authentica. Legislatio videtur ad iudicia specialiter referri debere.

59-61 *C* Jer 31.20*

legislatio peculiariter ad iudicia debere restringi.] Est enim id quoque non vulgare Iudaici populi decus, quod Deum habeat legislatorem. Nam si alii Solonibus et Lycurgis gloriantur: quanto iustior est gloriandi materia de Domino? de quo etiam habetur Deut. 4. 32. Per **cultum** intelligit partem eam Legis, qua legitimus colendi Dei ritus praescribitur⟨, ut sunt caeremoniae et ritus. Nam legitimae censeri debuerunt ex Dei regula⟩: extra quam quicquid homines moliuntur, mera est religionis profanatio.

5 **Quorum sunt patres.** Nam et hoc alicuius est momenti, trahere originem a sanctis et Deo dilectis viris, quum Deus misericordiam piis Patribus promiserit [erga] filios usque in mille generationes: praesertim vero conceptis verbis, Abrahae, Isaac, [Iacob], Gen. 17. 4, et alibi. Nec refert quod istud, si a timore Dei et vitae sanctimonia separetur, sit per se vanum et inutile. nam idipsum videmus in latria quoque et gloria: tum passim apud Prophetas, tum vero praecipue Ies. 1. 11, et 60. 1. Item Ier. 7. 4. Verum quoniam ista cum pietatis studio iuncta, aliquo honoris gradu dignatur Deus, inter Iudaeorum praerogativas merito recensuit. ⟨Nam ideo haeredes dicuntur promissionum, quia ex Patribus descenderant, Act. 3.⟩ **Ex quibus est** [**Christus, etc.**] Qui hoc ad Patres referunt, acsi vellet tantum Paulus dicere ex Patribus Christum descendisse, nulla id ratione faciunt. Voluit enim hoc encomio claudere gentis Iudaicae excellentiam, quod ab ipsis prodiisset Christus. Neque enim nihili aestimandum est, cognatione carnali cum mundi redemptore cohaerere. nam si honoravit universum hominum genus, quum se naturae communione [nobis] copulavit, multo magis eos quibuscum habere voluit arctum coniunctionis vinculum. Quanquam ita semper habendum est, si haec cognationis gratia a pietate separetur, tantum abesse ut prosit, ut potius in maiorem condemnationem cedat. Porro hic habemus insignem locum: quod ita duae in Christo naturae distinguuntur, ut simul uniantur in ipsam Christi personam. Quod enim dicit Christum ex Iudaeis descendisse, eo declarat veram eius humanitatem. Particula, **Secundum carnem,** quae addita est, denotat ipsum habuisse aliquid carne superius: ubi habetur aperta inter humanitatem et Divinitatem distinctio. [Utrunque] vero demum coniungit, ubi dicit eum ipsum Christum qui ex Iudaeis secundum carnem natus est, esse Deum in secula benedictum. Notandum praeterea est, hoc elogium nonnisi in unum

84-85 *A om.* 89 *A B* in 90 *A B* et Iacob 96-97 *A om.* 97 [Ac 3.25] 97 *A B* Christus secundum carnem.) 3 *A B* illis 12 *A B* Utranque

aeternumque Deum competere. Unum enim Deum alibi praedicat, cui
debeatur omnis honor et gloria. ⟨Qui hoc membrum abrumpunt a
reliquo contextu, ut Christo eripiant tam praeclarum Divinitatis testimonium, nimis impudenter in plena luce tenebras obducere conantur.
plusquam enim aperta sunt verba, **Christus ex Iudaeis secundum carnem,**
20 **qui Deus est in secula benedictus.**⟩ [Nec vero dubito quin Paulus, cui
difficilis cum urgenti scandalo lucta erat, mentem suam consulto ad
aeternam Christi gloriam extulerit: neque id tam sua unius causa
privatim, quam ut aliis suo exemplo animum ad emergendum adderet.]

6   *Neque tamen quasi exciderit verbum Dei. non enim omnes qui sunt ex*
Israele, sunt Israelitae:

7   *Nec qui sunt semen Abrahae, ideo omnes filii: sed In Isaac vocabitur*
tibi semen.

8   *Hoc est, non qui sunt filii carnis, ii filii sunt Dei: sed qui sunt filii*
promissionis, censebuntur in semen.

30   9   *Promissionis enim verbum hoc est, Secundum hoc tempus veniam: et*
erit Sarae filius.

[6   **Neque tamen, etc.** Quia voti sui fervore quasi in ecstasin raptus
fuerat Paulus, iam ad suas docendi partes redire volens, speciem
correctionis adhibet, acsi seipsum ex immodico cruciatu colligeret. Et]
quoniam ex eo quod gentis suae excidium [deplorabat], hoc absurdum
sequi videbatur, [foedus] Dei cum Abrahami semine percussum [excidis-
se] (non enim poterat ab Israelitis gratia Dei deficere, quin foedus
aboleretur) opportune hanc absurditatem praevenit: et ostendit quomodo in tanta Iudaeorum caecitate, gratia Dei nihilominus in eo populo
40 constanter permaneret, quo staret foederis veritas. Quidam legunt, Nec
vero possibile est, quasi Graece esset οἷόν τε: sed quoniam in nullo
exemplari lectionem eam reperio, magis probo quod vulgo legitur, Non
quod exciderit: in hunc sensum, Quod ita gentis meae exitium deploro,
non eo spectat, acsi Dei promissionem, Abrahae olim datam, nunc
⟨irritam⟩ et abolitam putarem.   **Non enim omnes, [etc.]** Propo-

---

16-20 *A om.*   20-23 *A B om.*   32-34 *A B om.*   35 *A B* deplorabat Paulus   36 *A B*
quod foedus   36-37 *A B* excidisset   45 *A* solutam   45 *A B* qui sunt ex Israel ⟨*A*
Israele⟩.)

15-16 *C* I Tim 1.17*   26-27 *C* Gen 21.12; Heb 11.18*   30-31 *C* Gen 18.10*
40 *Buc^met*: Haud vero potest fieri (375^a)

sitio est, sic datam esse Abrahae promissionem et semini eius, ut non ad
quodlibet semen haec spectet haereditas: unde consequetur, nihil impedire quorundam defectionem quo minus firmum et stabile foedus maneat.
Sed quo melius pateat qua conditione Dominus Abrahae posteritatem
50 sibi in peculiarem populum adoptarit: duo sunt hic consideranda,
promissionem salutis, Abrahae datam, ad omnes pertinere qui ad eum
carnis originem referunt, quia omnibus sine exceptione offeratur: atque
hac ratione iure appellari foederis cum Abrahamo percussi haeredes ac
successores, sive (ut Scriptura loquitur) promissionis filios. nam quum
Dominus voluerit foedus suum non minus in Ismaele et Esau, quam in
Isaac et Iacob obsignari, apparet non fuisse penitus ab ipso alienos: nisi
forte pro nihilo habeas Circuncisionem, quae illis Dei mandato communicata fuit: quod sine Dei contumelia dici non potest. Atque id erat quod
antea dicebat Apostolus, eorum esse pacta, etiamsi infideles forent. Et
60 Act. 3. vocantur a Petro filii pactorum, quod essent Prophetarum
progenies. Alterum est, filios promissionis proprie nuncupari in quibus
ipsius virtus et efficacia extet. Ea ratione hic negat Paulus, omnes
Abrahae filios esse filios Dei, etiamsi pactum cum illis initum esset a
Domino: quia pauci in fide testamenti stabant: quum tamen omnes sibi
esse filiorum loco testetur Deus ipse apud Ezechielem capite 16. In
summa, ubi totus populus vocatur haereditas et peculium Dei, significatur cooptatum esse a Domino, oblata salutis promissione, et Circuncisionis symbolo confirmata. Sed quia multi eorum sua ingratitudine adoptionem illam repudiant, ideoque eius beneficio minime fruuntur, inde
70 emergit inter ipsos altera differentia, dum promissionis impletio respicitur. Eam ergo impletionem in plurimis Iudaeorum non apparere, ne [cui]
mirum videatur, [Paulus] eos esse comprehensos in vera Dei electione
negat. [Siquis aliis verbis mavult, communis populi Israelitici electio non
impedit quo minus inde sibi deligat arcano suo consilio Deus quos visum
est. Est quidem hoc illustre gratuitae misericordiae speculum, quod Deus
cum gente una foedus vitae pacisci dignatus est: verum supereminet
magis recondita gratia in secunda electione quae ad solam partem
restringitur.] Quod autem **omnes qui sunt ex Israele,** negat **esse Israelitas,**
et om..ies **qui sunt ex semine Abrahae, esse filios,** species est
80 παρωνομασίας. quandoquidem in priore membro universam progeniem

---

71 *A B om.*   72 *A B om.*   73-78 *A B om.*

---

60 *C* Supra 3.2* [= *Ac 3.25*]   65 [*Ezek 16.20-1*]

complectitur, altero germanos tantum filios designat, qui scilicet non degenerant.

7 **Sed in Isaac vocabitur tibi semen.** In eo versatur Paulus ut ostendat electionem arcanam Dei supra externam vocationem dominari: et tamen cum ea minime pugnare, sed potius ad eius confirmationem ac complementum tendere. Utrunque ergo ut ordine demonstret, priore loco assumit, non alligari Dei electionem carnali Abrahae generationi, neque vero id contineri in foederis conditione: quod nunc appositissimo exemplo confirmat. Nam siqua debuit esse genuina progenies quae a
90 pacto non deficeret, id potissimum habere locum debuit in iis qui primum gradum obtinebant: verum quum videamus in primis Abrahae filiis, eo adhuc vivente, recenti promissione alterum a semine fuisse segregatum: quanto id magis in longa posteritate evenire potuit? Est autem oraculum hoc sumptum ex Gene. capite 17. ubi Dominus Abrahae respondet, exauditas a se fuisse eius preces super Ismaele: sed alterum fore in quo resideat benedictio promissa. [Unde sequitur, singulari privilegio certos homines ex electo populo eligi, in quibus efficax et rata sit communis adoptio.]

8 **Hoc est, [non qui sunt, etc.]** Nunc ex oraculo colligit propositionem
100 qua totum eius propositum concluditur. Nam si in Isaac, non in Ismael semen vocatur, neque hic minus est Abrahae filius quam ille: oportet non omnes carnales filios in semine recenseri, sed promissionem specialiter in quibusdam adimpleri, non autem communiter et ex aequo ad omnes spectare. ⟨Filios carnis appellat, qui nihil habent carnali progenie excellentius: sicuti filios promissionis, qui peculiariter a Domino signati sunt.⟩

9 **Promissionis enim verbum hoc est.** Alterum oraculum adiungit, in cuius applicatione videre est quanta diligentia et dexteritate Scripturam tractet. Quum Dominus, inquit, diceret se venturum, et nasciturum
10 Abrahae filium ex Sara, eo innuebat nondum extare suam benedictionem, sed adhuc pendere. Atqui iam natus erat Ismael, quum id diceretur: ergo Dei benedictio extra Ismaelem erat. Illud etiam obiter observemus, quanta cautione hic progrediatur, ne Iudaeos exacerbet. Primum ergo, suppressa causa, rem simpliciter indicat: deinde fontem aperiet.

96-98 *A B om.*   99 *A B* qui sunt filii carnis.)   4-6 *A om.*

---

94 [*Gen* 17.20]

10 *Non solum autem hic: sed et Rebecca quae ex uno conceperat patre nostro Isaac.*

11 *Quum enim nondum nati essent pueri, nec quidpiam boni aut mali egissent: ut secundum electionem propositum Dei maneret,*

12 *Non ex operibus, sed ex vocante dictum [est ei, Maior] serviet*
20 *minori.*

13 *Quemadmodum scriptum est, Iacob dilexi, Esau autem odio habui.*

10 **Non solum autem.** Abscissae sunt hoc capite sententiae aliquot: qualis est haec, **Sed ⟨et⟩ Rebecca quae conceperat ex uno patre nostro Isaac.** nam in eius medio desinit, antequam veniat ad verbum principale. Sensus tamen est, non solum in Abrahae filiis posse perspici hanc diversitatem, quantum attinet ad haereditatem promissionis: sed multo evidentius documentum extare in Iacob et Esau. Nam in prioribus causari quis posset imparem conditionem, quod alter foret ancillae filius: sed isti uterini fuerunt, et quidem gemelli: alter tamen reiicitur, alter
30 cooptatur a Domino. unde constat, promissionis impletionem non omnibus indifferenter constare carnis filiis. [Quia autem ad personas respicit Paulus quibus Deus testatum fecit consilium suum, malui subintelligere masculinum pronomen, quam neutrum, sicut fecit Erasmus. Sensus enim est, non soli Abrahae patefactam fuisse specialem electionem, sed postea etiam Rebeccae, dum gemellos in utero ferebat.]

11 **Quum enim nondum nati.** Iam altius conscendere incipit: nempe ad indicandam huius diversitatis rationem, quam [non nisi] in electione Dei positam esse docet. Hactenus enim paucis verbis notaverat, discrimen esse inter carnales Abrahae filios: [nempe quanvis omnes] in foederis
40 societatem Circuncisione [sint adoptati, gratiam tamen] Dei non esse in omnibus efficacem: eos ergo qui fruantur Dei beneficio, esse promissionis filios. Unde autem id contingeret, vel tacuerat, vel certe obscure insinuaverat. Nunc vero aperte causam totam ad electionem Dei refert, eamque gratuitam, et quae minime ab hominibus pendeat: ut nihil superius quaeratur Dei bonitate, in salute piorum: in reproborum exitio,

---

19 *A* est. Maior *B* est: Maior   23 *A om.*   31-35 *A B om.*   37 *A B om.*   39 *A B* omnes scilicet   40 *A B* esse adoptatos: sed gratiam

---

15-16 *C* Gen 25.23*   33-34 *Eras L¹⁻⁵:* non solum autem hoc   *Eras Ann¹⁻⁵:* Non solum autem illa.) οὐ μόνον. Illa, pronomen addidit interpres, ut mitigaret Graecam figuram: idque haud perperam, quod alias tamen [*Ann⁴˙⁵:* tamen alias] non est ausus. *1, 440; 5, 394*

nihil superius iusta eius severitate. Sit ergo haec propositio, Quemadmodum gentem Israeliticam a reliquis omnibus populis separat foederis
benedictio: ita eius quoque gentis homines Dei electio discernit, [dum]
alios ad salutem praedestinat, alios ad aeternam damnationem. Secunda
50 propositio, Eius electionis non aliud est fundamentum quam mera Dei
[bonitas, atque etiam post Adae lapsum] misericordia, quae nullo prorsus
operum intuitu, quos illi placet amplectitur. Tertia, Dominus in gratuita
sua electione liber est et solutus ea necessitate, ut eandem omnibus
gratiam ex aequo impertiat. quin potius quos vult, praeterit : quos autem
vult, assumit. Haec omnia Paulus una clausula breviter comprehendit,
reliqua deinde prosequetur. Porro his verbis, Quum nondum nati essent,
aut aliquid boni aut mali egissent: indicat Deum in statuendo discrimine
non potuisse intueri opera, quae nondum erant. Qui autem contra
argutantur, illud nihil impedire quominus secundum operum merita
60 electio Dei inter homines discernat, quia Deus ex futuris operibus
praevidet qui gratia sua digni vel indigni futuri sint: non sunt Paulo
magis perspicaces, sed in principio theologiae impingunt, quod debuerat
esse Christianis omnibus notissimum: nempe Deum in [vitiata] hominis
natura, [qualis in Esau et Iacob fuit,] nihil posse considerare quo ad
benefaciendum inducatur. Quum ergo dicit utrunque nihil boni aut mali
tunc egisse, simul addendum est quod ipse praesumit: utrunque scilicet
esse filium Adae, natura peccatorem, nulla iustitiae mica praeditum.
Neque in his explicandis ideo immoror, quod dubia sit mens Apostoli:
sed quia Sophistae eius simplicitate non contenti, elabi ⟨hinc⟩ frivolis
70 distinctionibus conantur, ostendere volui Paulum nequaquam ignorasse
quae ipsi afferunt: sed eos potius caecutire in primis fidei rudimentis.
[Porro etsi sola vitiositas quae diffusa est per totum humanum genus,
antequam emergat in actum (ut loquuntur) ad damnationem sufficit,
unde sequitur merito reiectum fuisse Esau, quia naturaliter erat filius
irae: nequis tamen maneat scrupulus, acsi ullius culpae aut vitii respectu
deterior eius conditio fuisset, non minus peccata quam virtutes excludi
utile fuit. Verum quidem est, propinquam reprobationis causam esse,
quia sumus omnes in Adam maledicti: tamen ut discamus in nudo et
simplici Dei beneplacito acquiescere, ab hoc quoque intuitu nos tantisper

---

48 *A B* quod   51 *A B om.*   63 *A B om.*   64 *A B om.*   69 *A* hic   72-81 *A B om.*

---

58 seq *Durandus, In Sent. Lib. I, dist. 41, qu. 1, §7, tom. I, fol. 108^b ; and qu. 2, §§7-8, tom. I,
fol. 109^a.   See Inst.(1539) Cap XIV [§8], CO 1, 867; Inst.(1559) III.xxii.4, Op. sel. IV,
383-4 and III.xxii.9, Op. sel. IV, 389-90*   69 *See note to 58 seq*

80 Paulus subducit, donec hanc doctrinam stabilierit, Deum in suo arbitrio
satis iustam eligendi et reprobandi habere causam.] **Ut secundum electionem [propositum, etc.]** Singulis prope verbis urget gratuitam
Dei electionem. nam si opera locum haberent, dicendum erat, ut
operibus constet sua remuneratio. Ipse autem opponit Dei propositum,
quod solo eius beneplacito (ut ita loquar) continetur. Ac ne ⟨ulla⟩ de ea
re controversia maneret, sustulit omnem dubitationem, addita altera
particula, Secundum electionem. Deinde et tertia, **Non ex operibus, sed ex
vocante.** Nunc ergo animos propius advertamus ad eius contextum. Si ex
eo stabilitur Dei propositum secundum electionem, quod antequam
90 nascantur fratres, et aliquid vel boni vel mali designent, alter reiicitur,
alter assumitur: ergo siquis velit eorum operibus causam discriminis
tribuere, propositum Dei sic everteretur. Iam quod subiungit, Non ex
operibus, sed ex vocante: significat non ex parte operum, sed solius
vocationis. vult enim omnem operum considerationem excludere. Habemus ergo, totam electionis nostrae firmitudinem in solo Dei proposito
esse conclusam : nihil hic valere merita quae nihil nisi in mortem possunt :
non respici dignitatem quae nulla est: verum solam Dei benignitatem
regnare. Proinde falsum est, ac verbo Dei contrarium dogma, Deum,
prout unumquenque gratia sua dignum vel indignum praevidet, ita vel
100 eligere vel reprobare.

12 **Maior serviet minori.** Ecce quomodo filios Isaac adhuc latentes in
matris utero, Dominus [discernat]. Hoc enim illi respondit Divinum
oraculum: unde sequebatur, Deum peculiari favore minorem velle
prosequi, quem maiori denegaret. Tametsi autem istud ad ius primogeni-
turae spectabat: in ea tamen ipsa, velut maioris rei typo, declarata fuit
Dei voluntas. Atque id videre promptum est, si reputamus quam parum
secundum carnem sua primogenitura Iacobo profuerit. Nam et ob eam
periclitatur vehementer, et ut periculum effugiat, domo et patria cedere
cogitur, inhumanissime tractatur in suo exilio: dum redit, trepidus et
10 vitae dubius sese advolvit ad fratris pedes, suppliciter eius offensam
deprecatur, et non nisi eius venia vivit. Ubi dominium supra fratrem, a
quo vitam precario petere cogitur? Maius ergo quiddam fuit quam
primogenitura, quod Dominus oraculo suo pollicebatur.

13 **[Quemadmodum] scriptum est, Iacob dilexi.** Certiore adhuc testimonio confirmat quantopere valeat ad praesentem causam illud redditum [Rebeccae] oraculum: nempe quod dominio Iacob et servitute Esau

---

82 *A B* propositum Dei.) 85 *A* illa 2 *A B* discriminarit 14 *A B* Sicut 16 *A B* Sarae

testata fuerit spiritualis utriusque conditio: deinde quod Dei benignitate, nullo suo merito, hanc gratiam obtinuerit Iacob. Ergo hoc Prophetae testimonium causam ostendit cur primogenituram Iacob detulerit Domi-
20 nus. Est autem sumptum ex [Malachiae capite 1], ubi Dominus ⟨Iudaeis⟩ ingratitudinem exprobraturus, suam prius in eos bonitatem enarrat. Dilexi vos, inquit. Et subiicit unde eius amoris exordium, Nonne frater erat Esau Iacob? acsi diceret, Quid habuit praerogativae, cur fratri a me praeferretur? nihil sane. Erat enim ius aequum, nisi quod naturae lege, hic qui minor natu erat, subiici illi debuit: ego tamen hunc assumpsi, illum repuli: utique sola mea misericordia, nulla operum dignitate inductus. Et nunc vos in populum cooptaram, quo eandem erga semen Iacob benignitatem prosequerer: Edomitas vero abieceram, Esau proge-niem. Itaque eo estis deteriores, quos memoria tantae indulgentiae ad
30 cultum numinis mei incitare non potest. Quanquam autem illic etiam commemorantur benedictiones terrenae quas Israelitis contulerat Deus: non tamen aliter accipere convenit quam illius benevolentiae symbola. Caeterum ubi est ira Dei, illic mors sequitur: ubi dilectio, illic vita.

14   *Quid ergo dicemus? num iniustitia est apud Deum? Absit.*

15   *Mosi enim dicit, Miserebor, cuius miserebor: et miserabor, quem miseratus fuero.*

16   *Ergo non volentis, neque currentis: sed miserentis est Dei.*

17   *Dicit enim Scriptura Pharaoni, In hoc ipsum excitavi te, ut ostendam in te potentiam meam, et ut praedicetur nomen meum in universa*
40 *terra.*

18   *Ergo cuius vult, miseretur: et quem vult, indurat.*

14   **Quid ergo dicemus?** Caro illam Dei sapientiam audire non potest, quin tumultuosis quaestionibus extemplo perturbetur, et Deum ad rationem quodammodo vocare contendat. Ideo videmus Apostolum, quoties sublime aliquod mysterium tractat, occurrere multis absurdis, quibus noverat alioqui occupatum iri hominum mentes. Praesertim vero ubi de praedestinatione audiunt homines id quod tradit Scriptura, multis tricis impediuntur. Est enim praedestinatio Dei, vere labyrinthus, unde hominis ingenium nullo modo se explicare queat: atqui adeo importuna

20 *A B* primo capite Malachiae   20 *A* Israelitico populo

20 *Mal 1.[2-3]*   35-36 *C* Ex 33.19*   38 C* Ex 9.16

50 est hominis curiositas, ut quo periculosior est cuiusque rei inquisitio, eo
   audacius perrumpat: ita ubi de praedestinatione sermo habetur, quia
   modum sibi imponere non potest, sua temeritate velut in profundum
   mare statim se demergit. Quod ergo piis remedium erit? an ut omnem
   praedestinationis memoriam refugiant? minime. Nam quum nihil docue-
   rit Spiritus sanctus, nisi quod scire nostra interesset: utilis proculdubio
   erit eius notitia, quae modo sub Dei verbo se continebit. Haec ergo sit
   nobis sancta observatio, nequid de ipsa scire appetamus, nisi quod
   Scriptura docet: ubi Dominus sacrum os suum claudit, viam quoque
   ultra pergendi mentibus nostris praecludamus. Sed quoniam homines
60 sumus, quibus naturaliter in mentem veniunt stultae illae quaestiones:
   audiamus ex Paulo quomodo sit illis occurrendum.   [**Num**]
   iniustitia est apud Deum? [Prodigiosus certe humani ingenii furor, quod
   iniustitiae potius Deum insimulat, quam ut se coarguat caecitatis. neque
   enim Paulus procul accersere voluit quibus lectores turbaret: sed quasi e
   medio sumpsit impiam dubitationem, quae statim multis obrepit, simulac audiunt Deum de singulis suo arbitrio statuere.] Haec [porro] est
   iniustitiae species quam imaginatur caro, quod altero praeterito, Deus
   alterum respiciat. Hunc scrupulum ut solvat Paulus, totam causam in
   duo membra partitur: quorum in priore de electis tractat, in altero
70 tractat de reprobis: ac vult ut in illis quidem Dei misericordiam
   contemplemur, in his autem agnoscamus iustum iudicium. Principio ergo
   respondet, dignam execratione esse hanc cogitationem ut iniustitia esse
   apud Deum credatur: deinde in utranque partem declarat quomodo
   nulla esse possit. [Antequam tamen ultra progredimur, obiectio ista clare
   testatur, quod alios eligit Deus, alios reprobat, causam non alibi quam in
   eius proposito quaerendam esse. nam si in operum respectu fundatum
   esset discrimen, frustra quaestionem de iniustitia Dei Paulus movisset,
   cuius nulla potest esse suspicio, ubi Deus quenque pro merito tractat.
   Iam et hoc secundo loco notare operaepretium est, quanvis hanc
80 doctrinae partem videret non posse attingi, quin obstreperae voces, atque
   etiam horribiles blasphemiae extemplo contra insurgerent, libere tamen
   et ingenue eam protulisse: imo non dissimulat qualis fremendi ac
   tumultuandi occasio nobis ingeratur, dum audimus, antequam nascantur
   homines, suam cuique sortem arcano Dei arbitrio assignari: pergit

---

61 *A B* Nunquid   62-66 *A B om.*   66 *A B om.*   74-95 *A B om.*

nihilominus, et sine ambagibus pronuntiat quod ex Spiritu sancto didicit. Unde sequitur, minime tolerabiles esse eorum delicias qui in redimendis vel placandis offensionibus prudentiores Spiritu sancto videri affectant. Ne in crimen vocetur Deus, illis religio est simpliciter fateri a libera eius electione pendere hominum salutem vel exitium. Si mentes suas a prava

90 curiositate arcerent, fraenarent etiam linguas suas ab immodica licentia, probanda esset modestia eorum et sobrietas: capistrum vero Spiritui sancto et Paulo iniicere, quaenam audacia est? Vigeat ergo in Ecclesia Dei haec magnanimitas, ne pios doctores pudeat simplici verae doctrinae professione, quantumvis odiosa sit, refutare quascunque impii calumnias ingerunt.]

15 **Mosi enim [dicit.]** Quantum ad electos attinet, non potest insimulari Deus ullius iniustitiae: eos enim pro suo beneplacito misericordia dignatur. [Et tamen hic quoque reperit caro quod obmurmuret: quia concedere Deo non potest ut hunc potius quam illum favore dignetur,

100 nisi in medium prodeat causa. Quia ergo absurdum videtur alios aliis absque merito praeferri, Deo litem intentat hominum protervia, acsi personis plus aequo deferret. Nunc quomodo Dei iustitiam defendat Paulus, videndum est. Primo certe non obscurat, neque involvit quod videbat odiosum esse: sed in eo asserendo pergit inflexibili constantia. Deinde in quaerendis rationibus quae asperitatem molliant, non laborat: sed satis habet Scripturae testimoniis impuros latratus compescere. Videri quidem posset haec frigida esse excusatio, non esse Deum iniustum, quia misericors est quibus visum est: sed quia Deo satis superque est sua unius authoritas, ut nullius patrocinio indigeat, Paulo

10 satis fuit, eum iuris sui statui vindicem.] Affert [autem] hic Paulus responsum quod accepit Moses a Domino, quum pro universi populi salute deprecaretur: Miserebor, respondit Deus, cuius miserebor: et commiseratione prosequar, quem commiseratione prosequutus fuero. Hoc autem oraculo declaravit Dominus, se nemini mortalium esse debitorem: gratuitae esse beneficentiae quicquid illis [tribueret]: deinde hanc beneficentiam liberam esse, ut eam erogaret, cui placeret: postremo cur certis hominibus benefaciat, ac etiam bene velit, non autem omnibus, causam nullam voluntate sua superiorem posse cogitari. perinde enim sonant verba, acsi dictum esset, Cuius semel decrevi misereri, ab eo

20 misericordiam meam nunquam auferam: et perpetua benignitate prosequar eum cui benignus esse statui. Atqui sic supremam impartiendae

---

96 *A B* dicit, Miserebor cuius miserebor.)   98-10 *A B om.*   10 *A B* igitur   15 *A B*
benefaceret

gratiae causam assignat, voluntarium suum decretum: et simul innuit, misericordiam suam peculiariter se quibusdam destinasse. [nam et praecisa haec loquutio extraneas omnes causas excludit: sicuti quum liberam agendi potestatem nobis vendicantes, dicimus, Faciam quod facturus sum. Et diserte relativum pronomen exprimit, misericordiam non fore omnibus promiscuam. haec Deo libertas eripitur, ubi externis causis alligatur eius electio. In duobus verbis quae usurpat Moses, exprimitur unica salutis causa : nam חנן est gratis et liberaliter vel favere
30 vel beneficium largiri : רחם vero est affici misericordia.] Ita conficitur quod Paulus intendit, misericordiam Dei, quia gratuita est, non esse adstrictam, sed inclinare quo libuerit.

16 **Ergo non volentis**[, etc.] Ex testimonio illo colligit quod citra controversiam sequitur, electionem nostram neque industriae nostrae, neque studio, neque conatui esse tribuendam: sed totam ad Dei consilium referendam esse. Nequis putet, eos qui eliguntur, ideo eligi quia ita promeriti sint, vel Dei favorem ullo modo sibi conciliarint: aut denique ullam esse in ipsis micam dignitatis qua Deus provocetur. Simpliciter autem accipe, neque in voluntate nostra, neque in conatu esse situm
40 (cursum enim pro studio vel contentione posuit) ut inter electos censeamur: sed totum id Divinae bonitatis, quae nec volentes, nec conantes, ac ne cogitantes quidem ultro assumit. Qui vero ex hoc loco ratiocinantur aliquam subesse nobis studii vim, sed quae per se nihil efficiat, nisi misericordia Dei adiuta, insulse id faciunt. Non enim ostendit Apostolus quid sit in nobis: sed omnes conatus nostros excludit. Est igitur mera cavillatio quod inferunt, nos velle et currere, quia neget Paulus esse volentis aut currentis: quum ipse nihil aliud voluerit, quam nihil operari nec voluntatem nec cursum. Redarguendi tamen rursum sunt illi, qui ut dent locum Dei gratiae, oscitabundi et desides manent. nam tametsi
50 proprio studio nihil proficitur, quod tamen a Deo inspiratur studium, efficacia non caret. Non ergo haec dicuntur quo Spiritum Dei nobis igniculos instillantem, nostra vel pervicacia vel ignavia praefocemus: sed ut intelligamus, ab ipso esse quicquid habemus: ideoque et ab ipso discamus petere omnia, et sperare, et accepta referre, cum timore et tremore saluti nostrae incumbentes. [Altero sophistico sed putido cavillo, Pauli sententiam eludere conatus est Pelagius, non esse quidem volentis et currentis duntaxat, quia misericordia Dei adiuvat. Quem non minus solide quam argute Augustinus refellit: quia si ideo electionis causa esse negatur voluntas hominis, quia non sola, sed tantum ex parte causa est:

23-30 *A B om.*   33 *A B* neque currentis.)   55-74 *A B om.*

56-58 *Augustinus, Enchir. 32,9, PL 40, 248*

60 sic etiam vicissim dicere licebit, non esse misericordiae, sed volentis et
currentis. Ubi enim erit mutua cooperatio, reciprocum etiam erit elogium: atqui sine controversia hoc posterius dictum sua absurditate
concidit: statuamus ergo Dei misericordiae sic ascribi eorum salutem,
quos servare Deo placet, ut nihil hominis industriae reliquum maneat.
Nec multo plus coloris habet quod nonnulli uno contextu volunt haec
recitari in persona impiorum. quomodo enim quadrabit, Scripturae
locos, ubi clare asseritur Dei iustitia, ad tyrannidem ei exprobrandam
torquere? deinde an consentaneum erit, quum prompta esset ac facilis
refutatio, Paulum tacite passum esse Scripturam crasso ludibrio haberi?
70 Sed haec effugia captarunt qui incomparabile hoc Dei mysterium suo
sensu perperam metiebantur. Lautis et teneris eorum auribus asperior
erat haec doctrina, quam ut Apostolo dignam putarent. atqui potius
decebat suam ipsorum duritiem ad obsequium Spiritus inflectere, ne
tantopere crassis suis commentis addicti essent.]

17 **Dicit enim Scriptura[, etc.]** Iam venit ad secundum membrum, de
impiorum reiectione: in quo quia aliquanto plus absurditatis esse
videtur, eo magis conatur palam facere quomodo Deus, quos velit
reprobando, non tantum sit irreprehensibilis, sed admirabilis in sua
sapientia et aequitate. Assumit ergo testimonium ex Exo. cap. 9. 16, ubi
80 Dominus asserit se fuisse qui Pharaonem excitarit in eum finem ut dum
ille contumaciter Divinae potentiae resistere [niteretur], victus et subac-
tus, documento esset quam invictum sit Dei brachium: cui ferendo,
nedum frangendo, nulla humana virtus par esse queat. En specimen
quod edere voluit Dominus in Pharaone. Proinde duo sunt hic consideranda, praedestinatio Pharaonis in exitium: quae ad iustum quidem, sed
arcanum Dei consilium refertur. Finis deinde illius, qui est ut nomen Dei
praedicetur. atque in eum praecipue insistit Paulus. Nam si eiusmodi est
ista induratio ob quam mereatur Dei nomen praedicari, insimulari ipsum
ullius iniustitiae nefas est. ex locis contrariorum. [Sed quia hunc quoque
90 locum multi interpretes dum mollire conantur, depravant, primo notandum est, pro Excitandi verbo Hebraice haberi Constitui te: ubi Deus
ostendere volens sibi Pharaonis contumaciam obstaculo non fore quo
minus populum suum liberet, non modo a se praevisum eius furorem
affirmat, sibique paratas eius cohibendi esse rationes, sed se consulto ita
ordinasse, et quidem in eum finem ut documentum suae potentiae
illustrius statueret. Perperam igitur vertunt quidam servatum fuisse
Pharaonem ad tempus, quum de initio potius agatur. Nam quum multa

---

75 *A B* Pharaoni.)   81 *A B* nititur   89-8 *A B om.*

hominibus aliunde occurrant quae retardent eorum consilia, et impediant
actionum cursum, Deus Pharaonem a se profectum dicit, eique hanc
100 impositam esse personam. cui sententiae optime respondet Excitandi
verbum. Porro nequis imaginetur, quodam universali et confuso motu
Divinitus actum fuisse Pharaonem, ut in illum furorem rueret, notatur
specialis causa, vel finis: acsi dictum esset, scivisse Deum quid facturus
esset Pharao, sed data opera in hunc usum destinasse. Unde sequitur,
frustra iam cum ipso disceptari, acsi ad reddendam rationem obstrictus
foret, quum ultro prodeat ipse in medium, atque hanc obiectionem
anticipet, reprobos ex arcano providentiae suae fonte manare pronun-
tians, in quibus nomen suum celebrari velit.]

    18 **Ergo cuius vult miseretur.** Hic sequitur conclusio utriusque mem-
10 bri: quae in alterius quam Apostoli persona accipi nullo modo potest:
quia mox communicationem cum adversario attexit, ubi incipit proferre
quae ab adversa parte obiectari poterant. Itaque [minime dubium est,
Paulum e suo ipsius sensu haec loqui, quemadmodum paulo ante
admonuimus,] Deum [scilicet] pro arbitrio suo, quem visum illi fuerit,
misericordia dignari: in quemcunque libuerit, iudicii severitatem stringe-
re. Hoc enim vult efficere apud nos, ut in ea quae apparet inter electos et
reprobos diversitate, mens nostra contenta sit, quod ita visum fuerit Deo,
alios illuminare in salutem, alios in mortem excaecare: neque superiorem
causam eius voluntate inquirat. Insistere enim debemus in istas particu-
20 las, Cuius vult, et Quem vult: ultra quas procedere nobis non permittit.
Caeterum Indurandi verbum, quum Deo in Scripturis tribuitur, non
solum permissionem [(ut volunt diluti quidam moderatores)] sed Divinae
quoque irae actionem significat. nam res omnes externae quae ad
excaecationem reproborum faciunt, illius irae sunt instrumenta. Satan
autem ipse, qui intus efficaciter agit, ita est eius minister, ut non nisi eius
imperio agat. Corruit ergo frivolum illud effugium quod de praescientia
Scholastici habent. Neque enim praevideri ruinam impiorum a Domino
Paulus tradit, sed eius consilio et voluntate ordinari. quemadmodum et
Solomo docet non modo [praecognitum] fuisse impiorum [interitum], sed
30 impios ipsos fuisse destinato creatos ut [perirent], Prover. 16. 4.

12-14 *A B* Paulus e suo ipsius sensu haec loquitur,   14 *A B om.*   22 *A B om.*   29 *A B*
praecognitam   29 *A B* perditionem   30 *A B* perderentur

---

22 *Guilliaud, ad loc., 75.*   *Caietan, ad loc., XXXII(K)-XXXIII(A) and XXXIII(E).*
Soto, ad loc., fol. 264^b-265^a.   *Gagnaeius, ad loc., fol. 55^b.*   *See Inst. (1539) Cap. XIV*
[§18], CO 1, 873-4; Inst.(1559) III.xxiii.8, Op. sel. IV, 402-3   27 *Petrus Lombardus,*
Collect. ad loc., (1535) fol. XLIV(F) and XLV (A-B), PL 191, 1457-8.   *See Inst.(1539)*
Cap. XIV [§5], CO 1, 864-5; Inst.(1559) III.xxi.5, Op sel. IV, 373-6

19 *Dices itaque mihi, Quid adhuc conqueritur? voluntati eius quis restitit?*

20 *Atqui, o homo, tu quis es qui contendas iudicio cum Deo? num dicit fictile figulo, Cur me sic fecisti?*

21 *An non habet potestatem figulus luti, ex eadem massa faciendi aliud quidem vas in honorem, aliud in contumeliam?*

[19 **Dices itaque.**] Hic vero praecipue tumultuatur caro, quum audit ad Dei arbitrium referri quod ad mortem destinati sint qui pereunt. Quare Apostolus rursum descendit ad anthypophoras, quia videbat
40 impiorum ora non posse contineri quin plenis buccis Dei iustitiam allatrarent. ac eorum quidem affectum eleganter exprimit. [nam propria defensione non contenti], Deum suo loco reum subiiciunt: deinde postquam damnationis suae culpam in eum derivarunt, adversus tantam eius potentiam indignantur. Coguntur quidem dare manus, sed frementes, quod resistere nequeant[: ac [damnationem] tribuentes, tyrannidis quodammodo insimulant. sicuti Sophistae in scholis suis de absoluta (quam vocant) eius iustitia perinde garriunt acsi iustitiae suae oblitus, vim sui imperii, perverse omnia miscendo, experiri vellet.] Sic igitur hoc [loco], Quid habet causae cur nobis irascatur? quum nos tales formaverit,
50 quum pro suo nutu agat quo libuerit: quid aliud, nos perdendo, quam opus suum in nobis ulciscitur? Neque enim nostrum est cum eo [belligerare] ut maxime repugnemus, ipse tamen superior evadet. Ergo et iniquum erit iudicium, si nos perdat: et effraenis est potestas qua nunc in nos abutitur. Quid autem ad haec Paulus?

20 **O homo tu quis es.** [Quia Graece participium habetur,] potest etiam legi in praesenti, [Qui] disceptas, vel contendis, [vel litigas ex adverso: quia hoc Graeca voce exprimitur,] in hunc sensum, Tu quis es qui disceptationem cum Deo suscipis: sed non multum diverso sensu. Hac priore responsione nihil aliud quam improbitatem illius blasphemiae
60 retundit, argumento ab hominis conditione sumpto. Alteram mox subiiciet, qua Dei iustitiam ab omni criminatione vindicabit. [Hoc

---

37 *A B om.*   41-42 *A B* Non enim propria defensione contenti   45-48 *A B* Quemadmodum videmus in Saule exemplum. Non sine ingenti indignatione audit, regnum sibi ereptum iri e manibus: sed exprobrandi causa, respondet, Dominus est, faciat quod visum fuerit.   45 *Read* dominationem. *CR note ad loc.: quod in plerisque editionibus exstat. But ms. correction in some copies of C.*   49 *Read* loco impii *as A B. Ms correction in some copies of C.*   52 *A B* belligerari   55 *A B om.*   56 *A B om.*   56-57 *A B om.*   61-72 *A B om.*

46 *Duns Scotus, In Sent. Lib. IV, Dist. X, Qu. II,* § *5, Tom. 17,193.*   *See Inst.(1559) III.xxiii.2, Op. sel. IV, 396, where the passage first occurs*

quidem patet, nullam Dei arbitrio causam superiorem adduci. Quum in
promptu solutio esset, ex iustis rationibus pendere discrimen: cur hoc
compendio non usus est Paulus, sed Dei voluntatem in summo gradu
locavit, ut nobis pro causis omnibus una sufficiat? Certe si falsa fuisset
obiectio, Deum reprobare vel eligere pro suo arbitrio quos vel favore non
dignatur, vel quos gratuito amat, refutatio non fuisset a Paulo neglecta.
Obiiciunt impii, reatu eximi homines, si in eorum salute vel exitio primas
partes tenet Dei voluntas. An negat Paulus? imo sua responsione
70 confirmat, Deum quod visum est de hominibus statuere: frustra tamen
ac furiose insurgere homines ad litigandum, quia figmentis suis Deus
quancunque voluerit sortem iure suo assignat.] Qui vero destitutum
ratione Paulum ad obiurgationem confugisse aiunt, gravem Spiritui
sancto contumeliam irrogant. Nam quae ad Dei aequitatem asserendam
factura erant, et ad manum illi suppetebant, initio producere noluit, quia
apprehendi non poterant. [Imo] et secundam rationem sic temperabit ut
non plenam defensionem suscipiat: sed ita Dei iustitiam demonstret, si
religiosa humilitate et reverentia a nobis expendatur. Quod ergo maxime
conveniebat, monet hominem suae conditionis, acsi diceret, Quum homo
80 sis, terram ac cinerem te agnoscas: cur ergo contendis cum Domino, de
re cui intelligendae nequaquam par es? In summa, non quod dici poterat,
sed quod ruditati nostrae expediebat, attulit Apostolus. [Fremunt super-
bi homines, quod Paulus arcano Dei consilio reprobari vel eligi homines
non negans, causam nullam afferat, [sancti] vero Spiritus Dei ratione
destitutus obmutescat: ac non potius suo silentio moneat, mysterium
quod non capiunt mentes nostrae, reverenter adorandum, atque ita
curiositatis humanae proterviam compescat. Sciamus itaque Deum a
loquendo non alium in finem supersedere, nisi quia immensam sapientiam suam modulo nostro comprehendi non posse videt, ideoque
90 infirmitati nostrae parcens, ad modestiam, et sobrietatem nos invitat.]
        Num dicet fictile. [Videmus huc Paulum semper insistere, ut
voluntas Dei, quanquam nos lateat eius ratio, iusta habeatur. Fraudari
enim suo iure ostendit, nisi de suis creaturis libere statuat quod visum est.
Durum hoc multorum auribus videtur. Sunt etiam qui Deum magno
probro exponi causantur si tale ei defertur arbitrium. Quasi vero cum suo
fastidio meliores sint Theologi, quam Paulus qui hanc statuit humilitatis
regulam fidelibus, ut Dei potentiam suspiciant, non autem aestiment e
suo iudicio.] Appositissima [autem] similitudine istam cum Deo litigandi

---

76 *A B* Nam   82-90 *A B om.*   84 *Read* quasi. *Ms correction in some copies of C.*   91-98 *A*
B om.   98 *A B om.*

arrogantiam reprimit, in qua videtur allusisse potius ad [Iesa. 45. 9,]
100 quam ad Iere. 18.6. Nihil enim apud Ieremiam docetur, quam Israelem
esse in manu Domini, ut possit propter eius scelera ipsum penitus
conterere, non secus ac figulus vas testaceum. At Iesaias altius conscendit, Vae, inquit, qui contradicit fictori suo, testae nimirum cum figulo luti
contendenti. Nunquid dicet lutum figulo suo, Quid facis? etc. [Et certe
non est cur se testaceo vasi praeferat mortalis homo ubi se cum Deo
comparat.] Neque tamen valde in applicando ad praesentem causam
testimonio illo laborandum est: quando Paulus alludere duntaxat ad
Prophetae verba voluit, quo plus ponderis haberet similitudo.

21 **An non habet potestatem figulus?** Ratio cur non debeat figmentum
10 cum fictore suo contendere: quia fictor nihil facit nisi ex iure suo. Per
vocem Potestatis non intelligit suppetere virtutem ac robur figulo ut pro
libidine agat: sed optimo iure hanc facultatem ei competere. Neque enim
vult Deo asserere potestatem aliquam inordinatam: sed quae merito illi
sit deferenda. Porro in aptanda similitudine hoc considera, Quemadmodum figulus nihil luto adimit, quamlibet illi formam dederit: ita quacunque hominem conditione creaverit Deus, nihil ei adimit. [Tantum illud
memoria tenendum, spoliari Deum honoris sui parte, nisi tale in homines
imperium ei conceditur, ut sit arbiter vitae et mortis.]

22 *Quid autem si Deus volens demonstrare iram, et notam facere*
20 *potentiam suam, sustinuit in multa patientia vasa irae, in interitum*
apparata:
23 *Ut notas quoque faceret divitias gloriae suae in vasa misericordiae,*
quae praeparavit in gloriam?

[22 **Quid autem.**] Secunda responsio, qua breviter demonstrat, etiamsi incomprehensibile sit hac parte Dei consilium, elucere tamen inculpa-
tam eius aequitatem, non minus in reproborum interitu, quam salute
electorum. Non ita quidem rationem reddit Divinae electionis, ut causam
assignet cur hic eligatur, ille reprobetur. [Nam et indignum erat ut quae
arcano Dei consilio continentur, venirent sub hominis censuram: et
30 mysterium illud inexplicabile futurum erat.] Quae ergo humanam intelligentiam fugiunt, ab iis curiose excutiendis nos arcet: interim ostendit,
quatenus se profert Dei praedestinatio, in ea meram iustitiam apparere.
Particulam εἰ δὲ, qua usus est Paulus, perinde accipio acsi dictum esset,

99 *A B* 48. Iesaiae   4-6 *A B om.*   16-18 *A B om.*   24 *A B om.*   28-30 *A B*
(Nam...erat).

Quid autem si? ut tota haec oratio sit interrogativa. nam ita apertior
sensus constabit: eritque reticentiae species, in qua subaudiendum erit,
Quis propterea insimulare iniustitiae queat, aut illi diem dicere? Nihil
enim hic apparet nisi rectissima aequitatis regula. Verum si Pauli mentem
assequi volumus, singula prope verba expendenda sunt. sic enim ratiocinatur, Vasa sunt in exitium comparata, id est devota et destinata exitio:
40 sunt item vasa irae, id est in hoc facta et formata ut documenta sint
vindictae et furoris Dei. Ea si Dominus ad aliquod tempus patienter
sustinet, non disperdens primo quoque momento, sed differens paratum
illis iudicium, idque ad demonstranda suae severitatis [iudicia], quo
caeteri terreantur adeo horrendis exemplis: item ad virtutem suam
illustrandam, cui servire multis modis ea facit: praeterea vero quo inde
notior fiat et clarius elucescat suae in electos misericordiae amplitudo:
quid in hac dispensatione reprehensione dignum? Caeterum quod reticet,
unde sit illud quod vasa sunt in exitium apparata, non est mirum.
assumit enim ex superioribus, causam in aeterno ac inexplicabili Dei
50 consilio absconditam esse: cuius iustitiam adorare magis quam scrutari
conveniat. Vasa autem generali significatu pro instrumentis posuit.
quoniam in omnibus creaturis quicquid est actionis, est veluti Divinae
virtutis ministerium. Optima ergo ratione vocamur nos fideles misericordiae vasa, quibus Dominus instrumentis utitur ad misericordiae suae
ostensionem: reprobi autem vasa irae, quandoquidem serviunt illustran-
dis Dei iudiciis.

23 **Ut etiam notas faceret divitias.** Ego quoniam in istis duabus
particulis καὶ ἵνα, non dubitabam esse ὕστερον πρότερον: quo melius
cohaereret hoc membrum cum superiore, verti **Ut notas quoque faceret,**
60 **etc.** Est autem secunda ratio quae gloriam Dei in reproborum interitu
manifestat: quod ex eo luculentius Divinae bonitatis erga electos amplitudo confirmatur. Quid enim isti ab illis differunt, nisi quod ex eadem
exitii voragine a Domino liberati sunt? idque non proprio aliquo merito,
sed gratuita eius benignitate. Ergo fieri non potest quin magis ac magis
commendetur immensa illa clementia erga electos, quum respicimus
quam miseri sint omnes qui eius iram non effugiunt. Gloriae vocabulum,
quod bis hic repetitur, interpretor positum pro misericordia Dei,
μετωνυμικῶς: quia praecipua eius laus est in benefactis. Sic et
Ephes. 1. 13, [postquam docuit] nos adoptatos a Deo in laudem gloriae
70 gratiae suae, paulo post subiungit, obsignatos Spiritu haereditatis in
laudem gloriae: suppresso Gratiae verbo. Voluit ergo significare, electos

43 *C* iudicia   *Ms. correction of* u *to* n *in some copies.*   *A B* indicia   69 *A B* docet

esse instrumenta vel organa quibus misericordiam suam exercet Deus, ut nomen suum in eis [glorificet]. [Etsi autem in hoc secundo membro expressius asserit, Deum esse qui electos suos praeparat in gloriam, quum prius simpliciter dixisset, reprobos vasa esse praeparata in exitium : dubium tamen non est quin utraque praeparatio ab arcano Dei consilio pendeat. Alioqui dixisset Paulus reprobos se dedere vel proiicere in exitium. Nunc vero significat, antequam nascantur, iam suae sorti addictos esse.]

80   24   *Quos etiam vocavit: nimirum nos, non solum ex Iudaeis, sed etiam ex Gentibus.*

25   *Quemadmodum et in Osee dicit, Vocabo populum meum, eum qui non est populus: et dilectam, eam quae non est dilecta.*

26   *Et erit in loco ubi dictum est eis, Non populus meus vos, illic vocabuntur filii Dei viventis.*

27   *Iesaias autem clamat super Israel: Si fuerit numerus filiorum Israel ut arena maris, reliquiae servabuntur.*

28   *Sermonem enim consummans et abbrevians, quoniam sermonem abbreviatum faciet Dominus in terra.*

90   29   *Et quemadmodum prius dixerat Iesaias: Nisi Dominus sabbaoth reliquisset nobis semen, instar Sodomae facti essemus, et Gomorrhae essemus assimilati.*

[24   **Quos etiam vocavit.**] Ex disputatione quam hactenus de libertate Divinae electionis habuit, duo consequebantur: nempe Dei gratiam non ita inclusam esse in populo Iudaico, ut non ad alias quoque nationes emanare, et in orbem universum effundere se posset. deinde ne sic quidem alligatam esse Iudaeis, ut ad omnes Abrahae filios secundum carnem, sine exceptione perveniat. Nam si Dei electio solo eius beneplacito fundata est, quocunque se eius voluntas converterit, illic electio pariter

100 locum habet. Electione ergo posita, iam via quodammodo strata est ad ea quae dicere instituit tum de vocatione Gentium, tum Iudaeorum reiectione: quarum altera ob novitatem absurda, altera prorsus indigna videbatur. Quia tamen haec posterior plus habebat offensionis, illam [minus odiosam] priore loco tractat. Dicit ergo, vasa misericordiae Dei,

---

73 *A B* glorificetur   73-79 *A B om.*   93 *A B om.*   4 *A B om.*

82-83 *C* Hos 2.23; I Pet 2.10*   84-85 *C* Hos 1.10*   86-87 *C* Isa 10.21* [= *10 21-3*]   90-92 *C* Isa 1.9*

quae ipse in nominis sui gloriam seligit, undique assumi: nec minus ex
Gentibus, quam ex Iudaeis. Caeterum in relativo, Quos, etsi non plane
observata est a Paulo ratio grammatices, voluit tamen, velut transitu
facto, subiicere, nos esse illa gloriae Dei vasa, qui assumpti simus partim
ex Iudaeis, partim ex Gentibus. Ubi a vocatione Dei probat, non esse
10 nationis discrimen in electione. Nam si origo a Gentibus ducta impedimento non fuit quo minus nos etiam Deus vocaret, constat Gentes
minime [arceri] a regno Dei et foedere salutis aeternae.

25 **Quemadmodum in Osee dicit.** Nunc illam Gentium vocationem
novam non debere videri ostendit: utpote quae Prophetae vaticinio
multo ante fuerit contestata. Sensus est apertus, nisi quod in accommo-
dando testimonio laboratur. siquidem Prophetam illic de Israelitis loqui,
nullus negaverit. Dominus enim eorum sceleribus offensus, posthac sibi
non amplius fore in populum denuntiat. Postea consolationem subiicit:
et ex non dilectis, facit dilectos, ex non populo, populum. Paulus autem,
20 quod in Israelitas nominatim confertur, ad Gentes conatur applicare.
Qui optime hactenus explicarunt hunc nodum, putarunt Paulum sic
voluisse ratiocinari: quod posset impedimento videri esse Gentibus, quo
minus participes fiant salutis, id quoque fuisse in gente Israelitica.
quomodo igitur Deus olim Iudaeos, quos abiecerat et exterminarat, in
gratiam benigne recepit: ita et erga Gentes eadem benignitate nunc
utitur. Verum quia haec interpretatio, etsi sustineri potest, videtur tamen
mihi habere aliquid coactum, [cogitent lectores] an non haec sit aptior, si
consolationem illam Prophetae non Iudaeis modo, sed Gentibus datam
credamus. Neque enim novum est aut insolens Prophetis, postquam
30 Iudaeis ob sua flagitia Dei ultionem edixerunt, convertere se ad regnum
Christi, quod in totum orbem propagandum erat. neque id importune.
Quando enim iram [Dei] ita Iudaei peccatis suis provocarunt, ut
repudiari ab ipso mereantur, nulla salutis spes superest, nisi ad Christum
se convertant: per quem foedus gratiae instauratur, [et sicut in eo
fundatum erat, sic nunc ubi intercidit, renovatur.] Et certe quum in rebus
desperatis unicum sit refugium Christus: nulla solida consolatio afferri
miseris peccatoribus, et iram Dei sibi imminere cernentibus potest, nisi
Christo proposito. [Imo] hoc, ut monuimus, Prophetis solenne est, ubi
populum Divinae ultionis comminatione [perculsum humiliarunt], ad
40 Christum revocare, unicum desperatorum asylum. Ubi autem erigitur
regnum Christi, simul suscitatur caelestis illa Ierusalem, in quam cives ex

---

12 *A B* abarceri   27 *A B* cogita   32 *A B* Domini   34-35 *A B* ac confirmatur   38 *A B*
Ergo   39 *A B* consternarunt

omnibus mundi partibus congregantur. Id vero praecipue valet in
praesenti oraculo: nam quum Iudaei e familia [Dei exterminati] essent,
eo modo ⟨redacti⟩ erant in vulgarem ordinem, et Gentibus pares facti.
Post sublatum discrimen, iam Dei misericordia in omnibus Gentibus
promiscue locum habet. [Unde colligimus apte ad causam praesentem
accommodari Prophetae vaticinium. in quo Deus, postquam Iudaeos
Gentibus aequavit, Ecclesiam se ex alienis collecturum pronuntiat, ut qui
populus non erat, incipiat esse.]　　　　**[Populum meum, eum qui non**
50 **est populus.]** [Hoc dicitur divortii respectu, quod iam fecerat Deus cum
populo, omni eum dignitate abdicans, ut exteris Gentibus non praecelle-
ret.] Tametsi [autem] quos aeterno suo consilio sibi destinavit Deus in
filios, hi sunt [et] perpetuo filii: Scriptura tamen saepe non recenset inter
Dei filios, nisi quorum electio vocatione est approbata. Unde etiam nos
docet non iudicare, ac multo minus pronuntiare de electione Dei, nisi
quatenus se suis signis manifestat. Sic postquam Ephesiis ostenderat
Paulus [eorum] electionem et adoptionem ante mundi creationem apud
Deum fuisse definitam, aliquanto post, fuisse quondam alienos a Deo
testatur. Nimirum pro eo tempore, quo suam erga eos dilectionem
60 Dominus nondum ostenderat: tametsi aeterna misericordia amplexus
foret. Ergo hoc loco [appellantur non dilecti], quibus iram potius quam
dilectionem testatur Deus. [Porro donec reconciliet adoptio homines
Deo, scimus iram eius super totum humanum genus recumbere. Foemi-
ninum genus participii pendet ex Prophetae contextu. dixerat enim sibi
natam fuisse filiam, cui nomen imposuerat, Non dilecta: ut sub hoc typo
agnosceret populus Deo se exosum esse. Iam sicuti reiectio causa odii
fuit, ita amoris initium esse docet Propheta, ubi Deus adoptat qui ad
tempus extranei fuerant.]
　　27 **Iesaias autem clamat.** Ad secundam partem nunc progreditur: a
70 qua incipere noluit, ne eorum animos nimis exulceraret. Atque hoc non
sine artificio est, quod Iesaiam clamantem facit, non loquentem: quo
scilicet maiorem attentionem excitet. Porro aperta sunt Prophetae verba,
ad deterrendos Iudaeos, ne in carne nimium glorientur. Horrendum enim
auditu est, quod ex infinita multitudine exiguus tantum numerus salutem
consequetur. [Nam etsi Propheta postquam descripsit populi vastitatem,

---

43 *A B* Domini eliminati　　44 *A* reducti　　46-49 *A B om.*　　49-50 *A B* Non plebem meam,
plebem meam.)　　50-52 *A B om.*　　52 *A B om.*　　53 *Read* ei *for* et [*printed* &].　　*A B* illi
57 *A B* suam　　61 *A B* non dilecti appellantur　　62-68 *A B om.*　　75-77 *A B om.*

56-57 *C* Eph 2.1* [= *2.12*]

ne putarent fideles extinctum prorsus esse Dei foedus, spem aliquam
gratiae facit residuam: restringit tamen eam ad paucos.] Sed quia id de
suo tempore vaticinatus erat Propheta: videndum quomodo ad institutum [suum Paulus rite accommodet]. Sic autem debet, Quum Dominus
80 vellet e captivitate Babylonica populum suum liberare, ex immensa illa
multitudine ad paucissimos modo liberationis suae beneficium pervenire
voluit: qui excidii reliquiae merito dici possent, prae numeroso illo
populo, quem in exilio perire [sinebat]. Iam restitutio illa carnalis veram
Ecclesiae Dei instaurationem figuravit, quae in Christo peragitur⟨, imo
eius duntaxat fuit exordium⟩. Quod ergo tunc accidit, multo certius nunc
adimpleri convenit, ⟨in ipso liberationis progressu et complemento⟩.

28 **Sermonem enim consummans et abbrevians.** Omissa interpretationum varietate, mihi germanus sensus hic videtur, Dominus sic et
decurtabit et abscindet populum suum, ut videri possit quaedam veluti
90 consumptio, quod residuum erit, id est facies aut vestigium ingentis
ruinae. Haec tamen paucitas quae a consumptione restabit, erit opus
iustitiae Domini: vel, quod magis placet, serviet ad testificandam Dei
iustitiam per universum orbem. Quia Verbum generaliter in Scriptura
Rem significat, Verbum consummatum ponitur pro Consummatione.
[Ubi crasse hallucinati sunt multi interpretes, dum nimis argute volunt
philosophari. Finxerunt enim ita vocari Euangelii doctrinam, quia re-
sectis caeremoniis, breve sit Legis compendium.] Quanquam Consumptionem potius dici oportuit. Ubi [etiam] non tantum hic erratum est ab
interprete: sed [et] Iesaiae [10].22, 23, et 28. 22, Ezech. 11. 13, Ubi
100 dicitur, Ah, ah, Domine Deus, consummationem facies reliquiarum
Israel? quum [velint dicere Prophetae], Reliquiasne ipsas ad ultimam
internecionem disperdes? [Atque id propter vocis Hebraicae ambiguitatem factum est. Nam quum verbum כלה tam finire et perficiere, quam
consumere significet, non satis observatum suis locis fuit hoc discrimen.
Neque ad verbum sic loquutus est Iesaias, sed posuit duo substantiva
nomina, Consumptionem et definitionem, vel decisionem: ut mire sit
importuna Hebraismi affectatio in Graeco interprete. Quorsum enim

---

79 *A B* Pauli rite accommodetur   83 *A B* sustinebat   84-85 *A om.*   86 *A om.*   95-97 *A B*
om.   98 *A B* tamen   99 *A B om.*   99 *A B* 8   1 *A B* velit dicere Propheta   2-8 *A B*
om.

---

99 *Rom 9.28*: λόγον γὰρ συντελῶν καὶ συντέμνων *Isa 10.22-3:*   *LXX*: λόγον
γὰρ συντελῶν καὶ συντέμνων ἐν δικαιοσύνῃ, ὅτι λόγον συντετμημένον   *MT*:
כָּלָיוֹן חָרוּץ שׁטֵף צְדָקָה : כִּי כָלָה וְנֶחֱרָצָה   *Vg*: consummatio abbreviata inundabit iustitiam. Consummationem enim et abbreviationem

attinuit sententiam per se lucidam obscura dicendi figura involvere?]
[Adde quod] Iesaias hic hyperbolice loquitur, dum consumptionem vocat
10 extenuationem, qualis insigni aliqua clade fieri solet.

29 **Et quemadmodum prius dixerat Iesaias.** Aliud ex primo capite
testimonium affert, ubi vastitatem Israelis, pro suo tempore, Propheta
deplorat. Id autem si semel factum fuit, non est novum exemplum. Nihil
enim habet praerogativae populus Israel, nisi a parentibus: qui ⟨tamen⟩
eum in modum tractati fuerant ut Propheta conqueratur sic afflictos
fuisse ut parum abfuerint ab excidio Sodomae et Gomorrhae. Hoc tamen
discrimen erat, quod pauculi asservati erant in semen, ad nomen
excitandum, ne penitus interiret, ac aeterna oblivione deleretur. [Deum
enim oportuit promissionis suae semper esse memorem, ut inter severissi-
20 mas vindictas, misericordiae locum aliquem daret.]

30 *Quid ergo dicemus? Quod Gentes quae non sectabantur iustitiam,*
[adeptae] sunt iustitiam, iustitiam autem ex fide.

31 *Israel autem sectando legem iustitiae, ad legem iustitiae non*
pervenit.

32 *Quare? Quia non ex fide, sed quasi ex operibus. offenderunt enim ad*
lapidem offensionis,

33 *Quemadmodum scriptum est, Ecce pono in Sion lapidem offensio-*
nis, et petram offendiculi. Et omnis qui crediderit in eum, non pudefiet.

[30 **Quid ergo, etc.**] Nunc, quo praecidat Iudaeis omnem occasionem
30 obmurmurandi Deo, incipit causas ostendere humano captui comprehen-
sibiles, cur gens Iudaica sic abiecta fuerit. Faciunt autem perperam, ac
ordinem invertunt qui has causas statuere et erigere conantur supra
arcanam Dei praedestinationem, quam pro suprema causa habendam
prius docuit. Verum quemadmodum illa causis omnibus est superior: ita
impiorum pravitas et malitia locum materiamque praebet Dei iudiciis.
Quoniam autem in difficili causa versabatur, utitur communicatione, et
velut dubitanter interrogat quid hic dici possit. **Quod Gentes**
quae non sectabantur. Nihil absurdius, aut minus consentaneum videbatur, quam Gentes quae nulla iustitiae cura, in carnis suae lasciviis
40 volutabantur, in salutis participationem vocatas, iustitiam obtinere:
Iudaeos contra, qui Legis operibus studiose incubuerant, ab omni
iustitiae praemio depelli. Paulus id quod mire paradoxum erat, ita nudis

---

9 *A B* Verum   14 *A om.*   18-20 *A B om.*   22 *A B* assecutae   29 *A B om.*

25-28 *C* Ps 118.22; Isa 8.14; Isa 22.16 [= 28.16]; I Pet 2.6*

verbis effert, ut addita ratione temperet quicquid inerat asperitatis: nempe, iustitiam quam apprehenderunt Gentes, constare fide: ideo pendere a Domini misericordia, non propria hominis dignitate. Studium autem illud Legis quo Iudaei tenebantur, praeposterum fuisse, quia iustificari per opera studebant: sicque eo contendebant quo pervenire homo non potest. Quin et in Christum impingebant, per quem unum ad iustitiam adipiscendam patet aditus. [Caeterum hoc priore membro
50 propositum Apostolo fuit meram Dei gratiam evehere, ne alia causa in Gentium vocatione quaeratur nisi quia indignos favore suo amplecti dignatus est. De iustitia nominatim loquitur, sine qua salus non contingit, sed Gentium iustitiam in gratuita reconciliatione positam esse significat, ex fide manare dicens. Nam siquis iustificatas esse fingat, quia fide adeptae sint Spiritum regenerationis, longe discedet a Pauli mente. Neque enim verum esset, apprehendisse quod non quaerebant, nisi quia gratis vagos et errantes amplexus est Deus: iustitiamque, cuius incognitae nullum vigere studium poterat, obtulit. Quinetiam notandum est, non aliter Gentiles fide iustitiam esse adeptos, nisi quia Deus fidem eorum
60 sua gratia antevertit. Nam si fide priores aspirassent ad iustitiam, hoc iam fuisset eam sectari. Itaque fides ipsa portio gratiae fuit.]

[31 **Israel autem sectando.**] [Quod dictu erat incredibile, Paulus libere profert, nihil mirum esse si Iudaei strenue iustitiam sectando, nihil profecerint: quia scilicet extra viam currendo, frustra se fatigarunt.] [Iam] priore loco Legem iustitiae [per hypallagen posuisse mihi videtur] pro iustitia Legis: [in repetitione secundi membri, alio sensu sic vocasse iustitiae formam seu regulam. Itaque summa est, quod Israel in Legis iustitiam insistens, eam scilicet quae in Lege praescripta est, veram iustificationis rationem non tenuerit. Elegans autem paronomasia ést,
70 quum legalem iustitiam in causa fuisse docet ut a Lege iustitiae excideret.]

32 **Non ex fide, sed quasi ex operibus.** [Quia vulgo zeli praeposteri iusta esse excusatio videtur, iuste eos reiici ostendit Paulus qui salutem sibi tentant acquirere operum fiducia, quia fidem, quantum in se est, abolent: extra quam nulla speranda est salus. Itaque si voti compotes forent, talis successus verae iustitiae exinanitio foret. Porro] [vides] ut

---

49-61 *A B om.*   62 *A B* Sectando legem iustitiae, etc.)   62-64 *A B om.*   65 *A B* Mihi
65 *A B* posuisse videtur per hypallagen   66-71 *A B* secundo loco repetiisse alio sensu,
tantum pro iustitiae forma seu regula. Proinde sensus erit, quod Israel in iustitiam legis,
eam scilicet, quae in lege praescripta est, ut benefaciendo vitam nobis comparemus,
insistens [*A* insistendo], non sit assecutus veram iustificationis rationem.   72-76 *A B om.*
76 *A B* Vide

fides et operum merita ⟨comparentur⟩, velut res penitus contrariae.
Quum ergo fiducia operum maximum sit obstaculum quo via nobis
intercluditur ad iustitiam consequendam: necesse est ut illa valere iussa,
80 in unam Dei bonitatem recumbamus. Terrere enim merito debet hoc
Iudaeorum exemplum omnes eos qui ad regnum Dei per opera obtinendum contendunt: non enim opera Legis, caeremoniarum observationes
vocat, ut supra ostensum fuit: sed operum merita: quibus fides opponitur, solam Dei clementiam utroque ([ut] ita dicam) oculo respiciens, nullo
propriae dignitatis intuitu. **Offenderunt enim in lapidem.** [Op-
tima ratione confirmat proximam sententiam. Nihil enim magis absurdum, quam iustitia potiri qui eam deiicere conantur. Datus nobis in
iustitiam Christus est: eum officio suo privare nititur quisquis operum
iustitiam Deo obtrudit. Atque hinc apparet, quoties in operum fiduciam
90 recumbunt homines, sub inani zelandae iustitiae praetextu, furiosa
amentia bellum gerere cum Deo. Caeterum] quomodo in Christum
impingant qui operum fiducia nituntur, non est cognitu difficile. Nisi
enim peccatores nos agnoscimus, propriae iustitiae inopes ac vacuos,
obscuramus Christi dignitatem: quae in hoc sita est ut sit lumen, salus,
vita, resurrectio, iustitia, medicina nobis omnibus. Quorsum autem ista
omnia, nisi ut caecos illuminet, damnatos restituat, mortuos vivificet, in
nihilum redactos exsuscitet, [sordibus plenos abluat,] morbis confectos
curet ac sanet? Imo siquid nobis arrogamus iustitiae, cum Christi virtute
quodammodo luctamur: siquidem eius officium est, non minus omnem
100 carnis superbiam conterere, quam laborantes ac sub onere fatigatos
sublevare ac solari. Proprie autem citatum est testimonium. nam illic
denuntiat Deus, se fore populo Iuda et Israel in offendiculum, ad quod
impingentes corruant. Quum Christus, ille ipse Deus sit qui per Prophetam loquebatur, non est mirum, id nunc quoque in ipso adimpleri. [Et
lapidem offensionis vocans Christum, non mirum esse admonet si in via
iustitiae progressi non sint qui perversa sua contumacia impegerint ad
offendiculum, quum Deus facilem viam monstrasset. Notandum vero
est, Christo hoc proprie et a seipso non competere: sed potius accidentale
esse ex hominum malitia, sicuti mox sequitur.]
10   33 **Et omnis qui crediderit, non confundetur.** Hoc aliunde sumptum
testimonium ad piorum consolationem subiecit: acsi diceret, Quod
Christus lapis offensionis dicitur, non est quod ipsum exhorrescamus,
aut pro fiducia formidinem concipiamus. In ruinam siquidem incredulis
positus est: piis autem in vitam ac resurrectionem. Ergo quemadmodum

---

77 *A* comparantur   84 *A B om.*   85-91 *A B om.*   97 *A B om.*   4-9 *A B om.*

vaticinium illud de offensione et scandalo impletur in rebellibus et
incredulis: ita aliud est quod ad pios dirigitur, nempe ipsum esse lapidem
fortem, pretiosum, angularem, firmissime fundatum, quo quicunque
[subnixus fuerit], non praecipitabit. Quod autem pro Festinare, seu
praecipitare, Pudefieri posuit, id habuit a [Graeco interprete]. Certum
20 quidem est, illic Dominum voluisse spem suorum confirmare. Ubi autem
Dominus bene sperare nos iubet, ex eo sequitur, non posse nos pudefieri.
Vide locum 1. Petri 2. 10, huic non absimilem.

CAP. X.

1 *Fratres, benevolentia certe cordis mei et deprecatio ad Deum super*
Israel est in salutem.

2 *Testimonium enim reddo illis, quod zelum Dei habent, sed non*
secundum scientiam.

3 *Ignorantes enim Dei iustitiam, et propriam iustitiam quaerentes*
statuere, iustitiae Dei subiecti non fuerunt.

4 *Finis enim Legis, Christus, in iustitiam omni credenti.*

Hinc videmus quanta solicitudine sanctus vir offensionibus obviarit.
10 Adhuc enim ut temperet quicquid erat acerbitatis in exponenda Iudaeorum reiectione, suam, ut prius, erga ⟨eos⟩ benevolentiam testatur, et
eam ab effectu comprobat, quod sibi eorum salus curae esset coram
Domino. Haec enim affectio ex genuina demum charitate nascitur.
[Quanquam alia forte etiam de causa suum erga gentem, ex qua oriundus
erat, amorem testari coactus est: nam a Iudaeis nunquam recepta fuisset
eius doctrina, si ex professo infensum sibi putassent, et Gentibus etiam
suspecta fuisset eius defectio: quia putassent hominum odio a Lege esse
apostatam, quemadmodum proximo capite attigimus.]

2 **Testimonium enim [reddo].** Hoc ad faciendam amoris fidem pertine-
20 bat. fuit enim iusta causa cur eos misericordia potius quam odio prosequi
deberet: quum cerneret eos ignorantia tantum labi, non animi pravitate,
imo quum videret non nisi aliquo Dei affectu moveri ad persequendum
Christi regnum. Caeterum hinc discamus quo nos bonae nostrae inten-

---

18 *A B* subnitetur   19 *A B* Septuaginta   11 *A* nos   14-18 *A B om.*   19 *A* de illis   *B*
illis

---

19 *Isa 28.16:* καὶ ὁ πιστεύων ἐπ᾽ αὐτῷ οὐ μὴ καταισχυνθῇ   הַמַּאֲמִין לֹא יָחִישׁ

tiones abripiant, si illis obsecundamus. Vulgo haec putatur optima et
valde idonea excusatio, ubi is qui redarguitur, obtendit se non malo
animo fecisse. Atque hic praetextus hodie innumeros detinet, ne studium
ad inquirendam Dei veritatem applicent: quod putant excusabile fore
quicquid ignoratione, citra destinatam malitiam, imo cum bona intentione deliquerint. atqui nemo est nostrum qui Iudaeos excusare sustineat
30 quod Christum crucifixerint, quod in Apostolos immaniter saevierint,
quod Euangelium perdere et extinguere conati fuerint: quum tamen
eadem illis defensio suppetat, qua secure gloriamur. Facessant ergo
vanae illae tergiversationes de bona intentione: si Deum ex animo
quaerimus, sequamur viam qua sola ad eum pervenitur: Melius est enim
vel claudicare in via, quam extra viam strenue currere, ut ait Augustinus.
Si religiosi esse volumus, meminerimus verum esse quod Lactantius
docet, eam demum veram esse religionem quae coniuncta est cum Dei
verbo. Rursum tamen quum videmus eos perire qui bona intentione
errant in tenebris, cogitemus nos esse mille mortibus dignissimos, si a
40 Deo illuminati, scientes et volentes ab eius via evagamur.

3 **Ignorantes enim Dei iustitiam.** En quomodo inconsiderato zelo
aberrarint: nempe quod propriam iustitiam erigere voluerunt: quae
stulta fiducia ex Divinae iustitiae ignoratione provenit. Observa [antithe-
sin Dei iustitiae et hominum. Primo videmus opponi inter se quasi res
contrarias, et quae simul stare nequeunt: unde sequitur, everti Dei
iustitiam, simulac propriam statuunt homines. Deinde ut inter se
respondeant antitheta, non dubium est vocari Dei iustitiam quae eius
donum est: sicuti rursum dicitur hominum iustitia, quam petunt a
seipsis, vel se ad Deum afferre confidunt.] Iustitiae ergo Dei non
50 subiicitur qui vult in seipso iustificari: quia [iustitiae Dei obtinendae
principium est, abdicare se propria iustitia]. [Quorsum enim iustitiam
aliunde quaerere attinet, nisi quia inopia nos cogit? Diximus autem alibi
quomodo Dei iustitiam fide induant homines: quia scilicet imputatur illis
Christi iustitia. Porro superbiam qua inflati sunt hypocritae, utcunque
specioso zeli fuco tegatur, graviter infamat Paulus, quum dicit eos
omnes, quasi excusso iugo, Dei iustitiae adversos esse ac rebelles.]

43-49 *A B* Dei iustitiam nostrae [*A* cum nostra] opponi, veluti rei sibi contrariae [*A* cum re
contraria sibi], et quae stare simul nequeat. Iustitia Dei, ea quae nobis imputatur coram
Domino, ideo dicitur, quoniam ipsius est, et ab ipso: ut rursum, propria hominum, quam
petunt a seipsis.   50-51 *A B* principium recipiendae divinae iustitiae est, propria iustitia se
abdicare   51-56 *A B om.*

---

35 *Augustinus, Serm. de verb. Dom. 55, PL 38,778; in Ps 31, 2,4, PL 36,260*   36
Lactantius, Div. Inst. IV, De Vera Sapientia et Religione, and espec. Cap. V, PL 6,458-60

4 Finis enim Legis Christus. Mihi non male quadrare videtur hoc loco verbum Complementi: [sicuti etiam Erasmus Perfectionem vertit: sed quia] altera lectio omnium [fere] consensu recepta est, et ipsa quoque non
60 male convenit[, liberum per me erit lectoribus eam retinere]. Hac ratione occurrit Apostolus obiectioni quae contra moveri poterat. Videri enim poterant Iudaei rectam viam tenuisse, quia in Legis iustitiam incubuerant: hanc falsam opinionem refellere necesse habuit, quod hic facit. Indicat enim Legis praeposterum interpretem ⟨esse⟩, qui per eius opera iustificari quaerit, quoniam in hoc Lex data est, quo nos ad aliam iustitiam manu duceret. imo quicquid doceat Lex, quicquid praecipiat, quicquid promittat, semper Christum habet pro scopo: ergo in ipsum dirigendae sunt omnes partes. Id autem fieri nequit, quin omni iustitia spoliati, peccati agnitione confusi, ab ipso uno iustitiam gratuitam
70 petamus. [Unde sequitur, vitiosum Legis abusum merito in Iudaeis reprehendi, qui sibi ex adminiculo perperam obstaculum fecerint: imo Legem Dei turpiter mutilasse apparet, qui reiecta eius anima, mortuum literae corpus arripuerint. Quanvis enim mercedem Lex iustitiae suae observatoribus promittat: postquam tamen omnes in reatum coniecit, novam substituit in Christo iustitiam, quae operum meritis non acquiritur, sed gratis donata, fide recipitur. Ita fidei iustitia (quemadmodum vidimus primo capite) testimonium a Lege habet.] Habemus autem insignem locum, quod Lex omnibus suis partibus in Christum respiciat: itaque rectam eius intelligentiam habere nemo poterit qui non ad hunc
80 scopum perpetuo collimet.

5 *Moses enim describit iustitiam quae est ex Lege, Quod qui fecerit ea homo, vivet in ipsis.*

6 *Quae vero est ex fide iustitia, sic dicit, Ne dixeris in corde tuo, Quis ascendet in caelum? hoc est Christum deducere.*

7 *Aut, Quis descendet in abyssum? hoc est Christum ex mortuis [reducere].*

8 *Sed quid ⟨dicit⟩? Prope est verbum in ore tuo, et in corde tuo. hoc est verbum fidei, quod praedicamus.*

9 *Quod si confessus fueris ore tuo Dominum Iesum, et credideris in*
90 *corde tuo quod Deus suscitavit illum ex mortuis, salvus eris.*

58-59 *A B* nisi obstaret, quod   59 *A B om.*   60 *A B* proinde nos eam retinebimus   64 *A om.*   70-77 *A B om.*   86 *A B* educere   87 *A* dicit Scriptura

---

58 *Eras L¹:* Finis enim legis   *Eras L²⁻⁵:* Nam perfectio legis   59 *Vg:* Finis enim legis   81-82 *C* Lev 18.5; Ezek 20.11; Gal 3.12*   83 *C* Deut 30.12*   87 *C* Deut 30.14*

10   *Corde enim creditur in iustitiam, ore fit confessio in salutem.*

[5   **Moses enim, etc.**] Ut appareat quantopere inter se pugnent iustitia
fidei et operum iustitia, eas nunc inter se confert. comparatione enim
magis elucescit repugnantia quae est inter res contrarias. Agit autem non
Prophetarum oraculis, sed ipsius Mosis testimonio, ob hanc unam
causam, ut intelligerent Iudaei non esse datam a Mose Legem quae ipsos
in operum fiducia detineret: sed quae ad Christum potius duceret. Nam
etiamsi Prophetas suae sententiae testes citasset: haerebat tamen hic
scrupulus, cur Lex aliam iustitiae formam praescriberet. Hunc ergo
100 optime [discutit], quum ex ipsa Legis doctrina stabilit fidei iustitiam.
Porro quod Paulus consentientem facit Legem cum fide, et tamen illius
iustitiam huius iustitiae opponit, eius est intelligenda ratio. Lex bifariam
accipitur: nunc enim significat ⟨universam doctrinam a Mose prodi-
tam⟩, nunc partem illam ⟨quae ministerii eius propria erat⟩: quae
⟨scilicet⟩ praeceptis, praemiis, et poenis continetur. Moses autem in
⟨universum⟩ hoc officii habuit, ut populum de vera pietatis regula
erudiret. Id si verum est, oportuit illum poenitentiam et fidem praedicare: fides ⟨vero⟩, nisi propositis Divinae misericordiae promissionibus, et
illis quidem gratuitis, non docetur: itaque oportuit esse Euangelii
10 praeconem: quod fideliter praestitisse, constat ex multis locis. Quo
populum ad poenitentiam institueret, docere debuit quae vivendi ratio
esset Deo accepta: eam Legis praeceptis complexus est. Iam quo iustitiae
amorem populi animis instillaret, rursum iniquitatis insereret odium,
promissiones et minae addendae fuerunt: quae praemia iustis esse
reposita, peccatoribus vero horrendas poenas denuntiarent. Nunc populi
officium erat considerare quot modis esset maledictus, et quam procul ab
eo esset ut posset Deum operibus promereri: ita desperatione propriae
iustitiae concepta, ad Divinae bonitatis portum, adeoque ad Christum
ipsum confugere. Ille finis fuit Mosaici ministerii. Iam vero quia
20 Euangelicae promissiones sparsim tantum leguntur apud Mosen, ac illae
etiam nonnihil obscure: praecepta vero et praemia Legis cultoribus
constituta identidem recurrunt: merito ista functio proprie ac peculiariter Mosi tribuitur, docere qualis sit vera operum iustitia: deinde qualis
eius observationem remuneratio, qualis transgressionem ultio maneat,
ostendere. Hac ratione Moses ipse cum Christo [confertur] apud Iohan-

---

92 *A B om.*   100 *A B* soluit   3-4 *A* universum Mose ministerium   4 *A* duntaxat   5 *A*
om.   6 *A* universo ministerio   8 *A om.*   25 *A B* comparatur

---

25-27 *C* Jn 1.17*

nem : ubi dicitur, Legem a Mose esse datam, a Christo gratiam et
veritatem fuisse adimpletam. [Ac quoties ita restricte accipitur Legis
nomen, tacite opponitur Moses Christo : ideoque tunc videndum est quid
Lex ab Euangelio separata, in se contineat.] Quod ergo hic de iustitia
30 Legis dicitur, referre convenit, non ad totam Mosis functionem, sed ad
partem istam quae peculiariter quodammodo ei commissa fuit. Nunc ad
verba ipsa venio.   **Moses enim describit.** Paulus habet γράφει,
sed est aphaeresis, pro Describere. Est autem locus ex Levitici 18. 5, ubi
Dominus vitam aeternam pollicetur iis qui Legem suam servaverint. Sic
enim Paulum quoque accepisse vides, non de temporali modo vita, quod
nonnullis placet. Paulus autem sic inde arguit, Quum nemo iustitiam a
Lege praescriptam consequatur, nisi qui exacte omnes eius [partes]
impleverit : ab ea autem perfectione omnes homines semper longe
abfuerint : frustra quis ad salutem hac via contendat. perperam ergo fecit
40 Israel, qui Legis iustitiam speravit se posse adipisci, a qua omnes
excludimur. Vide quomodo a promissione ipsa arguat, nihil eam nobis
prodesse, propter conditionem scilicet impossibilem. Quam ergo futilis
argutiae est, promissiones legales citare, ad statuendam operum iustitiam? Cum iis enim manet nos certa maledictio : [tantum abest ut inde ad
nos salus perveniat]. [Quo putidior est stupiditas Papistarum, quibus
satis est ad probanda merita, nudas promissiones arripere. Non frustra,
inquiunt, vitam suis cultoribus promisit Deus: sed interim non vident,
ideo promissam esse ut omnibus mortis terrorem incuteret suarum trans-
gressionum sensus: atque ita defectu suo coacti, ad Christum confugere
50 discerent.]

[6   **Quae vero est ex fide iustitia.**] Hic locus eiusmodi est qui lectorem
non parum torquere possit: idque duabus de causis. Nam et improprie
videtur a Paulo detortus, et verba ipsa in alienum sensum commutata.
sed de verbis postea videbimus : prius animum advertamus ad applicationem. Locus est enim Deuteronomii 30. 12, ubi (quemadmodum in
superiore) de Legis doctrina loquitur Moses : Paulus autem ad Euangeli-
cas promissiones trahit. Hic nodus sic bene expedietur. Moses facilitatem
illic ostendit [perveniendi ad vitam, quia iam Dei voluntas Iudaeis]
occulta non est, nec longe dissita, sed sub aspectum posita. Si de sola

---

27-29 *A B om.*   37 *A B* praecepta   44-45 *A B* ab iis nulla benedictio pervenire ad nos
potest   45-50 *A B om.*   51 *A B* Iustitia autem fidei sic dicit.)   58 *A B* perficiendae
Domini voluntatis, ex eo quod iam illis

---

45 *De Castro, adv. omn. haer., fol clx*^{a-b}

60 Lege sermo esset, frivolum fuisset argumentum: quum nihilo sit factu
facilior Lex Dei ante oculos posita, quam si procul abesset. Ergo non
Legem solam designat, sed totam in genere Dei doctrinam, quae
Euangelium sub se comprehendit. Verbum enim Legis per se, nunquam
in corde nostro est: ac ne minima quidem eius syllaba, donec per fidem
Euangelii inseritur. Deinde etiam post regenerationem, verbum Legis
proprie in corde nostro esse non dicetur: quia perfectionem requirit, a
⟨qua⟩ longe fideles quoque ipsi distant. At verbum Euangelii [in corde
sedem habet], etiamsi cor non impleat: nam imperfectionis ac defectus
veniam offert. Ac omnino Moses illo capite (quemadmodum et quarto)
70 insignem Dei benevolentiam populo commendare studet, ex eo quod
eum in suam disciplinam et magisterium susceperat: quae commendatio
a nuda Lege sumi non poterat. ⟨Nec obstat quod illic Moses de vita ad
Legis regulam formanda concionatur: nam cum gratuita fidei iustitia
coniunctus est regenerationis Spiritus. Itaque alterum ex altero colligit:
quia Legis observatio ex Christi fide. Nec dubium est quin haec sententia
ex illo principio pendeat, Circuncidet Dominus cor tuum: quod paulo
ante posuerat eodem capite. Quare nullo negotio refelluntur qui Mosen
illic de bonis operibus agere dicunt. Fateor id quidem esse verum: sed
absurdum esse nego, Legis observationem ex suo fonte, hoc est, ex fidei
80 iustitia deduci. Nunc quaerenda est verborum explicatio.⟩   **Ne
dixeris in corde tuo, Quis ascendet, etc.** Moses caelum et mare nominat,
tanquam loca remotiora, et homini aditu difficilia. Paulus autem, perinde
acsi aliquid spiritualis mysterii lateret sub his vocibus, ad mortem et
resurrectionem Christi trahit. Siquis istam interpretationem nimis coactam et argutam esse causetur, intelligat non fuisse Apostolo propositum,
Mosis locum anxie tractare: sed ad praesentis causae tractationem
duntaxat applicare. Non ergo syllabatim recenset quid sit apud Mosen:
sed expolitione utitur, qua instituto suo testimonium Mosis propius
accommodat. Ille de locis inaccessis loquutus erat: Paulus ea loca
90 expressit, quae et ab aspectu nostro maxime omnium sunt abscondita, et
fidei [tamen] nostrae respicienda sunt. Quare si per amplificationem vel
expolitionem haec dicta accipias, non poteris dicere quod Paulus violenter aut importune detorserit Mosis verba: sed potius fateberis, citra
ullam sensus iacturam, eleganter ad vocabula Caeli et Maris allusisse.
Simpliciter ergo nunc verba Pauli enarremus. Quia duobus fundamentis
salutis nostrae securitas incumbit, dum et acquisitam nobis vitam
intelligimus, et mortem devictam: utroque per verbum Euangelii fidem

---

67 *A* quo   67-68 *A B* est   72-80 *A om.*   91 *A B* tantum

suffultam esse docet. Christus enim moriendo, mortem absorbuit:
resurgendo, vitam in potestatem suam accepit. Iam Euangelio, mortis ac
100 resurrectionis Christi beneficium nobis communicatur: ergo non est
quod ultra quidpiam appetamus. Itaque ut constet fidei iustitiam abunde
ad salutem sufficere, duo illa membra contineri sub ea docet, quae sola
ad salutem desiderantur. **Quis** ergo **ascendet in caelum?** tantundem valet,
acsi dicas, Quis scit an nos haereditas illa aeternae et caelestis vitae
maneat? **Quis descendet in abyssum?** acsi dicas, Quis scit an mortem
corpoream sequatur etiam sempiternus animae interitus? Utranque
dubitationem docet esse fidei iustitia sublatam: nam altera Christum e
caelo deduceret, altera e morte reduceret. Christi enim in caelum ascensio
fidem nostram de aeterna vita sic firmare debet, ut Christum pene ipsum
10 e caelorum possessione detrahat, qui dubitat an caeli haereditas parata
sit fidelibus, quorum nomine et causa illuc ingressus est. Similiter quum
inferorum horrores ⟨subierit⟩ ut nos inde liberaret, revocare in dubium
an adhuc huic miseriae obnoxii sint fideles, est irritam facere eius
mortem, et veluti abnegare.
⟨8 **Sed quid dicit?** Negativa oratio quam hactenus retulit, ad tollenda
fidei obstacula pertinet: restat ergo ut rationem ⌐tradat⌐ obtinendae
iustitiae, in quem finem subiungitur affirmatio. Quod autem interrogatio
interponitur, quum possent uno contextu omnia simul dici, id excitandae
attentionis causa factum est.⟩ [Simulque docere voluit quam latum sit
20 inter Legis et Euangelii iustitiam discrimen: quum illa se procul osten-
dens, ab accessu cunctos mortales arceat: haec autem prope se offerens,
ad sui fruitionem familiariter nos invitet.] **[Prope] est verbum.**
[Primo hoc notandum est, ne ambagibus abductae hominum mentes a
salute aberrent, verbi metas illis praescribi, intra quas se contineânt.
Perinde enim est acsi iuberet uno verbo contentas esse, et moneret in hoc
speculo contemplanda esse caelorum arcana,] quae et aciem oculorum
perstringerent suo fulgore, et aures obstupefacerent, et mentem ipsam
[redderent attonitam. Itaque insignem ex hoc loco consolationem perci-
piunt fideles animae] de verbi certitudine: quod [scilicet] in [eo] non
30 minus [tuto acquiescant], quam in praesentissimo rerum aspectu. [Deinde
notandum est, proponi verbum a Mose, in quo stabilis et tranquilla
salutis fiducia nobis constet.] **Hoc est verbum fidei.** Merito id

---

12 *A* subiecit   15-19 *A om.*   16 *B* habeamus   19-22 *A B om.*   22 *A B* Sed prope
23-26 *A B* In verbo igitur contemplanda omnia coeli secreta: 28-29 *A B* hebetarent.
Insignis locus, ad consolationem animae fidelis   29 *A B om.*   29 *A B* ipsa   30 *A B*
secure conquiescere debeat   30-32 *A B om.*

assumit Paulus: nam Legis doctrina ⟨pacatam⟩ ac tranquillam conscientiam minime reddit: nec ei suppeditat quibus contentam esse oporteat.
Interim tamen non excludit reliquas verbi partes, ac ne praecepta quidem
ipsa Legis: sed vult statuere peccatorum remissionem pro iustitia, etiam
citra exactam obedientiam quam Lex requirit. Sufficit ergo [ad pacandas
mentes et stabiliendam hominum salutem,] Euangelii [verbum]: quo non
iubemur operibus iustitiam promereri, sed gratuito oblatam [fide] ample-
40 xari. Verbum autem Fidei, pro verbo Promissionis, hoc est pro ipso
Euangelio, μετωνυμικῶς dictum: quoniam [relationem] habet cum fide.
[Subaudienda enim est antithesis qua discernitur Lex ab Euangelio:
atque ex hac distinctionis nota colligimus, sicuti Lex opera exigit,
Euangelium nihil aliud postulare, nisi ut fidem afferant homines ad
recipiendam Dei gratiam.] Particula ista, **quod praedicamus,** ideo adiecta
est, nequis suspicaretur Paulum a Mose dissidere. Testatur namque in
Euangelii ministerio sibi cum Mose optimam esse consensionem: quandoquidem ille quoque non alibi quam in gratuita promissione Divinae
gratiae, foelicitatem nostram [locaverit].

50   9 **Quod si [confessus fueris].** Hic quoque allusio est magis, quam
propria aut genuina interpretatio: nam verisimile est Mosen Oris
vocabulo per synecdochen usum esse, pro facie seu conspectu. At non
dedecuit Apostolum alludere ad nomen Oris, in hunc modum, Quando
coram ore nostro verbum suum proponit Dominus, proculdubio nos ad
confessionem eius vocat. Ubicunque enim est verbum Domini, illic debet
fructificare: fructus autem oris est confessio. Quod autem fidei confessionem praeponit, est anastrophe Scripturis satis familiaris. Melior enim
ordo futurus erat, si praemissa cordis fiducia, oris confessio subiecta
foret, quae ex ea nascitur. [Rite vero Dominum Iesum fatetur qui sua
60 eum virtute ornat, talem agnoscens, qualis a Patre datus est, ac in
Euangelio describitur.] [Quod vero diserte tantum resurrectionis fit
mentio, non ita accipere convenit, quasi mors nullo loco esset: sed quia
Christus resurgendo omnes salutis nostrae numeros implevit.] Etsi enim
morte peracta est redemptio et satisfactio per quam Deo sumus reconciliati: victoria tamen adversus peccatum, mortem, et Satanam resurrectione parta fuit. [Hinc etiam et iustitia, et vitae novitas, et spes beatae

---

33 *A* paratam   37-38 *A B om.*   38 *A B* verbum ad animae tranquillitatem   39 *A B*
nobis, corde   41 *A B* correlationem   42-45 *A B om.*   49 *A B* collocarit   50 *A B*
confitearis   59-61 *A B om.*   61-63 *A B* ¶ Quod Deus illum suscitavit.) Hoc ideo
nominatim posuit, quod in Christi resurrectione habemus salutis nostrae complementum.
66-70 *A B* simul etiam vita instaurata. Unde et saepe una resurrectio pro salutis certitudine
memoratur. Et sane mortem sub se continet: non autem continetur sub morte. De eo
dictum est aliquid cap. 6.

immortalitatis. Ideoque una resurrectio saepe nobis ad salutis fiduciam proponitur, non ut nos a morte abducat, sed quia mortis effectum et fructum testatur: denique mortem in se continet resurrectio. Qua de re
70 aliquid attigimus 6 capite.] [Adde etiam quod Paulus non historicam modo requirit fidem, sed in ipsa resurrectione complectitur eius finem. Tenendum enim est quorsum Christus resurrexit: nempe quod in eo excitando consilium Dei Patris fuerit nos omnes in vitam restituere. Quanquam enim potestas Christo fuerit a seipso recipiendae animae, hoc tamen opus Deo Patri Scriptura plerunque ascribit.]

10 **Corde enim creditur in iustitiam.** Hic locus nos adiuvare potest ad intelligendam fidei iustificationem. nam ostendit inde nobis iustitiam obtingere, quod Dei bonitatem in Euangelio nobis oblatam amplectimur: hinc ergo sumus iusti, quod Deum nobis in Christo propitium esse
80 credimus. Verum observemus, fidei sedem non in cerebro esse, sed in corde: neque vero de eo contenderim, qua in parte corporis sita sit fides: sed quoniam Cordis nomen pro serio et sincero affectu fere capitur, dico firmam esse et efficacem fiduciam, non nudam tantum notionem.

Ore [fit confessio in] salutem. Mirum videri queat cur nunc salutis nostrae portionem, fidei tribuat, toties [antehac] testatus, sola fide nos salvos fieri. Sed ex eo colligi non debet, confessionem salutis nostrae causam esse: tantum significare voluit quomodo salutem nostram Deus perficiat: nempe dum fidem, quam pectoribus nostris indidit, emergere per confessionem facit. [Imo simpliciter] voluit notare quae sit fides vera
90 ex qua hic fructus [emanat], nequis inanem fidei titulum pro ea praetenderet: nam cor ita debet accendere studio gloriae Dei, ut flammam suam extra egerat. Et sane qui est iustificatus, salutem iam obtinet: non ergo minus corde ad salutem creditur, quam ore fit confessio. Vides sic distinxisse, ut iustificationis causam ad fidem referret: deinde ostenderet quid ad salutem consummandam sit necessarium. Neque enim corde credere quis potest, quin ore confiteatur: et necessitas quidem est perpetuae consequentiae, non quae salutem confessioni ascribat. Caeterum viderint quid respondeant Paulo, qui nobis hodie imaginariam quandam fidem fastuose iactant, quae secreto cordis contenta, confessio-
100 ne oris, veluti re supervacanea et inani, supersedeat. Nimis enim nugatorium est, asserere ignem esse, ubi nihil sit flammae neque caloris.

70-75 *A B om.*   84 *A B* confessio fit ad   85 *A B om.*   89 *A B* Quin potius   90 *A B* emanet

11　*Dicit enim Scriptura, Omnis qui credit in eum, non pudefiet.*

12　*Non enim est distinctio Iudaei et Graeci: unus enim Dominus omnium, dives in omnes qui invocant eum.*

13　*[Quisquis enim] invocaverit nomen Domini, salvus erit.*

[11　**Dicit enim, etc.**] Postquam causas [notavit] cur [Iudaeos merito Deus repudiasset,] redit ad Gentium vocationem asserendam: quae pars est altera quaestionis in qua nunc versatur. Quoniam igitur viam ostenderat qua ad salutem homines perveniant: et [ea quidem] non minus
10　Gentibus quam Iudaeis [communis sit ac exposita]: nunc addito primum signo universali, ad Gentes illam aperte protendit: deinde Gentes quoque nominatim in eam vocat. Repetit autem quod iam adduxerat testimonium ex Iesaia, ut sententia plus habeat authoritatis: simul ut pateat quam bene editae de Christo prophetiae cum Lege consentiant.

12　**Non enim est distinctio.** Si sola fiducia requiritur, ubicunque reperta fuerit, illic se [vicissim] proferet Dei benevolentia in salutem: nullum ergo hic erit discrimen gentis aut nationis. Et addit firmissimam rationem: nam si is qui mundi totius est creator et opifex, omnium hominum est Deus: omnibus benignum se exhibebit a quibus pro Deo
20　agnitus et invocatus fuerit. Nam quum immensa sit eius misericordia, fieri non potest quin se in omnes effundat a quibus expetita fuerit. **Dives** hic active accipitur, pro benigno et benefico. Ubi notandum, Patris nostri opulentiam largitate non minui: ideoque nihil nobis decrescere, quamlibet alios multiplici gratiae suae affluentia locupletet. Non est ergo cur [invideant alii] aliorum bonis, perinde acsi quid [ipsis] propterea deperiret. Tametsi [vero] satis valida erat ratio ista, Prophetae tamen Ioelis oraculo eam confirmat: quod expressa particula universali, omnes pariter includit. Verum ex circumstantia multo melius [cognoscent lectores] huc congruere [quod pronuntiat Ioel, tum] quia de Christi regno
30　illic vaticinatur: tum etiam quod praefatus iram Dei horribili modo exarsuram, in medio eius ardore salutem pollicetur omnibus qui nomen Domini invocaverint. [Unde sequitur, usque ad mortis abyssos penetrare Dei gratiam, simodo illinc expetatur, ut minime arcenda sit a Gentibus.]

---

5 *A B* Omnis enim qui　6 *A B* om.　6 *A B* annotavit　6-7 *A B* Iudaei merito a Domino reprobentur:　9 *A B* eam quidem, quae　10 *A B* competebat　16 *A B* om.　25 *A B* invideamus　25 *A B* nobis　26 *A B* om.　28-29 *A B* om.　29 *A B* animadvertas. Tum 32-33 *A B* om.

---

2 *C* Isa 28.16*　5 *C* Joel 2.23* [= *2.32*]; *Ac 1.21* [= *2.21*]　29 [*Joel 2.32*]

14   *Quomodo ergo invocabunt eum in quem non crediderint? quomodo vero in eum credent de quo non audierint? [quomodo autem] audient absque praedicante?*

15   *Quomodo autem praedicabunt, nisi mittantur? quemadmodum scriptum est, Quam pulchri pedes annuntiantium pacem, annuntiantium bona!*

40   16   *Sed non omnes obedierunt Euangelio. Iesaias enim dicit, Domine, quis credidit [sermoni] nostro?*

17   *Ergo fides ex auditu, auditus autem per verbum Dei.*

Non occupabo hic diu lectorem referendis simul ac refellendis aliorum opinionibus. sit salvum cuique iudicium: mihi vero libere proferre liceat quod sentio. Ut ergo intelligas quorsum pertineat haec gradatio, principio considera fuisse mutuum nexum inter Gentium vocationem et Pauli ministerium quo inter ipsas defungebatur: ut ab unius approbatione, alterius quoque approbatio penderet. Iam necesse erat Paulo, Gentium vocationem extra dubium statuere, simul sui ministerii rationem reddere,
50   ne videretur gratiam Dei perperam dispergere, quod panem filiis Dei destinatum, illis subduceret, ac canibus erogaret. utrunque ergo simul facit. Sed orationis filum [quomodo cohaereat], non bene intelligetur, [donec] singulae partes ordine enarratae fuerint. Perinde valet haec progressio acsi diceret, Tam Iudaei quam Gentes, nomen Dei invocando, se in ipsum credere eo ipso declarant: quoniam vera nominis Dei invocatio non potest esse quin recta eius cognitio praecesserit. Porro fides ex verbo Dei nascitur: verbum autem Dei nullibi praedicatur, nisi speciali Dei providentia et ordinatione. Ergo ubi Dei invocatio, illic est fides: ubi fides, praecessit semen verbi: ubi praedicatio, illic Dei vocatio.
60   Iam ubi vocatio ita efficax et fructuosa, illic clarum et indubitatum signum est Divinae benevolentiae. Inde tandem constabit, Gentes non esse a regno Dei excludendas, quas in salutis communionem Deus asciverit. Nam ut fidei causa apud eas est praedicatio Euangelii: ita praedicationis causa, est Dei missio qua voluit in hunc modum eorum saluti consulere. Reliqua nunc seorsum expendamus.

14   **Quomodo invocabunt.** Vult hic coniungere Paulus invocationem cum fide: ut sunt profecto res inter se coniunctissimae. Qui enim Deum invocat, se quasi ad unicum salutis portum recipit: et quod certissimi

---

35 *A B* Et quomodo   41 *A B* auditui   52 *A B om.*   53 *A B* nisi

---

38-39 *C* Isa 52.7; Nah 1.15*   40-41 *C* Isa 53.1; Jn 12.18 [=12.38]*

refugii genus est, velut filius in optimi atque amantissimi patris sinum se
70 confert, ut eius cura protegatur, indulgentia ac charitate foveatur,
benignitate sublevetur, virtute fulciatur. Id facere nemo poterit qui non
ante de paterna Dei erga se benevolentia tantam persuasionem animo
conceperit, ut ab ea quidvis ausit expectare. Ergo qui Deum invocat, in
eo praesidium sibi esse repositum confidat necesse est. Siquidem de ea
invocatione hic loquitur Paulus, quae Deo approbatur. Nam hypocritae
quoque invocant, sed non in salutem, quia sine ullo fidei sensu. ⟨Unde
apparet quam nihil sapiant omnes Scholastici qui Deo se dubitanter
offerunt, nulla fiducia subnixi. Longe aliter Paulus qui illud tanquam
confessum axioma sumit, non posse nos rite precari, nisi de successu
80 certo persuasos. Neque enim fidem implicitam hic designat, sed eam
certitudinem quam de paterna eius benevolentia concipiunt animi nostri,
ubi per Euangelium reconciliat nos sibi, et in filios adoptat. Hac sola
fiducia nobis ad eum patet aditus: ut etiam docetur Ephe. 3.⟩ Econverso
autem collige, illam esse demum veram fidem quae Dei invocationem ex
se parit. fieri enim nequit ut qui Dei bonitatem gustavit, non etiam
perpetuo ad eam votis omnibus aspiret.   **Quomodo [in eum
credent, de quo, etc.]** [Summa est, nos quodammodo esse mutos donec ad
precandum nobis ora aperiat Dei promissio. quem etiam ordinem
demonstrat apud Prophetam, his verbis, Dicam illis, Populus meus estis
90 vos: et ipsi mihi dicent, Tu Deus noster.] [Neque enim] est nostrum,
qualem libuerit Deum fingere. [Legitima] ergo eius cognitio habenda est,
qualis in eius verbo proponitur. Siquis [vero] Deum [ex proprio sensu]
bonum concipiat, non erit certa nec solida fides, sed instabilis et fluxa
imaginatio: proinde ad rectam Dei cognitionem verbum requiritur.
Verbum non aliud hic posuit, quam quod praedicatur, quod haec
ordinaria sit, quam eius dispensandi instituit Dominus, ratio. Siquis
porro inde contendat, Deum hominibus sui notitiam aliter non posse
instillare quam instrumento praedicationis, negabimus illud fuisse ex
mente Apostoli, qui tantum in ordinariam Dei dispensationem respexit,
100 non autem eius gratiae Legem praescribere voluit.

15 **Quomodo praedicabunt, nisi mittantur?** Hoc [specimen esse et
pignus Divini amoris] significat, ubi gentem aliquam Euangelii sui
praedicatione dignatur: neque ullum esse eius praeconem quem non

---

76-83 *A om.*   86-87 *A B* credent, nisi audierint?)   87-90 *A B om.*   90 *A B* Non   91 *A B*
Talis   92 *A B* ergo   92 *A B* a se ipso   1-2 *A B* documentum esse divinae dilectionis

---

83 *Eph 3.*[*12*]   89 *C* Zech 13.9*

peculiari sua providentia suscitarit. quare non esse dubium quin Deus nationem eam visitet, in qua Euangelium annuntiatur. Quia autem hic nequaquam de legitima cuiusque vocatione agit Paulus, supervacuum foret hic longiorem de ea sermonem habere. [Tantum hoc tenere sufficiat, non fortuito pluere Euangelium ex nubibus, sed per manus hominum afferri quo Divinitus missum est.] **Quemadmodum scriptum est,**
10 **Quam speciosi.** Sic in rem praesentem testimonium istud convenit [applicare], Dominus [spem liberationis populo suo facturus], insigni encomio, eorum adventum [ornat] qui laetum huius rei nuntium afferrent. Eo igitur ipso declaravit, non minori in pretio habendum esse Apostolicum ministerium per quod aeternae vitae nuntius nobis adfertur. Inde autem sequitur a Deo esse: quandoquidem nihil est in mundo desiderabile nec laude dignum, quod non ab eius manu proficiscatur. Caeterum hinc quoque discimus quantopere expetenda res sit bonis omnibus, et quanti aestimanda Euangelii praedicatio quae sic ore Domini commendatur. [Neque enim dubium est, magnifice Deum
20 praefari de incomparabili huius thesauri pretio, ut ad eum cupide expetendum expergefiant omnium mentes.] **Pedes** pro adventu accipe, per metonymiam.

16 **Sed non omnes obedierunt Euangelio.** Istud nihil ad eam argumentationem pertinet quam Paulus in hac gradatione persequi voluit. Ideo neque in conclusione quae mox sequetur, [tale quicquam repetet]: sed operaepretium fuit Paulo hoc quoque interserere vice occupationis, nequis ex eo quod dictum erat, verbum [semper ordine fidem praecedere, non secus ac semen prius est segete], reciprocum argumentum strueret, atque inferret, fidem sequi ubicunque est verbum. nam ita potuisset
30 Israel gloriari, qui nunquam verbo fuerat destitutus. Oportuit ergo et hoc in transitu indicare, multos vocari qui tamen electi non sunt. Locum autem adducit ex Iesaia 53. 1, ubi Propheta oraculum illud praeclarum de Christi morte et regno editurus, cum admiratione praefatur de credentium paucitate, quae talis ei in spiritu apparebat ut exclamare [coactus sit], Domine, quis credidit auditui nostro, id est sermoni quem praedicamus? [Nam quum Hebraeis nomen שמועה passive Sermonem significet: Graeci ἀκοὴν, Latini Auditum, improprie quidem, sensu tamen non ambiguo reddiderunt. Iam videmus cur obiter haec exceptio

---

7-9 *A B om.* 11 *A B* applicari 11 *A B* salutem Israeli promissurus 12 *A B* ornavit
19-21 *A B om.* 25 *A B* locum habet 27-28 *A B* praecessisse, ubicunque est fides 35 *A B* cogeretur 36-40 *A B om.*

interposita fuerit, nequis scilicet fidem necessario sequi putaret ubicun-
40 que viget praedicatio.] Rationem tamen postea notat quum addit,
Brachium Domini cui revelatum est? Significat enim non aliter extare
verbi profectum, nisi dum Spiritus sui luce Deus affulget[, atque ita ab
externa hominis voce distinguitur interior vocatio quae sola efficax est, et
solis electis propria. Unde facile liquet quam stulte quidam ratiocinentur,
promiscue electos esse omnes, quia universalis est salutis doctrina, et
promiscue omnes ad se Deus invitat. Neque enim promissionum genera-
litas sola et per se, communem omnibus salutem facit: quin potius eam
ad electos restringit peculiaris ista revelatio cuius meminit Propheta.]

17 **Ergo fides ex auditu.** Ex conclusione videmus quid spectaverit
50 Paulus in serie illa contexenda: nempe ut ostenderet, ubicunque est fides,
Deum illic electionis suae signum iam ante prodidisse. [Deinde] quod
benedictionem suam per Euangelii ministerium effuderit, ut mentes fide
illuminaret, ac ex ea quoque ad nominis sui invocationem institueret, in
qua omnibus salus promittitur[: hoc modo testatum esse Gentes in
partem aeternae haereditatis a se admitti]. Est autem notabilis locus de
efficacia praedicationis: quoniam ex ea fidem nasci testatur. Confessus
nuper quidem est, per se nihil proficere: sed ubi Domino operari placet,
hoc instrumentum est potentiae ipsius. ⟨Et certe vox hominis usque in
animam penetrare sua virtute nequaquam potest: et nimium extolleretur
60 mortalis homo si diceretur vim habere nos regenerandi: lumen etiam
fidei sublimius quiddam est quam ut humanitus conferri possit. Verum
haec omnia non obstant quin Deus per hominis vocem efficaciter agat, ut
eius ministerio fidem in nobis creet.⟩ Praeterea notandum est, non alia
quam Dei doctrina, fidem fundari. ⟨Neque enim ex qualibet doctrina
fidem oriri tradit Paulus, sed nominatim ad Dei verbum restringit: quae
restrictio absurda foret si in hominum placita recumbere fides posset.⟩
Quare facessant oportet omnia hominum commenta, ubi de fidei certitudine agitur. [Hoc modo etiam concidit Papale illud phantasma fidei
implicitae, quod fidem a verbo avellit: ac multo magis execranda illa
70 blasphemia, suspensam manere verbi fidem donec eam fulciat Ecclesiae
authoritas.]

18 *Sed dico, nunquid non audierunt? Quinimo In omnem terram exivit
sonus eorum: et in fines orbis verba eorum.*

42-48 *A B om.* 51 *A B om.* 54-55 *A B om.* 58-63 *A om.* 64-66 *A om.* 68-71 *A B
om.*

72-73 *C* Ps 19.5 [= 19.4]*

19 *Sed dico, nunquid non cognovit Israel? Primus Moses dicit, Ego ad aemulationem provocabo vos in eo qui non est populus, et in gente stulta irritabo vos.*

20 *Iesaias autem audet, et dicit, Inventus sum ⟨a⟩ non quaerentibus me: conspicuus factus sum [iis] qui me non interrogabant.*

21 *De Israel autem dicit, Quotidie expandi manus meas ad populum*
80 *contumacem et contradicentem.*

18 **Sed dico, [nunquid non aud?]** Quandoquidem ex praedicatione imbuuntur hominum mentes Dei notitia, quae eiusdem Dei invocationem ex se generat: restabat hoc quaerendum, an Gentibus non esset annuntiata Dei veritas. [nam quod repente se ad Gentes contulerat Paulus, in ea novitate non levis erat offensio. Quaerit ergo an Deus nunquam ante ad Gentes vocem suam direxerit, et doctoris officio functus sit erga totum mundum. Porro ut communiter scholam omnibus apertam esse doceat, in quam undique discipulos sibi Deus colligeret], Prophetae testimonium adducit ex Psalmo 19. 5. quod parum in speciem
90 videtur ad rem facere. Propheta enim non de Apostolis illic loquitur: sed de mutis Dei operibus, in quibus ita evidenter elucere dicit Dei gloriam ut dici possint habere suam quandam linguam ad Dei virtutes [narrandas]. [Fecit hic Pauli locus ut allegorice totum Psalmum exponerent veteres, quos etiam sequuta est posteritas. Ita sine controversia sol tanquam sponsus e thalamo egrediens, Christus fuit: Apostoli autem caeli fuerunt. Quos maior tenuit religio, et qui se modestius gesserunt in Scripturae interpretatione,] existimant [quod proprie de caelesti architectura dictum erat,] Paulum ad Apostolos per allusionem transtulisse: verum quia animadverto servos Domini maiore ubique [reverentia] tractasse Scriptu-
100 ras, neque adeo licentiose huc illuc flexisse: non possum persuaderi, Paulum sic abusum esse isto loco. Accipio igitur eius citationem in proprio et germano Prophetae sensu, ut tale sit argumentum, Deus iam ab initio mundi suam Gentibus Divinitatem manifestavit: etsi non hominum praedicatione, creaturarum tamen suarum [testimonio]. Nam etsi Euangelium tunc inter ipsas silebat: totum nihilominus caeli et terrae opificium loquebatur, ac [praeconio suo authorem celebrabat]. Apparet

---

77 *A om.*   78 *A B* his   81 *A B* An non audierunt   84-88 *A B* Quo autem probet, ad eas quoque pervenisse   92 *A B* enarrandas   93-97 *A B om.*   97-98 *A B* vero   99 *A B* religione   4 *A B* ministerio   6 *A B* testimonium authori suo reddebat

---

74 *C* Deut 32.18* [= *32.21*] ,   77 *C* Isa 65.1*   79 [*Isa 65.2*]

ergo Dominum, etiam pro eo tempore quo foederis sui gratiam in Israele continebat, non tamen ita sui notitiam Gentibus subduxisse quin aliquam semper illis scintillam accenderet. [Propius quidem electo populo
10 se tunc manifestavit, ut merito domesticis auditoribus conferri potuerint Iudaei quos sacro suo ore familiariter docebat: quia tamen Gentes quoque eminus caelorum voce alloquebatur, hoc praeludio ostendit velle se illis etiam tandem innotescere. Caeterum cur Hebraicum nomen קום Graecus interpres φθόγγον reddiderit, nescio. Lineam enim nunc in aedificio, nunc in scriptura significat. Hoc quidem loco quia certum est idem bis repeti, mihi probabile est, caelos induci tam scripto quam voce disserentes de potentia Dei ad totum humanum genus. Nam Exeundi verbo admonet Propheta doctrinam hanc cuius caeli sunt praecones, non inclusam esse angustis unius terrae finibus, sed personare usque ad
20 ultimas orbis plagas.]

   19 **Sed dico, [Nunquid] non cognovit Israel?** [Haec adversae partis obiectio ex comparatione minoris et maioris sumpta est. Ratiocinatus est Paulus, Gentes a Dei notitia non esse prohibendas quum se illis ab initio Deus, licet obscure tantum et per involucra patefecerit, vel saltem dederit aliquem suae veritatis gustum. Quid ergo de Israele dicendum erit, qui longe alia doctrinae luce illuminatus fuerat? Qui fit enim ut homines exteri et profani ad lucem procul sibi monstratam accurrant: sanctum vero Abrahae genus familiariter perspectam respuat? Semper enim tenenda est illa distinctio, Quae gens est tam inclyta, ut deos sibi
30 appropinquantes habeat sicut Deus tuus hodie ad te descendit? Ergo non abs re quaeritur cur non Legis doctrinam qua imbutus erat Israel, sequuta fuerit cognitio. **Primus Moses dicit.** Probat Mosis testimonio, Si Gentes Deus Iudaeis praeferat, in eo nihil esse absurdi. Locus ex celebri illo Cantico desumptus est, ubi Deus Iudaeis perfidiam exprobrans, hanc

---

9-20 *A B* Signum ergo fuit, quod illic etiam volebat innotescere   21 *A B* An   21-43 *A B*
Intellige hic esse adversae partis obiectionem. Nam si inde arguit Paulus, non esse penitus denegandam Gentibus, Dei notitiam, quod obscure tantum, et per involucra se illis Deus indicarit: quid de Israele dicendum erit? Qui enim fit, ut illi hactenus rem sibi procul demonstratam amplectantur: hic autem familiariter perspectam respuat? Id quia parum consentaneum videbatur, in persona Moisi respondet: cuius authoritas omnem absurditatis opinionem tollere poterat apud Iudaeos. Locus est in 32. cap. Deuter. ubi Dominus edicit, qua ultione vindicaturus sit in populi defectionem: ubi ad idololatriam declinaverit. Quemadmodum, inquit, novis diis inductis, me ad zelum provocabunt: ita ego quoque novum populum suscitabo, quo ipsi zelo accendantur. Atque ut deos fecerunt, qui dii non sunt: ita gentem constituam ex non gente. Nihil ergo mirum si Dominus, excaecatis Iudaeis, Gentes illuminet.

29-30 *C* Deut 4.8* [*=4.7-10*]   32 [*Deut 32.21*]

se vindictam sumpturum denuntiat ut eos ad zelotypiam provocet,
Gentibus in foedus receptis: quia desciverant ipsi ad fictitios deos: Vos,
inquit, me spreto et abiecto, ius meum et honorem ad idola transtulistis:
ego ut hanc iniuriam ulciscar, vicissim substituam in locum vestrum
Gentes, et quod hactenus vobis dedi, illis transcribam. Id autem sine
40 populi Iudaici repudio fieri non potuit. Nam inde aemulatio cuius
meminit Moses, quod gentem sibi constituit Deus ex non gente, et novum
populum de nihilo suscitat, qui locum unde Iudaei fuerant depulsi,
occupet, quemadmodum relicto vero Deo illi se idolis prostituerant.]
Quod autem [Christi adventu] non defecerant Iudaei ad crassam illam et
externam idololatriam, nihil ad eos excusandos facit: [quandoquidem]
[suis figmentis profanaverant totum Dei cultum: imo tandem] Deum
[Patrem] in Christo [unigenito Filio] sibi [patefactum abnegarunt]: quod
est ultimum impietatis genus. [Observa **Gentem stultam** et **non gentem**
idem valere : quia extra spem vitae caelestis nulla proprie est hominum
50 essentia. Porro vitae initium et origo ex luce fidei est. Itaque spiritualis
essentia ex nova creatione fluit: quo sensu fideles vocat Paulus Dei opus,
ex quo regeniti sunt eius Spiritu, et ad eius imaginem reformati. iam ex
nomine Stultitiae colligimus quicquid sine Dei verbo sapiunt homines,
meram esse vanitatem.]

20 **Iesaias autem audet, [et] dicit.** Quoniam hoc vaticinium aliquanto
clarius est, quo maiorem attentionem excitet, plenum fiducia esse
[praefatur]: acsi diceret, Non figurate nec perplexe Prophetam fuisse
loquutum, sed planis et perspicuis verbis, Gentium vocationem asseruis-
se. Quae autem paucis verbis interpositis hic separavit Paulus, uno
60 contextu apud Prophetam habentur capite [65. 1], ubi Dominus venturum tempus pronuntiat quo gratiam suam convertat ad Gentes et
rationem statim subiungit, taedium contumaciae Israelis, quae nimia
diuturnitate facta sibi esset intolerabilis. Sic ergo loquitur, Qui de me
antea non interrogabant, ac nomen meum negligebant, nunc quaesierunt
me. (praeteritum pro futuro ad denotandam vaticinii certitudinem) qui
me non quaerebant, praeter spem et votum invenerunt. [Scio a quibusdam Rabbinis perverti totum hunc locum, acsi promitteret Deus facturum se ut a sua defectione resipiscant Iudaei. Sed nihil clarius est quam

---

44 *A B* eo tempore   45 *A B* quia   46 *A B om.*   47 *A B om.*   47 *A B om.*   47 *A B*
manifestatum abnegaverunt   48-54 *A B om.*   55 *A B* ac   57 *A B* praemonet   60 *A B*
63   66-72 *A B om.*

---

67 e.g. *Kimchi in Ies. 65.2: Expandi manus meas,* ad recipiendum eos in poenitentia, si
vellent. *p. 462*

de alienigenis haberi sermonem, quia mox in contextu sequitur, Dixi,
70 Ecce adsum populo in quo nomen meum non est invocatum. Haud
dubie ergo futurum denuntiat Propheta, ut nova adoptione recipiantur in
Dei familiam qui prius alieni fuerant.] Illa est ergo Gentium vocatio, in
qua tamen generalis typus elucet vocationis omnium fidelium. Siquidem
nemo est qui Dominum praeveniat : sed omnes sine exceptione, gratuita
eius clementia e profundissima mortis abysso eripimur: ubi nulla eius
cognitio, nullum colendi eius studium, nullus denique veritatis eius
sensus.

21 **De Israel autem**[**, etc.**]. [Subiicitur causae redditio, cur Deus ad
Gentes transeat, quia scilicet gratiam suam videt inter Iudaeos esse
80 ludibrio. Sed quo melius intelligant lectores, secundo membro notari
populi excaecationem, diserte admonet Paulus electo populo exprobrari
suam malitiam. Ad verbum quidem est, Dicit ad Israel: sed phrasim
Hebraicam imitatus est Paulus : quia ל saepe pro מן capitur.] Dicit autem
se ad Israelem manus expandere, quem et verbo assidue ad se invitabat,
et omni benignitatis genere [allicere non cessabat]. His enim duobus
modis utitur ad homines vocandos: quandoquidem sic benevolentiam
illis suam demonstrat. [Praecipue tamen de contemptu doctrinae conque-
stus est, qui eo magis detestabilis est, quo insignius paternam solicitudinem exerit Deus, verbo ad se homines invitans. Ac valde emphatica
90 loquutio est, eum manus expandere: quia salutem nostram per verbi sui
ministros procurans, non secus manus nobis porrigit, quam si pater
filium gremio blande excipere paratus, brachia etiam extenderet.] **Quotidie** autem dicit: necui mirum videatur, si defatigatus sit illis benefaciendo, quum ipsa assiduitate nihil profecerit. Eadem est figura quae
habetur apud Ieremiam 7. 13, et 11. 7, ubi ait se mane surrexisse ut illos
admoneret. Porro duobus aptissimis nominibus infidelitas designatur.
[Siquidem participium ἀπειθοῦντα vertere libet Praefractum aut rebellem: neque tamen Erasmi et Veteris interpretis translatio prorsus
displicet, quam ad marginem apposui. Sed quum Propheta pervicaciae
100 populum accuset, deinde addat Errare per vias non bonas, non dubito
quin Graecus interpres Hebraicum סורר exprimere voluerit duabus

---

78 *A B om.*   78-83 *A B* Verba Pauli habent, Ad Israel : sed πρὸς hic valet περὶ more
Hebraico. ut Psalmo 85, Loquetur pacem ad populum suum: id est, de populo suo.   85 *A
B* alliciebat   87-92 *A B om.*   97-5 *A B* Est enim semper cum infidelitate pervicacia, seu
inobedientia: item repugnantia adversus Deum.

---

83 [*Isa 65.2*]   98 *Eras* L^{1-5}, *Vg:* ad populum non credentem et contradicentem
1 LXX : ἀπειθοῦντα καὶ ἀντιλέγοντα

vocibus, populum immorigerum aut rebellem primum vocans: deinde
contradicentem: quia in eo se prodidit contumacia, quod populus
indomito fastu et amarulentia sanctas Prophetarum monitiones obstinate respuit.]

CAP. XI.

1   *Dico igitur, Num abiecit Deus populum suum? Absit. Etenim ego*
Israelita sum, ex genere Abrahae, tribu Beniamim.

2   *Non abiecit Deus populum suum quem praecognovit. [An nescitis in*
Elia quid Scriptura dicat? quomodo appellet Deum adversus Israel, dicens,

3   *Domine, Prophetas tuos occiderunt, et altaria tua diruerunt, et ego*
relictus sum solus, et quaerunt animam meam.

4   *Sed quid dicit ei Oraculum? Reservavi mihi ipsi septem millia*
virorum qui non flexerunt genu imagini Baal.

10   5   *Sic ergo et hoc tempore, reliquiae secundum electionem gratiae*
supersunt.

6   *Quod si per gratiam, iam non ex operibus: alioqui gratia, iam non est*
gratia. si vero ex operibus, iam non est gratia: alioqui opus, iam non est
opus.]

[1   **Dico igitur, etc.**] Quae hactenus de Iudaeorum caecitate et obstina-
tione disseruit, eo spectare videri poterant, acsi Christus adventu suo,
Dei promissiones alio transtulisset, Iudaeis ab omni salutis expectatione
exterminatis. Illam itaque obiectionem hoc loco praevenit: et quod de
repudiatis Iudaeis prius tradiderat, ita moderatur, ne foedus olim cum
20   Abrahamo initum, nunc abrogatum quis putet: aut eius memoriam Deo
sic intercidisse, ut Iudaei nunc alienati sint penitus ab eius regno,
quemadmodum ante Christi adventum Gentes. id vero negat, ut certe
falsum fuisse, mox ostendet. [Nec vero in hoc vertitur quaestio, iurene an
iniuria populum Deus repulerit. Nam proximo capite probatum fuit,
quum praepostero zelo populus repulisset Dei iustitiam, iustas superbiae
suae poenas dedisse, merito fuisse excaecatum, ac tandem foedere
excidisse. Iam ergo in disputationem non venit abdicationis· ratio: sed

---

4-14 *A B transpose: see footnote to page 240 line 47*   15 *A B om.*   23-34 *A B om.*

---

5 *C* I Kg 19.10*   Cap. XI   4-5 *C* I Kg 19.18*

alia de re exoritur certamen, quanvis talem Dei vindictam fuerit promeritus, an foedus quod Deus cum Patribus olim pepigit, sit abolitum, quod
30 ulla hominum perfidia labefactari absurdum esset. Principium enim illud
retinet Paulus, quum gratuita sit adoptio, et in solo Deo non in
hominibus fundata, firmam et inviolabilem stare, qualiscunque hominum incredulitas ad eam abolendam conspiret: hic nodus solvendus est,
ne credatur Dei veritas et electio ex hominum dignitate pendere.]

   [Etenim] ego Israelita. Antequam in causam ingrediatur, obiter
exemplo suo probat quam absurdum sit putare illam gentem a Deo
derelictam. Ipse enim ab ultima origine Israelita erat, non proselytus, aut
in Israelis politiam recens insitus. Quum ergo inter selectissimos Dei
servos merito censeretur, documento erat, Dei gratiam in Israele residere.
40 Conclusionem ergo veluti probatam assumit, quam tamen iusta tractatione postea explicabit. Quod supra Israelitae titulum, se Abrahae semen
vocat, et tribum quoque suam exprimit, eo pertinet ut habeatur pro
germano Israelita. [Sicuti ad Philippenses capite 3. 4. Nam quod ad
commendationem misericordiae Dei valere quidam putant, oriundum
fuisse Paulum ex ea tribu quae propemodum excisa fuerat, coactum
videtur, ac longe petitum.]

  [2 **Non abiecit.** Responsio est negativa, et cum moderatione. Apostolus enim praecise negando reiectum esse populum, secum ipse pugnasset.
Verum correctione adhibita, tale reiectionis genus esse docet, quo Dei
50 promissio irrita non reddatur. Ita distribuitur responsio in duas partes,
quod Deus nequaquam contra foederis sui fidem, universam Abrahae
progeniem abiecerit: neque tamen extet adoptionis effectus in omnibus
carnis filiis, quia praeit arcana electio. Ita generalis reiectio efficere non
potuit quin salvum maneret aliquod semen: ipsum enim visibile populi
corpus sic abdicatum fuit, ut nullum ex spirituali Christi corpore
membrum exciderit. Siquis roget an non Circuncisio Iudaeis omnibus
commune fuerit gratiae Dei symbolum, ut in eius populo censeri
debuerint: prompta est responsio, quia vocatio externa per se inefficax

---

35 *A B* Nam et 43-46 *A B om.* C populum [Paulum] 47-85 *A B* Caeterum propositio,
quam assumit, duas habet partes. Prior est, quod Deus nequaquam contra foederis sui
fidem, universam Abrahae progeniem abiecerit. Altera, quod foederis gratia non omnibus
carnis filiis debeatur: sed in Dei electionem respiciat. Negat enim Deum abiecisse populum
suum, sed quem praecognovit: ne quis, omissa Dei electione, omnes Abrahae posteros sub
populo illo comprehenderet. ¶ An nescitis...non est opus. [*page* 239 *lines 4-14*] ¶ Quoniam
fieri vix poterat, quin graviter offenderentur, quoties intuebantur quam exiguus esset
eorum numerus, qui Christo ex Iudaeis crediderant, nullum melius compendium erat, quam
ut averterentur eorum animi ab hac cogitatione. Ad id vero appositissimum erat hoc
exemplum, quo utitur. Nam

est sine fide, merito incredulis adimi honorem quem oblatum respuunt.
60 Ita manet specialis populus, in quo Deus constantiae suae specimen
exhibet: firmitatis vero originem deducit Paulus ab arcana electione.
Neque enim hic fidem respicere dicitur Deus, sed proposito suo constare,
ne populum abiiciat quem praecognovit. Atque hic rursus notandum est
quod prius admonui, Praecognoscendi verbo non intelligi speculationem
nescio quam, qua praesciverit Deus qualis quisque futurus esset, sed
Beneplacitum, quo sibi delegit in filios qui nondum nati, in eius gratiam
se insinuare non poterant. Ita ad Galatas dicit cognitos fuisse a Deo, quia
suo favore eos antevertit, ut ad Christi notitiam vocaret. Nunc tenemus,
quanvis universalis vocatio fructum non proferat, non excidere tamen
70 Dei fidem, quin semper Ecclesiam conservet quandiu superstites manent
electi: quia licet Deus totum populum promiscue ad se invitet, non tamen
intus trahit nisi quos novit esse suos, et quos Filio dedit: quorum etiam
fidelis usque in finem erit custos.]   **[An nescitis.** Quum tam
exiguus esset eorum numerus qui ex Iudaeis Christo crediderant, fieri vix
potuit quin ex paucitate colligerent reiectum esse totum Abrahae genus,
atque obreperet cogitatio haec, in tam deformi ruina nullum extare
gratiae Dei signum. Nam quum adoptio sacrum vinculum esset, quo filii
Abrahae sub Dei fidem collecti retinebantur, nisi illa diffluxisset, populum misere et infoeliciter dissipari, nullo modo probabile fuit. Hoc
80 scandalum ut avertat Paulus, appositissimo exemplo utitur. Nam tempore Eliae talem fuisse vastitatem commemorat, ut nullus iam superesset
Ecclesiae conspectus: et tamen quum nullum extaret gratiae Dei vestigium, sic quasi in sepulchro latuisse Dei Ecclesiam ut mirabiliter servata
fuerit. Sequitur ergo, perperam eos facere qui Ecclesiam ex sensu suo
aestimant. Et sane] si eximius ille Propheta qui usque adeo luculento
Spiritu praeditus erat, quum voluit suo iudicio recensere Dei populum,
[ita deceptus] est: quid nobis [eveniet], quorum summa [perspicacia], si
cum [illo conferimur], mera est hebetudo? Quare nequid temere hic
statuamus, [sed potius infixum cordibus nostris maneat, arcana Dei
90 providentia foveri Ecclesiam quae nulla oculis nostris apparet. simul
veniat in mentem, stulte et superbe facere eos qui numerum electorum

---

87 *A B* tantopere hallucinatus   87 *A B* eveniret   87 *A B* perspicientia   88 *A B* illius
iudicio conferatur   89-92 *A B* ut Ecclesiam putemus concidisse, nisi sub aspectum
nostrum posita sit: aut numerum electorum pro sensus nostri modulo definire audeamus.
Habet modum Deus

---

67 *C* Gal 4.9*

sensus sui modulo definiunt. Nam habet Deus modum] sibi non diffici-
lem, nobis absconditum, quo electos suos mirabiliter [custodiat], ubi
[omnia] perdita videntur. Hoc [autem animadvertant lectores, quod
Paulus temporis sui statum diligenter cum vetusta Ecclesiae conditione
tum hoc loco, tum etiam alibi comparat, non mediocriter hoc ad fidei
confirmationem valere, dum reputamus nihil hodie nobis accidere quod
non olim experti sint sancti Patres. scimus enim quam gravis machina sit
ad turbandos infirmos animos, novitas. Quod ad particulam, In Elia, in
100 versione retinui Pauli phrasim, quia tantundem valere potest, atque In
historia, vel In rebus gestis Eliae: quanvis mihi magis probetur, Paulum
Hebraico more sic loquutum: quia ב quod Graece ἐν respondet, saepe
pro De accipitur.] **Quomodo appellet Deum adversus Israel.** Id
certe argumento est, quanti fecerit Elias Dominum, qui pro eius gloria
non dubitaverit se adversarium gentis suae constituere, eique imprecari
extremum interitum, quod putaret in ea religionem [et cultum Dei]
interiisse. Sed in eo fallebatur, quod totam gentem, se uno excepto, eius
impietatis damnabat, quam volebat tam severe vindicari. Porro eo loco
quem Paulus citat, nulla imprecatio, sed nuda conquestio habetur.
10 Verum quia sic conqueritur ut de toto populo desperet, non dubium quin
ita exitio devoveat. Notemus ergo quid peccaverit Elias: nempe quod
quum impietas passim invaluisset, ac totam pene terram occupasset,
opinatus est se relictum esse solum.

4 **[Reservavi] mihi [ipsi] septem millia.** Utcunque numerum finitum
pro indefinito accipias, voluit proculdubio Dominus magnam multitudinem notare. Quando igitur in rebus maxime deploratis tantum valet Dei
gratia: ne leviter omnes adiudicemus diabolo, quorum pietas nobis
palam non apparet. [Simul etiam hoc nobis penitus insideat, quanvis
passim grassetur impietas, et undique se ingerat horrenda confusio: sub
20 Dei tamen sigillo manere inclusam multorum salutem. Caeterum nequis
hoc praetextu ignaviae suae indulgeat, sicuti plerique ex occulta Dei
custodia latebras captant suis vitiis, observare rursum convenit, salvos

---

93 *A B* servet   94 *A B* omnia esse   94-3 *A B* igitur est argumentationis filum: in quo
illud quoque animadvertas, quod diligenter semper statum sui temporis comparare nititur
cum superiorum temporum conditione: nequid scilicet novum et antea inauditum contigisse videatur. Quod hic habetur, In Helia, intellige positum, pro In rebus gestis Heliae:
etiamsi liber Regum habeat inscriptionem.   6 *A B om.*   14 *A B* Reliqui   14 *A B om.*
18-24 *A B* Econverso tamen observemus, quibus indiciis suos electos signet. Nempe,

---

3 [*I Kg 19.10*]   7 [*I Kg 19.18*]

dici qui integri et impolluti in Dei fide permanent. Ipsa etiam iudicii circunstantia notanda est: nempe eos demum stare incolumes] qui ne externa quidem simulatione corpus suum prostituerint ad cultum idolorum. Illis enim non animi tantum puritatem tribuit, sed quod etiam corpus ab omni superstitionis immunditia servarint impollutum.

5 **Sic [ergo] et hoc tempore.** Applicat exemplum ad suam aetatem: et quo faciat omnia similia, reliquias vocat, prae ingenti scilicet illo numero cuius ob oculos versabatur impietas. [Quanquam simul ad illud quod ante citavit, Iesaiae vaticinium alludens, in tristi et confusa desolatione lucere adhuc Dei fidem ostendit: quia residuum aliquid maneat. Quo certius id confirmet, vocat diserte reliquias quae Dei gratia superstites, Dei electionem esse immobilem testantur. quemadmodum dicebat Eliae Dominus, quum in idololatriam diffluxisset totus populus, illa septem millia se servasse.] [unde colligitur, eius beneficio fuisse exempta ab interitu.] Neque simpliciter gratiam dicit, sed nunc quoque ad electionem nos revocat[, ut discamus ab occulto Dei consilio reverenter pendere. Una igitur propositio est, paucos servari, praeut magna est eorum copia qui nomen populi Dei ad se trahunt. Altera, Dei virtute servari, quos nullo meriti respectu elegit.] nam electio gratiae, Hebraica forma, pro gratuita ponitur.

6 **Si [per gratiam, iam] non ex operibus.** Amplificatio sumpta ex comparatione contrariorum: sic enim habent inter se Dei gratia et meritum operum, ut qui alterum statuit, alterum evertat. Porro si nulla operum consideratio in electione admitti potest quae non obscuret gratuitam Dei bonitatem, quam nobis tantopere in ea commendatam voluit: viderint [phrenetici] quid Paulo respondeant, qui causam electionis faciunt quam in nobis dignitatem Deus praevidet. Nam sive futuris, sive praeteritis operibus locum aliquem dederis, reclamabit semper haec Pauli sententia quae dicit, gratiam operibus nihil facere reliquum. [Non hic tantum de nostra cum Deo reconciliatione disputat Paulus, nec de mediis vel propinquis salutis nostrae causis, sed altius conscendit, cur Deus ante conditum mundum quosdam solum elegerit, aliis praeteritis. Deum aliunde adductum esse negat ad hoc discrimen, quam mero suo

---

28 *A B om.* 30-36 *A B* Et eas quidem reliquias, quae Dei gratia superstites maneant. Quemadmodum Dominus dicebat Heliae, se servasse illa septem milia: cum universus populus in idololatriam diffluxisset 36-37 *A B om.* 38-41 *A B* Pauci ergo servantur: idque divinae electionis beneficio, quae et gratuita praedicatur. 43 *A B* gratia, ergo 48 *A B* Scholastici 51-65 *A B om.*

---

48 *See note to p. 209, line 27*

beneplacito. nam siquis operibus detur locus, tantundem gratiae detrahi
contendit. Unde sequitur, operum praescientiam cum electione perperam
misceri. Nam si Deus alios eligit, alios reprobat, prout salute dignos vel
indignos fore praescivit: iam posita operum mercede, non regnabit sola
60 Dei gratia, sed dimidia tantum ex parte causa electionis erit. Nam sicuti
antea Paulus in iustificatione Abrahae disseruit, ubi rependitur merces,
non ultro conferri gratiam: ita nunc ex eodem fonte argumentum ducit,
Si in rationem veniant opera, ubi Deus certum hominum numerum in
salutem adoptat, deberi mercedem: itaque non fore gratuitum beneficium.] Tametsi autem hic de electione sermo est: quia tamen generalis est
ratio qua Paulus utitur, ad totam salutis nostrae rationem extendi debet:
ut intelligamus toties pronuntiari, nulla esse operum merita, quoties salus
nostra Dei gratiae tribuitur. vel potius, ut credamus toties in nihilum
redigi operum iustitiam, quoties gratia nominatur.

70   7 *Quid ergo? quod quaerit Israel, non est assequutus: electio autem*
[assequuta est, reliqui] vero excaecati fuerunt.

      8 *Quemadmodum scriptum est, Dedit illis Deus spiritum compunctio-*
nis, oculos ut non videant, et aures ut non audiant, usque in hodiernum
diem.

      9 *Et David dicit, Fiat mensa eorum in laqueum, et in captionem, et in*
offendiculum, et in retributionem ipsis.

      10 *Obscurentur oculi eorum ne videant, et dorsum eorum semper*
incurva.

      7 **Quid ergo? quod quaerit Israel.** Quia versabatur hic in difficili
80 quaestione, quasi dubitans interrogat. Hac tamen dubitatione voluit
certiorem reddere responsionem quae mox sequitur: innuit enim nullam
aliam dari posse. ea est autem, quod Israel in quaerenda salute frustra
laboravit: quia praepostero studio nitebatur. Tametsi nullam causae
mentionem hic facit: sed quia prius eam expresserat, intelligi certe hoc
etiam loco voluit. Perinde enim valent eius verba acsi diceret, iam mirum
videri non debet quod Israel ad iustitiam enitendo, nihil profecerit. Inde
autem conficitur quod de electione continuo subiecit, Nam si Israel
merito nihil est consequutus: quid alii, quorum non erat melior vel causa,
vel conditio? unde tantum discrimen inter pares? hic quis non videat

---

71 *A B* obtinuit. reliqui

72-74 *C* Isa 6.9; Matt 13.14; Jn 12.40 Ac 28.26*   75 *C* Ps 69.23* [= 69.22-23]

90 solam electionem esse quae discriminat? Est autem dubia verbi huius
significatio. Nam quibusdam videtur accipi collective pro ipsis electis,
quo inter se membra antitheseos respondeant: quorum sententia mihi
non improbatur, modo simul mihi concedant, inesse aliquid plus huic
voci quam si dixisset electos: nempe ut innueret, non aliam fuisse
obtinendi causam, quam electionem⟨: acsi diceret, Non qui meritis freti
contendunt: sed quorum salus gratuita Dei electione nititur⟩. [praecise
enim cum toto Israele vel corpore populi reliquias illas confert, quae
salvae erant Dei gratia. Unde sequitur, non residere in hominibus salutis
causam, sed ex mero Dei beneplacito pendere.] **Reliqui [vero]**
100 **excaecati [fuerunt].** Quemadmodum soli electi ab interitu, Dei gratia
eximuntur: ita quicunque electi non sunt, eos manere excaecatos necesse
est. Hoc enim vult Paulus, [quantum ad reprobos spectat], principium
ruinae [ac damnationis] esse ex eo, quod sunt a Deo derelicti. Quae
adducit testimonia, quanquam ex variis potius Scripturae locis collecta,
quam ex uno loco desumpta sunt, omnia tamen videntur aliena esse ab
eius proposito, si ex circunstantiis suis ea propius expendas. Ubique enim
videas excaecationem et indurationem commemorari, tanquam Dei
flagella quibus iam admissa ab impiis flagitia ulciscitur: Paulus autem
probare hic contendit, excaecari, non eos qui sua malitia iam id meriti
10 sint, sed qui ante mundi creationem reprobati sunt a Deo. Hunc nodum
ita breviter solvas, Quod origo impietatis quae ita in se provocat Dei
furorem, est perversitas naturae a Deo derelictae. Quare non abs re
Paulus de aeterna reprobatione haec citavit, quae ex ea [prodeunt] ut
fructus ex arbore, et rivus a scaturigine. Impii quidem propter sua scelera,
iusto Dei iudicio caecitate puniuntur: sed si fontem exitii eorum quaerimus, eo deveniendum erit, quod a Deo maledicti, nihil omnibus factis,
dictis, consiliis suis, quam maledictionem accersere et accumulare possunt. [Imo aeternae reprobationis ita abscondita est causa ut nihil aliud
nobis supersit quam admirari incomprehensibile Dei consilium, sicuti
20 tandem ex clausula patebit. Stulte autem faciunt qui simulac verbum
factum est de propinquis causis, earum praetextu hanc primam quae
sensum nostrum latet, obtegere tentant: acsi Deus non libere ante Adae
lapsum statuisset de toto humano genere quod visum est, quia damnat
vitiosum ac pravum eius semen: deinde quia peculiariter singulis quam
meriti sunt, scelerum mercedem rependit.

95-96 *A om.*   96-99 *A B om.*   99 *A B* autem   100 *A B* sunt   2 *A B* ut cogitemus
3 *A B* damnatorum   13 *A B* consequuntur   18-43 *A B om.*

8 **Dedit illis Deus spiritum.** Mihi non dubium est citari hic locum
Iesaiae quem Lucas in Actis refert ab eo fuisse adductum, verbis tamen
paululum mutatis. Nec vero hic recitat quae habentur apud Prophetam,
sed tantum sententiam colligit, spiritu amarulentiae esse Divinitus
30 imbutos, ut videndo et audiendo stupidi permaneant. Iubetur quidem
Propheta obdurare cor populi, sed Paulus ad fontem ipsum penetrat,
quod scilicet sensus omnes occupet brutus stupor, postquam in hanc
amentiam traditi sunt homines, ut contra veritatem virulentis stimulis se
acuant. Neque enim vertiginis modo spiritum vocat, sed compunctionis,
ubi scilicet quaedam felis amaritudo se prodit: imo etiam furor in
respuenda veritate. Arcano autem Dei iudicio sic dementari reprobos
pronuntiat, ut attoniti, nihil prorsus iudicent. Nam quod videndo
dicuntur nihil videre, in eo notatur sensuum omnium hebetudo. Addit
autem de suo Paulus, Usque in hodiernum diem: nequis excipiat olim
40 impletum fuisse vaticinium illud, ideoque perperam ad tempus promul-
gati Euangelii trahi: hanc obiectionem praevenit, subindicans non unius
tantum diei fuisse quae illic describitur, excaecationem, sed cum insana-
bili populi pertinacia usque ad Christi adventum durasse.]

[9 **Et David dicit.**] In [hoc quoque] testimonio Davidis facta est aliqua
verborum commutatio, sed quae sensum [non violat]. [Sic enim loquitur,
Fiat mensa eorum coram ipsis in laqueum, et pacifica eorum in
captionem. de retributione nulla mentio. de rei summa satis convenit.]
[Illic] Vates impiis imprecatur, ut quicquid alioqui est in vita optabile et
beatum, in ruinam et exitium ipsis cedat. idque per mensam [et pacifica]
50 designat. Deinde in caecitatem spiritus, et virium enervationem eos
devovet: quarum alteram oculorum obtenebratione, alteram dorsi incur-
vatione significat. [Porro ad totam fere gentem extendi, mirum non est,
quum sciamus non solum primores Davidi fuisse infestos, sed promis-
cuum quoque vulgus fuisse adversum, ut facile appareat, quae illic
leguntur, non in paucos duntaxat, sed in multitudinem competere. imo si
reputamus cuius imago fuerit David, facilis etiam erit in opposito
membro anagoge.] Quum ergo haec imprecatio omnes Christi adversarios maneat, ut cibus illis in venenum convertatur (quemadmodum
videmus Euangelium esse illis odorem mortis in mortem) cum humilitate

---

44 *A B om.*   44 *A B om.* [In testimonio...*follows* possunt. (*page 245 line 18*) *without*
paragraph].   45 *A B* nihil violet   45-47 *A B om.*   48 *A B* Illic autem   49 *A B om.*
52-57 *A B om.*

---

27 [Isa 29.10]   44 [*Ps* 69.22-3]

60 et tremore Dei gratiam amplexemur. ⟨Adde quod quum David de
Israelitis loquatur, qui ex Abraham geniti erant secundum carnem, et qui
tunc primas in regno tenebant, eius testimonium Paulus huc congruenter
aptat, ne magnae partis populi excaecatio, nova aut insolita videatur.⟩

11 *Dico igitur, Num impegerunt ut corruerent? Absit. Sed eorum lapsu
salus contigit Gentibus in hoc ut ipsi ad aemulationem provocarentur.*

[12 *Si vero eorum lapsus divitiae sunt mundi: et imminutio eorum,
divitiae Gentium, [quanto] magis complementum ipsorum?*

13 *Vobis enim dico Gentibus, quatenus certe ego Gentium sum Apostolus, ministerium meum illustro:*

70 14 *Si quo modo ad aemulationem provocavero carnem meam, et
aliquos ex ea salvos fecero.*

15 *Si enim reiectio eorum, reconciliatio est mundi: quid [assumptio],
nisi vita ex mortuis?*]

[11 **Num impegerunt, etc.**] Vehementer te impedies in hac disputatione, nisi observes, Apostolum nunc de tota Iudaeorum natione, nunc de
singulis hominibus loqui. Inde enim est illa diversitas, quod nunc Iudaeos
e regno Dei exterminatos fuisse tradit, excisos ab arbore, in exitium, Dei
iudicio, praecipitatos: nunc rursum excidisse a gratia negat, quin potius
manere in possessione foederis, et locum habere in Dei Ecclesia. Ergo
80 secundum hanc distinctionem nunc loquitur. Nam quum Iudaei maxima
ex parte Christum aversarentur, ut totam fere gentem occuparet haec
perversitas, et rari [inter eos apparerent] sanae mentis: interrogat an ita
impegerit in Christum gens Iudaica, ut de ipsa in universum actum sit,
nec ulla spes supersit resipiscentiae. Hic merito negat, Iudaeorum
salutem esse deploratam, aut sic abiectos a [Deo], ut [nulla restitutio
futura sit, vel prorsus extinctum sit quod semel cum illis pepigit gratiae
foedus]: quandoquidem in gente semper manebat semen benedictionis.
Sic [intelligendam esse eius mentem] ex eo constat, quod prius excaeca-
tioni coniunxit certam ruinam, nunc spem resurgendi facit: quae duo in
90 unum minime convenirent. Lapsi ergo sunt et corruerunt in exitium, qui
in Ch.istum obstinate impegerunt: natio tamen ipsa non concidit, ut
necesse sit perditum esse, vel a Deo alienum qui Iudaeus est.
Sed [eorum] lapsu salus Gentibus. Duo hoc loco dicit Aposto-

60-63 *A om.*   66-73 *A B transpose to page 248 line 11*   67 *A B* multo   72 *A B* receptio
74 *A B om.*   82 *A B* apparerent inter eos   85 *A B* Domino   85-87 *A B* sint ab eius
regno exterminati   88 *A B* intelligendum facile   93 *A B* ipsorum

lus, Lapsum Iudaeorum cecidisse quidem Gentibus in salutem: sed in eum finem ut ipsi quadam zelotypia accenderentur, atque ita de resipiscentia cogitarent. Respexit certe ad testimonium Mosis quod iam citaverat: ubi Dominus minatur Israeli, quod quemadmodum ad aemulationem provocatus ab eo [fuerat] in falsis diis: ita etiam, iure talionis, provocabit eum in gente stulta. Verbum quod illic habetur, notat
100 affectum aemulationis et zelotypiae: ubi scilicet urimur quum videmus alium nobis anteferri. Ergo si consilium Domini est ut ad aemulationem provocetur Israel, non ideo cecidit ut praecipitaretur in aeternam ruinam: sed quo Dei benedictio ab eo contempta in Gentes perveniret: quo demum ille quoque excitetur ad quaerendum Dominum a quo defecit. [Caeterum non est cur in testimonii applicatione magnopere se fatigent lectores: non enim proprium verbi sensum urget Paulus, sed tantum ad vulgarem et notum morem alludit. Sicuti enim uxorem a marito sua culpa reiectam accendit aemulatio, ut se reconciliare studeat: ita nunc fieri posse dicit, ut Iudaei quum viderint Gentes in locum suum
10 subrogatas, repudii sui dolore tacti, ad reconciliationem aspirent.]

[12 **Si vero eorum lapsus.**] Quoniam post repudiatos Iudaeos, Gentes in eorum locum subingressas esse docuerat: ne ódiosam redderet Iudaeorum salutem Gentibus, acsi earum salus, illorum exitio constaret: falsam illam opinionem antevertit, ac contrariam sententiam statuit: nihil magis posse conducere ad promovendam Gentium salutem, quam si maxime apud Iudaeos floreat ac vigeat Dei gratia. Id ut probet, utitur argumento a minori, Si potuit illorum lapsus Gentes excitare, et eorum imminutio locupletare, quanto magis ipsorum plenitudo? est enim illud contra naturam factum, hoc naturae ordine fieret. Neque vero impedit
20 istam rationem, quod verbum Dei ad Gentes permanavit, postquam Iudaei respuendo, veluti evomuerant. Nam si recepissent, multo plus fructus attulisset eorum fides, quam peperit incredulitas, ista occasione. Siquidem et hinc confirmata foret Dei veritas, quod constitisset in illis esse impletam: et ipsi doctrina plurimos adduxissent, quos pertinacia potius avertebant. Magis autem proprie loquutus fuisset, si lapsui opposuisset suscitationem. Quod ideo admoneo, nequis dicendi ornatum hic requirat, aut offendatur ista dicendi ruditate. Pectus enim, non linguam ut formarent, haec scripta sunt.

13 **Vobis enim dico Gentibus.** Confirmat optima ratione, quod nihil
30 decedat Gentibus si Iudaei rursum cum Deo redeant in gratiam. Ostendit enim sic coniunctam esse utrorumque salutem ut eadem opera promoveri

---

98 *A B* fuerit   5-10 *A B om.*   11 *A B* ¶ Si vero...ex mortuis [*page 247 lines 66-73*]

queat. Nam sic Gentes alloquitur, Quum sim vobis peculiariter destinatus Apostolus, ideoque salutem vestram mihi commissam singulari
quodam studio debeam procurare, et quasi rebus omnibus omissis, unum
illud agere: officio tamen meo fideliter fungar, siquos e mea gente
Christo lucrifecero: idque erit in gloriam ministerii mei, atque adeo in
vestrum bonum. Quicquid enim valebat ad illustrandum Pauli ministerium, Gentibus erat conducibile: quarum salus, illius erat finis. Utitur
autem hic quoque verbo παραζηλῶσαι, quo Mosaicae prophetiae [even-
40 tum, qualem describit,] expetant Gentes, ubi intellexerint sibi esse
salutarem.

14 **Salvos fecero.** Hic observa ut verbi minister servare suo modo
dicatur quos ad fidei obedientiam adducit. sic enim moderari salutis
nostrae dispensationem oportet, ut totam eius virtutem et efficaciam
penes Deum esse sciamus, eique laudem meritam tribuamus: praedicationem tamen intelligamus instrumentum esse peragendae fidelium salutis: quod etsi nihil sine Dei Spiritu promovere queat, illo tamen intus
operante, suam actionem potentissime exerit.

[15 **Si enim reiectio.**] Locus hic, quem multi obscurum ducunt,
50 nonnulli pessime depravant: sic intelligi (meo iudicio) debet, ut sit
alterum argumentum a minoris et maioris comparatione, in hunc
sensum, Si tantum potuit Iudaeorum abiectio, ut Gentium reconciliationi
causam daret: quanto erit potentior assumptio? an non vel a mortuis
debebit excitare? [Paulus enim semper in eo insistit, Gentibus nullam esse
invidiae causam, acsi Iudaeis in gratiam receptis, deterior illarum futura
esset conditio. Quum ergo vitam ex morte, et lucem ex tenebris mirabiliter Deus eduxerit, multo magis sperandum esse ratiocinatur, ut resurrectio populi quasi emortui Gentes vivificet.] Neque obstat quod aliqui
causantur, reconciliationem a resurrectione non differre, ut nos quidem
60 in praesentia resurrectionem intelligimus, qua scilicet e regno mortis
transferimur in regnum vitae. Nam etsi una res est, verbis tamen plus ac
minus inest ponderis: quod satis est ad nervos argumenti.

16 *Quod si primitiae sanctae, etiam conspersio. et si radix sancta,
etiam rami.*

17 *Si vero ex ramis quidam defracti sunt, tu vero oleaster quum esses,
insitus es pro ipsis, et particeps factus es radicis et pinguedinis oleae:*

39-40 *A B* complementum   49 *A B om.*   54-58 *A B om.*

---

39 *C* Deut 32.22* [= *32.21*]

18	*Ne contra ramos glorieris. quod si gloriaris, non tu radicem portas, sed radix te.*

19	*Dices ergo, Defracti sunt rami, ut ego insererer.*

70	20	*Bene: propter incredulitatem defracti sunt, tu vero fide stabilitus es. Ne animo efferaris, sed timeas.*

21	*Si enim Deus naturalibus ramis non pepercit, vide ne qua fiat, [ut] et tibi non parcat.*

[16	**Quod si primitiae.**] Nunc ex comparatione dignitatis Iudaeorum et Gentium, supercilium his adimit, illos quantum potest placat. Ostendit enim quam nulla ex parte praecellant Iudaeis Gentes, siquam propriam honoris praerogativam obtendant : imo si ad eam contentionem ventum fuerit, quam procul a tergo relinquantur. In qua comparatione meminerimus, non hominem cum homine, sed nationem cum natione conferri.
80	Ergo si inter se comparentur, reperientur in eo pares, quod sunt utrique pariter filii Adam: id tantum est dissimile, quod Iudaei a Gentibus sunt segregati, ut cederent in peculium Domino. Sacro igitur foedere sanctificati, et peculiari nobilitate insigniti fuerunt, qua Gentes pro eo tempore Deus non [dignatus est]: quia autem exiguus foederis vigor tunc apparebat, ad Abraham et Patriarchas respicere nos iubet, apud quos certe non fuit inanis aut irrita Dei benedictio. Ab illis ergo haereditariam sanctitatem in omnes posteros transiisse colligit: quae collectio non valeret, si de personis tantum ageretur, et non potius haberetur promissionis ratio. Non enim quia iustus est pater, continuo probitatem suam transmittit in
90	filium: sed quia Dominus hac conditione Abrahamum sibi sanctificavit, ut semen quoque ipsius sanctum esset: adeoque non ⟨in personam eius duntaxat, sed in totum genus sanctitatem⟩ contulit: inde non male ratiocinatur Apostolus, in Patre suo Abraham omnes Iudaeos esse sanctificatos. Porro ad id confirmandum, duas similitudines affert: priorem a legalibus caeremoniis ductam: alteram vero petitam a natura. Primitiae enim quae offerebantur, totam conspersionem sanctificabant: similiter a radice bonitas succi in ramos diffunditur. atqui eandem habent rationem posteri cum parentibus unde ducunt originem, quam habet conspersio cum primitiis, et rami cum arbore. Ergo non est mirum si in
100	Patre suo Iudaei sanctificati sint. Nihil hic erit difficultatis, si sanctitatem intelligas nihil esse aliud quam spiritualem generis nobilitatem, et eam

---

72 *A B* ne	74 *A B om.*	84 *A B* dignabatur	91-92 *A* personae illi suae sanctitatem: sed generis

quidem [non propriam naturae, sed quae ex foedere manabat. Vere (fateor) dicetur, Iudaeos naturaliter sacros esse, quia haereditaria est inter ipsos adoptio: sed nunc de prima natura loquor, secundum quam omnes scimus in Adam esse maledictos. Quare electi populi dignitas proprie loquendo, supernaturale privilegium est.]

17 **Si [vero] ex ramis.** Nunc praesentem Gentium dignitatem attingit, quae non alia est, quam futura sit ramorum, siqui aliunde sumpti, in arborem ⌜aliquam⌝ nobilem inserantur. Gentium enim origo erat veluti
10 ex olea sylvestri et infrugifera: quis nihil nisi maledictionem in toto suo genere reperiebant. Quicquid ergo habent gloriae, id a nova insitione est, non veteri propagine: non est ergo cur de suo aliquo decore Gentes prae Iudaeis glorientur. [Adde quod asperitatem prudenter mitigat Paulus, non dicens totam arboris superficiem excisam, sed quosdam ex ramis defractos: sicuti etiam quosdam inter Gentes hinc inde carpebat Deus, quos in sacrum et benedictum truncum insereret.]

18 **Quod si gloriaris, non tu radicem portas.** Non possunt contendere Gentes cum Iudaeis de generis sui praestantia, quin certamen cum ipso Abrahamo suscipiant: [quod esset nimis improbum], quum ille sit instar
20 radicis a qua feruntur et vegetantur. Quantum igitur absurdum fuerit, ramos adversus radicem superbire: tam absurdum erit, Gentes adversus Iudaeos gloriari[: quantum scilicet ad generis praestantiam attinet. vult enim semper expendi Paulus unde sit salutis initium. Scimus autem, postquam suo adventu Christus maceriam diruit, perfusum fuisse totum orbem gratia quam Deus in populo electo ante deposuerat. Unde sequitur, Gentium vocationem insitioni similem esse, nec aliter coaluisse in Dei populum, nisi quatenus radicem egerunt in sobole Abrahae.]

19 **Dices [ergo].** In Gentium persona profert quicquid illae praetende-re pro se poterant: id autem tale erat quod adeo inflare [illas] non
30 deberet, ut potius humilitatis praeberet materiam. Nam exectio Iu-daeorum si ob incredulitatem facta est, Gentium [vero] insitio per fidem: quid restat, nisi ut Dei gratiam recognoscendo, inde ad modestiam ac submissionem formentur? Siquidem istud ex fidei natura consequitur, et proprium illi inest, ut deiectionem nostri generet ac timorem. Sed timorem intellige, qui cum fidei securitate minime pugnet: non enim vult Paulus ut vacillet fides nostra, aut aliqua dubitatione [alternet: tantum abest ut consternari nos aut trepidare velit]. Qualis ergo erit timor iste?

2-6 *A B* quae non ex naturae proprietate, sed foederis benedictione emanet.   7 *A B* autem   9 *B* aliquem   13-16 *A B om.*   19 *A B* Id autem magnae foret improbitatis   22-27 *A B om.*   28 *A B* igitur   29 *A B* illos   31 *A B om.*   36-37 *A B* consternetur

nimirum ut in duarum rerum consideratione versari nos iubet Dominus, ita duplicem inde affectum generari necesse est. Vult enim miseram
40 naturae nostrae conditionem a nobis perpetuo reputari: illa nihil quam horrorem, taedium, anxietatem, desperationem parere potest: atque ita sane expedit prosterni nos penitus ac conteri, quo tandem ad ipsum ingemiscamus. Caeterum nihil obest horror ille a nostri recognitione conceptus, quin animi nostri, eius bonitate freti, placide resideant: nihil obstat taedium illud quominus plena in ipso consolatione fruamur. nihil illa anxietas, nihil desperatio, quin solida et laetitia et spe apud ipsum potiamur. [Itaque hunc de quo loquitur, timorem non nisi fastuoso contemptui tanquam antidotum opponit: quia ut quisque sibi plus aequo arrogat, nimis securus est, et tandem contra alios insolescit: ergo
50 eatenus timendum est, ne cor nostrum superbia inflatum se attollat.]
· ⟨Sed videtur salutis dubitationem iniicere, dum cavendum admonet ne illis quoque non parcatur. Respondeo, quum haec exhortatio ad carnem domandam pertineat, quae semper etiam in filiis Dei insolescit, fidei certitudini nihil derogare. Praecipue vero notandum ac memoria repetendum est quod nuper dixi, Pauli sermonem non tam ad singulos homines, quam ad totum Gentium corpus dirigi: in quo multi esse poterant frustra inflati, fidem profitentes magis quam habentes. Horum causa Paulus excisionem Gentibus non abs re minatur: ut postea iterum videbimus.⟩
    21 **Si enim naturalibus.** Validissima ratio ad omnem praefidentiam
60 retundendam. nunquam enim Iudaeorum reiectio venire in memoriam debet, quin nos horrore percellat et concutiat. Quid enim illos perdidit, nisi quod ex supina securitate eius quam adepti erant dignitatis, contemptum Divini iudicii induerunt? Illis non parcitum est, quum essent rami naturales: quid ergo fiet nobis sylvestribus et extraneis, si ultra modum insolescamus? Verum haec cogitatio, ut ad diffidentiam nostri nos comparat, ita facit ut fortius Dei bonitati ac tenacius adhaereamus. [Atque hinc certius iterum patet, sermonem communiter ad corpus Gentium dirigi, quia in singulos non competeret ista de qua loquitur, excisio, quorum electio immutabilis est, in aeterno scilicet Dei proposito
70 fundata. Itaque Gentibus denuntiat Paulus, si Iudaeis insultent, paratam fore mercedem eorum superbiae, quia iterum sibi reconciliabit Deus priorem illum populum, cum quo divortium fecit.]

47-50 *A B om.*   51-58 *A om.*   67-72 *A B om.*

22 [*Vide*] *igitur lenitatem et severitatem Dei: in eos quidem qui ceciderunt, severitatem: in te vero lenitatem, si permanseris in lenitate. alioqui tu quoque excideris:*

23 *Et illi, si non perstiterint in incredulitate, inserentur potens enim est Deus rursum inserere ipsos.*

24 *Si enim tu ex oleastro, quae tibi nativa erat, exectus es, et praeter naturam insitus es in veram oleam: multo magis hi secundum naturam*
80 *propriae oleae inserentur.*

[22 **Vide igitur.**] Rem ipsam ob oculos ponendo, clarius etiamnum ac luculentius confirmat, quam nulla Gentilibus sit superbiendi occasio. Vident in Iudaeis Divinae severitatis exemplum quod perterrefacere ipsos debet: in se vero habent gratiae et bonitatis documentum, qua excitari debent ad solam gratitudinem, et ad Dominum efferendum, non seipsos. Haec igitur verba perinde valent acsi diceret, Si illorum calamitati insultas, cogita primum quid fueris: eadem enim Dei severitas tibi imminebat, nisi gratuita eius lenitate ereptus esses. Deinde reputa quid nunc etiam sis: non enim aliter tibi salus constabit, quam si Dei
90 misericordiam cum humilitate recognoscas: quod si tui oblitus, insolenter exultes, manet te eadem in quam prolapsi sunt, ruina. Non enim satis est, Dei gratiam semel fuisse amplexum, nisi perpetuo vitae tenore, eius vocationem prosequaris. De perseverantia enim semper cogitandum est iis qui fuerunt a Domino illuminati: nam in bonitate Dei minimè permanent, qui postquam aliquantum temporis responderunt Dei vocationi, tandem regnum caelorum fastidire incipiunt: sicque sua ingratitudine merentur iterum excaecari. [Porro non seorsum compellat unumquenque piorum (ut ante diximus) sed Gentes cum Iudaeis simul comparat. Verum quidem est, singulos ex Iudaeis propriae incredulitatis
100 tulisse mercedem, quum abdicati sunt a regno Dei, et quicunque ex Gentibus vocati sunt, vasa fuisse misericordiae Dei: sed tenendum interea Pauli consilium est. voluit enim Gentes ab aeterno Dei foedere pendere, ut cum electi populi salute suam coniungerent. Deinde ne Iudaeorum reiectio offendiculum pareret, acsi irrita esset vetus eorum adoptio, voluit poenae exemplo terreri, ut reverenter illud Dei iudicium suspicerent. Unde enim tanta curiosis disputationibus licentia, nisi quod ea fere negligimus quae ad humilitatem merito nos erudire debuerant? Quia autem de singulis electis non disputat, sed de toto corpore, additur conditio, **si in lenitate permanserint.** Fateor quidem, simulac Dei bonitate

---

10 quispiam abutitur, dignum esse qui privetur oblata gratia: sed improprie
de aliquo piorum hoc specialiter dictum foret, Deum eius misertum esse,
quum eum elegit, si modo in misericordia permaneat. Nam fidei
perseverantia quae effectum gratiae Dei in nobis complet, ex electione
ipsa manat. Gentes ergo Paulus ascitas hac lege esse docet in spem vitae
aeternae, ut eius possessionem sua gratitudine retineant. Et certe horribi-
lis quae postea contigit, totius mundi defectio, quam non supervacua
fuerit admonitio haec, luculente testatur. Nam quum Deus fere momento
sua gratia longe lateque irrigasset, ut floreret ubique religio, paulo post
evanuit Euangelii veritas, et ablatus fuit salutis thesaurus. Unde autem
20 tam subita mutatio, nisi quia Gentes a sua vocatione exciderunt?]

　　　　Alioqui [tu quoque] excideris. [Iam tenemus quo sensu nunc
excisionem iis minetur] Paulus, quos iam prius per Dei electionem insitos
in spem vitae confessus est. [Primum enim,] tametsi evenire hoc electis
non potest, opus tamen habent tali exhortatione, ad domandam carnis
superbiam: quae ut est revera contraria eorum saluti, sic merito damnationis formidine terreri debet. Quatenus ergo illuminati sunt fide Christiani, audiunt ad certitudinem suam, sine poenitentia esse vocationem
Dei: quatenus vero carnem circunferunt, quae lascivit contra Dei
gratiam, hac voce ad humilitatem erudiuntur, Cave ne excidaris. Caete-
30 rum [tenenda est quam adduxi solutio, Paulum hic non de speciali
cuiusque electione disserere, sed opponere Gentibus Iudaeos: ideoque his
verbis non tam electos alloqui, quam eos qui falso gloriabantur se
Iudaeorum locum occupasse. Imo ad Gentiles simul verba facit, et totum
corpus in commune appellat, in quo multi erant titulo tenus duntaxat
fideles et Christi membra. Quod si de singulis hominibus quaeritur]
qualiter ex insitione excidi quis possit, et qualiter post excisionem rursum
inseri: propone tibi formam insitionis triplicem, exectionis duplicem.
Inseruntur enim fidelium liberi, quibus promissio ex pacto cum Patribus
initio debetur: inseruntur qui semen Euangelii in se quidem concipiunt,
40 sed quod radicem non ducit, vel ante suffocatur, quam ad frugem
perveniat: tertio loco inseruntur electi, qui scilicet immutabili Dei
proposito illuminantur in vitam aeternam. Primi exciduntur, ubi promissionem Patribus datam respuunt, vel alias sua ingratitudine eam non
suscipiunt. Secundi, quum semen exarescit et corrumpitur: cuius mali
periculum quum omnibus immineat, quantum attinet ad suam naturam:

---

21 *A B* et tu　　21-22 *A B* Posset mirum videri, quod iis excisionem minatur　　23 *A B*
Verum　　30-35 *A B* ut intelligas,

[fatendum est] hanc admonitionem [qua Paulus utitur, ad fideles aliquo modo pertinere, ne sibi in carnis torpore indulgeant: sed ad praesentem locum sufficere nobis debet, eandem quam in Iudaeos vindictam Deus exercuerat, Gentibus denuntiari, si fuerint similes.]

50   23 **Potens [enim est] Deus.** [Frigidum apud homines profanos argumentum hoc foret]. potentiam enim utcunque concedant Deo: [quia tamen procul speculantur quasi caelo inclusam, effectu suo utplurimum eam privant.] At quia fideles, quoties Dei potentiam nominari audiunt, quasi praesens opus intuentur, hanc rationem satis putavit [valere] ad percellendas eorum mentes. [Adde quod axioma istud pro confesso sumit, Deum ita ultum esse populi incredulitatem, ut tamen clementiae suae non fuerit oblitus: sicuti alias saepe, postquam Iudaeos suo regno abdicasse visus fuerat, iterum restituit.] Et comparatione simul ostendit, quanto facilius sit praesentem rerum faciem inverti, quam fuerat consti-
60 tui: nempe quanto facilius est ramos naturales, si in locum reponantur unde execti sint, substantiam ducere a sua radice, quam sylvestres et infrugiferos, ab aliena. ea enim proportio erat inter Iudaeos ac Gentes.

   25 *Nolo [enim] vos ignorare, fratres, mysterium hoc, ut ne apud vosmetipsos superbiatis: quod caecitas ex parte Israeli contigit, donec plenitudo Gentium ingrediatur,*

   26 *Atque ita universus Israel salvus [fiet]. quemadmodum scriptum est, Veniet ex Sion is qui liberat: et avertet [impietates] a Iacob.*

   27 *Et hoc illis a me Testamentum, quum abstulero peccata eorum.*

   25 **Nolo vos ignorare.** Erigit hic auditores ad maiorem attentionem,
70 dum se rem alioqui arcanam editurum profitetur. Neque id facit sine causa: vult enim brevi et aperta sententia hanc valde perplexam quaestionem concludere: et tamen denuntiat quod nemo unquam expectasset. Causalis autem particula, Ne apud vos superbiatis, indicat quis sit illi nunc propositus scopus: nempe ut Gentium insolentiam compescat, ne

---

46 *A B* videmus   46-49 *A B* merito ad omnes pertinere.   *B* [*continuing*] Tenenda interim est solutio ante adducta: Paulum non tam electos hic alloqui, quam eos qui falso gloriabantur se Iudaeorum locum occupasse. Nam ad Gentiles simul verba facit, & totum corpus in commune appellat, in quo multi erant, qui solum habebant nomen.   50 *A B* est enim   50-51 *A B* Hoc argumentum apud impios minimum valeret   51-53 *A B* ex ea tamen nihil illis probatur.   54 *A B om.*   55-58 *A B om.*   63 *A B* autem   66 *A B* fiat 67 *A B* iniquitates

---

66 *C* Isa 59.20* [= *59.20-1*]   68 *C* Jer 31.33; Heb 8.8; Heb 10.16*

contra Iudaeos efferantur. [Porro non parum necessaria haec admonitio fuit, ne defectio populi illius, ultra modum infirmos turbaret, acsi perpetuo actum esset de omnium salute. Quanquam eadem hodie non minus nobis utilis est, ut sciamus quasi annulo obsignatum, latere residui numeri salutem, quem Dominus tandem ad se colliget. Quoties autem
80 desperationem nobis iniicit longior mora, occurrat Mysterii nomen: quo Paulus clare admonet, conversionis modum non vulgarem neque usitatum fore. ideoque perperam facere qui eum proprio sensu metiri tentabunt. Quid enim magis perversum, quam incredibile ducere quod a sensu nostro remotum est? quum ideo vocetur mysterium, quia incomprehensibile est usque ad tempus revelationis. Porro nobis, sicut Romanis patefactum est, ut fides nostra verbo contenta, expectatione nos sustineat, donec effectus ipse prodeat in lucem.] **Quod caecitas ex parte.** Dictionem Ex parte, neque ad tempus simpliciter, neque ad multitudinem puto spectare: sed pro Quodammodo, ⟨positam⟩ interpre-
90 tor. qua particula, voluisse mihi duntaxat videtur temperare verbum alioqui per se asperum. Et Donec, non infert temporis progressum vel ordinem, sed potius valet perinde acsi dictum foret, Ut plenitudo Gentium. Sensus ergo erit, Israelem ita quodammodo excaecavit Deus, ut dum illi Euangelii lucem respuunt, ad Gentes transferatur: et illae quasi vacuam possessionem occupent. Itaque haec caecitas servit Dei providentiae, ad peragendam quam destinaverat, Gentium salutem. [Et Plenitudo Gentium pro ingenti concursu accipitur. neque enim, ut ante acciderat, rari proselyti tunc se ad Iudaeos aggregabant: sed talis fuit mutatio, ut solidum fere Ecclesiae corpus Gentes efficerent.]
100   26 [**Atque ita universus**] **Israel.** Multi accipiunt de populo Iudaico, acsi Paulus diceret instaurandam adhuc in eo religionem ut prius: sed ego Israelis nomen ad totum Dei populum extendo, hoc sensu, Quum Gentes ingressae fuerint, simul et Iudaei ex defectione se ad fidei obedientiam recipient: atque ita complebitur salus totius Israelis Dei, quem ex utrisque colligi oportet: sic tamen ut priorem locum Iudaei obtineant, ceu in familia Dei primogeniti. Haec interpretatio mihi convenientior ideo visa est, quod Paulus hic consummationem regni Christi designare voluit, quae in Iudaeis minime terminatur, sed totum orbem comprehendit. [Et eodem modo ad Galatas cap. 6. 16, Israelem Dei nuncupat
10 Ecclesiam ex Iudaeis et Gentibus pariter compositam, populum ita ex dissipatione collectum opponens carnalibus Abrahae filiis qui ab eius

---

75-87 *A B om.*   89 *A* positum   96-99 *A B om.*   100 *A B* Et ita totus   9-12 *A B om.*

fide disciverant.]   **[Quemadmodum] scriptum est.** [Hoc Iesaiae
testimonio non confirmat totam sententiam, sed alterum membrum
duntaxat, nempe quod redemptionis participes sint Abrahae filii. Nam
siquis excipiat, promissum illis et oblatum fuisse Christum, sed quia
repudiarunt, eius gratia fuisse privatos: plus exprimunt Prophetae verba,
nempe aliquem fore residuum numerum, qui postquam resipuerit,
liberationis gratia fruetur. Neque tamen citat Paulus ad verbum quod
apud Iesaiam legitur, Veniet, inquit, Redemptor Sioni, et qui resipuerint
20 ab iniquitate in Iacob, dicit Dominus. Nec vero nos hac in re plus aequo
anxios esse convenit. Hoc enim spectandum est, quam apposite ad suum
institutum accommodent Apostoli quascunque ex Veteri testamento
probationes adducunt: quandoquidem neque aliud voluerunt ipsi quam
digito indicare locos, ut lectores ad fontem ipsum dirigerent.] Porro in
hoc vaticinio tametsi liberatio spirituali Dei populo promittitur. sub quo
continentur et Gentes: quia tamen primogeniti sunt Iudaei, [quod
Propheta denuntiat, in ipsis vel potissimum compleri oportuit. Nam et
quod universum Dei populum Scriptura Israelitas nominat, id tribuitur
eius gentis excellentiae quam Deus aliis omnibus praetulit. Deinde
30 nominatim Sioni venturum dicit qui redimet, antiqui foederis intuitu.
Addit etiam redemptum iri in Iacob qui a transgressione sua resipuerint:
quibus verbis diserte sibi vendicat Deus aliquod semen, ut redemptio in
electa et peculiari gente sit efficax. Quanquam autem aptius ad propositum quadrabat loquutio qua utitur Propheta, **veniet Sioni,** Paulo tamen

---

12 *A B* Sicut   12-24 *A B* Iesaiae testimonio confirmat, hunc esse finem gratiae, per
Christum nobis promulgatae, ut salus Israeli conferatur. Neque tamen ad verbum citat,
quod est apud Iesaiam. Ille enim dicit, venturum Redemptorem iis, qui redierint ab
iniquitate. Sed satis est, quod ad praesentem causam apposite citavit. Hoc tantum
spectemus, quoties per Apostolos adducuntur a veteri Testamento probationes, ut accom-
modate ad praesentem locum citatas ostendamus. Quandoquidem neque aliud voluerunt
ipsi, quam digito veluti indicare locos, ut eo lectores remitterent.   26-40 *A B* prophetiam
istam in illis vel potissimum compleri decet. Nam et quod universum Dei populum
Israelitas Scriptura nominat, id fit, propter specialem eius gentis in Ecclesia excellentiam.
Iure igitur ex hoc testimonio colligit Paulus, virtutem redemptionis Christi efficaciter apud
eos esse exerendam. Quoniam autem Iudaeos quoque obiter docere voluit, quid a suo
Messiah debeant expectare: et iam unum eius officium ex verbis Iesaiae posuisset, de
iniquitate destruenda: adiecit pauca verba, quae videtur ex Ieremia sumpsisse, de remissione peccatorum. Nam istis duobus membris, Christi regnum continetur. Venit enim, ut
gratuita peccatorum remissione nos Patri reconciliaret, ac per Spiritum suum in vitae
novitatem regeneraret. *CR note* Verba illa: quoniam autem...regeneraret, iam in editione a.
1556, cuius duo exemplaria possidemus, charta superinducta occultata, aut atramento et
aqua deleta sunt. *In the copies I have seen, it would appear that a paper has been pasted over
the passage. The deletion seems to have been made by the printer and no doubt on Calvin's
instructions. I have therefore transferred it to the foot-note.*

religio non fuit translationem vulgo receptam sequi, ubi dicitur Redemptor proditurus e monte Sion. Eadem est etiam ratio secundae partis,
Avertet iniquitates a Iacob. huc enim tantum respicere satis habuit
Paulus, quia Christi proprium munus est reconciliare Deo populum
apostatam et foedifragum, certo sperandam esse aliquam conversionem,
40 ne omnes simul intereant.]

[27 **Hoc illis a me Testamentum quum abstul.** Quanquam in proximo
Iesaiae vaticinio breviter attigerat Paulus Messiae officium, ut Iudaeos
moneret quid maxime ab eo sperandum foret, consulto in eundem finem
haec pauca verba ex Ieremia adiecit. Neque enim legitur in priore loco
quod accedat. pertinet hoc etiam ad causae quam tractat confirmationem. Quod de populi conversione dixit, in tam obstinata pervicacia
videri poterat incredibile. Tollit igitur obstaculum hoc, commemorans
novum foedus gratuita peccatorum remissione constare. Nam ex Prophetae verbis colligitur, nihil fore Deo amplius negotii cum populo apostata,
50 nisi quatenus tam perfidiae crimen, quam alia scelera remittet.]

28 *Secundum Euangelium* [quidem] *inimici propter vos: secundum*
electionem vero dilecti propter Patres.

29 *Sine poenitentia enim sunt dona et vocatio Dei.*

30 *Quemadmodum enim vos quoque increduli fuistis Deo, nunc autem*
misericordiam estis consequuti istorum incredulitate:

31 *Sic et ii nunc increduli* [facti] *sunt,* [eo quod adepti estis] *misericor-*
diam: ut ipsi quoque misericordiam consequantur.

32 *Conclusit enim Deus* [omnes] *sub incredulitate, ut omnium miserea-*
tur.

60 [28 **Secundum Euangelium.**] Quod in Iudaeis erat deterrimum, ostendit non eo pertinere ut sint propterea Gentibus despicabiles. Summum in
illis crimen erat incredulitas. Paulus autem docet ita fuisse ad tempus,
Dei providentia excaecatos, ut via Euangelio ad Gentes sterneretur:
caeterum non esse in perpetuum a Dei gratia exclusos. Fatetur ergo, in
praesentia esse alienatos a Deo, Euangelii occasione, ut hac ratione ad
Gentes perveniret [quae prius apud ipsos deposita fuerat salus]: Deum
tamen non esse immemorem foederis quod cum Patribus eorum pepigit,
et quo testatus est se [aeterno consilio] gentem illam dilectione complexum esse. atque id egregia sententia confirmat, quod haec gratia Divinae

---

41-50 *A B om.*   51 *A B om.*   56 *A B om.*   56 *A B* cum estis consecuti   58 *A B* omnia
60 *A B om.*   66 *A B om.*   68 *A B* secundum aeternam electionem

70 vocationis irrita esse nequeat. Hoc enim sibi volunt haec verba, Dona et
vocatio Dei sine poenitentia sunt. Dona enim et ⟨Vocationem⟩ posuit
per hypallagen, pro Beneficio vocationis : neque etiam de qualibet
vocatione [intelligi hoc debet], sed de illa qua [posteros Abrahae] in
foedus adoptavit Deus: quando de hac specialiter erat instituta disputatio. [Sicuti nomine Electionis paulo ante arcanum Dei consilium notavit,
quo Iudaei olim a Gentibus discreti fuerunt. Tenendum est enim, non de
privata cuiusque electione nunc tractari, sed de communi adoptione
totius gentis quae externa specie collapsa videri potuit ad tempus, sed a
radice excisa non fuit. Quia exciderant suo iure et salute sibi promissa
80 Iudaei, ut spes aliqua de reliquiis maneat, contendit Paulus firmum et
immutabile stare Dei consilium quo semel sibi illos in gentem peculiarem
eligere dignatus est.] Si ergo fieri non potest ullo modo ut Dominus a
pacto illo discedat quod cum Abrahamo sancivit, Ero seminis tui Deus:
benevolentiam suam a gente Iudaica non prorsus avertit. ⟨Euangelium
non opponit electioni, quasi inter se dissideant: quos enim elegit Deus,
vocat: sed quia repente praeter mundi expectationem publicatum erat
Euangelium Gentibus, merito hanc gratiam cum antiqua Iudaeorum
electione confert, quae tot ante seculis manifestata fuerat. Electio itaque
a vetustate nuncupatur: quia Deus praeterito reliquo orbe populum
90 unum sibi delegerat. **Propter Patres** dicit, non quod dilectioni causam
dederint, sed quoniam ab illis propagata fuerat Dei gratia ad posteros,
secundum pacti formam: Deus tuus, et seminis tui. Quomodo misericordiam Gentes obtinuerint Iudaeorum incredulitate, prius dictum est:
nempe Deus Iudaeis infestus ob infidelitatem, benevolentiam ad eas suam
convertit.⟩ [Quod continuo post additur, incredulos fuisse redditos,
misericordia Gentibus exhibita, paulo asperius est: nihil tamen continet
absurdi, quia Paulus excaecationis causam non assignat, sed tantum
significat, quod ad Gentes transtulit Deus, Iudaeis fuisse ademptum.
Porro quod illi sua incredulitate perdiderant, ne putarent Gentes fidei
100 suae merito se adeptos, tantum misericordiae fit mentio. Summa igitur
est, Quia Gentium misereri voluit Deus, hac occasione Iudaeos fidei luce
privatos esse.]

32 **Conclusit enim [Deus].** Pulcherrima clausula, qua ostendit non
esse cur de aliis desperent qui spem aliquam habent salutis. Quicquid

---

71 *A* vocationes   73 *A B* intellexit   73 *A B* gentem aliquam   75-82 *A B om.*   84-95 *A
om.*   95-2 *A B om.*   3 *A B* Deus omnia.)

---

83 *C* Gen 17.7*

enim nunc sint, fuerunt ut alii omnes. si sola Dei misericordia ex
incredulitate emerserunt, [ei debent locum etiam] apud alios relinquere.
⟨Nam Iudaeos in reatu facit Gentibus aequales, ut intelligant utrique,
alteris non minus quam sibi patere aditum ad salutem. Una enim est Dei
misericordia quae servat: ea autem se utrisque offerre potest. Respondet
10 igitur haec sententia testimonio Oseae, quod superius citavit, Vocabo
plebem meam non plebem meam.⟩ Porro non intelligit Deum ita
excaecare omnes homines, ut sit illi imputanda eorum incredulitas: sed
ita sua providentia dispensasse, ut omnes incredulitatis rei essent, quo
eos haberet iudicio suo obnoxios: atque in hunc quidem finem, ut salus a
sola sua bonitate esset, sepultis meritis omnibus. Duo igitur hic intendit
Paulus, Nihil esse in quoquam homine, cuius merito aliis praeferatur,
praeter meram Dei gratiam: Deum vero in gratiae suae dispensatione,
non impediri quominus eam quibus voluerit, largiatur. ⟨Emphasis est in
verbo Misereri. Significat enim nullis obstrictum esse Deum, atque ideo
20 gratis servare omnes, quia sint ex aequo perditi. Porro nimis crasse
delirant qui hinc colligunt omnes fore salvos. Paulus enim simpliciter
intelligit, tam Iudaeos quam Gentes, non aliunde quam ex Dei misericordia salutem consequi: necui conquerendi materiam relinquat. Certum
quidem est, omnibus indifferenter expositam esse hanc misericordiam,
sed qui eam fide quaesierint.⟩

33 *O profunditatem divitiarum et sapientiae, et cognitionis Dei! quam*
incomprehensibilia sunt iudicia eius, et impervestigabiles viae ipsius!
34 *Quis enim cognovit mentem Domini? aut quis illi a consiliis fuit?*
35 *Aut quis prior dedit ei, et retribuetur illi?*
30 36 *Quoniam ex illo, et per illum, et in illum sunt omnia. Ipsi gloria in*
secula. [Amen.]

33 **O profunditatem.** Hic primo erumpit Apostolus in vocem quae ex
pia operum Dei consideratione apud fideles sponte nascitur. Deinde
cohibet obiter audaciam impietatis quae Dei iudiciis obstrepere solet.
Quum ergo audimus, O profunditatem, dici non potest quantum valere
debeat haec admiratio ad retundendam carnis temeritatem. Postquam
enim ex verbo ac Spiritu Domini disputavit, tanti demum arcani
sublimitate victus, nihil potest quam obstupescere et exclamare, divitias

---

6 *A B* illi etiam debent locum   7-11 *A om.*   18-25 *A om.*   31 *A B om.*

---

10 *C* Supra cap. 9.25. [i.e. Hos 2.23]*   28 *C* Isa 40.13; Wis 9.13; I Cor 2.16*

istas sapientiae Dei profundiores esse, quam ut ad eas nostra ratio
40 penetrare queat. Si quando igitur ingredimur in sermonem de aeternis
Dei consiliis, fraenum istud et ingenio et linguae semper iniectum sit, ut
quum sobrie et intra verbi Dei fines ⟨loquuti fuerimus⟩, disputatio
tandem nostra exeat in stuporem. Neque enim pudere nos debet si non
sapimus supra eum qui in tertium usque caelum raptus, viderat mysteria
homini ineffabilia: neque tamen alium hic finem reperire poterat, quam
ut se ita humiliaret. [Quod quidam ita resolvunt Pauli verba, O profundas divitias, et sapientiam et cognitionem Dei! acsi nomen βάθος, pro
communi epitheto positum esset, divitiasque exponunt liberalitatem:
mihi videtur coactum. Itaque non dubito quin profundas sapientiae et
50 cognitionis divitias in Deo extollat.]   **[Quam] incomprehensibilia.** Diversis verbis, per geminationem Hebraeis familiarem, rem eandem
exprimit. [Nam de iudiciis loquutus, Vias adiungit pro Institutis vel
Ratione agendi, vel Gubernationis ordine]. Adhuc autem persistit in sua
exclamatione: in qua quo magis attollit Divini arcani altitudinem, eo nos
magis ab investigandi curiositate deterret. Discamus ergo nihil de
Domino inquirere, nisi quantum per Scripturas [revelavit]: quia alioqui
in labyrinthum ingredimur, unde non facilis erit receptus. [Notandum
enim est, non de quibuslibet Dei mysteriis hic agi, sed quae apud se
recondita vult tantum a nobis suspici et adorari.]
60   34 **Quis enim cognovit mentem Domini?** Hic incipit quasi iniecta
manu cohibere hominum audaciam, ne adversus Dei iudicia [obmurmu−
rent]. Id autem duabus rationibus facit. Prior est, quod omnes mortales
[ad] Dei praedestinationem proprio sensu considerandam, prorsus caecu-
tiunt: de re autem incognita non nisi temere ac perperam disputari
potest. Altera, quod nulla esse potest nobis causa de Deo conquerendi:
quando nemo est mortalium qui iactare queat eum sibi esse debitorem:
contra vero omnes eius benignitati sunt obnoxii. Hoc itaque claustro
meminerit unusquisque mentem suam continere, ne in praedestinationis
investigatione supra Dei oracula evehatur: dum audimus nihil hic
70 discernere plus hominem posse, quam caecum in tenebris. quod tamen
minime pertinet ad labefactandam fidei certitudinem quae, non ab
humani sensus acumine nascitur, sed a sola Spiritus illustratione. Nam et
Paulus ipse alibi, postquam testatus erat omnia Dei mysteria ingenii

---

42 *A* cogitaverimus   46-50 *A B om.*   50 *A B* Quam enim   52-53 *A B* Viae enim pro
institutis accipiuntur   56 *A B* revelarit   57-59 *A B om.*   61-62 *A B* obmurmuret
63 *A B* in

---

73 [*I Cor 2.9-12*]

nostri captum longe excedere, mox tamen subiicit fideles tenere mentem
Domini: quia non spiritum huius mundi acceperint, sed a Deo sibi
datum, per quem de incomprehensibili alioqui eius bonitate [edocentur].
Ergo ut minime nostra ipsorum facultate ad percontanda Dei arcana
pervenire possumus: ita Spiritus sancti gratia in certam ac liquidam
eorum cognitionem admittimur. Iam si praeeuntem Spiritum sequi
80 oportet: ubi ille nos destituit, illic resistendum est, et veluti figendus
gradus. siquis plus agnoscere affectet, quam ille revelarit, immenso lucis
illius inaccessae fulgore opprimetur. [Tenenda vero est quam nuper
attuli, distinctio inter arcanum Dei consilium, et voluntatem in Scriptura
patefactam. Quanvis enim tota Scripturae doctrina, hominis ingenium
altitudine sua superet, non tamen ad eam praecluditur accessus fidelibus
qui reverenter et sobrie Spiritum sequuntur ducem. sed alia est arcani
consilii ratio, cuius profunditas et altitudo percontando attingi nequit.]

    35 **Quis prior dedit ei.** Altera ratio qua Dei iustitia validissime
adversus omnes impiorum criminationes defenditur. Nam si nemo illum
90 suis meritis obstrictum sibi habet, nullus cum eo expostulare iure potest
quod remunerationem non accipiat. Qui enim aliquem ad bene sibi
faciendum cogere vult, eum sua officia quibus ita de ipso meritus sit,
proferre necesse est. Hic ergo Pauli verbis inest sensus, Non aliter
insimulari iniustitiae potest Deus, quam si dicatur non reddere cuique
quod suum est. Constat autem neminem iure suo ab eo fraudari, quando
nemini est obnoxius. quis enim opus aliquod suum iactare potest, quo
eius gratiam sit promeritus? Est autem notabilis hic locus, quo docemur
non esse nostrae facultatis, Deum nostris benefactis ad conferendam
nobis salutem provocare: sed illum gratuita bonitate immerentes praeve-
100 nire. non enim tantum quid facere soleant [homines], sed quid omnino
valeant, demonstrat. Quod si probe excutere nos volumus, non modo
reperiemus Deum nequaquam esse nobis debitorem, sed nos ad unum
omnes esse illius iudicio obnoxios: non modo nullam ab eo gratiam
promeritos, sed aeterna morte plusquam dignos esse. [Nec vero tantum
corruptae et vitiosae naturae respectu Deum nihil nobis debere Paulus
colligit: sed si integer esset homo, negat tamen quicquam afferre coram
Deo posse, quo sibi gratiam conciliet: quia simul atque esse incipit, iam
ipso creationis iure ita est opifici suo addictus ut nihil proprium habeat.
Frustra ergo ius ei suum eripere tentabimus, ne libere, prout visum fuerit,
de suis figmentis statuat, acsi mutua esset accepti et expensi ratio.]
10

---

76 *A B* edoceantur   82-87 *A B om.*   100 *A B om.*   4-10 *A B om.*

36 **Quoniam [ex illo et per illum.]** Confirmatio est proximae sententiae. Multum enim abesse ostendit, ut possimus ullo proprio bono
gloriari adversus Deum, quum ipsi ab eo simus ex nihilo creati, et in ipso
nunc [consistat nostrum esse]. inde aequum esse colligit ut in eius gloriam
[dirigatur]. Quam enim praeposterum esset, quas ipse finxit creaturas, et
quas conservat, alio quam ad illustrandam eius gloriam referri? Non me
fugit particulam εἰς αὐτὸν, pro ἐν αὐτῷ [interdum] accipi, sed abusive.
Quum autem proprius significatus magis praesenti argumento quadret,
eum retinere praestat quam ad improprietatem confugere. [Summa est,
20 Praepostere everti totum naturae ordinem, nisi Deus, qui principium est
rerum omnium, idem etiam sit finis.]   **Ipsi gloria.** Propositionem velut probatam, nunc confidenter pro indubia assumit, quod
[scilicet] ubique sua Domino gloria immobilis manere debeat. [Frigida
enim erit sententia si eam generaliter accipias, sed emphasis a circunstantia loci pendet, Deum sibi iure vendicare merum imperium, et in statu
humani generis ac totius mundi nihil extra eius gloriam quaerendum
esse.] [Unde sequitur, absurdas ac ratione alienas, imo insanas esse
cogitationes] quaecunque ad detrectandam eius gloriam vergunt.

CAP. XII.

1   *Obsecro itaque vos fratres, per miserationes Dei, ut sistatis corpora*
vestra hostiam vivam, sanctam, acceptam Deo, rationabilem cultum ve-
strum.

2   *Et ne conformetis vos huic mundo: sed transfiguremini [renovatione]*
mentis vestrae: ut probetis quae sit voluntas Dei bona, et placita, et
perfecta.

Postquam ea tractavit Paulus, unde necesse erat in regno Dei erigendo
incipere, ab uno Deo petendam iustitiam, ab unica eius misericordia
10 salutem nobis [inquirendam], in solo Christo positam nobis esse bonorum omnium summam[, et quotidie proponi]: nunc optimo ordine
transit ad formandos mores. Siquidem salvifica illa Dei Christique
cognitione, anima quasi regeneratur in caelestem vitam: [sanctis autem
exhortationibus ac] praeceptis vita ipsa quodammodo [formatur et]

---

11 *A B* ab ipso et per ipsum.)   14 *A B* consistamus   15 *A B* dirigamur   17 *A B om.*
19-21 *A B om.*   23 *A B om.*   23-27 *A B om.*   27-28 *A B* Absurdae ergo ac ratione
alienae, imo insanae sunt cogitationes,   5 *A B* in novitatem   10 *A B* esse   11 *A B om.*
13-14 *A B* paraeneticis   14 *A B om.*

constituitur. Frustra enim componendae vitae studium ostendas, nisi prius omnis iustitiae originem hominibus in Deo et Christo esse ostenderis: quod est ipsos a mortuis excitare. [Atque hoc praecipuum est Euangelii et Philosophiae discrimen. Quanvis enim splendide et cum magna ingenii laude Philosophi de moribus disserant, quicquid tamen
20 ornatus refulget in eorum praeceptis, perinde est ac praeclara superficies aedificii sine fundamento: quia omissis principiis mutilam doctrinam non secus ac corpus capite truncatum proponunt. Nec multum absimilis est docendi ratio in Papatu. etsi enim obiter verba faciunt de Christi fide, ac Spiritus sancti gratia, palam tamen apparet quanto propius ad profanos Philosophos, quam ad Christum eiusque Apostolos accedant.] Quemadmodum autem Philosophi priusquam leges ferant de moribus, de fine boni disserunt, et fontes virtutum inquirunt, e quibus postea omnia officia eruant ac derivent: ita hic principium statuit, e quo omnes sanctitatis partes [defluunt]: nos scilicet in hunc finem a Domino esse
30 redemptos, ut consecremus illi nos ipsos et omnia membra nostra. Sed singula expendere operaepretium est.

1 **Obsecro vos per [miserationes] Dei.** [Scimus impuros homines quicquid de immensa Dei bonitate in Scriptura proponitur, ad carnis licentiam cupide arripere. Rursum hypocritae quasi Dei gratia extinguat pie vivendi studium, ac peccandi audaciae ianuam aperiat, eius notitiam maligne quantum in se est obscurant. Atqui docet haec contestatio, donec probe teneant homines quantum debeant misericordiae Dei, nunquam serio affectu eum colere, nec satis acriter ad eius timorem et obedientiam stimulari. Papistis satis est si coactum nescio quod obse-
40 quium terrendo extorqueant. Paulus autem ut Deo nos non servili metu, sed voluntario hilarique iustitiae amore devinciat, eius gratiae qua continetur nostra salus, dulcedine nos allicit: simulque ingratitudinem exprobrat, nisi tam benignum ac liberalem Patrem experti, vicissim nos ei totos dicare studemus.] Atque eo plus efficaciae habet Paulus dum sic exhortatur, quo alios omnes magis antecellit in gratia Dei illustranda. Cor enim plusquam ferreum esse [oportet], quod ea quam superius posuit, doctrina, non accendatur in amorem Dei cuius tam effusam in se

---

17-25 *A B om.*   29 *A B* deducantur   32 *A B* misericordiam   32-44 *A B* Dici non potest, quantopere afficere nos debeat ista obsecratio, quae fit per Dei misericordiam. siquidem cum nihil non illi debeamus, siquid recusamus eius causa suscipere, nostram in eo prodimus ingratitudinem.   46 *A B* oporteat

---

26-28 *Aristotle, Magna Moralia I, cap.1 (1182ª 32 seq); Nicomachean Ethics I, cap. 1-2*

benignitatem sentiat. Ubi ergo sunt qui omnes ad vitae probitatem exhortationes sublatas putant, si in sola Dei gratia hominum salus
50 [reponitur]: quum nullis praeceptis, nullis sanctionibus sic pia mens ad obsequium Dei formetur, ut seria Divinae in se bonitatis meditatione? Simul hic Apostolici spiritus lenitatem videre est, quod admonitionibus et amicis obsecrationibus quam rigidis iussis, agere maluit apud fideles: quia hac via se plus noverat inter dociles profecturum.   **Ut sistatis corpora vestra.** Hoc ergo principium recti ad bona opera cursus est, si intelligamus nos esse Domino consecratos. inde enim sequitur, ut vivere nobis desinamus, quo omnes vitae actiones destinemus in eius obsequium. Itaque duo sunt hic consideranda. Primum nos esse Domini: deinde eo ipso sacros esse oportere, quia hoc Dei sanctitate indignum est,
60 ut illi quippiam offeratur non prius consecratum. Hoc posito, simul sequitur, sanctitatem tota vita esse meditandam: nec specie sacrilegii carere, si ad immunditiem relabimur: quoniam id nihil aliud est quam rem sanctificatam profanare. ubique autem servatur magna verborum proprietas. Principio dicit, Corpus nostrum oportere offerri in sacrificium Deo. quo insinuat nos iam non esse nostri iuris, sed penitus in Dei potestatem transisse. quod aliter fieri non potest, nisi ut nobis renuntiemus, atque adeo nos abnegemus. Adiunctis deinde epithetis declarat quale oporteat esse illud sacrificium. [**Vivum** enim appellans], significat ea lege nos Domino immolari, ut mactata in nobis priore vita, in vitam
70 novam excitemur. In nomine **Sanctitatis** notat illud de quo diximus, sacrificii proprium: tum enim demum rata est hostia, ubi sanctificatio praecessit. Tertium epithetum, quum [rite compositam esse vitam admonet, ubi] hanc nostri immolationem ad Domini placitum [dirigimus], tum raram consolationem nobis adfert, quod docet gratum acceptumque Deo esse nostrum studium, ubi nos innocentiae ac sanctitati devovemus. Corpora autem non vocat ossa tantum et cutem, sed totam massam qua constamus: et eo quidem nomine usus est, quo melius designaret omnes nostri partes per synecdochen. Nam membra corporis sunt exequendis actionibus instrumenta. alioqui ⟨requirit⟩ a nobis integritatem non
80 corporis modo, sed animae quoque et spiritus, ut 1. Thessal. 5. 23. Quod iubet nos sistere, in eo allusio quidem est ad Mosaica sacrificia quae ad altare tanquam in Dei conspectum exhibebantur: sed tamen eleganter ostendit quam promptitudinem afferre debeamus ad excipienda Dei iussa, quo illis sine mora obsequamur. [Unde colligimus nihil quam

---

50 *A B* reponatur   68 *A B* Cum enim Vivum appellat   72-73 *A B* admonet nos, ut   73 *A B* dirigamus   79 *A* requiret   84-86 *A B om.*

misere errare et vagari cunctos mortales quibus non est propositum, Deum colere.] Iam [etiam] habemus quae sacrificia commendet Paulus Christianae Ecclesiae. unico enim sacrificio per Christum Deo reconciliati, ipsius gratia facti sumus omnes sacerdotes, ad nos nostraque omnia Dei gloriae dedicanda. Sacrificium expiationis nullum relinquitur, neque
90 erigi potest, sine insigni crucis Christi contumelia.   **Rationabilem cultum vestrum.** Ego hanc particulam additam existimo, quo praecedentia melius explicaret ac confirmaret, acsi dictum esset, Exhibete vos in sacrificium Deo, si Deum colere in animo habetis. nam hic est legitimus colendi Dei ritus, a quo qui discedunt, perversi sunt cultores. Quod si tum demum rite colitur Deus ubi [ad eius praescriptum facta omnia nostra exigimus,] facessant omnes commentitii cultus quos ipse merito abominatur, quando pluris illi obedientia est, quam victimae. [Arrident quidem hominibus sua inventa, inanemque sapientiae speciem (ut alibi dicit Paulus) ostentant: sed audimus quid ex opposito pronuntiet
100 caelestis Iudex per os Pauli. Cultum enim rationabilem vocando, quem ipse praecipit, quaecunque tentamus praeter verbi eius regulam, ut stulta, insipida, et temere suscepta repudiat.]
   2 **Et ne [conformetis vos] huic mundo.** Vocabulum Mundi quum multas habeat significationes, hic pro hominum ingenio ac more capitur, cui non sine causa conformari nos vetat. nam quum totus mundus in maligno sit positus, nos exuere convenit quicquid habemus hominis, si volumus Christum vere induere. Ac ne id dubium sit, ipse exponit per contrarium, ubi iubet nos in novitatem mentis transfigurari. usitatae enim sunt Scripturis istae antitheses quibus res clarius exprimitur. Hic
10 autem attende, quae innovatio a nobis requiratur: nempe non carnis tantum⟨, qualiter hoc nomen interpretantur Sorbonici, pro inferiore scilicet animae parte⟩: sed mentis, quae pars est nostri excellentissima⟨, et cui principatum attribuunt Philosophi. Vocant enim ⌜ἡγεμονικὸν.⌝ et ratio fingitur esse sapientissima regina. Verum eam Paulus ex solio deturbat, adeoque in nihilum redigit, dum nos mente renovandos docet.⟩ Utcunque enim nobis blandiamur, vera tamen est illa Christi sententia, Oportere renasci totum hominem qui velit ingredi in regnum Dei.

---

86 *A B om.*   95-96 *A B* secundum praescriptum suum colitur: 97-2 *A B om.*   3 *A B* conformemini   11-12 *A om.*   12-15 *A om.*   13 *B* τὸ ἡγεμονικόν

---

11 *Caietan, ad loc. fol. XXI^b(J-K).*   See *Inst.(1539) Cap. II* [§47], *CO 1,335-6;* *Inst.(1559) II.iii.1, Op. sel. III, 271-3*   13 *Plutarch, de virtute morali, c. 3, Moralia tom. III, 149.   Plato, Protagoras 352 B.*   See *Inst.(1539) Cap. II* [§20], *CO 1,315; Inst. (1559) I.xv.8, Op. sel. III, 185-7; II.ii.2, Op. sel. III, 242-3*

quandoquidem et mente et corde a Dei iustitia sumus penitus alieni.

Ut probetis quae sit voluntas. Hic finem habes cur novam
20 mentem induere nos oporteat, ut scilicet nostris et omnium hominum
consiliis desideriisque valere iussis, in unam Dei voluntatem cuius
intelligentia vera est sapientia, intenti simus. Quod si ad hoc necessaria
est mentis nostrae innovatio, ut probemus quae sit voluntas Dei, hinc
apparet quantopere ipsa Deo adversetur. Quae addita sunt epitheta, ad
eius commendationem pertinent, quo maiori alacritate ad ipsam contendamus. [Et certe ut in ordinem cogatur nostra pervicacia, solidam
iustitiae et perfectionis laudem voluntati Dei asseri necesse est. Mundus
quae ipse fabricavit opera, sibi persuadet bona esse: reclamat Paulus ex
Dei mandatis aestimandum esse quid bonum sit ac rectum. Mundus in
30 suis commentis sibi plaudit ac delicias facit: Paulus autem affirmat, Deo
non aliud placere nisi quod mandavit. Mundus ut perfectionem inveniat,
a verbo Dei ad novas inventiones delabitur: Paulus in Dei voluntate
perfectionem statuens, siquis hanc metam transgreditur, falsa imagina-
tione deludi ostendit.]

3 *Dico enim per gratiam quae data est mihi, cuilibet vestrum, ne
supramodum sapiat praeter id quod oportet sapere, sed sapiat ad sobrietatem: sicuti unicuique [distribuit] Deus mensuram fidei.*

[3 **Dico enim per gratiam, etc.**] Si particulam rationalem non esse
supervacuam putes, non male cohaerebit haec sententia cum superiori.
40 Quandoquidem enim iam totum studium nostrum positum esse voluit in
vestiganda [Dei] voluntate, proximum erat ut nos ab inani curiositate
abstraheret. Quum tamen rationalis [particula] saepe apud Paulum
abundet, potes et pro simplici affirmatione capere: nam et sensus sic
optime constabit. Caeterum antequam praecipiat, authoritatem sibi
datam commemorat, ut non aliter suae, quam Dei ipsius voci auscultent.
Tantundem enim valent eius verba acsi dixisset, Non loquor a meipso sed
legatus Dei, quae mihi mandata ille iniunxit, ad vos perfero. Gratiam (ut
prius) vocat Apostolatum, quo Dei bonitatem in eo commendet, ac simul
innuat, se non irrupisse propria temeritate, sed Dei vocatione assump-
50 tum. [Ergo ita praefando, authoritatem sibi comparans, Romanos
parendi necessitate obstringit, nisi Deum in ministri sui persona velint
contemnere.] Praeceptum deinde sequitur, quo et nos retrahit ab earum

26-34 *A B om.*   37 *A B* dispensavit   38 *A B om.*   41 *A B* Domini   42 *A B om.*
50-52 *A B om.*

rerum investigatione quae nihil quam tormentum ingeniis afferre queant,
nullam vero aedificationem: et prohibet ne sibiquis plus sumat, quam
ferat captus et vocatio: simulque admonet ut ea tantum cogitemus ac
meditemur quae nos sobrios et modestos reddere poterunt. Sic enim
intelligere malo quam secundum quod Erasmus vertit, Ne quis superbe
de se sentiat: quia et hic sensus est aliquanto a verbis remotior, et ille
melius quadrat orationis contextui. Particula ista **Praeter id quod oportet**
60 **sapere,** declarat quid in priore vocabulo ὑπερφρονεῖν voluerit: nos
scilicet modum sapiendi excedere, si in iis de quibus non esse solicitos
convenit, nos occupamus. Ad sobrietatem vero sapere, est iis studiis
intentum esse quibus ad modestiam [institui te ac erudiri sentias].

    Unicuique ut divisit Deus. Anastrophe, seu vocum inversio, pro
Quemadmodum unicuique. atque hic quidem exprimitur ratio illius
sobriae sapientiae quam commemorat. Quando enim distributio gratiarum varia est, ita sibi optimum quisque sapiendi modum statuit dum se
intra collatam sibi a Domino fidei gratiam continet. Ergo superflua
sapiendi ⟨affectatio⟩ non est modo in rebus superfluis ac cognitu
70 inutilibus: sed etiam in iis quarum utilis alioqui est intelligentia, ubi non
respicimus quid nobis datum sit, sed temeritate atque audacia mensuram
intelligentiae excedimus: quam importunitatem inultam non sinit Deus.
videre enim est ut plurimum, quibus [deliriis] circunferantur qui se stulta
ambitione ultra constitutos sibi fines efferunt. [Summa est, Hanc rationalis nostri sacrificii partem esse, ubi se quisque mansueto ac docili spiritu
regendum ac flectendum Deo praebet. Porro quum fidem humano
iudicio opponens, nos a placitis nostris cohibeat, mensuram simul
consulto adiungit, ut se humiliter contineant fideles in suo quoque
defectu.]

80   4 *Quemadmodum enim in uno corpore membra multa habemus, mem-*
bra vero omnia non eandem habent actionem:

    5 *Sic multi unum sumus corpus in Christo, membra mutuo alter*
alterius:

    6 *Habentes [autem] dona secundum gratiam nobis datam, differentia:*
sive prophetiam, secundum analogiam fidei:

    7 *Sive ministerium, in ministerio: sive qui docet, in doctrina:*

---

63 *A B* instituaris   69 *A* affectio   73 *A B* deliramentis   74-79 *A B om.*   84 *A B om.*

---

57 *Eras L¹⁻⁵:* ne quis arroganter de se sentiat   *Vg:* non plus sapere quam oportet sapere

8 *Sive qui exhortatur, in exhortatione: sive qui largitur, in simplicita-*
te: sive qui praeest, in studiò: sive qui miseretur, in hilaritate.

[4 **Quemadmodum enim.**] Iam illud ipsum quod de limitanda secun-
90 dum fidei mensuram cuiusque sapientia posuerat, ab omnium fidelium
vocatione confirmat. Vocati enim sumus hac lege, ut tanquam in unum
corpus coalescamus: quandoquidem eam quae est inter humani corporis
membra, societatem ac connexionem inter omnes suos fideles instituit
Christus: et quia in tantam unitatem per se homines convenire non
poterant, illius coniunctionis vinculum ipse factus est. Quia ergo [quae] in
corpore humano visitur ratio, in fidelium quoque societate esse debet: [ea
similitudine adhibita probat] quam necessarium sit singulos considerare
quid suae naturae, quid captui, quid vocationi conveniat. Porro haec
similitudo quum varias habeat partes, [praecipue hoc modo] ad praesen-
100 tem causam est applicanda, quod ut distinctas habent facultates membra
unius corporis, distinctaque omnia, nullum vero membrum aut omnes
simul facultates tenet, aut aliorum munera ad se trahit : sic et nobis varias
dispensavit dotes Deus: qua discretione quem inter nos ordinem servari
volebat, instituit: ut secundum facultatis suae modum sibi quisque
temperet, neque in alienas se ingerat partes: neque unus omnia simul
habere expetat, sed sorte sua contentus, libenter ab alienis vicibus
usurpandis abstineat. Quum tamen disertis verbis notat communionem
quae inter nos est, simul etiam innuit quantum studium esse debeat in
commune corporis bonum conferendi quas singuli obtinent facultates.
10 6 **Habentes dona [secundum.]** [Non simpliciter de fovendo inter nos
fraterno amore nunc concionatur Paulus: sed modestiam commendat,
quae optimum nobis est temperamentum totius vitae. Cupit sibi quisque
tantum suppetere, ut nulla fratrum ope indigeat: atqui hoc mutuae
communicationis vinculum est, dum sibi nullus sufficit, sed ab aliis
mutuari cogitur. Fateor ergo non aliter constare piorum societatem, nisi
dum sua quisque mensura contentus, fratribus impertit quae accepit
dona, et vicissim alienis donis iuvari se patitur. Sed Paulus in primis
retundere voluit quam sciebat hominibus ingenitam esse superbiam, ac
ne quisque aegre ferat non omnia sibi data esse: admonet, non sine
20 optimo Dei consilio singulis distributas esse suas partes: quia ad
communem corporis salutem expediat, neminem donorum plenitudine

---

89 *A B om.*   95 *A B* ea, quae   96-97 *A B* eam similitudinem adhibet ad probandum,
99 *A B* hac praecipue parte   10 *A B* secundum gratiam nobis datam, diversa.)   10-22 *A*
B om.

sic esse instructum, ut fratres suos impune spernat.] Hic ergo praecipuum
habemus scopum quo tendit Apostolus, non omnia omnibus convenire,
sed ita esse distributa Dei [bona], ut [finitam] singuli portionem habeant:
atque suis donis in Ecclesiae aedificationem conferendis sic oportere
intentos esse singulos, ut nemo derelicta sua functione, in alienam
transeat. Hoc enim pulcherrimo ordine, et hac veluti symmetria, incolumitas Ecclesiae continetur: ubi pro se quisque in commune sic confert
quod a Domino accepit, ut alios non impediat. Hunc ordinem qui
30 pervertit, cum Deo pugnat, cuius ordinatione est institutus. Differentia
enim donorum non ab hominum placito nata est, sed quia in eum
modum gratiam suam dispensare Domino visum est.   **Sive**
prophetiam. Nunc species quasdam in exemplum proferendo, demonstrat
quomodo in sua quisque facultate, veluti in statione conservanda,
occupari debeat. Siquidem suos singula dona fines propositos habent, a
quibus declinare, est dona ipsa corrumpere. Quod autem oratio est
aliquantulum perturbata, sic poterimus contexere, ut hinc conclusio
incipiat, Qui ergo prophetiam habet, eam exigat ad analogiam fidei: qui
ministerium, eo utatur ad ministrandum: qui doctrinam, ea utatur ad
40 docendum, etc. Hunc scopum qui intuebuntur, intra suos fines se rite
continebunt. Caeterum locus hic varie accipitur. sunt enim qui prophetiam intelligunt divinandi facultatem, quae circa Euangelii primordia in
Ecclesia vigebat: ut Dominus regni sui dignitatem atque excellentiam
modis omnibus tunc commendare voluit. Et quod additur, [**Secundum**]
analogiam fidei, referendum ad omnia membra putant. Ego vero eos
sequi malo qui [latius extendunt hoc nomen ad peculiare revelationis
donum, ut quis dextre ac perite in voluntate Dei enarranda munus
interpretis obeat. Itaque prophetia] hodie in Christiana Ecclesia nihil fere
aliud est quam recta Scripturae intelligentia, et singularis eius explican-
50 dae facultas, ex quo [veteres] prophetiae omnes, et omnia Dei oracula in
Christo et Euangelio ipsius sunt conclusa. Hoc enim sensu posuit Paulus,
quum diceret, Volo vos linguis loqui: magis autem ut prophetetis. Ex
parte cognoscimus, et ex parte prophetamus. Neque vero apparet,
Paulum hic admirabiles tantum gratias illas recensere voluisse, quibus
Euangelium suum principio nobilitavit Christus: quin potius videmus

---

24 *A B* dona   24 *A B om.*   44 *A B* ad   46-48 *A B* generaliter hoc vocabulum accipiunt,
pro divinae voluntatis revelatione, et eius enarrandae peritia: quae   50 *A B om.*   52 *A B*
om.

---

52 *C* I Cor 14.5*   52-53 *C* I Cor 13.19* [= *13.9*]

ordinarias tantum dotes, et quae perpetuo in Ecclesia manent, referri. Neque mihi etiam satis solida videtur ratio quae obiicitur, frustra id dicturum fuisse Apostolum iis qui per Spiritum Dei non poterant Christum dicere anathema. Nam quum alibi testetur, spiritum Prophetae
60 Prophetis esse subiectum, et iubeat priorem qui loquebatur, tacere, sicui sedenti revelatum fuerit: eadem ratione admonere hic potest eos qui in Ecclesia prophetant, quo suas prophetias ad fidei normam conforment, necubi aberrent a [linea]. **Fidei** nomine significat prima religionis axiomata, quibus quaecunque doctrina deprehensa fuerit non respondere, falsitatis sic convincetur. In reliquis membris minus difficultatis inest. Qui minister est ordinatus, inquit, ministrando, munus suum exequatur: nec sibi, sed aliis in eum gradum se assumptum putet: ⟨acsi diceret, Munus suum impleat vere ministrando: ut suo titulo respondeat. Sicuti mox doctoribus, sub nomine Doctrinae solidam aedificationem commen-
70 dat, hoc sensu,⟩ Qui doctrina pollet, eius finem esse sciat ut Ecclesia vere erudiatur: atque id unum meditetur, ut Ecclesiam reddat sua doctrina doctiorem. Doctor enim est qui Ecclesiam verbo veritatis format et instituit. qui exhortandi virtute pollet, finem hunc respiciat ut efficaciter exhortetur. Habent autem ista officia multam inter se affinitatem, atque etiam connexionem: non tamen ideo desinunt varia esse. Exhortari quidem nemo potest, nisi cum doctrina: non tamen is qui docet, protinus exhortandi dote praeditus est. Iam nemo prophetat, vel docet, vel exhortatur, quin ministret: sed satis est si eam servemus distinctionem quam et in Dei donis conspicimus, et aptam cognoscimus Ecclesiastico
80 ordini.

8 **Qui [largitur], in simplicitate.** Ex istis posterioribus membris clare perspicimus, hic nobis demonstrari quis sit legitimus donorum Dei usus. Per μεταδιδοῦντας, de quibus hic loquitur, non eos intelligit qui largiuntur de suo: sed Diaconos qui publicis Ecclesiae facultatibus dispensandis praesunt. Per ἐλεοῦντας autem, viduas et alios ministros qui curandis aegrotis, secundum veteris Ecclesiae morem, praeficiebantur. Sunt enim functiones duae diversae, [erogare] pauperibus necessaria, et [suam illis tractandis operam impendere. Caeterum prioribus] assignat simplicitatem qua sine fraude aut personarum acceptione, fideliter sibi commissa
90 administrent: ab his obsequia vult exhiberi cum hilaritate, ne morositate

---

59 *A B om.*   63 *A B* scopo   67-70 *A om.*   81 *A B* impertit   87 *A B* comparare
87-88 *A B* tractare: illisque

---

59 *C* I Cor 14.32* [= *14.30-2*]

sua (quod evenire plerumque solet) gratiam officiis detrahant. Ut enim aegrum vel alio quovis modo afflictum nihil magis solatur quam ubi videt alacres ac promptos ad opem sibi ferendam animos: ita si tristitiam cernat in eorum vultu a quibus iuvatur, id in contumeliam suam accipiet. Προϊσταμένους tametsi proprie nuncupat eos quibus mandata erat Ecclesiae gubernatio (erant autem illi seniores qui aliis praeibant ac moderabantur, vitaeque censuram exercebant) quod tamen de illis dicit, extendi in universum ad praefecturas omne genus potest. Neque enim aut parva ab iis solicitudo requiritur, qui omnium securitati consulere, aut
100 parva sedulitas ab iis qui pro salute omnium, noctes diesque excubare debent. [Quanquam temporis illius conditio non de quibuslibet praefectis Paulum loqui ostendit, quia tunc nulli erant pii magistratus: sed de Senioribus qui morum erant censores.]

  9   *Dilectio sit non simulata: sitis aversantes malum, adhaerentes bono.*
  10   *Fraterna charitate ad vos mutuo amandos propensi, alii alios honore praevenientes,*
  11   *Studio non pigri, spiritu ferventes, tempori servientes,*
  12   *Spe gaudentes, in tribulatione patientes, in oratione perseverantes,*
  13   *Necessitatibus sanctorum communicantes, hospitalitatem sectantes.*

10 [9 **Dilectio sit, etc.**] Nunc de particularibus officiis concionaturus, a charitate quae est vinculum perfectionis, opportune auspicatur. De ea vero, quod plurimum necesse erat, praecipit, ut abstersis fucis omnibus, ex pura animi sinceritate oriatur. Est enim dictu difficile quam sint ingeniosi omnes fere homines ad fingendam quam vere non habent, charitatem. Neque enim aliis modo mentiuntur, sed sibimet quoque imponunt, dum sibi persuadent, non male abs se amari quos non modo negligunt, sed re ipsa abiiciunt. Itaque Paulus non aliam esse charitatem hic pronuntiat, quam quae sit omni simulatione vacua: sibi vero facile quilibet testis esse potest, an nihil habeat in recessu cordis quod charitati
20 adversetur. Voces **Boni** et **Mali,** quae sequuntur statim in contextu, non habent generalem significatum: sed pro malitiosa iniquitate qua nocetur hominibus, malum posuit: bonum autem pro benignitate qua ipsi iuvantur. Estque antithesis Scripturae usitata, ubi vitia primum prohibentur, deinde commendantur virtutes. [In participio ἀποστυγοῦντες

1-3 *A B om.*   10 *A B om.*   24-29 *A B om.*

neque Erasmum, neque Veterem interpretem sequutus sum, qui verterunt, Odio habentes. Atqui (meo iudicio) plus quiddam exprimere Paulus voluit: et vehementia in verbo Aversandi melius opposito membro respondet, ubi non modo beneficentiae dare operam, sed etiam adhaerere iubet.]

30 **10 Fraterna charitate, etc.** Nullis verbis satisfacere sibi potest in exponendo eius dilectionis ardore, qua nos mutuo complecti debemus. Nam et fraternam vocat, et eius affectum στοργὴν, quae Latinis [mutua] est [inter cognatos] pietas. Et sane talem esse oportet, qua filios Dei prosequamur. Id quo fiat, praeceptum subiungit ad retinendam benevolentiam valde necessarium, ut honorem pro se quisque fratribus deferat. Nullum enim est ad alienandos animos efficacius venenum, quam ubi quis contemni se putat. Quod si per honorem omne genus officii intelligere placet, non valde repugno: illa tamen prior interpretatio mihi magis probatur. [Quia sicuti fraternae concordiae nihil magis contrarium
40 est quam contumelia ex fastu, dum se quisque aliis posthabitis effert: sic optimum amoris fomentum est modestia, qua fit ut quisque honorem aliis habeat.]

11 Studio non pigri, etc. Hoc praeceptum nobis datur, non modo quia vitam Christianam actuosam esse oportet: sed quia saepe, praeterita utilitate nostra, operas nostras impendere fratribus convenit: neque iis semper bonis, sed saepe indignissimis et ingratissimis. Denique quia in plurimis officiis, nostri oblivisci nos oportet, [nisi] nobis instemus, et excutere diligenter contendamus omnem ignaviam, nunquam poterimus ad Christi obsequium esse vere expediti. Quod autem [additur], **Spiritu**
50 **ferventes,** [exprimit] quomodo prius illud assequamur. [Caro enim instar asini semper torpet, ideoque stimulis opus habet: solus autem est spiritus fervor qui pigritiam nostram corrigit: ergo benefaciendi sedulitas zelum requirit quem Spiritus Dei in cordibus nostris accenderit. Cur ergo, dicet quispiam, ad hunc fervorem nos Paulus hortatur? Respondeo, quan-

---

32 *A B om.* 33 *A B om.* 39-42 *A B om.* 47 *A B* Nisi ergo 49 *A B* addit 50 *A B* eo exprimit, 50-68 *A B* Nam si Spiritu Dei accensi simus, ille nos satis excitabit, ne pigrescamus. Neque ab iis alienum est tertium, ut serviamus tempori. Multum siquidem in ea re positum est momenti, ut noverimus nos tempori accommodare: sic tamen, ut in qualibet inclinatione rectum cursum teneamus. Quod autem alicubi legitur, Domino, id est prorsus extraneum.

---

25 *Eras L¹⁻⁵:* odio prosequentes   *Eras Ann¹⁻⁵:* id est, Odio habentes. Quanquam hic eleganter erat Abhorrentes [*Ann²⁻⁵ add:* a malo]: ut respondeat ei quod sequitur, Adhaerentes. *1, 447; 5, 412   Vg:* odientes malum   *Tert Aug:* odio habentes   *Buc^met:* aversamini esse molesti *fol.455ᵃ*

quam Dei donum est, has tamen partes iniungi fidelibus, ut torpore excusso flammam Divinitus accensam concipiant: sicuti utplurimum contingit Spiritus impulsum nostra iniuria suffocari et extingui. Eodem pertinet etiam tertium, **Ut tempori serviamus.** Nam ut breve est vitae curriculum, statim effluit bene agendi opportunitas: quo nos alacrius ad
60 officium properare decet. Sic alibi iubet Paulus redimere tempus, quia dies mali sunt. Potest etiam esse sensus, ut noverimus tempori nos accommodare: qua in re multum momenti positum est. Sed mihi videtur Paulus cessationi opponere quod servire tempori praecipit. Porro quia in multis vetustis exemplaribus legitur κυρίῳ, licet videri possit primo intuitu extraneum, prorsus reiicere non audeo. Quod si lectio illa placet, non dubito quin Paulus quae fratribus praestantur officia, et quicquid alendae charitati servit, referre voluerit ad Dei cultum, quo plus animi adderet fidelibus.]

    12 **Spe gaudentes.** Sunt et haec tria inter se coniuncta, ac quodammo-
70 do videntur pertinere ad illud, Tempori servientes. Ille enim se tempori optime accommodat, [et occasione utitur ad strenue currendum,] qui in spe vitae futurae gaudium suum reponit, et tribulationes patienter sustinet. Utcunque sit (neque enim valde refert sive coniungas, sive separes) primum vetat nos acquiescere in praesentibus bonis, atque in terra rebusque terrenis laetitiam nostram constituere, perinde acsi illic sita nobis esset foelicitas: sed in caelum mentes erigere iubet, quo solido plenoque gaudio perfruamur. Si gaudium nostrum futurae vitae spe continebitur, inde nascetur patientia in rebus adversis: quia gaudium illud nullus doloris sensus opprimere poterit. [Itaque duo haec mutuo
80 inter se nexu cohaerent, gaudium ex spe conceptum, et in rebus adversis tolerantia. Neque enim ad crucem ferendam se quisquam placide et quieto animo submittet, nisi qui extra mundum suam foelicitatem quaerere didicerit, ut spei consolatione, crucis acerbitatem mitiget ac leniat.] At quia utrunque viribus nostris longe est superius, orationi instandum, ac continenter rogandus Deus ne animos [liquescere ac] in terram excidere, aut rebus asperis frangi sinat. [Porro non tantum ad preces nos stimulat Paulus, sed diserte perseverantiam exigit: quia nobis

---

71 *A B om.*   79-84 *A B om.*   85 *A B om.*   86-91 *A B om.*

---

60 *C* Eph 5.16*   64 κυρίῳ *Eras G¹ Compl [UBS* 𝔓 ⁴⁶ א *A B D ᵇ·ᶜ al]* καιρῷ *Eras G²⁻⁵ Col Steph¹⁻³ al [UBS D* G it ᵈ*·ᵍ al] Eras Ann⁴⁻⁵ has a long textual note, citing for* κυρίῳ *Chrys and Theoph, and for* καιρῷ *Orig, Ambr, Greek codices seen by Ambr, Hier, and Beda in Glossa ord.*   *See also Buc ᵉⁿⁿ fol. 467ª*

continua est militia, et quotidie surgunt varii insultus, quibus sustinendis impares essent etiam fortissimi quique, nisi subinde novum vigorem
90 colligerent. Caeterum ne fatigemur, optimum est remedium precandi assiduitas.]

13 **Necessitatibus sanctorum, etc.** Redit ad officia charitatis, quorum praecipuum est iis benefacere a quibus minimum remunerationis expectamus. Quoniam itaque fere fit ut ii maxime contemnantur qui prae aliis egestate pressi sunt, et auxilio indigent (quia putantur perdita esse quae apud eos collocantur beneficia) singulariter ipsos nobis commendat Deus. Tunc enim demum vere charitatem nostram approbamus, ubi non alio quam exercendae benignitatis respectu, iuvamus egenos fratres. Iam eius charitatis non ultima species est hospitalitas: id est benevolentia et
100 liberalitas quae peregrinis exhibetur, quia illi maxime omnium sunt destituti, quod a suis procul absunt: ideo hanc nominatim nobis commendat. [Videmus ergo, eo] unumquenque nobis [maiori] curae esse debere, quo magis ab hominibus vulgo negligitur. Observa etiam loquendi proprietatem in eo quod dicit communicandum esse necessitatibus: quo innuit, oportere ita nos sublevare fratrum inopiam, acsi nobis ipsis succurreremus. Sanctos autem specialiter iuvare praecipit: nam tametsi ad universum hominum genus extendere se ⟨debeat⟩ charitas nostra, singulari tamen affectu debet amplecti domesticos fidei qui arctiori nobiscum vinculo coniuncti sunt.

10 14 *Benedicite iis qui vos persequuntur. Benedicite, et ne malum imprecemini.*

15 *Gaudete cum gaudentibus, flete cum flentibus:*

16 *Mutuo alii in alios sensu affecti: non arroganter de vobis sentientes, sed humilibus vos accommodantes. Ne sitis apud vos ipsos prudentes.*

[14 **Benedicite, etc.**] Hoc semel admonitum lectorem volo, ne in singulis praeceptis certum ordinem scrupulosius quaerat: sed contentus sit sparsa hic habere brevia praecepta quibus ad omnes sanctae vitae partes formetur: et ea quidem deducta ex illo principio quod initio capitis posuit [Apostolus]. statim praecipiet de non retaliandis quae nobis
20 inferuntur, iniuriis: hic aliquid etiamnum difficilius requirit: nempe nequid mali imprecemur hostibus nostris: sed prospera omnia illis et optemus, et a Deo precemur, utcunque nos vexent ac inhumaniter

---

2 *A B* Vides enim, secundum Dei verbum, eo plus   2 *A B om.*   7 *A* debet   15 *A B om.*
19 *A B om.*

tractent. quae mansuetudo quo est observatu difficilior, ita intentiore studio ad eam est enitendum. Nihil enim iubet Dominus, in quo non requirat nostram obedientiam. Nec admittenda est ulla excusatio, si eo sensu vacui sumus quo voluit nos Dominus ab impiis et seculi filiis differre. Ardua res est, fateor, et naturae hominis penitus contraria: sed nihil tam arduum quod non virtute Dei superetur, quae nobis nunquam deerit, modo ne ipsam invocare negligamus. Et quanquam vix unum
30 reperias qui tantos in Lege Domini progressus fecerit, ut praeceptum istud impleat: nemo tamen filium Dei iactare se potest, aut Christiani nomine gloriari, qui non animum istum ex parte induerit, et cum affectu adverso quotidie pugnet. [Dixi hoc esse difficilius quam remittere vindictam, ubi quis laesus fuerit. Quidam enim licet manus contineant, neque etiam agantur nocendi libidine, cuperent tamen aliunde hostibus suis accidere cladem vel damnum. Quod si etiam usque adeo placati sunt, ut nihil optent mali: vix tamen centesimus quisque salvum esse cupit a quo accepit iniuriam: imo audacter bona pars ad imprecationes prosilit. Deus autem verbo suo non tantum manus coercet a maleficiis, sed
40 amarulentos quoque affectus in animis domat: neque id modo, sed etiam vult de eorum salute esse solicitos qui nos iniuste vexando, sibi exitium accersunt. In verbo εὐλογεῖν deceptus fuit Erasmus: quia non animadvertit, diris et maledictionibus opponi. Paulus enim Deum in utroque vult tolerantiae nostrae esse testem, ut non modo in votis nostris fraenemus iracundiae impetum, sed veniae deprecatione testemur nos dolere hostium nostrorum vicem, dum sponte pereunt.]

15 **Gaudete cum gaudentibus, etc.** [Generalis sententia tertio loco ponitur, ut mutuo affectu se fideles complexi, alii aliorum fortunam sibi communem esse ducant. Partes autem vel species priore loco enumerat,
50 ut gaudeant cum gaudentibus, fleant cum flentibus. Sic enim fert veri amoris natura, ut lugere cum fratre suo quisque malit, quam eius luctus ex deliciis vel otio procul despicere. Summa ergo est,] ut nos vicissim alter alteri, quantum licet, accommodemus: et quaecunque acciderit fortuna, quisque alterius sensum in se transferat, sive condolendum sit rebus asperis, sive prosperis gratulandum. Et sane foelicitatem fratris non excipere cum gaudio, invidiae est: non tristari, si male habet, inhumani-

---

33-46 *A B om.*   47-52 *A B* Sic inter se cohaerent haec tria, ut priora duo partes sint, tertium sub se illa complectatur. Pertinent autem eo,

---

42 *Eras L¹⁻⁵*: Bene loquamini de iis   *Vg*: Benedicite persequentibus

tatis. Sit ergo ea inter nos sympathia, quae ad affectus omnes nos simul conformet.

16 **Non arroganter de vobis sentientes.** Significantius Graece loquitur
60 Apostolus, et magis apposite ad antithesin, Non alta, inquit, cogitantes. quo intelligit, non esse hominis Christiani, ambitiose aspirare ad ea quibus alios antecellat, neque altos spiritus gerere: sed modestiam potius et mansuetudinem meditari. Hac enim coram Domino excellimus, non superbia, aut fratrum contemptu. Praeceptum opportune ad superiora additum. nihil enim magis eam de qua dictum est, unitatem scindit, quam dum nos efferimus, et quo emergamus ad superiorem locum, sublimius quiddam spiramus. Vocem **Humilibus,** in neutro genere accipio, ut antithesis ita compleatur. Hic ergo damnatur omnis ambitio, et quae sub magnanimitatis nomine se insinuat animi elatio. siquidem praecipua
70 fidelium virtus moderatio est, vel potius submissio, quae honorem semper malit aliis cedere quam praeripere. Huic affine est quod subiicitur. nihil enim magis animos inflat quam propriae prudentiae opinio. Vult ergo ut ea deposita, alios quoque audiamus, eorumque consiliis morem geramus. [Nam quod φρονίμους Erasmus vertit Arrogantes, coactum est ac frigidum: quia bis idem sine ulla vehementia repeteret Paulus. At vero istud aptissimum est arrogantiae sanandae remedium, non sibi nimium sapere.]

17 *Nemini malum pro malo rependentes: providentes bona coram omnibus hominibus.*
80 18 *Si fieri potest, quantum est in vobis, cum omnibus hominibus pacem habentes:*

19 *Non vosmetipsos ulciscentes, dilecti: sed date locum irae. Scriptum est enim, Mihi vindictam, et ego rependam, dicit Dominus.*

17 **Nemini malum reddentes.** Nihil prope ab eo differt quod paucis interiectis, sequitur: nisi quod plus est vindicta, quam istud compensationis genus de quo nunc agit. Nam et malum pro malo interdum reddimus,

---

74-77 *A B om.*

---

74 *Eras L¹*: Ne sitis prudentes   *Eras²⁻⁵*: Ne sitis arrogantes   *Vg*: Nolite esse prudentes apud nosmet ipsos   *Eras Ann¹⁻⁵*: φρόνιμον vocat, non qui sapiat, sed qui parum modeste de seipso sentiat, ut mox admonuimus. Et ad eum modum interpretantur Graecorum commentaria. Alioqui quid affinitatis est prudentiae cum vindicta? At arrogantia vindex est, dum quisque se meliorem putat, quam ut alteri cedat [*Ann²⁻⁵*: cedere debeat] *1, 447; 5, 415*   82-83 C* Deut 32.35

etiam ubi non exigimus iniuriae talionem: quemadmodum si maligne accipimus eos qui nobis non benefaciunt. Solemus enim aestimare cuiusque in nos merita, vel certe merendi facultatem, ut apud eos quibus
90 iam sumus obligati, vel a quibus aliquid speramus, collocemus nostra officia: [rursum vero siquis] opem suam quum ea indigeremus, nobis denegarit, [par] pari (quod aiunt) referentes, ubi opus fuerit, non magis adiuvemus eum, quam ab eo sumus adiuti. Sunt et alia eiusmodi exempla in quibus malum pro malo redditur sine manifesta ultione.
     Providentes bona. [Non displicet quod vertit Erasmus, Provide parantes: verbum tamen verbo reddere placuit. Quia suis quisque commodis plus aequo intentus est, vel ad cavenda damna providus, aliam curam et attentionem videtur Paulus exigere. Summa est, dandam sedulo esse] [operam ut nostra] probitate omnes aedificentur. Ut enim
100 necessaria est nobis conscientiae innocentia coram Deo: ita famae integritas apud homines non est negligenda. Nam si Deum in bonis nostris operibus glorificari convenit, tantundem decedit eius gloriae, ubi nihil laude dignum in nobis homines conspiciunt. Neque vero tantum obscuratur Dei gloria, sed contumelia etiam illi inuritur: quia quicquid peccamus, in Euangelii opprobrium imperiti trahunt. Caeterum quum iubemur comparare apud homines bona, simul notandum est quo fine. non enim finis est ut nos suspiciant ac laudibus ferant: hanc enim cupiditatem solicite arcet a nobis Christus, quum iubet nos exclusis omnibus hominibus, Deum unum testem benefactorum nostrorum ad-
10 mittere: sed ut sublatis in Deum animis, laudem illi referant, ut exemplo nostro ad iustitiae studium excitentur, ut denique bonum suavemque ex vita nostra odorem percipiant, quo ad Dei amorem alliciantur. Quod si ob Christi nomen male audimus, ne sic quidem desinimus inter homines bona providere: sed tunc impletur illud, quod habemur tanquam mendaces, et tamen ⟨sumus⟩ veraces, etc.
     18 **Si fieri potest, quantum [est in vobis].** Tranquillitas et sic composita vitae ratio quae nos omnibus amabiles reddat, non vulgaris est dos hominis Christiani. Huic si studere volumus, non modo summa aequita-te, sed summa etiam commoditate ac facilitate morum praeditos esse
20 oportet: quae non modo aequos ac bonos conciliet, sed improborum animos inflectat. Est enim hic adhibenda duplex cautio: ne sic gratiosi

91 *A B* si quis vero   92 *A B* ut par   95-99 *A B om.*   99 *A B* Operam dantes, ut vestra
15 *A* simus   16 *A B* in vobis est

95 *Eras L*^{1-5}: Provide [*C* Proinde] parantes   *Vg*: providentes bona   14-15 *C* II Cor 6.8*

esse affectemus, ut recusemus quorumlibet odia suscipere pro Christo, quoties ita necesse fuerit. Et sane videre est nonnullos, qui quum ob morum suavitatem animique tranquillitatem sint omnibus amabiles, habeant tamen Euangelii causa vel propinquissimos sibi valde infestos. Deinde ne facilitas in assentationem degeneret, ut vitiis hominum, pacis retinendae studio, blandiamur. Quoniam ergo id non semper obtineri poterat, ut pax nobis constaret cum omnibus, duas particulas exceptionis loco attexuit, **Si fieri potest,** et **Quantum in vobis est.** Istud porro ex pietatis
30 et charitatis officio nobis erit aestimandum, ut pacem non violemus, nisi alterutro coacti. [Sic enim fovendae pacis studio multa tolerare, delictis ignoscere, comiter remittere summum iuris rigorem convenit, ut simus, quoties ita postulat necessitas, ad bellum acriter gerendum animosi. Neque enim fieri potest ut Christi militibus aeterna sit pax cum mundo cuius princeps est Satan.]

19 **Non [vosmetipsos ulciscentes, dilecti.]** Malum quod hic corrigit, gravius est illo superiore cuius nuper meminit, ut admonuimus: utrunque tamen ex eodem oritur fonte: nempe ex immodico nostri amore, ac ingenita superbia, quae facit ut vitiis nostris benigne indulgeamus, alienis
40 autem simus inexorabiles. Quoniam ergo morbus ille furiosam ulciscendi libidinem omnibus fere ingenerat, ubi vel minimum tacti sunt: hic praecipit, quamlibet graviter laesi fuerimus, ne tentemus ipsi vindictam, sed eam Domino permittamus. Et quoniam non facile fraenum admittunt qui semel correpti sunt hoc impotenti affectu, blanda appellatione quasi manum iniicit ut nos retineat, dum nomine appellat **Dilectos.** Hoc ergo est praeceptum, Ne iniurias factas aut ulciscamur, aut ulcisci appetamus. Additur ratio, quia dandus est locus irae. Dare autem locum irae, est permittere Domino iudicandi facultatem. quam ei praeripiunt qui vindictam aggrediuntur. Quare si Dei vices usurpare nefas est, neque
50 vindicare licet: quia sic Dei iudicio antevertimus, qui has partes sibi servatas voluit. Simul etiam innuit, et Deum habituros vindicem, qui patienter eius auxilium expectant: et eos qui praeoccupant, non relinquere locum Dei auxilio. Caeterum non hic modo prohibet, ne manu ipsi nostra vindictam exequamur, sed ne cor nostrum tentetur eiusmodi cupiditate. supervacuum itaque est hic distinguere inter publicam et privatam vindictam. Nihilo enim plus excusationis habet qui opem magistratus malevolo animo et ultionis cupido implorat, quam si a seipso ulciscendi artes comminiscatur. [Imo ne semper quidem a Deo postulanda ultio est, ut mox videbimus: quia si ex privato affectu erumpant vota

---

31-35 *A B om.*   36 *A B* ulciscentes vos ipsos, dilecti.)   58-64 *A B om.*

60 nostra, et non ex puro Spiritus zelo, non tam Deum nobis iudicem ferimus, quam ministrum facimus pravae nostrae cupiditatis. Non aliter ergo datur locus irae, quam ubi quietis animis expectamus opportunum liberationis tempus: optantes interea ut qui nobis molesti nunc sunt, resipiscendo amici fiant.] **Scriptum est enim, Mihi vindictam.** Probationem adducit sumptam ex cantico Mosis, Deuter. 32. 35, ubi Dominus se hostium suorum ultorem fore denuntiat. Hostes autem Dei sunt quicunque servos eius sine causa divexant. Qui tangit vos, inquit, tangit pupillam oculi mei. hoc igitur solatio contenti simus, quod neque impune evadent qui molestiam nobis immerentibus facessunt: neque nos
70 patiendo magis obnoxios vel opportunos faciemus iniuriis malorum: sed potius Domino, qui unicus est vindex et liberator noster, locum dabimus ad opem ferendam. Quanquam ne a Deo quidem vindictam inimicis nostris imprecari fas est: sed orandum ut convertantur, quo amici fiant: quod si pergunt in sua improbitate, idem illis eveniet quod reliquis Dei contemptoribus. ⟨Neque vero hoc testimonium ideo citat Paulus, quasi ⌜post illatam iniuriam protinus excandescere, atque, prout tulerit carnis impetus,⌝ votis exposcere liceat ut Deus nostrarum iniuriarum sit ultor. Sed primo vindictam exigere, nostrum non esse docet, nisi velimus Dei partes nobis arrogare: deinde significat non esse timendum ne ferocius
80 insultent improbi, si nos patienter ferre viderint: quia non frustra vindicandi munus sibi Deus sumit.⟩

20 *Itaque si esurit inimicus tuus, pasce illum : si sitit, potum da illi. Hoc enim faciens, carbones ignis congeres in caput ipsius.*

21 *Ne vincaris a malo, sed vincas bono malum.*

20 **Itaque si esurit.** Iam ostendit quomodo praecepta de non vindicando, et malo non rependendo, vere impleamus: nempe si non modo abstineamus ab inferenda iniuria, sed iis quoque benefaciamus, qui nobis sunt iniurii. Est enim illa quaedam obliquae talionis forma, ubi ab iis qui nos laeserunt, beneficentiam avertimus. Sub nomine **Cibi** et **Potus,** omnia
90 officiorum genera intellige. Quantum ergo fert tua facultas, quacunque in re vel opibus tuis, vel consilio, vel opera inimicus indigebit, illi adesse debes. Inimicum praeterea nostrum vocat, non quem ipsi odio prosequamur, sed qui nobiscum inimicitias exerceat. [Quod si iuvandi sunt secundum carnem, multo minus adversis imprecationibus eorum, salus oppugnanda est.] **Carbones ignis congeres.** Quia non libenter

---

75-81 *A om.* 76-77 *B om.* 93-95 *A B om.*

oleum [et] operam perdimus, ostendit quis inde consequatur fructus, dum humanitatis officia conferimus in nostros inimicos. Carbones autem alii interpretantur [exitium quod] in caput inimici regeritur, si beneficiis prosequemur indignum, ac [secus quam de nobis promeritus est, nos
100 geremus: quia hoc modo duplicabitur eius culpa]. Aliis magis placet intelligere quod animus eius ad nos redamandos allicitur, dum se adeo benevole tractari videt. Ego simplicius accipio, quod animus eius frangetur in alterutram partem. Nam certe beneficiis aut emollietur hostis, aut si tanta atrocitate erit ut nihil mansuefiat, uretur tamen, et aestuabit testimonio conscientiae, quae se obrutam sentiet benignitate nostra.

21 **Ne vincaris a malo.** Videtur haec sententia confirmationis loco posita. Nam hic nobis omnino certamen est cum perversitate: eam si retaliare conamur, confitemur nos ab ea victos: contra si bonum pro malo reddimus, eo facto prodimus invictam animi constantiam. Et sane
10 hoc est pulcherrimum victoriae genus, cuius fructus non animi tantum conceptione, sed re quoque ipsa sentitur: successum eorum patientiae dante Domino, quo meliorem ne optare quidem possint. Contra, qui malum malo vincere tentabit, hostem forte suum malitia vincet, sed in suam ruinam: quia sic agendo, diabolo militat.

CAP. XIII.

1 *Omnis anima potestatibus supereminentibus subdita sit. Non enim est potestas, nisi a Deo: quae vero sunt potestates, a Deo sunt ordinatae.*

2 *Itaque qui resistit potestati, Dei ordinationi resistit: qui vero restiterint, iudicium sibi accersent.*

[1 **Omnis anima, etc.**] Quod locum hunc tam diligenter in Christianae vitae institutione tractat, inde apparet maiori aliqua necessitate ad id coactum: quam quum perpetuo secum ferat Euangelii praedicatio, illo maxime seculo afferre potuit. Sunt enim semper tumultuosi spiritus, qui
10 regnum Christi non bene extolli credunt, nisi aboleantur omnes terrenae potestates: nec libertate per ipsum data se frui, nisi quodvis humanae servitutis iugum excusserint. Iudaeos tamen prae aliis hic error tenuit, quibus indignum videbatur ut progenies Abrahae, cuius florentissimum ante adventum Redemptoris regnum fuerat, ipso iam manifestato maneret in servitute. Erat etiam aliud quod non Iudaeos magis quam Gentes a

suis principibus alienaret: quod non modo a pietate omnes abhorrebant,
sed infestissimis animis religionem persequebantur. Eos ergo agnoscere
pro legitimis dominis ac principibus absurdum videbatur, qui regnum
Christo unico caeli et terrae Domino moliebantur eripere. His causis
20 verisimile est inductum fuisse Paulum ut intentiore cura magistratuum
potestatem confirmaret. Et principio quidem generale praeceptum ponit,
quo in summa comprehendit quod dicturus est: subiungit deinde quae ad
eius praecepti expositionem ac probationem [faciunt]. **Potestates supereminentes** vocat, non supremas quae summum imperium obtineant: sed
quae excellant supra reliquos homines. Subditorum ergo respectu, non
mutua inter se comparatione sic vocantur magistratus. Ac sane hoc
verbo mihi videtur Apostolus voluisse tollere frivolam hominum curiosi-
tatem qui saepe solent inquirere quo iure adepti fuerint potestatem qui
rerum potiuntur: satis autem nobis esse debet quod praesunt. Non enim
30 conscenderunt sua ipsi virtute in hoc fastigium, sed manu Domini sunt
impositi. Quum vero **Omnem animam** nominat, eo quamlibet tollit
exceptionem, nequis immunitatem captet communis subiectionis.

     Non enim potestas est, nisi a Deo. Ratio cur debeamus subiecti
esse magistratibus, quod Dei ordinatione sunt constituti. quod si ita
placet Domino mundum gubernare, Dei ordinem invertere nititur, adeoque Deo ipsi resistit quisquis potestatem aspernatur: quando eius [qui
iuris politici author est], providentiam contemnere, bellum cum eo
suscipere est. Porro intellige a Deo esse potestates, non qualiter et
pestilentia, et fames, et bellum, et caeterae peccatorum poenae ab ipso
40 esse dicuntur: sed quia ipse ad legitimam rectamque mundi administrationem eas instituerit. ⟨Nam etsi tyrannides ac dominationes iniustae,
quum plenae sint ἀταξίας, non sunt ex ordinata gubernatione: ipsum
tamen ius imperii, in humani generis salutem a Deo ordinatum est.⟩
[Itaque quum et bella arcere, et caeteris noxiis remedia quaerere liceat:
Apostolus magistratuum ius et imperium tanquam humano generi utile,
sponte et libenter a nobis suspici et coli iubet. Quas enim Deus infligit
poenas hominum peccatis, non proprie ordinationes vocabimus, sed
quae consulto media statuit ad legitimum ordinem servandum.]

     2 **Qui [vero] restiterint.** Quia resistere Deo nemo potest nisi in suam
50 perniciem, minatur non impune laturos quicunque Dei providentiae hac
in parte se opposuerint. Cavendum ergo ne in hanc denuntiationem
incurramus. Neque vero per Iudicium, poenam duntaxat intelligo quae a
magistratu [infligitur], acsi dicere voluisset, in eos iure animadverti qui in

---

23 *A B* faciant   36-37 *A B om.*   41-43 *A om.*   44-48 *A B om.*   49 *A B* ergo   53 *A B*
infligatur

potestatem insurgunt: sed quamlibet Dei ultionem, quovis modo tandem exigatur. Docet enim in genere, qualis eos finis maneat qui certamen cum Deo suscipiunt.

3 *Principes enim non sunt terrori bonis operibus, sed malis. vis ergo non timere potestatem? benefac, et habebis laudem ab ea:*
4 *Dei enim minister est tibi in bonum. Si vero [quid mali feceris], time:*
60 *non enim frustra gladium gerit. Dei enim minister ·est vindex in iram adversus eos qui male agunt.*

[3 **Principes enim.**] Nunc ab utilitate quoque principum observantiam nobis commendat. Itaque particula rationalis γὰρ ad primam propositionem referenda est, non ad proximam sententiam. Haec porro est utilitas, quod Dominus hac ratione voluit bonorum tranquillitati prospectum: improborum autem coercitam [proterviam]: quibus duabus rebus continetur incolumitas generis humani. nisi enim malorum furori obviam eatur, et ab eorum libidine protegantur innocentes, omnia protinus pessum ibunt. Si ergo unicum istud remedium est quo ab
70 interitu vindicetur humanum genus, diligenter a nobis conservari debet, nisi velimus nos profiteri publicos humani generis hostes. Quod autem addit, **Vis non timere potestatem? benefac:** eo innuit nullam esse rationem cur a magistratu abhorreamus, siquidem boni simus: imo hanc tacitam esse malae conscientiae et pravum aliquid machinantis testificationem, siquis iugum illud excutere a se aut amoliri velit. Caeterum hic de vero et quasi nativo magistratus officio loquitur: a quo tametsi non raro degenerant qui principatum tenent: nihilominus deferenda illis est obedientia quae principibus debetur. Nam si malus princeps flagellum est Domini ad punienda populi delicta, illud fieri vitio nostro cogitemus,
80 quod eximia Dei benedictio nobis vertatur in maledictionem. Ideoque non desinamus bonam Dei ordinationem revereri: quod facile factu erit, si nobis ipsis quicquid mali in ipsa erit, imputemus. Ergo hic docet in quem finem instituti sint a Domino magistratus: cuius etiam effectus semper extaret, nisi culpa nostra corrumperetur tam praeclara et salubris institutio. Quanquam ne sic quidem unquam abutuntur sua potestate principes, bonos innocentesque vexando, ut non in sua tyrannide speciem aliquam iustae [dominationis] retineant: nulla ergo tyrannis esse potest quae non aliqua ex parte subsidio sit ad tuendam hominum

59 *A B* malefeceris   62 *A B om.*   66 *A B* nequitiam   87 *A B* damnationis [*cf. p. 210 line 45*]

societatem. Hic quoque duas partes notavit, quibus etiam Philosophi
90 constare senserunt bene ordinatam reipublicae administrationem, bonorum praemia, et animadversionem in sceleratos. **Laudis** vocabulum
latam significationem hic habet, more Hebraico.

    4 [**Dei enim minister est**] **in bonum.** Hinc et magistratus discere
possunt qualis sit sua vocatio. Non enim sua causa dominantur, sed
publico bono. neque effraeni potentia praediti sunt, sed quae subditorum
saluti sit obstricta. denique Deo et hominibus in suo principatu sunt
obligati. Nam quia a Deo legati sunt, et negotium eius agunt, rationem
illi sunt reddituri. deinde ministerium quod illis demandavit Deus,
subditos respicit: quare illis quoque sunt debitores. Admonentur autem
100 privati, hoc esse Divinae benignitatis, quod adversus sceleratorum
iniurias, principum gladio defenduntur.   [**Non enim frustra**
gladium.] Altera pars functionis magistratuum, quod debent malorum
[petulantiam] vi comprimere, qui legibus sponte regi se non patiuntur: et
poenas sumere de eorum flagitiis quas Dei iudicium requirit. Nam
[gladio armatos diserte pronuntiat, non ad inanem modo speciem, sed
quo maleficos feriant. Deinde] **Vindex in iram,** perinde valet acsi dictum
esset, Exequutor irae Dei. Id autem probat ab usu gladii quem illis
Dominus in manum tradidit. Insignis locus ad ius gladii comprobandum.
nam si Dominus magistratum armando, gladii quoque usum illi manda-
10 vit, quoties [sontes] capitali poena vindicat, exercendo Dei ultionem, eius
mandatis obsequitur. Contendant igitur cum Deo qui sanguinem nocen-
tium hominum effundi nefas esse putant.

    5 *Itaque necesse est subiici, non modo propter iram, sed etiam propter*
conscientiam.

    6 *Propterea enim tributa quoque solvitis: ministri enim Dei sunt, in hoc*
incumbentes.

    7 *Reddite ergo omnibus quod debetur. Cui tributum, tributum: cui*
vectigal, vectigal: cui timorem, timorem: cui honorem, honorem.

    5 **Itaque necesse est subiici.** Quod initio praeceperat de praestanda
20 magistratibus obedientia, nunc per modum collectionis repetit: sed cum
expolitione: quod illis sit obediendum, non humanae tantum necessitatis
causa, sed ut Deo quoque pareamus. **Iram** enim posuit pro Ultione quam
reposcere possent magistratus ob dignitatis suae contemptum: acsi

---

93 *A B* Minister Dei est tibi   1-2 *A B* Dei minister est, vindex in iram.)   3 *A B* nequitiam
5-6 *A B om.*   10 *A B* insontes

dixisset, non ideo cedendum esse, quia resistere potentioribus et armatis impune non liceat: quemadmodum tolerari solent iniuriae quae propulsari nequeunt: sed sponte obeundam hanc submissionem, ad quam verbo Dei obstringitur conscientia. Ergo etiamsi exarmatus esset magistratus, quem impune lacessere et contemnere liceret, nihilo magis esset id tentandum, quam si poenam statim imminere cerneremus. Non enim
30 privati est hominis abrogare imperium ei quem Dominus cum potestate nobis praefecit. Tota autem haec disputatio est de civilibus praefecturis. Itaque frustra inde sacrilegam suam tyrannidem stabilire moliuntur qui dominatum in conscientias exercent.

6 **Propterea enim tributa quoque.** Per occasionem de tributis mentionem ingerit, quorum rationem deducit ab ipso magistratuum officio. Nam si eorum sunt partes, proborum tranquillitatem tueri ac conservare illaesam, sceleratisque improborum conatibus sese opponere: id facere non possunt nisi potentia et firmis praesidiis adiuti. Iure ergo penduntur tributa, ad sustinendos tam necessarios sumptus. Caeterum de modo
40 vectigalium seu tributorum, non est praesentis loci fusius disserere. neque nostrum est vel principibus praescribere, quantum in res singulas impendant, vel eos ad calculum vocare. Meminisse tamen eos decet, quicquid habent a populo, velut publicum esse bonum, non privatae libidinis ac luxuriae instrumentum. [Videmus enim in quos usus destinet Paulus quae penduntur tributa, nempe ut ad suorum defensionem praesidio instructi sint Reges.]

7 **Reddite ergo omnibus [quod debetur.]** Videtur mihi Apostolus hic summatim velle comprehendere quibus in rebus sita sint subditorum erga magistratus officia: nempe ut ipsos in pretio ac honore habeant, ut
50 eorum pareant edictis, legibus, iudiciis: ut tributa et vectigalia persolvant. Sub nomine **Timoris,** obedientiam significavit: per **Vectigalia** et **Tributa,** non portoria modo et indictiones, sed alios quoque reditus. [Confirmat autem hic locus quod prius dixit, parendum esse Regibus et quibuslibet praefectis, non quia cogimur, sed quia Deo gratum est obsequium. Non enim modo timeri vult, sed voluntaria quoque observantia coli.]

8 *Nemini quicquam debeatis, nisi ut invicem diligatis. qui enim diligit alterum, Legem implevit.*

9 *Illud enim, Non [moechaberis], Non [occides], Non falsum testimo-*

44-46 *A B om.* 47 *A B* quae debentur.) 53-56 *A B om.* 59 *A B* scortaberis 59 *A B* occides, Non furaberis,

60 *nium dices, Non concupisces: et, si quod est aliud praeceptum, in hoc*
sermone comprehenditur, Diliges proximum sicut teipsum.

10   *Dilectio proximo [malum non infert]. Plenitudo Legis, est dilectio.*

8 **Nemini quicquam debeatis.** Sunt qui [dici] istud non sine ironia
putent: acsi responderet eorum obiectioni Paulus qui gravari Christianos
contenderent quod ipsis alia quam dilectionis praecepta [iniungerentur].
Et certe non nego quin ironice possit accipi: ut iis qui nullam aliam quam
dilectionis legem admittunt, concedat suum postulatum: sed alio sensu.
Ego tamen simpliciter accipere malo, quia existimo, Paulum istam de
magistratuum potestate praeceptionem, necui infirma videretur, voluisse
70 ad dilectionis Legem referre: acsi dixisset, Quum postulo ut principibus
pareatis, non aliud requiro quam quod ex Lege dilectionis debent
praestare omnes fideles. Nam si bonis bene esse vultis (quod quidem
nolle esset inhumanum), debetis studere ut leges ac iudicia valeant, ut
legum praesides populum habeant obsequentem, quorum beneficio
tranquillitas omnibus constat. Ergo violat charitatem siquis ἀναρχίαν
inducit, quam statim consequitur rerum omnium perturbatio.
Qui [enim] diligit alterum, legem [impl.] Consilium Pauli est,
omnia Legis mandata revocare ad dilectionem, ut tum sciamus nos rite
obtemperare mandatis, quum dilectionem servamus: idque ut nihil
80 oneris subire detrectemus quod ad charitatem servandam faciat. Ita
optime confirmat quod praecepit de obedientia magistratui deferenda, in
quo posita est non minima pars charitatis. Caeterum hic impediuntur
nonnulli, neque satis extricare se queunt ex hac difficultate, quod Paulus
docet‸impletam esse Legem, si proximum diligamus[, quia hoc modo
nulla fit mentio cultus Dei, quem omitti minime decebat]. Sed Paulus in
totam Legem non respicit: tantum de officiis loquitur quae nobis erga
proximum demandantur a Lege. ⟨Et sane illud verum est, impleri totam
Legem quum proximos diligimus: quoniam vera erga homines charitas,
nonnisi ex Dei amore fluit, atque eius est testimonium, sicuti effectus.
90 Caeterum Paulus hic tantum meminit secundae Tabulae, quia de ea
tantum erat quaestio: acsi dixisset, Defunctus est suo officio erga totum
mundum, qui proximum diligit sicuti seipsum.⟩ Nugatorium vero est
sophistarum cavillum, qui ex hac sententia elicere conantur operum

---

62 *A B* non male facit   63 *A B* dictum   65 *A B* imponerentur   77 *A B om.*   77 *A B*
implevit.)   84-85 *A B om.*   87-92 *A om.*

---

93 *Petrus Lombardus, Collect., ad loc., (1535) fol. LIX, PL 191, 1507*

iustificationem. Non enim tradit Paulus quid faciant vel non faciant
homines, sed sub conditione loquitur, quam nullibi adimpletam reperias.
⟨Nos autem quum dicimus, non iustificari homines operibus, non
negamus quin Legis observatio, vera sit iustitia: sed quia nemo eam
praestat, neque unquam praestitit, dicimus omnes ab ea excludi, ac
propterea unicum esse in Christi gratia asylum.⟩

100   [9 **Illud enim, Non moechaberis.**] Hinc colligi non potest quae praecepta in secunda Tabula contineantur: quando etiam in fine subiicit, Et
siquod est aliud praeceptum. Omisit enim mandatum de parentibus
honorandis. videri tamen absurdum possit, praeteritum fuisse quod
maxime ad rem pertinebat. Sed quid si ideo tacuerit, ne argumentationem suam obscuraret? Sed ut id non ausim asserere, ita video nihil hic
deesse ad id quod intendebat, nempe Si omnibus praeceptis nihil aliud
sibi voluerit Deus, quam ut nos ad charitatem institueret, modis omnibus
enitendum ad eam nobis esse. ⟨Et tamen lector non contentiosus facile
agnoscet, Paulum ex similibus probare voluisse, huc tendere totam
10 Legem, ut mutua inter nos colatur charitas: hoc vero subaudiendum esse
quod tacitum reliquit, non ultimam fovendae pacis et fraterni amoris
conservandi partem esse, obedientiam erga magistratus.⟩

10   **Dilectio proximo [malum non infert.]** Ab effectu demonstrat, sub
charitate contineri quae illis omnibus praeceptis traduntur. Qui enim
vera charitate praeditus erit, nunquam ei in mentem veniet fratres
laedere. Quid aliud tota Lex vetat, quam ne proximo aliquam noxam
inferamus? ⟨Porro hoc ad praesens institutum accommodari decet. Nam
quum magistratus, pacis et aequitatis sint praesides: qui suum cuique ius
salvum esse cupit, et omnes ab iniuria tutos vivere, is ordinem magistra-
20 tuum quantum in se erit tuebitur. Politiae vero hostes, nocendi libidinem
produnt.⟩ Quod autem repetit, complementum Legis esse dilectionem,
intellige (ut prius) de ea Legis parte quae hominum societatem spectat.
Prior enim Legis tabula quae est de cultu Dei, minime hic attingitur.

11   [*Hoc etiam, quum noverimus tempus,*] *quia hora est qua iam e
somno expergiscamur (nunc enim propior est salus nostra, quam quum
credidimus)*

12   *Nox* [*progressa est*], *dies vero appropinquavit. Abiiciamus ergo
opera tenebrarum, et induamus arma lucis.*

96-99 *A om.*   100 *A B* Siquidem istud, Non scortaberis.)   8-12 *A om.*   13 *A B* non
malefacit.)   17-21 *A om.*   24 *A B* Et cum illud noverimus, occasionem esse,   27 *A B*
praecessit

13 [*Sicut*] *in die, decenter ambulemus, non comessationibus, neque*
30 *ebrietatibus, neque cubilibus, neque lasciviis, neque contentione, neque*
[*aemulatione*]*:*

14 *Sed induamini Dominum Iesum Christum, et carnis curam ne agatis
ad concupiscentias.*

[11 **Hoc etiam, etc.**] Nunc alium exhortationis locum ingreditur: quia
scilicet nobis [veluti sub auroram micare coeperunt vitae caelestis radii],
nobis agendum esse quod agere solent qui in media luce atque hominum
conspectu versantur. Diligenter enim cavent illi nequid foedum aut
indecorum admittant. quia siquid deliquerint, obnoxios se fore vident
nimis multis testibus. Nos vero qui semper in conspectu Dei et Ange-
40 lorum stamus, [et quos Christus verus sol iustitiae ad sui conspectum
invitat,] multo magis decet ab omni turpitudine cavere. Summa ergo
verborum haec est, Quum sciamus opportunum iam advenisse tempus
quo e somno expergiscamur, abiiciamus quicquid est noctis: excutiamus
omnia tenebrarum opera, quandoquidem ipsae tenebrae iam discussae
sunt: et lucis operibus incumbentes, ambulemus quemadmodum in die
decet. Quae interposita leguntur, parenthesi sunt includenda. Porro
quoniam hic allegoria est, notare operaepretium est quid singulae partes
significent. **Noctem** vocat ignorationem Dei, qua quicunque detinentur,
veluti in nocte errant ac dormiunt. Duobus enim istis malis laborant
50 infideles, quia caeci sunt, ac stupidi. stuporem vero istum paulo post per
somnum designat, qui est (ut ille dicit) imago mortis. **Lucem** [nominat]
Divinae veritatis revelationem per quam sol iustitia Christus nobis
exoritur. **Expergisci** ponit, pro Accingi et comparari ad obeunda quae
Dominus a nobis requirit, obsequia. **Opera tenebrarum,** pro turpibus et
flagitiosis: quia nox (ut inquit ille) pudore vacat. **Arma lucis,** pro honestis
actionibus et sobriis et castis, quibus solet dies destinari. Et Arma potius
quam Opera: quoniam Domino militandum est. [Caeterum initio particula, **Hoc etiam,** seorsum legenda est. Pendet enim ex superiore doctrina:
sicuti Latine dicimus Adhaec, vel praeterea. Tempus dicit fidelibus esse
60 cognitum, quia Dei vocatio et visitationis dies novam vitam et novos
mores postulat, quemadmodum exegetice mox addit horam esse surgen-
di. Est enim non χρόνος, sed καιρὸς, qua voce notatur occasio, vel
tempus opportunum.]   **Nunc enim propior est salus nostra.** Hic

---

29 *A B* Ut   31 *A B* zelo   34 *A B om.*   35 *A B* Dominus per Christum, solem iustitiae,
illuxit   40-41 *A B* qui Christum animarum solem habemus prae oculis: ⸱51 *A B*
nominavit   57-63 *A B om.*

locus varie ab interpretibus torquetur. [Multi **Credendi** verbum ad Legis tempus referunt, acsi diceret Paulus, Iudaeos credidisse antequam in medium prodiret Christus: quod tanquam durum et coactum repudio. et certe doctrinam generalem ad exiguam Ecclesiae partem restringere, absurdum esset. Ex toto illo coetu ad quem scribit, quotusquisque Iudaeus fuit? Ergo in Romanos non competeret hic sermo. Deinde noctis
70 et diei comparatio scrupulum hunc (meo iudicio) discutit.] Mihi [ergo] videtur simplicissima haec esse sententia, Nunc propior salus nobis adest, quam eo tempore quo credere coepimus: ut ad tempus referatur quod fidem praecessit. Mediam enim significationem quum adverbium istud habeat, haec Apostoli propositio longe est convenientior: ut ex sequentibus patet.

12 **Nox [progressa est], dies vero [approp.]** [Haec est occasio cuius nuper meminit. Quanquam enim nondum in plenam lucem recepti sunt fideles: merito tamen aurorae comparat futurae vitae notitiam quae nobis per Euangelium affulget. Neque enim dies hic, sicuti aliis locis, pro
80 fidei luce ponitur (alioqui non diceret appropinquasse tantum, sed adesse, imo iam lucere tanquam in medio progressu) sed pro beata illa caelestis vitae claritate cuius initia in Euangelio iam cernuntur. Summa huc redit, Simulac vocare nos incipit Deus, perinde atque ex primo diei exortu colligimus plenam solis lucem instare, debere nos intentos esse ad Christi adventum. Noctem ergo progressam esse dicit, quia non ita obruimur densa caligine ut increduli quibus nulla vitae scintilla apparet, sed] spes resurrectionis ob [oculos] per Euangelium est [posita. Imo lumen fidei, ex quo plenum caelestis gloriae fulgorem prope adesse cognoscimus, excitare nos debet ne torpeamus in terra.] [Caeterum paulo
90 post, ubi iubet tanquam interdiu in luce ambulare, eandem metaphoram non continuat, quia praesentem statum diei confert, in quo nobis affulget Christus. Sed diversis modis nunc ad futurae vitae meditationem, nunc ad reverentiam conspectus Dei hortari nos voluit.]

13 **Non comessationibus, etc.** Tria vitiorum genera hic posuit, quorum unumquodque designavit duobus nominibus: intemperiem et luxuriem in victu: libidinem veneream et quae ei coniunctae sunt spurcitiae: invidiam et contentionem. Si haec tantum in se turpitudinis habent, ut ea perpetrare carnales quoque homines in hominum oculis

---

64-70 *A B om.*   70 *A B* autem   76 *A B* praecessit   76 *A B* appropinquavit.)   76-87 *A B* Nempe antequam nobis illuceret Deus, in tenebris eramus, ubi nulla salus apparebat: nunc 87 *A B* oculos nobis   87-89 *A B* posita, quae nos excitare debet, ne in terra torpeamus. 89-93 *A B om.*

pudeat, nos ab iis perpetuo abstinere convenit, qui in luce Dei versamur,
100 etiam quum ab hominum conspectu sumus subducti. [In tertio iugo
quanquam aemulationem contentio praecedit, dubium tamen non est
quin Paulus monere voluerit, ex hoc fonte emergere lites et certamina:
quia dum quisque eminere appetit, alii aliis invident. Utriusque vero mali
causa est ambitio.]

14 **Sed induamini Iesum Christum, etc.** Metaphora haec valde est
Scripturis usitata in iis rebus quae ad hominem vel ornandum vel
deformandum faciunt: quorum utrunque in vestimentis cernitur. Nam et
foeda laceraque vestis hominem dehonestat, et decora puraque multum
illi conciliat gratiae. Induere autem Christum, hic significat, virtute
10 Spiritus eius undique nos [muniri], qua idonei ad omnes sanctitatis partes
reddamur. Sic enim instauratur in nobis imago Dei, quae unicum est
animae ornamentum. [Respicit enim Paulus ad vocationis nostrae finem,
quia Deus nos adoptans, in corpus unigeniti Filii sui inserit, et quidem
hac lege ut nos abdicantes priore vita, fiamus in ipso novi homines.
Quare etiam alibi fideles dicit Christum induere in Baptismo.]

Et carnis curam. Quandiu carnem nostram circunferimus, eius
curam non possumus in totum abiicere: sic enim in caelis est conversatio
nostra, ut in terra peregrinemur. Curanda sunt igitur quae ad corpus
pertinent, sed non aliter quam peregrinationis adminicula, non autem ut
20 patriae nos oblivisci faciant. [Dixerunt etiam profani homines, naturae
pauca sufficere: appetitus vero hominum esse inexplebiles. Necesse ergo
est, quisquis carnis suae desideriis satisfacere cupit, non modo diffluere,
sed in vastum et profundum gurgitem immergi. Paulus desideriis fraenum iniiciens, hanc omnis intemperantiae causam esse admonet, quod
nemo sobrio vel legitimo usu contentus est.] ideo statuit hunc modum, ut
serviamus necessitati carnis nostrae, non libidini indulgeamus. Ita fiet ut
praesenti seculo utamur tanquam non utentes.

CAP. XIIII.

1 *Eum vero, qui fide est imbecilla, suscipite, non ad disceptationes
quaestionum.*

2 *Qui credit, vescatur quibusvis: qui autem infirmus est, olera edit.*

100-4 *A B om.*   10 *A B* munire   12-15 *A B om.*   20-25 *A B om.*

---

15 *C* Gal* 3.27

3 *Qui edit, non contemnat eum qui abstinet: et qui abstinet, eum non condemnet qui edit: Dominus enim illum suscepit.*

4 *Tu quis es qui iudicas alienum servum? proprio Domino stat vel cadit. stabit vero: potens est enim Deus efficere ut stet.*

[1 **Eum vero.**] Nunc transit ad praeceptum Ecclesiasticae institutioni
10 apprime necessarium: ut qui in doctrina Christiana maiores fecerint progressus, rudioribus se accommodent, roburque suum conferant ad sustinendam eorum infirmitatem. Sunt enim in Dei populo aliqui debiliores, qui nisi tractentur magna mansuetudine ac clementia, concidunt animis, et tandem a religione alienantur. Quod illo etiam seculo potissimum contigisse, verisimile est: siquidem [mistae] erant ex Iudaeis ac Gentibus Ecclesiae: quorum alii Mosaicae Legis observationibus diu assueti, et a pueris innutriti, non facile ab illis discedebant: alii quum nihil tale didicissent, insuetum iugum refugiebant. Quoniam autem prompta est homini inclinatio ab opinionum diversitate ad rixas et
20 contentiones, ostendit Apostolus quomodo inter se consistere queant sine dissidio qui sic opinionibus variant. Praescribit autem optimum modum, ut qui robustiores sunt, operam impendant infirmis sublevandis: et qui magis profecerunt, sufferendis rudibus. Neque enim, si nos prae aliis confirmat Deus, robur confert quo imbecilles opprimamus: nec Christianae sapientiae est, insolescere ultra modum, aliosque contemnere. Hac ergo ratione sermonem ad peritiores et iam confirmatos dirigit, qui quo ampliorem a Domino gratiam acceperunt, eo magis obstricti sunt ad proximos iuvandos. **Non ad disceptationes [quaest.]** Defectiva est oratio: quoniam verbum quod posset sensum implere,
30 deficit: nihil tamen aliud velle constat, quam ne fatigentur infirmi importunis disceptationibus. [Tenenda vero est, quam nunc tractat, hypothesis. quia enim multi ex Iudaeis adhuc in Legis umbris haerebant, fatetur quidem hoc in illis esse vitiosum, sed ad tempus veniam dari postulat: quia durius ipsos urgere, fuisset labefactare eorum fidem. Quaestiones ergo contentiosas vocat quae mentem nondum satis compositam perturbant, vel implicant dubitationibus. Quanquam longius hoc extendere convenit, nempe ad quasvis] spinosas et salebrosas quaestiones quibus inquietantur ac conturbantur imbecilles conscientiae, citra aedificationem. Videndum itaque est quibusnam quaestionibus ferendis quis-
40 que sit idoneus, et ⟨attemperanda⟩ singulis secundum captum suum doctrina.

---

9 *A B* om.　　15 *A B* mixtae　　28 *A B* quaestionum.)　　31-37 *A B* Sic vocat　　40 *A* autem paranda

2 **Qui credit, vescatur quibuslibet.** [In diversa lectione quid sequutus fuerit Erasmus, non video. Mutilam enim sententiam reddidit, quum plena sit in verbis Pauli: et pro articulo relativo improprie posuit, Alius quidem credit.] Nec illud asperum aut coactum videri debet, quod infinitivum pro imperativo accipio: quoniam ista loquendi formula Paulo usitatissima est. Credentes ergo appellat qui certitudine conscientiae sunt praediti: his permittit indifferentem rerum omnium usum. Interim olera edit infirmus, et ab iis abstinet quorum non putat usum
50 licere sibi. Si vulgata lectio magis placet, [sensus erit, iniquum esse ut qui libere omnibus vescitur, quia sibi licere credit, ad eandem normam exigat teneros adhuc in fide et debiles. Nam aegrotos exponere (ut quidam fecerunt) ridiculum est].

3 **Qui [edit], non contemnat.** Prudenter et apposite utrinque vitiis occurrit. Hoc enim [vitio laborant] qui sunt ⟨firmiores⟩, ut eos qui inanibus scrupulis detinentur, tanquam superstitiosulos despiciant, atque etiam irrideant: contra hi vix sibi cavere a temerariis iudiciis [queunt], ut non damnent quod non assequuntur. quicquid ergo fieri contra suum sensum cernunt, illud malum esse putant. Illos ergo a contemptu
60 dehortatur, hos a nimia morositate. Ratio autem quam addit, quia pertinet ad utrunque hominum genus, utrique membro aptanda est. Quum vides, inquit, hominem illuminatum Dei cognitione, satis testimonii habes quod a Domino assumptus sit: eum si vel contemnis vel damnas, reiicis quem Deus amplexus est.

4 **Tu quis es qui alienum servum, etc.** Quemadmodum inciviliter, imo superbe inter homines facias, si alienum servum adigere ad tuas leges velis, et omnia eius facta ad arbitrii tui normam exigere: ita nimium tibi sumis, siquid in servo Dei condemnas, quia tibi non placet. Non enim tuum est, illi praescribere quid faciat, et quid non faciat: neque illi
70 necesse est ad tuam legem vivere. Quod autem iudicandi facultas nobis adimitur, tam ad personam, quam ad facta pertinet. In quibus tamen multum est differentiae: hominem enim, qualiscunque sit, debemus arbitrio Dei relinquere. De factis eius non licet quidem statuere secun-

---

42-45 *A B* In hac versione secutus sum lectionem codicis mei, ubi non repetitur secundo loco relativum, sed articulus praepositivus, eius loco, habetur: quae mihi etiam melius quadrare videbatur.   50-53 *A B* ea quoque mihi non improbatur   54 *A B* vescitur   55 *A B* mali habent   55 *A* infirmiores   57 *A B* queant

---

43 *Eras L¹⁻⁵*: Alius quidem credit vescendum esse quibuslibet. Alius autem qui infirmus est, holeribus vescitur.   50 *Vg*: alius enim credit se manducare omnia. Qui autem infirmus est, olus manducet

dum nostram ipsorum aestimationem: sed ex verbo Dei. Iudicium vero
quod a Verbo sumitur, neque humanum est, neque alienum. Vult ergo
hic Paulus nos ab omni iudicandi temeritate [arcere], in quam incidunt
qui de hominum factis audent pronuntiare extra Dei verbum.

    Proprio domino stat [vel] cadit. Acsi diceret, Haec potestas
proprie Domini est, quod servus facit, vel improbare, vel acceptum
80 habere: itaque iniurius est Domino, qui ad se rapere eam conatur. Quod
autem addit, [**Stabit vero**], eo non tantum iubet nos a condemnando
abstinere, sed etiam ad clementiam et [humanitatem] hortatur, ut semper
bene speremus de eo in quo cernimus aliquid Dei. quandoquidem spem
nobis fecit Dominus, quod [eos] confirmare ad plenum velit, et ad
perfectionem usque adducere, in [quibus] opus gratiae suae inchoavit.
Nam quod argumentatur a Dei potentia, non simpliciter id facit, acsi
diceret, posse id facere Deum si vellet: sed connectit Dei voluntatem cum
potentia, more Scripturae. ⟨Neque tamen definit hic aliquid perpetuum:
quasi necesse sit stare usque in finem quos semel Deus erexit: sed tantum
90 admonet ut bene speremus, iudiciaque nostra in hanc partem ⌐inclinent⌐:
sicut etiam alibi docet: Qui coepit in vobis opus bonum, perficiet usque
in finem.⟩ [In summa ostendit Paulus quo propendeant eorum iudicia in
quibus viget charitas.]

    5 *Hic quidem diem prae die aestimat: ille autem peraeque aestimat
omnem diem. Unusquisque sententiae suae certus sit.*
    6 *Qui curat diem, Domino curat: qui non curat diem, Domino non
curat. qui vescitur, Domino vescitur: gratias enim agit Deo. et qui abstinet,
Domino abstinet: et gratias agit Deo.*

    [5 **Hic quidem.**] Nuper de religione in ciborum delectu loquutus erat:
100 nunc alterum exemplum addit de discrimine dierum: utrunque autem ex
Iudaismo erat. Siquidem quum Dominus inter cibos discernat in Lege
sua, et quosdam immundos esse pronuntiet, quorum usu interdicit:
quum dies praeterea festos et solennes indicat, eosque observari praecipiat: Iudaei a pueritia enutriti in doctrina Legis, non poterant deponere
dierum reverentiam quam ab initio conceperant, et cui tota vita assueve-

76 *A B* abarcere   78 *A B* aut   81 *A B* stabilietur autem   82 *A B* benignitatem   84 *A B*
eam   85 *A B* quo   88-92 *A om.*   90 *B* inclinant   92-93 *A B om.*   99 *A B om.*

91 *C* Phil 2.6 [= 1.6]*

rant: non audebant cibos attingere, a quibus ⟨tandiu⟩ abhorruerant.
Quod iis opinionibus imbuti erant, infirmitatis erat: nam aliter sensis-
sent, si certa illis ac liquida Christianae libertatis notitia constitisset. [Ab
eo autem se abstinere] quod putabant sibi illicitum, id erat pietatis:
10 quemadmodum audaciae fuisset ac contemptus, siquid repugnante conscientia tentassent. Hic ergo optimam moderationem Apostolus adhibet,
quum iubet quenque sui consilii esse certum: quo intelligit tantum
oportere esse obedientiae studium in Christianis, ut nihil agant, quod
non existiment, vel potius certi sint placere Deo. [Ac omnino tenendum
est, hoc recte vivendi principium esse, si pendeant homines a Dei nutu,
nec sibi dubio et vacillante animo vel digitum movere permittant: quia
fieri non potest quin ad contumaciam statim prosiliat temeritas, ubi
longius progredi audemus quam persuasi sumus nobis licere. Siquis
obiiciat, errorem semper esse perplexum, ideoque non posse infirmis
20 certitudinem constare quam requirit Paulus, in promptu est solutio,
talibus ignosci, modo intra suum modulum se contineant. Neque enim
aliud voluit Paulus quam cohibere immodicam licentiam, qua fit ut
plurimi quasi fortuito se ingerant ad res dubias et incognitas. Hunc ergo
delectum requirit Paulus, ut omnibus nostris actionibus praeeat Dei
voluntas.]

6 **Qui [curat] diem, Domino [curat].** Quum certum esset Paulo, ex
ignoratione Christi provenire dierum observationem: non est credibile,
[talem ab eo corruptelam in totum defendi:] et tamen ita videntur sonare
verba, Nihil delinquere qui diem observat. nam Deo nihil acceptum esse
30 potest nisi bonum. Ergo ut eius mentem teneas, distinguere necesse est
inter opinionem quam de observandis diebus quis conceperit, et observationem ipsam cui se adstringit. Opinio enim superstitiosa est: neque id
negat Paulus, qui et iam infirmitatis nomine eam damnavit, et statim
apertius damnabit. Quod autem is qui tenetur ea superstitione, violare
diei solennitatem non audet, illud approbatur Deo: propterea quod nihil
audet, dubia conscientia, suscipere. Quid enim faceret Iudaeus, qui
nondum adeo profecit ut dierum religione sit liberatus? habet verbum
Domini, quo commendatur dierum observatio. Necessitas illi imponitur
per Legem: abrogatio nondum illi perspecta est. Nihil ergo superest, nisi
40 ut ampliorem revelationem expectans, contineat se intra modum captus
sui: nec ante beneficio libertatis fruatur, quam fide illud amplexus sit. Sic
et de eo sentiendum est qui ab immundis cibis sibi temperat. Nam si ita

---

6 *A* iamdiu   8-9 *A B* Quod autem ab eo se abstinebant,   14-25 *A B om.*   26 *A B*
observat [*bis*]   28 *A B* quod voluerit in totum defendere.

perplexus vesceretur, illud non esset e manu Dei beneficium accipere, sed rebus vetitis manum iniicere. Utatur ergo aliis quae sibi permissa putat, et modum intelligentiae suae sequatur. Sic gratias aget Domino, quas agere non posset nisi persuasus esset, Dei beneficio se fuisse pastum. Ideo non erit aspernandus, tanquam Dominum hac sua sobrietate et pia timiditate offendat. [Nec vero, si dicamus infirmi hominis modestiam Deo probari, non quia meretur, sed per indulgentiam, in eo quicquam
50 erit absurdi. Caeterum quia nuper exegit mentis certitudinem, ne quisque suo arbitrio temere hoc vel illud servandum suscipiat: videndum est annon hortetur hic potius quam affirmet: quia melius hoc modo contextus fluet, Cuique ratio facti sui constet, quia reddenda erit apud caeleste tribunal ratio. nam sive quis vescatur cibo, sive abstineat, debet in utroque Deum respicere. Certe nihil, tam ad cohibendam iudicandi licentiam, quam ad corrigendas superstitiones, aptius est, quam dum citamur ad Dei tribunal: ideoque prudenter Paulus iudicem singulis proponit, ad cuius nutum referant quicquid agunt. Nec obstat affirmativa loquutio: quia continuo post subiicit, Neminem sibi vivere aut mori.
60 ubi non recitat quid faciant homines, sed quid debeant facere praecipit.] Nota autem quod dicit, tunc nos Domino vesci, et abstinere, quum gratias agimus. Proinde sine gratiarum actione impurus est usus, et impura abstinentia. Unicum est nomen Dei, quod dum invocatur, nos nostraque omnia sanctificat.

7 *Nemo enim nostrum sibi ipsi vivit, et nemo [sibi] moritur.*

8 *Sive enim vivimus, Domino vivimus: sive morimur, Domino morimur: sive vivimus sive morimur, Domini sumus.*

9 *In hoc enim et mortuus est Christus, et resurrexit, et revixit, ut vivis dominetur ac mortuis.*

70 [7 **Nemo enim nostrum, etc.**] Confirmat nunc superiorem sententiam, ratione ex toto ad partem ducta, Non esse scilicet mirum, si particulares vitae nostrae actiones in Dominum respicere debeant, quum ipsa quoque vita in eius gloriam tota conferenda sit. [Tunc enim demum] rite comp.sita est Christiani hominis vita, [ubi Dei] voluntatem pro scopo

---

48-60 *A B om. At the end of the commentaries on the Pauline Epistles (p. 775) the printer inserted the following note*: Quia author seorsum in chartula hanc annotationem scripserat, ignosces lector quod nos inter excudendum librum fugerit: quod vero te fraudare ea noluimus, grata, ut spero, tibi erit nostra ingenuitas. Inserenda vero erit pagina 125, versu 5, post dictionem absurdi. Caeterum quia...praecipit. Nota autem, etc.   65 *A B* sibi ipsi
70 *A B om.*   73 *A B* Neque enim   74 *A B* quae non divinam

[habet]. Quod si referre ad [eius arbitrium] debes quicquid agis, nefas est omnino quippiam aggredi quod putes illi displicere: imo quod non persuasus sis illi placere. **Domino vivere,** hic non significat, ut cap. 6. 8, eius Spiritu vegetari: sed ad eius arbitrium ac nutum se comparare, et in eius gloriam sua omnia destinare. Nec Domino vivendum est modo, sed
80 etiam moriendum. hoc est, tam mors quam vita, illius arbitrio permittenda. Addit optimam rationem, quia **sive vivimus sive morimur, illius sumus.** Nam inde sequitur, illum habere ius in vitam ac mortem nostram. [Huius doctrinae usus late patet. sic enim Deo asseritur imperium vitae et mortis, ut sua cuique conditio tolerabilis sit, tanquam iugum ab eo impositum. aequum enim est ut stationem cuique suam et cursum assignet. Atque hoc modo non solum vetamur temere hoc vel illud aggredi Dei iniussu, sed nobis in omnibus molestiis et incommodis tolerantia praecipitur. Siquando igitur a rebus adversis resiliat caro, veniat nobis in mentem, eum qui liber non est nec sui iuris, ius et ordinem
90 pervertere, nisi a Domini sui nutu pendeat. Hoc etiam modo, vivendi et moriendi regula nobis traditur, ut si vitam per continuas aerumnas et languores nobis proroget, non tamen appetamus migrare ante tempus. Quod si repente in medio aetatis flore nos revocet, semper parati simus ad discessum.]

9 **In hoc enim [et mortuus est Christus.]** Confirmatio est rationis quam proxime posuerat. quo enim probaret vivendum esse et moriendum Domino, dixerat, nos, **sive vivimus sive morimur,** in Christi potestate esse. Nunc ostendit quam merito hanc sibi potestatem in nos [Christus] vindicet, quum eam tanto pretio ipse acquisierit. Nam mortem pro salute
100 nostra obeundo, dominium sibi acquisivit, quod nec morte solveretur: resurgendo autem, totam vitam nostram in peculium accepit: morte igitur et resurrectione sua promeritus est ut tam in morte quam in vita, gloriae nominis sui serviamus. Quod hic habetur, [**Resurrexit**] **et revixit,** perinde valet atque per resurrectionem [novum vitae statum ei fuisse partum. Et quia vita quam nunc obtinet, mutationi obnoxia non est, aeternum quoque eius esse in nos imperium.]

10 *Tu vero quid iudicas fratrem tuum? aut etiam tu, quid contemnis fratrem tuum? Omnes enim sistemur ad tribunal Christi.*

75 *A B* habeat   75 *A B* eum   82-94 *A B om.*   95 *A B* Christus mortuus est.)   98 *A B* Dominus   3 *A B* Surrexit   4-6 *A B* restitutus est in vitam, quae nunquam terminabitur.

11 *Scriptum est enim, Vivo ego, dicit Dominus, mihi flectetur omne*
10 *genu, et omnis lingua confitebitur Deo.*

12 *Unusquisque igitur de se rationem reddet Deo.*

13 *Quare ne amplius iudicemus alius alium: sed hoc iudicate potius, ne*
lapsus occasio detur fratri, aut offendiculum.

[10 **Tu vero.**] [Quoniam] omnium nostrum vitam ac mortem Christo
addixerat, [inde] transitum facit ad mentionem iudicii quod Pater illi una
cum caeli ac terrae dominio detulit. Unde colligit importunam esse
audaciam, siquis iudicium sibi in fratrem usurpat: quando hac licentia
Christo Domino eripitur potestas quam solus a Patre accepit. Sed
primum **Fratris** nomine coercet istam iudicandi libidinem. Si enim
20 fraternae societatis ius inter nos statuit Dominus, aequalitatem servari
oportet: importune ergo [faciet alius quilibet,] iudicis personam sibi
[assumens]. Deinde ad unicum illum Iudicem nos revocat, cui non solum
adimere suam potestatem nemo potest, sed ne eius quidem tribunal
effugere. Quam igitur absurdum esset inter homines, si reus qui in
subsellio iacere debet, involaret in tribunal iudicis: tam absurdum est
Christianum hominem iudicandae fraternae conscientiae licentiam ad se
trahere. Tale fere est argumentum Iacobi cap. 4. 10, quod qui fratrem
iudicat, iudicat Legem: qui vero iudicat Legem, non Legis est observator,
sed praeses. Contra vero, inquit, Unus est Legislator qui potest servare et
30 perdere. **Tribunal,** pro iudicandi facultate Christo attribuit, qualiter vox
Archangeli qua citabimur, Tuba nominatur alibi: quia suo velut clan-
gore, omnium mentes auresque percellet.

11 **Scriptum est enim, Vivo ego.** Hoc Prophetae testimonium non tam
ad probationem sententiae illius de iudicio Christi, quae indubitata erat
apud omnes Christianos, citasse mihi videtur, quam ut ostenderet
iudicium illud summa cum humilitate et submissione omnibus esse
expectandum: quod verba quoque sonant. Prius ergo suis verbis testatus
est, penes Christum unum esse iudicium in omnes homines: nunc
Prophetae verbis demonstrat, oportere illius iudicii expectatione omnem
40 carnem humiliari: [quod per genu flexionem notatur.] [Caeterum] quanquam in illo Prophetae loco Dominus in genere praedicit fore ut
illustretur gloria sua apud omnes Gentes, ac maiestas sua ubique

---

14 *A B* om.   14 *A B* Ex eo quod   15 *A B* om.   21 *A B* facit, qui   22 *A B* assumit   40 *A B*
om.   40 *A B* ¶ Caeterum

---

9 *C* Isa 45.23*   27 [=4.11-2]   31 *C* I Thess 4.16*

[emineat], quae tunc inter paucissimos, velut in obscuro aliquo mundi angulo, delitescebat : tamen si propius expendimus, palam est, eius rei complementum non extare nunc, neque unquam extitisse in hoc mundo : neque vero eius rei in posterum spes est. Non aliter nunc regnat in mundo Deus, quam per Euangelium : nec aliter rite honoratur eius maiestas, quam ubi ex verbo agnita suspicitur. Atqui semper habuit Dei verbum hostes suos qui [pervicaciter] restiterunt : et contemptores qui Iudibrio
50 [illud] velut rem ludicram ac fabulosam habuerunt. hodie quoque multi tales sunt, et perpetuo erunt. Hinc apparet inchoari quidem in praesenti vita vaticinium istud : sed a sua perfectione abesse, donec dies ille ultimae resurrectionis illuxerit, quo prosternentur omnes Christi hostes, ut fiant scabellum pedum eius. Porro id quoque fieri non poterit, nisi in iudicium sederit Dominus : ergo bene accommodavit testimonium hoc ad tribunal Christi. Est etiam insignis locus ad stabiliendam fidem nostram de aeterna Christi Divinitate. Deus enim est qui illic loquitur, et Deus ille qui gloriam suam alteri [non] cessurum semel pronuntiavit. Iam si in Christo adimpletur quod uni sibi illic vindicat, ipse proculdubio se in
60 Christo manifestat. Et sane illius prophetiae veritas tunc palam apparuit, quum ex orbe universo populum sibi collegit Christus, atque in numinis sui cultum, Euangeliique obedientiam redegit. Quo respexit Paulus Philip. 2. 9, quum diceret, Deum Christo suo nomen dedisse, in quo [flectatur] omne genu. ad plenum autem constabit, ubi ad iudicandos vivos et mortuos tribunal conscenderit : quemadmodum illi a Patre datum est omne iudicium in caelo et in terra. In verbis Prophetae est, Omnis lingua iurabit mihi : sed quum species Divini cultus sit Iusiurandum, nihil sensu variat quod hic habet Paulus, Confitebitur. Voluit enim simpliciter affirmare Dominus, cunctos homines non modo agnituros
70 suum numen, sed confessionem obedientiae edituros, et ore et externo corporis gestu, quem per genu flexionem designavit.

12 **Unusquisque [igitur.]** Conclusio haec ad humilitatem ac submissionem nos revocat : unde etiam statim infert, **Ut ne iudicemus alter alterum :** quia [nobis fas non est], iudicandi vices usurpare, quos subeundi pariter iudicii et reddendae rationis manet necessitas. Ex varia autem significatione verbi Iudicare, eleganter deduxit antanaclasin. Priore enim loco

---

43 *A B* exaltetur   49 *A B* pervicaciter illi   50 *A B* ipsum   58 *A B* se non   64 *A B* flectatur nunc   72 *A B* igitur nostrum.)   74 *A B* non competit nobis

---

57-58 *C* Isa 42.8*

vetat ne iudicemus condemnando: altero iubet ut iudicium omne rationis
conferatur ad vitandam offensionem. [Oblique enim perstringit malignos
istos censores qui huc conferunt totum suum acumen, ut aliquid
80 carpendum inveniant in fratrum vita. Ideoque iubet potius ad cavendum
intentos esse, quia suo neglectu saepe fratres suos vel praecipitant vel
impellunt in aliquod offendiculum.]

14 *Novi et persuasus sum in Domino Iesu, nihil commune per se esse:*
nisi qui existimat aliquid esse commune, ei commune est.
15 *Verum si propter cibum frater tuus contristatur: iam non secundum*
charitatem ambulas. ne cibo tuo illum perdas, pro quo Christus mortuus est.
16 *Ne vestrum igitur bonum, hominum maledicentiae sit obnoxium.*
17 *Non enim est regnum Dei, esca et potus: sed iustitia, et pax, et*
gaudium in Spiritu sancto.
90 18 *Qui enim servit per haec Christo, acceptus est Deo, et probatus*
hominibus.

[14 **Novi, etc.**] Quo praeveniat [eorum] obiectionem [qui huc usque]
profecerant in Euangelio Christi, ut non discernerent inter cibos: quid de
cibis ipsis sentiendum sit, si in se considerentur, primum demonstrat:
deinde subiicit, quid peccari possit in circunstantia usus. Pronuntiat ergo,
rectae ac purae conscientiae nullum cibum esse impurum: neque ullum
impedimentum esse quominus pure utamur, nisi ab ignorantia et errore:
quia siquis aliquam in cibo immunditiem imaginetur, eo libere uti non
potest. Sed paulo post addit, non esse in cibos modo ipsos respiciendum,
100 sed in fratres coram quibus vescimur. Non enim sic debemus usum
beneficiorum Dei indifferentem habere, ut non sit charitati subiectus.
Perinde igitur valent eius verba acsi diceret, Scio mundos esse omnes
cibos, ideoque liberos tibi relinquo, sino conscientiam tuam omni
scrupulo solutam, denique a cibis ipsis non te simpliciter arceo: sed
ratione ciborum seposita, volo proximum abs te non negligi. **Commune**
[hoc loco appellat] profanum, et quod ab impiis promiscue usurpatur: ut
opponatur iis quae peculiariter sunt sanctificata in usum populi fidelis.
Dicit, se nosse et persuasum esse de puritate omnium ciborum, quo eam
extra dubium ponat. Addit **in [Domino] Iesu:** quia eius beneficio et gratia

78-82 *A B om.*   92 *A B om.*   92 *A B om.*   92 *A B* quae praetexi poterat ab iis, qui
tantum   6 *A B* hic vocat   9 *A B* Christo

8 *C* I Cor 6.13*

10 consequimur ut a Domino benedicantur nobis omnes creaturae, quae
alioqui in Adam erant maledictae. Simul tamen voluit opponere libertatem a Christo datam, Legis servituti, ne teneri se putarent ea observatione a qua Christus ipsos liberasset. In exceptione quam posuit, docemur,
nihil tam purum esse quod non contaminet corrupta conscientia. ⟨sola
enim fides est ac pietas, quae nobis omnia sanctificat. Infideles autem, ut
intus polluti sunt, ita attactu suo inficiunt omnia. Tit. 1. 15.⟩

15 **Si propter cibum frater tuus contristatur.** Nunc declarat quot
modis usum bonarum rerum vitiet fratrum offensio. Ac prima quidem
ratio est, quod violatur charitas, si ob causam tam levem frater moerore
20 afficitur: contrarium enim charitati est, alicui doloris causam dare.
Altera, quod dum vulneratur infirma conscientia, dissipatur pretium
sanguinis Christi: nam contemptissimus frater sanguine Christi est
redemptus: indignum est ergo ut perdatur, quo ventri satisfiat. ⟨Et nos
turpiter nimium cupiditatibus nostris sumus addicti,⟩ [si] Christo cibum
rem vilissimam praeferimus. Tertia est, quod si bona est libertas per
Christum nobis acquisita, dare operam debemus ne in hominum maledi-
centiam incidat, ac merito vituperetur: quod fit ubi importune Dei donis
abutimur. Hae ergo rationes movere nos debent ne temere ob licentiam
nostram in offensiones incurramus.

30   17 **Non est enim regnum Dei.** Iam econverso docet, posse nos citra
iacturam abstinere usu nostrae libertatis: quia regnum Dei non sit in illis
rebus positum. Nam quae vel ad erigendum, vel ad conservandum Dei
regnum pertinent, nullo modo sunt omittenda, quaecunque tandem
sequantur offensiones. Quod si ob charitatem cedere licet usu ciborum,
illaeso Dei honore, salvo Christi regno, pietate inoffensa: ferendi non
sunt illi qui ob eos Ecclesiam conturbant. Iisdem argumentis utitur in
priore ad Corinthios, Esca ventri, et venter escis: Deus utrunque
destruet. Si manducaverimus, non abundabimus. Quibus in summa vult
ostendere cibum et potum res esse viliores quam ut earum causa debeat
40 cursus Euangelii impediri.   **Sed iustitia et pax.** Haec obiter cibo
et potui opposuit, non ut omnia enumeraret quibus constat Christi
regnum: sed ut indicaret positum esse in rebus spiritualibus. Quanquam
certe paucis verbis summam eius complexus est: nempe ut nobis bene
conscii, apud Dominum quiescamus, ac vero conscientiae gaudio fruamur, idque per Spiritum sanctum in nobis habitantem. ⟨Sed tamen (ut

---

14-16 *A om.*   23-24 *A om.*   24 *A B* nisi   45-56 *A om.*

---

37 *C* I Cor 8.8*

dixi) pauca haec praesenti argumento accommodavit: nam qui verae
iustitiae factus est particeps, is summo et inaestimabili bono fruitur,
nempe tranquillo conscientiae gaudio. qui cum Deo pacem habet, quid
amplius desiderat? Quod **Pacem** coniungit **Gaudio,** mihi videtur modum
50 exprimere ⌐spiritualis eius gaudii, quia utcunque torpeant reprobi, vel se
efferant, non aliter tamen⌐ laeta et hilaris conscientia redditur, ⌐quam
ubi⌐ Deum sibi pacatum et propitium sentit: ⌐nec vero⌐ nisi ex illa pace
⌐solidum⌐ gaudium. Quanquam autem operaepretium est, ubi de tantis
rebus fit mentio, Spiritum authorem praedicari: tamen hoc loco tacite
opponere Spiritum voluit rebus externis: ut sciamus, absque ciborum usu
nobis integra constare quae ad Dei regnum spectant.⟩

18 **Qui enim per haec.** A consequenti ductum [est] argumentum: fieri
[enim] non potest, [ubi quispiam] Deo acceptus est ac hominibus
probatus, [quin perfecte in ipso vigeat ac floreat regnum Dei:] qui
60 tranquilla placidaque conscientia per iustitiam servit Christo, tam hominibus quam Deo se approbat. Ubi ergo est iustitia et pax et gaudium
spirituale, illic regnum Dei suis omnibus numeris est absolutum: rebus
ergo corporeis non constat. Porro gratum hominem Deo esse dicit, qui
eius voluntati obsequitur. Hunc probatum hominibus testatur, quia non
possunt non reddere testimonium virtuti quam oculis cernunt. [Non
quod semper filiis Dei parcant improbi: imo ubi nulla est occasio, multa
in eos probra evomunt, et immeritos infamant fictis calumniis: denique
recte facta, maligne interpretando, in vitium detorquent. Sed Paulus hic
de sincero iudicio loquitur, cui nulla est admista morositas, nullum
70 odium, nulla superstitio.]

19 *Proinde quae pacis sunt et aedificationis mutuae, sectemur :*

20 *Ne propter cibum destruas opus Dei. Omnia quidem pura, sed
malum est homini qui per offensionem vescitur.*

21 *Bonum est non edere [carnem], nec vinum bibere, nec aliud facere in
quo frater tuus concidat, vel offendatur, vel infirmetur.*

[19 **Proinde quae.**] Quantum potest revocat nos a nuda ciborum
consideratione ad illa maiora, quae primum locum in omnibus actionibus nostris habere, adeoque illis praeesse debent. Edendum est enim ut
vivamus: vivendum ut serviamus Domino. Ille autem Domino servit qui

---

50-51 *B* quo   51-52 *B* cum scilicet   52 *B* Non enim   53 *B om.*   57 *A B om.*   58 *A B*
om.   58 *A B* ut qui   59 *A B* non habeat ea, quae ad regnum Dei pertinent.   65-70 *A B*
om.   74 *A B* panem   76 *A B om.*

80 benevolentia et comitate proximum aedificat. His enim duobus, concordia et aedificatione continentur fere omnia charitatis officia. Id ne parvi fiat, repetit quam posuerat sententiam, cibum corruptibilem, rem indignam esse cuius causa dissipetur [Domini aedificium.] Ubicunque enim vel scintilla est pietatis, illic opus Dei cernere est: quod demoliuntur qui sua importunitate perturbant infirmam adhuc conscientiam. [Notandum vero est paci aedificationem ideo adiungi, quia interdum nimis liberaliter alii aliis indulgent, ut plurimum noceant suo obsequio. Quare in obsequendi studio tenendus est delectus, spectandaque utilitas, ut fratri libenter donemus quicquid ad salutem eius iuvandam prodest. Sicut alibi
90 Paulus admonet, Omnia mihi licent, sed non omnia expediunt: mox rationem annectit, quia non omnia aedificant. Neque etiam frustra iterum inculcat, **Ne propter cibum,** significans se abstinentiam non exigere, in qua fiat pietatis iactura, sicuti nuper dixit: quanvis non libere vescamur quibuslibet, sed in fratrum gratiam cedamus ciborum usu, Dei tamen regnum integrum manere.]

20 **Omnia quidem pura.** Quod omnia esse pura dicit, est concessionis: quod addit, **Sed malum est [homini] qui per offensionem vescitur,** est exceptionis, acsi diceret, Bonus est quidem cibus, sed mala offensio. Dati autem sunt nobis cibi, ut iis vescamur salva charitate: polluit ergo usum
100 puri cibi, qui charitatem in eo violat. Ex eo infert, bonum esse abstinere ab omnibus quae in fratrum offensionem vergant. Tria autem ordine ponit, **Corruere, offendi, infirmari,** in hunc sensum, Ne fratribus causa lapsus praebeatur, imo nec offensionis, imo nec infirmitatis. Infirmari siquidem minus est quam impingere vel offendi: et offendi minus quam cadere. Infirmari dicitur, cuius conscientiae trepidatio aliqua iniicitur: offendi, cuius conscientia graviori perturbatione concutitur: concidere, qui quodammodo alienatur a studio religionis.

22 *Tu fidem habes? apud teipsum habe coram Deo. beatus qui non ⟨iudicat⟩ seipsum in eo quod examinat.*
10 23 *Qui vero diiudicat si comederit, condemnatus est, quia non ex fide. Quicquid vero non est ex fide, peccatum est.*

[22 **Tu fidem.**] Quo finem faciat, demonstrat in quo situm sit bonum

---

83 *A B* id, quod Dominus aedificavit.   85-95 *A B om.*   97 *A B* ei   9 *A* indicat   12 *A B* om.

89-90 *C* I Cor 10.23*

Christianae libertatis: unde apparet, falso eos iactare libertatem qui in usu illius temperare sibi nesciunt. Dicit ergo, notitiam libertatis, quum fidei sit, Deum proprie respicere : ergo qui eiusmodi certitudine praeditus est, eum conscientiae tranquillitate coram Deo contentum esse oportet: neque opus est venire in possessionem coram hominibus. Sequitur ergo, perversa libidine fieri, si infirmos fratres in esu carnium offendimus: quia nulla ad id necessitas nos impellit. Caeterum liquet
20 facile quam perperam a nonnullis detorqueatur hic locus, qui inde colligunt non referre qualiter se quisque gerat in observandis stultis ac superstitiosis caeremoniis, modo conscientia pura apud Deum maneat. Nihil enim minus voluit Paulus, ut contextus ipse testatur⟨ : caeremoniae quae ad Dei cultum institutae sunt, pars quoque sunt nostrae confessionis. Porro qui fidem a confessione avellunt, soli detrahunt suum calorem. Paulus vero nihil tale hic tractat: sed tantum disputat de libero cibi et potus usu⟩.   **Beatus qui non iudicat seipsum.** Hic docere vult primum qua ratione legitimus nobis fiat donorum Dei usus: deinde quantum impedimentum sit ignorantia, ne imperitos ultra infirmitatis
30 suae modum urgeamus. Sed generalem ponit sententiam quae ad omnes actiones [extenditur]. Beatus, inquit, est qui non est sibi male conscius: siquidem facta sua rite examinat. Contingit enim plerosque designare pessima facinora sine aliquo conscientiae scrupulo: sed id fit quia clausis oculis temere se proripiunt quo fert caeca et furiosa carnis intemperantia. Multum vero inter stuporem ac iudicium interest: qui ergo delectum habet in rebus, ille si probe aestimata re et perpensa, non mordetur malo conscientiae testimonio, beatus est. Nam sola haec securitas facere potest ut opera nostra Deo placeant. [Hoc modo eripitur inanis excusatio quam plerique ex ignorantia praetendunt, quum torpore et socordia implicitus
40 sit eorum error. Si enim sufficeret bona (quam vocant) intentio, supervacuum esset examen, a quo hic Dei Spiritus hominum facta aestimat.]

23 **Qui [vero] diiudicat.** Optime uno verbo expressit affectum animi vacillantis, et incerti quid sit opus factu. Qui enim diiudicat, huc atque illuc alternat, et dubia inclinatione tenetur suspensus inter varias deliberationes: quum ergo principium boni operis sit, animi bene sibi apud Deum conscii certitudo et quasi placida securitas: nihil magis contrarium est operum nostrorum approbationi, quam trepidatio. Utinam vero bene infixa esset hominum animis haec sententia, nihil aggrediendum, nisi quod certo statueret animus Deo acceptum esse. [Non ita in multis vitae
50 partibus tumultuarentur homines, vel nutarent, vel caeco impetu se

---

23-27 *A om.*   31 *A B* extendatur   38-41 *A B om.*   42 *A B* autem   49-53 *A B om.*

ingererent quocunque eos rapit sua imaginatio. Nam si ad hanc modestiam restringitur victus noster, nequis dubia conscientia buccellam panis
attingat, quanto maior in rebus maximis adhibenda est cautio?]

    Quicquid [vero] non est ex fide. Ratio condemnationis, quod
opus quamlibet in speciem praeclarum sit et egregium, nisi recta
conscientia fundatum sit, peccato imputatur. Neque enim externam
pompam moratur Deus, sed interiorem cordis obedientiam. Ab una illa
pendet operum nostrorum aestimatio. Porro qualis obedientia est, siquis
suscipit quod non persuasus sit Deo approbari? Ubi ergo dubitatio talis
60 est, merito praevaricationis arguitur qui contra testimonium conscientiae
pergit. Fidei vocabulum hic ponitur pro constanti animi persuasione, et
firma (ut ita loquar) certitudine, nec ea qualibet, sed quae ex Dei veritate
concepta sit. itaque trepidatio et incertitudo actiones nostras omnes,
quantumvis alioqui speciosas, vitiat. Iam quum pia mens nusquam certo
nisi in verbo Dei, possit acquiescere: evanescunt hic omnes fictitii cultus,
et quaecunque opera in hominum cerebris nata sunt. Dum enim
damnatur quicquid non est ex fide, reiicitur quicquid non est verbo Dei
suffultum et approbatum. Quanquam ne id quidem satis est, verbo Dei
approbari quod facimus, nisi animus persuasione illa fretus, alacriter ad
70 opus se accingit. [Itaque hoc recte vivendi principium est, ne mentes
nostrae subinde fluctuent, Dei verbo innixos secure pergere quocunque
vocat.]

CAP. XV.

    1 *Debemus autem nos qui potentes sumus, infirmitates impotentium*
portare, et non placere nobis ipsis.

    2 *Unusquisque enim [vestrum] proximo placeat in bonum, ad aedifica-*
tionem.

    3 *Etenim Christus non placuit sibiipsi: sed quemadmodum scriptum*
est, Opprobria exprobrantium tibi, ceciderunt super me.

    [1 **Debemus autem.**] Ne indignum putarent qui in Dei cognitione plus
aliis promoverant, sibi plus oneris imponi, ostendit in quem usum sit

---

54 *A B* enim   70-72 *A B om.*   4 *A B* nostrum   8 *A B om.*

6-7 *C* Ps 69.10* [= *69.9*]

10 conferendum robur illud quo reliquos excellunt: nempe ad sustinendos imbecilles, ne collabantur. Quemadmodum enim quibus excellentiorem doctrinam contulit Deus, eos instituendis rudibus destinat: ita quos corroborat, illis commendat fulciendos imbecilles suo robore: sic omnes gratias inter Christi membra communicari decet. Quo igitur quisque confirmatior est in Christo, eo est obstrictior sufferendis infirmis. Quod dicit, non oportere Christianum placere sibi, significat non oportere studium suum dirigere ad satisfaciendum sibi: quemadmodum solent qui proprio iudicio contenti, alios secure negligunt. [Et vero ad causam praesentem aptissima est haec admonitio: quia nihil magis obsequia
20 nostra impedit vel moratur, quam quod sibi quisque plus aequo addictus est, ut posthabita aliorum cura, tantum sua consilia vel affectus sequatur.]

2 **Unusquisque enim nostrum.** Docet hic nos esse aliis obligatos: ideo officii nostri esse, illis satisfacere et obtemperare: nec ullam esse exceptionem quin debeamus nos fratribus accommodare, ubi secundum Dei verbum in illorum aedificationem id possumus. Duae ergo hic sunt propositiones, quod nostro ipsorum iudicio non contenti, nostris cupiditatibus non acquiescentes, debemus ubique [dare operam et] contendere, quo fratribus [nostris satisfiat]. Altera, quod dum volumus nos proximis
30 accommodare, in Deum respicere debemus, ut finis noster sit illorum aedificatio. [Nam maior pars aliter placari nequit, quam si eorum libidini indulgeas. Quod si gratiam apud plurimos inire velis, non tam curanda erit eorum salus, quam mos gerendus eorum stultitiae: nec quid expediat, respiciendum erit, sed quid in suam perniciem appetant.] Non ergo studendum est ut illis placeas, quibus nihil nisi malum adlubescit.

3 **Etenim Christus non placuit sibiipsi.** Si aequum est, servum nihil recusare quod Dominus in se suscipiat, valde absurdum foret, velle nos eximere ab hac necessitate tolerandae alienae infirmitatis, cui subiecit se Christus, quo Rege ac Domino gloriamur. Ille enim omisso sui respectu,
40 se totum huic studio dedidit. Nam in illum vere competit quicquid canit Vates Psal. 69. 10. Inter alia autem hoc quoque ponit, quod zelus Domus Dei ipsum exederit, et opprobria opprobrantium Deo, super ipsum ceciderint. Quo significat, tanto fervore gloriae Dei aestuasse, tanto desiderio regni eius promovendi fuisse correptum, ut oblitus sui, hac una cogitatione quasi absorberetur: ita se Domino devovisse, ut discindere-

---

18-22 *A B om.*   28 *A B om.*   9 *A B* satisfaciamus   31-34 *A B om.*

---

41 [= *69.9-10*]

tur animo, quoties sacrum eius nomen patere impiorum maledicentiae
videret. Quanquam secunda illa pars, de opprobriis Dei, bifariam
intelligi potest: vel quod non secus fuerit affectus contumeliis quae Deo
inferebantur, quam si eas in se ipse pertulisset: vel quod non secus ipsi
50 doluerit, videre Deo iniuriam irrogari, quam si ipse author extitisset.
Quod si regnet in nobis Christus, ut in fidelibus suis regnare eum necesse
est, hic quoque sensus in animis nostris vigebit, ut quicquid derogat Dei
gloriae, non aliter nos excruciet, quam si in nobis resideret. Eant nunc
quibus summa votorum est, maximos honores apud eos adipisci qui
probris omnibus Dei nomen afficiunt, Christum pedibus conculcant,
Euangelium ipsius et contumeliose lacerant, et gladio flammaque persequuntur. Non est sane tutum ab iis tantopere honorari a quibus non
modo contemnitur Christus, sed contumeliose etiam tractatur.

4 *Quaecunque enim ante scripta sunt, in nostram doctrinam sunt*
60 *scripta: ut per patientiam et consolationem Scripturarum, spem habeamus.*
5 *Deus autem patientiae et consolationis, det vobis idem mutuo*
cogitare, secundum Christum Iesum:
6 *Ut uno animo, uno ore glorificetis Deum et Patrem Domini nostri*
Iesu Christi.

[4 **Quaecunque enim.**] Exempli applicatio est, nequis putaret istud
nimis longe petitum esse, quod ad imitationem Christi nos cohortaretur.
Imo vero, inquit, nihil est in Scripturis quod non ad vestram eruditionem
vitaeque vestrae institutionem valeat. Insignis locus, quo dum intelligimus, nihil in oraculis Dei contineri inane et infructuosum, simul etiam
70 docemur in Scripturae lectione proficere ad pietatem, ac vitae sanctimo-
niam. Quicquid ergo in Scriptura proditum est, in eo ⟨discendo⟩
elaboremus. Contumelia enim fieret Spiritui sancto, si putaremus illum
docuisse aliquid, quod scire nostra nihil referat: deinde quicquid illic
docetur, sciamus tendere ad profectum pietatis. Tametsi autem de Veteri
testamento loquitur, id ipsum tamen de scriptis etiam Apostolicis
sentiendum est. Nam si Christi Spiritus ubique est sui similis, non est
dubium quin suam doctrinam nunc per Apostolos, ut olim per Prophetas, in suorum aedificationem attemperaverit. Porro hic optime redarguuntur fanatici spiritus qui iactant Vetus testamentum esse abolitum,
80 nec ad Christianos quicquam pertinere. Qua enim fronte avertent·
Christianos ab iis quae in ipsorum salutem a Deo destinata testatur

---

65 *A B om.*   71 *A* ediscendo

Paulus? Quod autem addit, **ut per patientiam et consolationem Scriptura-rum, spem habeamus,** non omnes partes eius utilitatis comprehendit, quae colligenda est ex verbo Dei: sed breviter notat praecipuum finem. In hoc enim praesertim incumbunt Scripturae, ut ad patientiam comparatos, et consolationibus firmatos, ad spem aeternae vitae erigant, atque in eius meditatione retineant. Nomen Exhortationis, pro quo alii Consolatio-nem reddunt, mihi non displicet: nisi quod consolatio magis quadrat patientiae, quia haec ex illa nascitur. ⟨Nam tunc demum rebus adversis
90 patienter ferendis sumus compositi, dum eas consolatione Deus tempe-rat. Patientia enim fidelium non est illa durities quam praecipiunt philosophi: sed ea mansuetudo qua nos libenter Deo subiicimus, dum gustus bonitatis eius paternique amoris, dulcia omnia nobis reddit. Ea spem in nobis alit ac sustinet, ne deficiat.⟩

5   **Deus autem patientiae.** Ab effectis sic nominatur [Deus], quae prius Scripturae attribuebantur, optima quidem, sed diversa ratione: solus sane Deus patientiae et consolationis author est, quia utranque cordibus nostris instillat per Spiritum suum: verbo tamen suo, velut instrumento, ad id utitur. Docet enim primum quae sit vera consolatio, et quae sit vera
100 patientia: deinde illam doctrinam animis nostris inspirat ac inserit. Porro ubi monuit et cohortatus est ad officium Romanos, nunc ad precationem convertitur : [quia satis tenebat, nullo cum profectu disseri de cuiusque officio, nisi Deus quod per os hominis loquutus est, intus Spiritu suo perficiat. Summa voti est, ut] eorum animos in veram consensionem redigat, ac vere inter se conspirare faciat. Simul etiam indicat quale sit vinculum istius unitatis, dum vult ut consentiant secundum Christum. Misera enim conspiratio est quae fit extra Deum: illa autem extra Deum est, quae ab eius veritate nos alienat. Ac quo magis commendabilem reddat consensionem in Christo, docet quantopere sit necessaria: quan-
10 do non vere a nobis glorificatur Deus, nisi in ipsius laudem corda omnium [consentiant, et linguae etiam concinant.] Non est ergo quod iactet quispiam, se Deo gloriam daturum, suo more: tanti enim Deo est servorum suorum unitas, ut inter dissidia et contentiones gloriam suam personare nolit. Haec una cogitatio satis cohibere ⟨debebat⟩ insanam contendendi rixandique lasciviam, quae multorum animos hodie nimis occupat.

7   *Itaque suscipite vos mutuo, quemadmodum Christus vos suscepit in gloriam Dei.*

89-94 *A om.*   95 *A B om.*   2-4 *A B* ut Christus   11 *A B* et linguae consentiant.   14 *A* debeat

8 *Dico autem Iesum Christum ministrum fuisse Circuncisionis, super*
20 *veritate Dei ad promissiones Patrum confirmandas.*

9 *Gentes autem pro misericordia glorificare debent Deum: quemadmo-*
dum scriptum est, Propter hoc confitebor tibi inter Gentes, et nomini tuo
psallam.

10 *Et rursum dicit, Exultate Gentes cum populo eius.*

11 *[Et rursum,] Laudate Dominum omnes Gentes, et collaudate eum*
omnes populi.

12 *Et rursum Iesaias dicit, Erit radix Iesse, et qui exurget ad*
imperandum Gentibus, in ipso Gentes sperabunt.

[7 **Itaque suscipite.**] Redit ad exhortationem, in qua confirmanda
30 semper exemplum Christi retinet. Neque enim ille unum aut alterum
nostrum, sed omnes simul complexus, ita nos coniunxit, ut fovere nos
invicem debeamus: siquidem volumus in eius sinu permanere. Ita ergo
demum confirmabimus nostram vocationem, si non separabimus nos ab
iis quibus nos Dominus colligavit. Particula **In [gloriam] Dei,** vel ad nos
modo, vel ad Christum, vel ad ipsum et nos simul referri potest: quod
postremum mihi magis placet, in hunc sensum: quemadmodum Christus
Patris gloriam illustravit, nos omnes in gratiam recipiendo, quum
misericordia indigeremus: sic nos ad illustrandam [quoque eiusdem] Dei
gloriam, coniunctionem illam [stabilire ac sancire decet], quam habemus
40 in Christo.

8 **Dico autem Iesum Christum.** Nunc ostendit qualiter nos omnes amplexus sit Christus: ubi nihil relinquit discriminis inter Iudaeos ac Gentes, nisi quod Iudaicae genti primo loco promissus, ac quodammodo
peculiariter destinatus fuit, priusquam Gentibus exhiberetur. Caeterum
in eo quod seminarium omnium contentionum erat, nihil interesse inter
utrosque docet: quia utrosque ex misera dissipatione collegit, collectos in
regnum Patris adduxit, ut fierent unus grex in uno ovili, ac sub uno
pastore. Inde aequum esse innuit ut concordes maneant inter se, neque
contemnant alii alios: quando neutros Christus contemptui habuit. Prius
50 ergo de Iudaeis loquitur, ac dicit Christum illis missum fuisse, quo
veritatem Dei adimpleret, [promissiones] Patribus datas praestando. Hic
autem honor vulgaris non est, quod Christus caeli terraeque Dominus, ut

---

25 *A B* om.   29 *A B* om.   34 *A B* gratiam   38 *A B* om.   39 *A B* stabiliamus   51 *A B*
promissiones, ipsorum

---

22 *C* Ps 18.50* [= *18.49*]; *II Sam 22.50*   25 *C* Ps 117.1*   27 *C* Isa 11.10*

eorum saluti inserviret, carnem induit. Quo enim magis se humiliavit
eorum causa, eo maiori honore dignatus est ipsos. Atque id tanquam
indubium pro confesso assumit: quo magis mirum est, tantam esse
impudentiam in phreneticis quibusdam capitibus, ut in carne concludere,
et ad praesentem mundum alligare omnes Veteris testamenti promissiones non dubitent. [Nequid excellentiae prae Iudaeis sibi arrogent Gentes,
Paulus diserte pronuntiat, quam Christus attulit salutem, Iudaeis ex
60 pacto esse propriam: quia suo adventu impleverit quod olim Pater
Abrahae pollicitus fuerat, atque ita minister illius populi fuerit. Unde
sequitur, antiquum foedus spirituale re ipsa fuisse, quanvis terrenis
figuris annexum esset. Complementum enim de quo nunc tractat Paulus,
ad aeternam salutem referre necesse est. Porro nequis posset cavillari,
nepotibus tantum promissam fuisse salutem, quum in Abrahae manu
depositum fuit foedus, expresse ipsas promissiones Patribus addicit.]
Ergo aut Christi virtus in corporalibus beneficiis continebitur, aut latius
quam ad carnem extendebatur foedus cum Abrahamo percussum.

   9   **Gentes autem pro misericordia.** Alterum membrum, in quo proban-
70 do, quia dubium erat, plus immoratur. Primum testimonium quod citat,
sumptum est ex Psalmo 18: qui refertur 22. cap. lib. 2, Samuelis: ubi
proculdubio vaticinium editur de regno Christi. Vocationem porro
Gentium ex eo comprobat Paulus, quod illic promittitur confessio
gloriae Dei inter Gentes. Neque enim possumus vere Deum praedicare,
nisi inter eos qui laudes eius exaudiunt, dum a nobis [canuntur]. Quare ut
inter Gentes Dei nomen celebretur, illas oportet donari cognitione, et in
communionem populi Dei venire. Ubique enim hoc in Scripturis videas,
non posse praedicari Dei laudes, nisi in coetu fidelium, quibus aures sunt
audiendi praeconii capaces.

80   10   **Exultate Gentes cum populo eius.** Quod hunc versum communiter
interpretantur, perinde atque ex cantico Mosis desumptum, mihi non
placet: quoniam illic Moses terrere vult potius Israelis adversarios, eius
magnitudine, quam invitare ad communem laetitiam. Existimo igitur
potius e Psalmo 67. 5, petitum, ubi habetur, Exultent et laetentur Gentes,
quoniam iudicas populos in aequitate, et Gentes in terra dirigis. Quod

---

58-66 *A B* At Paulus hic negat aliud fuisse in circuncisione, id est, inter Iudaeos, Christi
officium, quam ut promissiones Abrahae, et aliis Patribus datas, re ipsa confirmaret. Ac ne
quis posset cavillari, ipsos pro nepotibus tantum accepisse: expressius illis addicit, cum
illorum vocat promissiones.   75 *A B* decantantur

71 [= *Ps 18.49*]   84 [= *67.4*]

autem addidit ex suo Paulus, **Cum populo Dei,** id fecit explicationis causa. Nam illic sane coniungit Propheta Gentes cum Israele, et utrosque pariter ad laetitiam invitat, quae nonnisi in Dei cognitione consistit.

11 **Laudate Deum omnes Gentes.** Neque male quadrat locus iste.
90 Quomodo enim Deum laudarent qui eius magnitudinem non cognoscunt? nihilo magis id possent, quam nomen eius incognitum invocare. Est igitur appositissimum vaticinium ad comprobandam Gentium vocationem. Idque ex ratione illic adiuncta melius patet: iubet enim gratias agere pro veritate et misericordia, [Psalm. 117. 1].

12 **Rursum [Iesaias, etc.]** Haec prophetia omnium est illustrissima. Illic enim, rebus prope desperatis, tenues fidelium reliquias consolatur Propheta, quod ex arido et emortuo trunco familiae Davidis surculus emerget, et ex radice contempta ramus efflorebit, qui populum Dei in pristinam gloriam restituat. Hunc surculum esse Christum mundi re-
100 demptorem, palam est ex descriptione illic posita. Subnectit deinde, quod in signum Gentibus erigetur, ut sit illis in salutem. Paulum quidem verba haec differunt a veritate Hebraica. Nam ubi hic legimus Surgit, Hebraica habent, Stare in signum, quod idem est: nempe instar signi conspicuum eminere. Pro verbo Sperandi, habent Quaerere: sed vulgatissimo Scripturae usu, Quaerere Deum, [nihil] est quam in ipsum sperare. Bis autem in hac prophetia Gentium vocatio confirmatur, ex eo quod dicitur erigendus illis Christus in signum, qui inter solos fideles regnat: et quod illae in Christo dicuntur spem ⟨habiturae⟩: quod non fit sine praedicatione verbi et illuminatione Spiritus. his respondet Simeonis canticum. Caete-
10 rum spes in Christum, testimonium est eius Divinitatis.

13 *Deus autem spei impleat vos omni gaudio et pace* [*in credendo*]: *quo abundetis in spe per potentiam Spiritus sancti.*

14 *Persuasus autem sum, fratres mei, ipse quoque de vobis, quod et ipsi pleni sitis bonitate, referti omni cognitione, idonei ad vos mutuo admonendos.*

15 *Audacius autem scripsi vobis, fratres, ex parte, veluti commonefaciens vos, propter gratiam mihi datam a Deo:*

16 *Ut sim minister Christi erga Gentes, consecrans Euangelium Christi, ut sit oblatio Gentium acceptabilis, sanctificata per Spiritum sanctum.*

94 *A B* Ps. 116　　95 *A B* Iesaias: Erit radix Iesse.)　　5 *A B* nihil aliud　　8 *A* habitare　　11 *A B* ad credendum

---

9 [*Lk 2.29-32*]

20 [13 **Deus autem.**] Nunc quoque sententiam, ut prius, precatione
claudit, qua illis a Domino dari optat quicquid praeceperat. Unde
apparet, Dominum praecepta sua minime viribus nostris aut liberi
arbitrii facultate metiri: neque etiam ideo praecipere quae officii nostri
sunt, ut propria virtute freti, ad obsequium nos accingamus: sed
praecipere quae gratiae suae auxilio indigent, ut nos ad precandi studium
extimulet. **Deum** vero **spei** quum dicit, respicit ad proximum versum: acsi
diceret, Ille ergo Deus in quo speramus pariter omnes, impleat vos
gaudio, id est alacritate conscientiae: deinde unitate et concordia, idque
[credendo: quia ut Deo probetur pax nostra, pura et integra fide simul
30 devinctos esse convenit. Siquis ἐν τῷ πιστεύειν, accipere malit positum
pro εἰς τὸ, sensus erit, ut pacem suam conferant] ad credendum. Tunc
enim rite ad fidem comparati sumus, quando [placidi et unanimes
libenter amplectimur quod docet. Rectius tamen est, fidem ideo paci
coniungi et gaudio, quia vinculum est sanctae ac legitimae concordiae,
piique gaudii fultura.] ⟨Quanquam et Pax intelligi posset, quam quisque
intus habet cum Deo: sed contextus ad priorem expositionem nos magis
ducit.⟩ Addit praeterea, **quo abundetis in spe :** quia sic etiam in nobis spes
confirmatur et augetur. Particula, [**per potentiam**] **Spiritus sancti,** [deno-
tat], omnia illa esse Divinae benignitatis dona : et vocabulum Potentiae,
40 suam habet emphasim, ad commendandam mirificam istam virtutem
qua in nobis Spiritus fidem, spem, gaudium, et pacem operatur.

14 **Persuasus autem sum.** [Occupatio est, vel concessionis species ad
placandos Romanos, si tot ac tam anxiis admonitionibus se perstringi
existiment, atque ita sibi fieri iniuriam.] Excusat [ergo] quod ausus fuerit
doctoris et hortatoris personam inter eos suscipere: ac se id fecisse dicit,
non quia eorum vel prudentiae, vel benignitati, vel constantiae diffideret,
sed quia ex officio cogeretur. sic enim omnem temeritatis invidiam
amolitur, quae in eo potissimum est, siquis ingerit se in alienum officium,
vel ea tractat quae sibi non conveniunt. In quo videre est singularem
50 sancti pectoris modestiam, cui nihil gratius fuit quam nihili haberi, modo
authoritatem haberet doctrina quam praedicabat. ⟨Multum in Romanis
erat arrogantiae, nomen urbis etiam infimos ex plebe inflabat: ut aegre
alienigenam, imo barbarum et Iudaeum ferrent doctorem. Cum hoc fastu
non vult Paulus suo privato nomine certare: sed eum tamen quasi
demulcendo subigit, quum se pro Apostoli officio suscipere has partes

20 *A B om.*   29-31 *A B om.*   32-35 *A B* unanimes Domino in obedientiam verbi sui nos
addicimus.   35-37 *A om.*   38 *A B* in potentia   38-39 *A B* posita est ad denotandum
42-44 *A B om.*   44 *A B om.*   51-56 *A om.*

testatur.⟩   **Pleni [sitis] bonitate, referti omni cognitione.** Duae
monitoris praecipuae sunt dotes, humanitas quae et illius animum ad
iuvandos consilio suo fratres inclinet, et vultum verbaque comitate
temperet: [et] consilii dexteritas, sive prudentia, quae et authoritatem illi
60 conciliet, ut prodesse queat [auditoribus ad quos dirigit sermonem.]
Nihil enim magis contrarium fraternis monitionibus quam malignitas et
arrogantia, quae facit ut errantes fastuose contemnamus, et ludibrio
habere malimus, quam corrigere. Asperitas quoque si aut in verbis aut in
vultu appareat, fructum adimet monitionibus. Porro ut tam humanitatis
affectu quam comitate praestes, non eris tamen ad monendum idoneus,
nisi prudentia rerumque usu polleas. Utranque ergo facultatem tribuit
Romanis, [illis reddens] testimonium quod ipsi sibi ad mutuas cohorta-
tiones sine alterius auxilio sufficiant. Fatetur enim abundare et benignitate et peritia: unde sequitur, illos valere ad exhortationem.
70 15 [**Audacius autem**] **scripsi vobis.** Sequitur excusatio, in qua afferen-
da ut modestior sit, per modum concessionis, confidenter se fecisse dicit,
quod interposuerit se in ea re quam ipsi per se exequi poterant: sed
audaciam hanc se sumpsisse addit, pro muneris sui necessitate, quia sit
Euangelii minister in Gentes: ideoque illos praeterire non potuerit qui in
Gentium numero erant. [Sic tamen se demittit, ut muneris sui praestantiam efferat. Gratiam enim Dei obiiciens qua in gradum honoris evectus
fuerat, quod pro munere Apostolico gerit, contemni non patitur.]
Praeterea se doctoris partes usurpasse negat, sed monitoris: cuius
officium est, revocare in memoriam quae alioqui non sunt incognita.
80 16 **Consecrans Euangelium.** Sic malo quam quod Erasmus [initio

---

56 *A B om.*   59 *A B om.*   60 *A B* iis, qui audiunt   67 *A B* dum vult illis reddere   70 *A B*
Confidentius tamen   75-77 *A B om.*   80-81 *A B* reddidit, Administrare

---

80,93 *Eras Ann$^{1-5}$*: Sanctificans euangelium dei.) ἱερουργοῦντα. Quasi rem sacram
operans, ut respondeat ad λειτουργόν, qui proprie sacrorum [*Ann^5 adds*: aut rei publicae]
minister est: [*Ann$^{2-5}$ add*: et ἱερουργεῖν, fungi administratione sacrorum. Augustinus in
libello quo quaestiones aliquot explicat in epistolam ad Romanos, pro Sanctificans, legit
Consecrans, propius exprimens Graecam vocem. Voluit enim Paulus praedicationem
euangelii rem videri cum primis sacram, ac veluti victimam deo gratissimam, quod gentes
redderet Christo dignas. Atque huius sacri se veluti sacrificium facit. Id autem solet requiri
in hostiis, ut pura sit ac sancta, et ad rem divinam legitima: quod alibi Paulus, τέλειον
vocat. Annotavit hac de re nonnihil [*Ann$^{2-4}$ add*: Hieronymus] Origenis interpres. [*Ann^5
adds*: Chrysostomus autem diligenter Graecae vocis emphasim explicat.] Vox Graeca
composita est ab ἱερὸν, sacrum, et ἔργον, opus: inde ἱερουργεῖν, operari sacris.] inde
sequitur προσφορά, id est, oblatio.   Accepta et sanctificata.) Et, copula redundat:
[*Ann$^{4-5}$ add*: nec addebatur in codice Constantiensi.] Nam Sanctificata, refertur ad id quod
proxime sequitur, In spiritu sancto: [*Ann$^{2-5}$ add*: hoc est, per spiritum sanctum.] ut ostendat

⟶

reddiderat, Administrans]. Nihil enim certius est quam Paulum hic ad sacra mysteria alludere quae a sacerdote peraguntur. Facit ergo se Antistitem vel sacerdotem in Euangelii ministerio, qui populum quem Deo acquirit, in sacrificium offerat: atque hoc modo sacris Euangelii mysteriis operetur. Et sane hoc est Christiani pastoris sacerdotium, homines in Euangelii obedientiam subigendo, veluti Deo immolare: non autem, quod superciliose hactenus Papistae iactarunt, oblatione Christi homines reconciliare Deo. Neque tamen Ecclesiasticos pastores simpliciter hic vocat sacerdotes, tanquam perpetuo titulo: sed quum dignitatem
90 efficaciamque ministerii vellet commendare Paulus, hac metaphora per occasionem est usus. Hic ergo finis sit Euangelii praeconibus in suo munere, animas fide purificatas Deo offerre. [Quod postea correxit Erasmus, Sacrificans Euangelium, non modo improprium est, sed sensum quoque obscurat. est enim Euangelium potius instar gladii quo homines Deo in victimas sacrificat minister.] Subiungit, tales hostias Deo acceptabiles esse: quod non tantum ad ministerii commendationem facit, sed etiam ad eximiam eorum consolationem, qui se consecrandos tradunt. Iam quemadmodum veteres hostiae externis sanctificationibus et lavacris Deo dicabantur: ita et istae hostiae consecrantur Domino per
100 Spiritum sanctitatis, cuius virtute intus operante segregantur ab hoc mundo. [Etsi enim ex fide verbi oritur animae puritas, quia tamen vox hominis per se inefficax est ac mortua, purgandi munus vere et proprie in Spiritum competit.]

17 *Habeo igitur quod glorier per Iesum Christum, in iis quae ad Deum pertinent.*

18 *Non enim ausim loqui quicquam de iis quae non effecit Christus per me, in obedientiam Gentium, sermone et opere,*

19 *In potentia signorum et prodigiorum, in potentia Spiritus Dei, ut ab Ierusalem et in circuitu usque in Illyricum impleverim Euangelium Christi:*
10 20 *Ita ⟨annitens⟩ praedicare Euangelium, non ubi nominatus erat Christus, ne super alienum fundamentum aedificarem:*

92-95 *A B om.* 1-3 *A B om.* 10 *A amittens*

---

nihil deesse suo sacrificio, [*Ann²⁻⁵ add:* quod ipse spiritus sanctus consecrarit]. *1, 452; 2, 298; 3, 339; 4, 387-8; 5, 430.* Obsequii mei oblatio.) καὶ [*Ann²⁻⁵ add:* ἵνα]ἡ διακονία μου. id est, Ministerium meum. Ambrosius velut exponens legit, Ut munerum meorum oblatio. Quanquam mihi videtur aliud quiddam legisse, forte προσφορὰ, quo verbo superius usus est [*Ann⁴⁻⁵:* usus est ante]: quandoquidem et paulo superius usus est verbo apto sacrificiis, λειτουργῆσαι, quod interpres vertit Ministrare. *1, 453; 2, 300; 3, 341; 4, 390; 5, 433*

21 *Sed quemadmodum scriptum est, Ii quibus non annuntiatum est de eo, videbunt: et qui non audierunt, intelligent.*

[17 **Habeo igitur.**] Postquam vocationem [suam] in genere commendavit, [ut scirent Romani verum et indubium esse Christi Apostolum:] adiungit nunc elogia [quibus se munus Apostolicum, Dei ordinatione iniunctum, non modo suscepisse, sed praeclare etiam ornasse] probet. Simul etiam meminit suae fidelitatis quam in exequenda illa functione praestiterat. Parum enim fuerit nos ordinatos esse, nisi vocationi nostrae
20 respondeamus, ac satisfaciamus officio. Neque id facit captandae gloriae studio: sed quia nihil erat omittendum quod eius doctrinae gratiam apud Romanos et authoritatem [comparet]. In Deo igitur, non in se gloriatur: quia non alio tendit, nisi ut solida laus ad Deum redeat. Quod autem negative tantum loquitur, signum quidem modestiae est, sed valet ad fidem iis quae asserere vult faciendam: acsi diceret, Tantam mihi gloriae materiam veritas ipsa suppeditat, ut non sit mihi opus accersere falsa et aliena encomia: veris sum contentus. [Forte etiam sinistros rumores quos sciebat passim a malevolis spargi, antevertere voluit: itaque praefatur, se nonnisi de rebus probe compertis verba facturum.]
30   18 **In obedientiam Gentium.** Haec particula denotat quod illius sit propositum: nempe ut pretium addat suo ministerio apud Romanos, ne profectu careat sua doctrina. A signis ergo commonstrat, Deum virtutis suae praesentia, ipsius praedicationi testimonium reddidisse, et quodammodo Apostolatum suum obsignasse: ut nemini iam dubium esse debeat quin sit a Domino constitutus ac missus. Signa sunt sermo et opus ⟨et miracula: unde apparet, nomen **Operis,** latius patere quam **Miraculorum.** Tandem concludit, **In potentia Spiritus:** quo significat non potuisse haec fieri, nisi authore Spiritu. In summa, asserit, tam docendo quam agendo,⟩ vim sibi ac energiam fuisse in praedicando Christo, in qua mirifica Dei
40 virtus appareret: deinde accessisse miracula quae veluti sigilla erant in illius rei certiorem notitiam. Sermonem et opus primo ponit, tum ⟨speciem unam exprimit,⟩ nempe facultatem edendi miracula. ⟨Sic⟩ et apud Lucam capitur, ubi dicit Christum fuisse potentem sermone et

---

14 *A B om.*   14 *A B* Apostolatus   15 *A B om.*   16-17 *A B* sui Apostolatus, quibus se Dei ordinatione munus illud suscepisse   22 *A B* compararet   27-29 *A B om.*   35-38 *A* vel potius signum, quod pro multis unum sufficiat, sed potentia spiritus quae se tum verbo tum opere declaravit. Quo significat,   42 *A* explicat quid per operis nomen voluerit. 42 *A* Sic enim

---

12 *C* Isa 52.15*

opere, [24. 19]. Item apud Iohannem, ubi Christus ipse Iudaeos ad opera sua mittit, unde habeant Divinitatis suae testimonium. Neque miracula simpliciter nominat, sed duobus titulis insignit. Pro eo autem quod hic dicit **Potentiam signorum et prodigiorum,** Petrus [Act. 2. 23], habet Virtutes et signa et prodigia. Et sane sunt testimonia Divinae potentiae ad homines [expergefaciendos, ut perculsi Dei virtute, eum mirentur
50 simul atque adorent]: nec significatione carent, sed excitant nos ad aliquid de Deo intelligendum. Hic nobilis est locus de miraculorum usu: nempe ut reverentiam obedientiamque Deo apud homines comparent. Sic apud Marcum legis, Dominum confirmasse ⟨doctrinam⟩ subsequentibus signis: sic Lucas in Actis narrat, Dominum per miracula testimonium reddidisse sermoni gratiae suae. Quae ergo gloriam creaturis quaerunt non Deo, fidem mendaciis comparant non verbo Dei, diabolica esse constat. **Potentiam Spiritus Dei,** quam tertio loco ponit, ad utrunque refero.

19 **Ut ab Ierusalem, usque in Illyricum.** Ab effectu quoque testimo-
60 nium adiungit: quia profectus qui ex praedicatione sequutus erat, superabat omnes hominis facultates. Quis enim tot Christo colligere Ecclesias posset, nisi Dei virtute adiutus? Ab Ierusalem (inquit) Euangelium ⟨propagavi⟩ usque in Illyricum: neque id recta via ad exitum festinando, sed circumcirca perlustrando quaecunque in medio sunt, regiones. ⟨Caeterum verbum πεπληρωμέναι, quod Implere, post alios, vertimus, significat et perficere, et sufficere quod decet. Unde πλήρωμα, tam Perfectio dicitur Graecis, quam Supplementum. Ego libenter ita expono, quod Euangelii praedicationem quasi supplendo diffuderit. coeperant enim alii priores, sed ipse longius sparsit.⟩

70 20 **Ita annitens praedicare Euangelium.** Quia Paulo necesse erat, non modo se servum Christi ac pastorem Christianae Ecclesiae approbare, sed sibi vindicare personam ac munus Apostoli, quo sibi audientiam apud Romanos faceret, ponit hic propriam ac peculiarem notam Apostolatus. Siquidem officium Apostoli est seminare Euangelium ubi nondum praedicatum fuerit: secundum illud mandatum, Ite, praedicate Euangelium omni creaturae. Quod diligenter notare oportet, ne hoc trahamus in exemplum universale, quod in ordinem Apostolicum specialiter competit. Neque enim vitio vertendum est, quod successor substitui-

---

44 *A B* capite ultimo   47 *A B* Actor. secundo   49-50 *A B* obstupefaciendos   53 *A* doctrinam suam   63 *A* propagari   65-69 *A om.*

---

44 *C* Jn 5.36*   47 *C Ac 2.22*   53 *C* Mk 16.20*   54 *C* Ac 14.3*   75-76 *C* Mk 16.15*

tur in eius locum qui Ecclesiam aedificavit. Sunt ergo Apostoli veluti
80 fundatores Ecclesiae: pastores qui illis succedunt, tueri debent atque
etiam amplificare quod ab illis excitatum est aedificium. **Alienum funda-**
mentum vocat, alterius manu iactum. alioqui Christus unicus est lapis
quo Ecclesia fundatur, 1. Corinth. 3. 11, et Ephes. 2. 20.

21 **Sed quemadmodum scriptum.** Confirmat vaticinio Iesaiae id quod
dixerat de signo sui Apostolatus. Nam ille capite 52. 10, quum de regno
Messiae loquitur, inter caetera praedicit, oportere in universum orbem
dilatari: Christi ipsius ⟨notitiam⟩ ad Gentes, quibus antea inauditum
fuerat eius nomen, ⟨perferri oportere⟩. Id per Apostolos fieri convenit,
quibus specialiter datum est id mandatum: ergo Apostolatus Pauli ex eo
90 fit manifestus, quod haec prophetia in ipso adimpletur. [Perperam hoc ad
munus pastorale trahere quispiam contendet, quia scimus in Ecclesiis rite
compositis, ubi pridem recepta fuit Euangelii veritas, Christi nomen
assidue esse praedicandum. Hac ergo lege Paulus apud exteros, Christi
adhuc incogniti praeco fuit, ut post eius discessum in singulis locis eadem
doctrina quotidie in ore pastorum resonaret. Certum enim est Prophetam de regni Christi primordiis disserere.]

22 *Itaque impeditus etiam saepius fui quominus venirem ad vos.*

23 *Nunc vero nullum amplius locum habens in his regionibus, deside-*
rium autem habens a multis annis veniendi ad vos,

100 24 *Siquando in Hispaniam proficiscar, veniam ad vos. Spero enim fore*
ut istac iter faciens videam vos, et illuc a vobis deducar: si tamen prius ex
parte, vestra consuetudine fuero expletus.

[22 **Itaque, etc.**] Quod de Apostolatu suo dixerat, nunc etiam alio
trahit: ut excuset quod nunquam ad ipsos accessisset, quum illis non
minus quam aliis fuisset destinatus. Obiter ergo indicat, ab Iudaea in
Illyricum usque, Euangelium seminando, se quendam veluti cursum a
Domino iniunctum confecisse: quo peracto, non negligere ipsos statuerit.
Ac ne interea quoque neglectos se putarent, eam suspicionem tollit,
quum testatur desiderium sibi iampridem non defuisse. Quod ergo citius
10 non fecerat, id factum erat iusto impedimento: nunc ubi primum per
vocationem licet, spem illis facit. Ex hoc autem loco infirmum argumentum ducitur profectionis Hispanicae. neque enim protinus sequitur,
ipsum fuisse perfunctum, quia sic animo concepisset. De spe enim

---

87 *A* notitiam oportere   88 *A om.*   90-96 *A B om.*   3 *A B om.*

tantum loquitur, qua frustrari, quemadmodum alii fideles, nonnunquam potuit.

24 **Spero enim fore.** Causam attingit cur ad eos venire diu optaverit, et nunc instituat: nempe ut ipsos videat, id est, ipsorum conspectu sermoneque fruatur, et se quoque illis exhibeat, pro officii sui ratione. nam sub adventu Apostolorum, Euangelii quoque accessio continetur.
20 Quum dicit, ut [**et illuc a vobis deducar**]: eo significat quantum sibi promittat de ipsorum benevolentia: quod esse optimum conciliandae gratiae genus, antea admonuimus. Nam quo quisque maiorem sibi fidem haberi audit, eo se magis obstrictum putat: quia turpe inhumanumque ducimus, opinionem de nobis conceptam fallere. Quum autem subiungit, **Si tamen [expletus] ex parte fuero,** de mutua erga eos animi sui benevolentia testatur, de qua persuasos esse, magnopere intererat Euangelii.

25 *Nunc vero proficiscor Ierosolymam ad ministrandum sanctis.*

26 *Placuit enim Macedoniae et Achaiae communicationem facere in*
30 *pauperes sanctos qui sunt Ierosolymis.*

27 *Placuit inquam, et debitores sunt ipsorum. si enim spiritualibus ipsorum communicarunt Gentes, debent et in carnalibus ministrare ipsis.*

28 *Hoc igitur quum perfecero, et obsignavero illis fructum hunc, proficiscar per vos in Hispaniam.*

29 *Scio autem quod quum venero ad vos, in plenitudine benedictionis Euangelii Christi venturus sim.*

[25 **Nunc vero.**] Ne mox adventum suum expectent, ac sibi data verba esse putent si tardius expectatione ipsorum venerit, praedicit quid negotii habeat in praesentia, quominus profectionem illam suscipere statim
40 possit: se enim proficisci Ierosolymam ad perferendas, quae ab Achaia et Macedonia collectae erant, eleemosynas. Simul tamen sumpta hinc occasione delabitur ad commendationem istius collationis, quo ipsos quadam insinuationis specie ad imitationem provocet. Tametsi enim aperte non petit, dum tamen Achaiam et Macedoniam debuisse id facere commemorat, subindicat quod sit Romanorum officium qui in eadem erant causa. Atque eo se respexisse, aperte ad Corinthios fatetur, Glorior, inquit, de vestra promptitudine apud omnes Ecclesias, ut vestro exemplo incitentur. Fuit autem id rarae pietatis, quod quum audirent

20 *A B* a vobis deducar illuc   25 *A B* satiatus   37 *A B om.*

47 *C* II Cor 9.2*

Graeci, fratres qui Ierosolymis erant, laborare penuria: non considera-
50 runt quanto locorum intervallo essent a se disiuncti: sed sibi satis
propinquos ducentes quibuscum fidei vinculo cohaererent, eorum egestatem abundantia sua sublevarunt. [Notandum est **Communicationis** nomen quo utitur: optime enim exprimit quo affectu fratrum inopiae
succurrere nos deceat, nempe quia propter corporis unitatem communis
et mutua ratio est. Pronomen τινὰ non reddidi, quia saepe apud Graecos
abundat, et huius loci emphasim minuere videtur. Ubi vertimus **ad**
ministrandum, Graece est participium Ministrans, sed illud commodius
visum est ad mentem Pauli exprimendam. se enim excusat iusta occupa-
tione teneri ne statim festinet Romam.]

60   27 **Et debitores [ipsorum] sunt.** Nemo non videt, quod de obligatione
hic dicitur, non tam Corinthiorum causa, quam propter Romanos ipsos
dici. nihilo enim plus Corinthii vel Macedones quam Romani Iudaeis
debebant. Addit obligationis causam, quod Euangelium ab illis accepe-
rant: et argumentum sumit ex comparatione minoris cum maiori, quo
etiam alibi utitur, non debere videri iniquam aut gravem compensationem illis qui pro spiritualibus carnalia referant, quae immenso sunt
viliora. Hoc autem Euangelii pretium ostendit, quod non ministris
tantum illius, sed universae genti, unde ministri prodierant, obstrictos
pronuntiat. Nota autem verbum λειτουργῆσαι, pro Ministrare[: quod
70 significat munere suo perfungi in republica, et onera suae vocationis
subire: interdum etiam ad sacra transfertur. Nec dubito quin significet
Paulus sacrificii speciem esse, quum de suo erogant fideles ad egestatem
fratrum levandam. Sic enim persolvunt quod debent charitatis officium,
ut Deo simul hostiam grati odoris offerant: sed proprie hoc loco ad illud
mutuum ius compensationis respexit].

    28 **Obsignavero illis fructum hunc.** Mihi non displicet quod hic
allusionem esse putant ad veterum morem, qui annulis occludebant quae
volebant in tuto reposita. [Hoc modo fidem suam et integritatem Paulus
commendat, quasi diceret sincerum se fore custodem pecuniae in mani-
80 bus suis depositae, non secus acsi obsignatam ferret. Fructus nomine
proventum notare videtur, quem ex Euangelii satione ad Iudaeos redire
nuper dixit, non secus atque ager cultorem suum fructificando alit.]

    [29 **Scio autem quod quum venero,**] **in plenitudine.** ⟨Bifariam exponi

---

52-59 *A B om.*   60 *A B* illorum   69-75 *A B om.*   78-82 *A B om.*   83 *A* Spero *B*
Scio   *A B* autem cum venero, quod   83-87 *A om.*

---

65 *C* I Cor 9.11*

haec verba possunt: prior sensus est, quod reperturus sit Romae uberem
Euangelii fructum: est enim haec Euangelii benedictio, quum bonis
operibus fructificat. nam quod nonnulli ad eleemosynas restringunt, mihi
non placet. Vel⟩ quo magis desiderabilem faciat suum ad eos adventum,
sperare se dicit non fore infrugiferum, quia sit magnam accessionem
facturus Euangelio, quam **Plenitudinem benedictionis** vocat, pro Plena
90 benedictione: quo nomine significat prosperum successum et incrementum. Haec autem benedictio partim ab eius administratione, partim ab
eorum fide pendebat: ergo non frustra se venturum ad eos promittit,
apud quos ⟨non⟩ perditurus sit gratiam sibi datam, sed bene collocatu-
rus, qua erant animi alacritate ad recipiendum Euangelium. ⟨Prior
expositio magis recepta est, ac mihi etiam magis probatur, quod speret
adventu suo se reperturum quod maxime optabat, nempe Euangelium
apud eos florere et vigere praeclaris successibus, quia sanctitate et omni
genere virtutum excellerent.⟩ [Causam enim sui desiderii reddit, quia non
vulgare ex eorum conspectu gaudium speret, quos videbit spiritualibus
100 Euangelii divitiis affluere.]

30 *Obsecro autem vos fratres, per Dominum nostrum Iesum Christum,
et per dilectionem Spiritus, ut concertetis mihi in precibus vestris pro me ad
Deum:*
31 *Ut liberer ab incredulis in Iudaea: et ut ministerium meum quod
suscipio erga Ierusalem, acceptum sit sanctis:*
32 *Ut cum gaudio veniam ad vos per voluntatem Dei, unaque vobiscum
refociller. Deus autem pacis sit cum omnibus vobis. Amen.*

30 **Obsecro autem vos fratres.** Ex plurimis locis satis scitur quanta
invidia flagraverit Paulus in sua gente ob falsas delationes, quasi doceret
10 defectionem a Mose. Noverat quantum possint calumniae ad gravandos
innocentes: praesertim apud eos qui inconsiderato zelo feruntur. Accede-
bat etiam testificatio Spiritus, cuius meminit Actor. 20. 23, qua subinde
praemonebatur, sibi imminere Ierosolymis vincula et afflictiones. Itaque
quo maius cernebat periculum, eo magis permovebatur. Hinc tanta
solicitudo in commendanda Ecclesiis salute sua: nec miremur tam
anxium fuisse de vita sua, in qua tantum Ecclesiae periculum agi sciebat.
Testatur ergo quantopere angeretur pium pectus: quae in hac obtestatio-
ne inest vehementia, dum ad nomen **Domini** addit **Spiritus dilectionem**
qua se mutuo sancti complecti debent. Caeterum in tanta trepidatione

93 *A* nos   94-98 *A om.*   98-100 *A B om.*

20 pergere non desinit, neque sic periculum reformidat quin obire libenter
paratus sit: sed remediis a Deo sibi datis se instruit. Advocat enim
Ecclesiae suppetias, ut eius precibus adiutus, solatium inde aliquod
sentiat, iuxta Domini promissionem, Ubi duo aut tres congregati erunt in
nomine meo, ibi in medio eorum sum: et, De quacunque re consenserint
in terra, eam obtinebunt in caelis. ⟨Et ne defunctoriam esse commendationem quis putet, per Christum et per dilectionem Spiritus eos obsecrat.
Dilectio autem Spiritus vocatur, in qua nos Christus coniungit: quia non
carnis est nec mundi, sed ab eius Spiritu qui vinculum est unitatis
nostrae.⟩ Quum ergo tantum sit Dei beneficium, fidelium precibus
30 adiuvari, quod ne Paulus quidem, selectissimum illud Dei organum, sibi
negligendum duxerit: cuius ignaviae futurum ⟨est⟩ si nos miselli et nihili
homunciones ipsum ⟨contemnimus⟩? Caeterum ex talibus locis captare
ansam ad intercessiones sanctorum mortuorum adstruendas, nimiae
impudentiae est.   **Ut concertetis mihi.** Erasmus non male
reddidit, Ut laborantem adiuvetis: sed quia loquutio Graeca Pauli plus
habet energiae, reddere ad verbum eam malui. Nam et per vocabulum
Certaminis, significat quibus angustiis prematur: et quum iubet sibi
adesse in hoc certamine, docet quem affectum habere debeant preces
piorum pro fratribus: ut scilicet recipiant eorum in se personam, acsi in
40 eadem constituti essent necessitate: postremo etiam quem habeant
effectum, indicat. qui enim fratrem Domino commendat, ille partem eius
necessitatis [ad se] recipiendo, tantundem eum sublevat. Et sane si robur
nostrum est in nominis Dei invocatione positum, non possumus fratres
melius confirmare, quam nomen Dei super ipsos invocando.

31 **Ut ministerium meum erga Ierusalem.** Sic ipsum criminando
profecerant delatores, ut solicitus etiam esset ne parum gratum e
manibus suis esset munus, quod alioqui in tanta necessitate valde
opportunum erat. Atque hinc apparet mirifica eius mansuetudo, quod
non desinit pro iis laborare, quibus an sit gratificaturus dubitat. Hunc
50 animum imitari nos oportet, ut neque iis desinamus benefacere, de
quorum gratitudine parum certi sumus. ⟨Et notandum quod **Sanctorum**
nomine dignatur, quibus ne suspectus sit ac ingratus, timet. Sciebat etiam
sanctos quoque posse interdum falsis delationibus in sinistras opiniones
abripi: et quanquam sibi iniuriam facere sciat, honorifice tamen de ipsis

---

25-29 *A om.*   31 *A* sit   32 *A* contemnamus   42 *A B om.*   51-57 *A om.*

---

23 *C* Matt 18.20*   24 *C* Matt 18.19*   34 *Eras L^{1-5}:* ut me laborantem
adiuvetis   *Vg:* ut adiuvetis me

loqui non desinit. Quum addit, **Ut veniam ad vos,** significat ipsis quoque utilem fore hanc precationem, et eorum referre ut non interficiatur in Iudaea.⟩ [Eodem spectat particula **cum gaudio.** Futurum enim erat hoc quoque utile Romanis, eum hilarem et omni moerore vacuum ad ipsos accedere, quo animosius magisque strenue suam operam illis impenderet.
60 Ac per verbum **refocillandi,** vel acquiescendi, iterum ostendit quam certo sit de fraterno eorum amore persuasus. Particula, **Per Dei voluntatem,** admonet quam necesse sit incumbere precibus: quia solus Deus vias omnes nostras sua providentia dirigit.   **Deus autem pacis.** Ex nota universali coniicio, non simpliciter eum optare ut Deus Romanis adsit ac faveat, sed ut singulos eorum gubernet. Nam epithetum Pacifici ad praesentem circunstantiam referri arbitror, ut Deus pacis author omnes simul contineat.]

CAP. XVI.

1   *Commendo autem vobis Phoeben sororem nostram, quae est ministra Ecclesiae Cenchreensis,*

2   *Ut eam suscipiatis in Domino, ut dignum est sanctis, et adsitis ei in quocunque vobis eguerit negotio. etenim ipsa quum multis affuit, tum etiam mihi ipsi.*

3   *Salutate Priscam et Acylam cooperarios meos in Christo Iesu:*

4   *Qui pro anima mea suam ipsorum cervicem posuerunt: quibus non ego solus gratias ago, sed etiam omnes Ecclesiae Gentium,*

10   5   *Et domesticam ⟨eorum⟩ Ecclesiam. salutate Epaenetum mihi dilectum, qui est primitiae Achaiae in Domino.*

6   *Salutate Mariam, quae multum laboravit erga nos.*

7   *Salutate Andronicum et Iuniam cognatos meos et concaptivos meos qui sunt insignes inter Apostolos: qui etiam ante me fuerunt in Christo.*

8   *Salutate Ampliam dilectum meum in Domino.*

9   *Salutate Urbanum adiutorem nostrum in Christo, et Stachyn dilectum meum.*

10   *Salutate Apellen probatum in Christo. salutate eos qui sunt ex Aristobuli familiaribus.*

20   11   *Salutate Herodionem cognatum meum. salutate eos qui sunt ex Narcissi familiaribus, hos qui sunt in Domino.*

57-67 *A B om.*   10 *A eorum etiam*

12   *Salutate Tryphaenam et Tryphosam, quae laborant in Domino. salutate Persidem dilectam quae multum laboravit in Domino.*

13   *Salutate Rufum electum in Domino, et matrem illius ac meam.*

14   *Salutate Asyncritum, Phlegontem, Hermam, Patrobam, Mercurium, et qui cum his sunt, fratres,*

15   *Salutate Philologum et Iuliam, Nereum et sororem eius, et Olympam, et qui cum his sunt, omnes sanctos.*

16   *Salutate vos [invicem in] osculo sancto. Salutant vos Ecclesiae*
30   *Christi.*

[1   **Commendo autem vobis, etc.**] Bona pars huius capitis in salutationibus consumitur: quae quoniam nihil habent difficultatis, supervacuum esset in illis [prolixe] immorari. Ego ea tantum attingam quae nonnullam expositionis lucem requirent. Principio commendat Phoeben, cui Epistolam perferendam dabat. commendat autem primum eam ab officio, quia honestissimo ac sanctissimo ministerio in Ecclesia fungeretur: deinde alteram causam affert cur illam suscipere, omnibusque officiis prosequi debeant: quia se illa semper omnibus piis impenderit. Quia ergo ministra est Cenchreensis Ecclesiae, eo nomine ipsam in Domino suscipi iubet. Et
40   quum addit, **Ut [dignum est sanctis,]** innuit fore indignum Christi servis, si nullum [ei] honorem, nullamque benignitatem exhibeant. Et sane quum omnia Christi membra dilectione complecti, tum vero eos qui publicam in Ecclesia functionem gerunt, et colere, et singulari amore atque honore prosequi decet. Deinde quemadmodum illa semper officiosa fuit erga omnes, ita [ei] nunc [vicissim] in suis negotiis opem auxiliumque ferri iubet. Est enim humanitatis, eum qui natura propensus est ad beneficentiam, siquando ope aliorum indigeat, non destituere. at quo magis animos eorum inclinet, se quoque inter eos numerat quibus illa benefecit. Porro ministerium hoc de quo loquitur, quale fuerit, ipse alibi docet,
50   1. Timoth. 5. 9. Quemadmodum enim ex publico Ecclesiae aerario alebantur pauperes: ita publico officio curabantur. Ad hanc curationem legebantur viduae quae domesticis oneribus solutae, nullis liberis impeditae, totas se Deo, [et] pietatis officiis consecrare cupiebant: [itaque] receptae in hanc functionem, quasi addictae et obligatae erant[: sicuti qui suam operam locans, liber ac sui iuris esse desinit]. Unde Apostolus

29 *A B* invicem, cum   31 *A B om.*   33 *A B om.*   40 *A B* decet sanctos: 41 *A B* illi
45 *A B* illi   45 *A B om.*   53 *C om.*   53 *A B* ex quo   54-55 *A B om.*

violatae fidei arguit eas quae suscepto semel muneri postea renuntiant. Quia autem in caelibatu vivere ipsas oportebat, vetat allegi minores sexaginta annis: quia scilicet providebat infra eam aetatem periculosum, imo perniciosum esse votum perpetui caelibatus. Functio illa sanctissima
60 et Ecclesiae perutilis, labente in deterius rerum statu, in otiosum Monialium ordinem degeneravit: qui tametsi a prima sua origine vitiosus fuit, ac verbo Dei contrarius, nunc tamen ab illo principio adeo defecit, ut non minus sit discriminis, quam inter sacrarium aliquod castitatis et lupanar.

3 **Salutate Priscam et Acylam.** Quae hic nonnullis testimonia defert, partim eo tendunt ut dum in honore habentur qui probi sunt ac digni, probitas quoque ipsa honoretur, et ii qui prodesse plus aliis possunt et cupiunt, authoritatem habeant: partim ut ipsi ante actae vitae respondere studeant, neque in cursu pietatis deficiant[, vel etiam languescat pius
70 eorum ardor]. Singularis est honor quem hic tribuit Priscae et Acylae, praesertim in foemina. quo magis elucet sancti viri modestia, qui in opere Domini consortem mulierem nec habere dedignatur, nec fateri erubescit. Haec autem Acylae ipsius uxor fuit, quam Lucas Priscillam nominat, Act. 18. 1.

4 **Quibus non ego solus.** [Quia vitae suae non pepercerant Prisca et Acylas pro tuenda Pauli vita, privatim se illis gratum esse testatur. Addit tamen, ab omnibus Christi Ecclesiis illis haberi gratiam, ut hoc exemplo Romanos quoque permoveat. Merito autem tam chara et pretiosa cunctis Gentibus fuit vita unius hominis, ut erat incomparabilis thesau-
80 rus: quare mirum non est si eius conservatoribus obstrictas se putarint omnes Gentium Ecclesiae. Quod addit de Ecclesia ipsorum domestica, observatu dignum est. Neque enim splendidius ornare potuit eorum familiam quam Ecclesiae titulo. Nam Congregationis nomen quod Erasmus reddidit, mihi non placet: plane enim liquet Paulum honorifice sacro Ecclesiae nomine fuisse usum.]

5 **Qui est primitiae.** [Allusio est ad legales caeremonias. Quia enim sanctificantur Deo homines per fidem, qui primum in oblatione locum

---

69-70 *A B om.*   75-85 *A B* Ut erat insignis Gentium thesaurus hic Apostolus: ita si gratae esse Deo vellent, magni aestimare ipsum debebant. Non ergo mirum est, si se omnes Gentium Ecclesiae obstrictas putarint, vitae eius conservatoribus.   86-88 *A B om.*

---

56 *C* I Tim 5.11* [=*5.9,11*]   74 [=*18.2*]   84 *Eras L¹⁻⁵*: in domo illorum congregationem   *Eras Ann¹⁻⁵*: Familiam Christianam, et si qui accesserant, ecclesiam vocat: unde nos maluimus congregationem appellare, [*Ann⁵ adds*: propter crassos qui putant ecclesiam esse templum]. *1, 454; 5, 434*

obtinent, apte primitiae vocantur. Porro]⟨ut quisque prior tempore ad
fidem vocatus est, ita honoris praerogativam illi defert Paulus. verum
90 hoc locum habet, dum ultima primis respondent. Et certe non vulgaris
dignatio est, quum aliquos Deus in primitias deligit. Accedit etiam ex
ipsa temporis diuturnitate maior et amplior fidei probatio, dum ii qui
primi coeperunt, bene currendo non fatigantur. Gratitudinem suam
iterum testatur, dum Mariae erga se officia commemorat. Nec dubium
est quin laudes istas ascribat, ut quos laudat, Romanis reddat commen-
datiores.

⌈7 **Salutate Andronicum.** Quanquam genus et alia quae ad carnem
pertinent, non magni facere solet Paulus, quia tamen nonnihil valere
poterat consanguinitas quam cum eo habebat Iunia et Andronicus, ut
100 facilius innotescerent, hanc quoque laudem non negligit. Plus momenti
est in secundo elogio dum nominat **concaptivos:** quia inter decora militiae
Christi, vincula non ultimo loco censentur.⌉ ⌈Dum tertio loco **Apostolos**
nominat, hanc vocem⌉ non accipit in significatione propria et usitata, sed
latius extendit ad eos omnes qui non unam tantum Ecclesiam instituunt,
sed promulgando ubique Euangelio impendunt operam. Qui ergo salutis
doctrinam huc et illuc circunferendo, plantabant Ecclesias, eos generaliter vocat Apostolos hoc quidem loco. Nam alibi ad primarium illum
ordinem restringit, quem Christus initio instituit in duodecim discipulis:
⌈alioqui absurdum esset, excellentiam tantam illis ascribi inter paucos.
10 Iam quia prius Euangelium fide amplexi erant quam Paulus, eos sibi hoc
respectu praeferre non dubitat⌉.

11 **Qui sunt ⌈ex⌉ Narcissi ⌈fam⌉.** Nimis indignum esset, in tam longo
catalogo Petrum praeteriri, si tunc Romae fuisset: atqui fuisse oportet, si
Romanensibus creditur. Porro si in rebus dubiis nihil melius est quam
probabilem coniecturam sequi: nemo qui mediocriter iudicabit, persua-
debitur verum esse quod affirmant. nunquam enim a Paulo fuisset
omissus. Caeterum notatu dignum est, nullum hic ex splendidis illis et
magnificis nominibus audiri, unde colligere liceat, illustres viros Christianos fuisse: quoscunque enim recenset Paulus, Romae obscuri et ignobiles
20 fuerunt. Narcissum quem hic nominat, Claudii libertum esse puto, multis
sceleribus et flagitiis famosum. quo magis admirabilis est Dei bonitas
quae in illam impuram domum et omni nequitia flagrantem penetravit:
non quod conversus ad Christum fuerit Narcissus ipse: sed hoc magnum
fuit, domum quasi inferis similem, Christi gratia visitari.⟩ [Quum vero

---

88-24 *A om.*   97-2 *B om.*   2-3 *B* ¶ Insignes inter Apostolos.) Nomen Apostoli,   9-11 *B*
om.   12 *B om.*   12 *B om.*   24-29 *A B om.*

Christum pure coluerint qui sub foedo lenone, sub praedone voracissimo
et homine corruptissimo vivebant, non est quod heros suos expectent
servi, sed quisque pro se Christum sequatur. imo exceptio a Paulo
adiuncta ostendit divisam fuisse familiam, ut pauci tantum fideles
essent.]

30   16 **Salutate vos in osculo sancto.** Osculum, frequens ac pervulgatum
benevolentiae symbolum fuisse apud Iudaeos, passim ex Scripturis
liquet. Apud Romanos minus [fortasse] usitatum: neque tamen insolens
erat, nisi quod mulieres osculari non licebat, praeterquam solis cognatis.
Illud tamen in morem transiit apud veteres, ut Christiani ante coenae
communicationem se mutuo oscularentur, ad testandam eo signo amici-
tiam: deinde eleemosynas conferrent, ut id quod repraesentaverant
osculo, re quoque et effectu comprobarent: quemadmodum apparet ex
quadam Chrysostomi homilia. Hinc fluxit ritus ille qui hodie est apud
Papistas, osculandae patenae, et conferendae oblationis. Quorum alte-
40   rum merae est superstitionis, sine ullo fructu: alterum non alio facit, nisi
ad explendam sacerdotum avaritiam, si tamen expleri posset. [Non
tamen videtur Paulus caeremoniam hic praecise exigere, sed tantum eos
hortatur ad fovendum fraternum amorem, quem a profanis mundi
amicitiis discernit, quae utplurimum vel fucosae sunt, vel sceleribus
conflatae, vel retinentur malis artibus, nunquam vero in rectum finem
tendunt. Salutem ab Ecclesiis ascribens, quantum in se est, mutuo amoris
nexu devincire inter se studet omnia Christi membra.]

17   *Obsecro autem vos fratres, ut observetis eos qui dissidia et offensio-*
nes contra doctrinam, quam vos didicistis, excitant, et ut declinetis ab illis.
50   18   *Qui enim tales sunt, Christo Domino non serviunt, sed suo ventri: ac*
per blandiloquentiam et assentationem decipiunt corda simplicium:
19   *Vestra quidem obedientia ad omnes permanavit. Gaudeo igitur de*
vobis: sed volo vos sapientes esse ad bonum, simplices vero ad malum.
20   *Deus ⟨autem pacis⟩ conteret brevi Satanam sub pedibus vestris.*
⟨Gratia Domini nostri Iesu Christi sit vobiscum.⟩ [Amen.]

[17 **Obsecro autem, etc.**] Nunc adhortationem ponit qua necesse
habent subinde vellicari Ecclesiae omnes: quia occasionibus perpetuo
imminent Satanae ministri, ad turbandum Christi regnum. Duobus

---

32 *A B* forte   41-47 *A B om.*   54 *A* pacis autem   55 *A om.*   55 *A B om.*   56 *A B om.*

---

38 *Chrysostomus, Hom. in II Cor 13.12, PG 61, 606-7*

autem modis turbationem hanc moliuntur: nam aut dissidia seminant
60 quibus distrahantur animi ab unitate veritatis: aut offensiones suscitant
quibus ab amore Euangelii alienentur. Illud fit dum novis et humanitus
excogitatis dogmatibus dissipatur Dei veritas: hoc, dum variis artibus
odiosa vel contemptibilis redditur. Quicunque ergo alterutrum faciunt,
eos iubet observari, ne decipiant, ac incautos deprehendant: deinde vita-
ri, quia noxii sunt. [Nec abs re attentionem hic a fidelibus requirit: quia
saepe fit nostra socordia vel incuria, ut multum damni Ecclesiae inferant
pravi nebulones antequam illis obviam eatur: deinde mira saepe vafritie
ad nocendum obrepunt, nisi prudenter considerentur.] Observa autem
sermonem ad eos haberi qui in pura Dei doctrina instituti erant⟨: impium
70 enim et sacrilegum divortium est, qui in Christi veritate consentiunt,
distrahere. sed impudens calumnia est, pacis et unitatis praetextu
conspirationem in mendacia et impias doctrinas defendere⟩. Non est
ergo cur fucum ex hoc loco faciant Papistae, ad conflandam nobis
invidiam: quia non Euangelium Christi, sed diaboli mendacia quibus
obscuratum hactenus fuit, impugnamus ac convellimus. [imo clare
demonstrat Paulus, se non quaelibet dissidia sine exceptione damnare,
sed quae orthodoxae fidei consensum dissipant. Pondus enim subest in
verbo, **quam didicistis:** quia antequam rite edocti essent Romani, eos a
patriis moribus, maiorumque institutis discedere oportuit.]
80 18 **Qui enim tales sunt.** Addit perpetuam notam qua pseudoprophe-
tae a Christi servis discernendi sunt, quod gloriam Christi minime curant,
sed agunt ventris negotium. Quia tamen dolose irrepunt, et sumpta
aliena persona malitiam suam occultant, simul notat quales sint eorum
artes, nequis circunscribatur: nempe quod per blandiloquentiam favorem sibi conciliant. Habent etiam Euangelii praecones suam comita-
tem et suavitatem, verum cum libertate coniunctam, ut neque homines
vanis laudibus demulceant, neque vitiis blandiantur: illi autem impo-
stores et assentatione sibi animos alliciunt, et vitiis parcunt atque
indulgent, quo retineant illos sibi devinctos. **Simplices** vocat qui parum
90 circunspecti sunt ad cavendas fraudes.
19 **Vestra quidem obedientia.** Occupatio, qua ostendit non ideo se
admonere, quasi maligne de ipsis sentiat, sed quod facilis sit hic lapsus:
acsi diceret, Vestra sane obedientia passim commendatur, ut sit cur de
vobis gaudeam. quando tamen saepe hic contingit simplicitate labi, velim
vos ad malum perpetrandum rudes esse ac simplices: in bono autem, id

---

65-68 *A B om.*   69-72 *A om.*   75-79 *A B om.*

est quoties ita expedit, ad integritatem conservandam vos esse prudentissimos. Hic videmus quae simplicitas [in] Christianis [laudetur]: ne eum titulum praetendant qui stupidam verbi Dei ignorantiam hodie pro summa virtute habent. [Etsi enim probat in Romanis quod morigeri sint
100 ac faciles, vult tamen prudentiam ac delectum adhiberi, ne eorum credulitas quibuslibet imposturis sit exposita. Sic ergo illis gratulatur quod expertes sint malitiae, ut tamen ad cavendum velit esse prudentes.] Quod sequitur, **Deus conteret Satanam,** promissio magis est ad eos corroborandos, quam precatio. ⟨Hortatur enim ut intrepide adversus Satanam praelientur, brevi fore victores promittens. Victus quidem est semel a Christo, sed non ita quin bellum assidue renovet: promittit ergo ultimam profligationem, quae non apparet in medio certamine. Quanquam non de ultimo tantum die loquitur, quo plane conterendus est Satan: sed quum tunc Satan velut solutis aut ruptis habenis insolenter
10 ⌈omnia misceret⌉, promittit brevi futurum ut Dominus eum subigat, et quasi eorum pedibus calcandum praebeat. Mox sequitur precatio, ut gratia Christi sit cum illis: hoc est, ut fruantur bonis omnibus quae nobis per Christum parta sunt.⟩

⟨21   *Salutant vos Timotheus cooperarius meus et Lucius et Iason et Sosipater, cognati mei.*

22   *Saluto ego vos Tertius qui scripsi epistolam, in Domino.*

23   *Salutat vos Gaius hospes meus et Ecclesiae totius. salutat vos Erastus quaestor aerarius urbis, et Quartus frater.*

24   *Gratia Domini nostri Iesu Christi sit cum omnibus vobis.*⟩ [*Amen.*]
20   25   *Ei vero qui* [*potens est vos confirmare*] *secundum Euangelium meum,* [*praeconium scilicet Iesu Christi secundum revelationem*] *mysterii, quod temporibus secularibus* [*tacitum*],

26   *Manifestatum nunc fuit, et per Scripturas propheticas, secundum aeterni Dei ordinationem, in obedientiam fidei ad omnes Gentes* ⟨*promulgatum*⟩ :

27   *Soli sapienti Deo, per Iesum Christum gloria in secula. Amen.*

[*Ad Romanos missa fuit a Corintho per Phoeben ministram Cenchreensis Ecclesiae.*]

[21   **Salutant vos, etc.**] ⟨Salutationes quas ascribit, partim ad fovendam inter longe dissitos coniunctionem spectant: partim ut agnoscant
30

---

97 *A B* om.   97 *A B* commendetur   99-2 *A B* om.   4-13 *A* om.   10 *B* ferociet
14-19 *A* om.   19 *A B* om.   20 *A B* vos confirmare potest,   21 *A B* revelationem scilicet
22 *A B* absconditum   24-25 *A* provulgatum   27-28 *A B* om.   29 *A B* om.
29-33 *A* om.

Romani fratrum suorum subscriptionem in Epistola. Non quod opus habuerit Paulus aliorum testimonio, sed quia non parum iuvat piorum consensus.⟩ Clauditur ⟨autem⟩ Epistola (ut videre licet) Dei laude et gratiarum actione. [Commemorat] enim praeclarum illud Dei beneficium, quod Euangelii luce Gentes dignatus sit: in quo apparuit immensa et nunquam satis praedicata eius bonitas. Quanquam habet etiam encomium istud quod ad erigendam stabiliendamque piorum fiduciam valeat, ut animis in Deum erectis omnia certo expectent quae hic [ei] deferuntur: tum etiam ex superioribus eius beneficiis spem in posterum
40 confirment. Quoniam autem multa in unam sententiam colligendo, longam periodum produxit [quae implicita est hyperbato], singula membra dividenda nobis sunt. Primum soli Deo tribuit omnem gloriam: deinde ut ostendat [iure ei deberi], obiter commemorat quasdam eius virtutes, unde appareat ipsum solum omni laude esse dignum. Solum sapientem esse dicit: quae laus dum illi vindicatur, omnibus adimitur creaturis. [Quanquam videtur Paulus postquam de arcano Dei consilio loquutus est, hoc encomium consulto attexuisse, quo omnes in sapientiae Dei reverentiam et admirationem raperet. Scimus enim, ubi in Dei operibus causam non reperiunt homines, quam sit illis proclive obstrepe-
50 re. Potentem esse Deum ad confirmandos Romanos addens, de finali perseverantia certiores eos reddit.] Atque ut certius in hac potentia acquiescant, addit eam nobis testificatam esse Euangelio: ubi vides, Euangelium non promittere nobis tantum praesentem gratiam sed afferre quoque nobis certitudinem gratiae perpetuo duraturae. Neque [enim] illic se modo Patrem esse in praesentia denuntiat Deus, sed ad extremum fore[: imo eius adoptio ultra mortem porrigitur, quia ad aeternam haereditatem nos ducit]. Reliqua ad commendandam Euangelii vim ac dignitatem sunt posita. [**Praeconium**] **Iesu Christi** appellat Euangelium, ut certe Christi cognitione, tota eius summa continetur: eius
60 doctrinam, **Revelationem [mysterii]**: quod non modo attentiores ad eam auscultandam facere nos debet, sed summam eius venerationem animis nostris imprimere. Quam autem sublime sit arcanum illud, significat, quum addit fuisse ab exordio mundi per tot secula reconditum. Non habet quidem turgidam fastuosamque sapientiam, qualem appetunt filii huius seculi, a quibus etiam ideo contemptui habetur: sed explicat inenarrabiles illos caelestis sapientiae thesauros, omni ingenio altiores:

---

33 *A om.* 34 *A B* Commemoratur 38 *A B* illi 41 *A B om.* 43 *A B* quo iure illi debeatur 46-51 *A B* Ad eorum consolationem pertinet, quod dicit eum esse, qui in finem confirmare ipsos potest. 55 *A B om.* 56-57 *A B om.* 58 *A B* Praedicationem 60 *A B* arcani

quos si Angeli quoque ipsi cum stupore adorant, nemo certe hominum suspicere satis potest. Neque vero minoris fieri haec sapientia debet, quod sub humili plebeiaque verborum simplicitate lateat: quoniam ita

70 placuit Domino, carnis arrogantiam subigere. Quoniam autem id nonnullam iniicere dubitationem poterat, quomodo tot seculis suppressum istud mysterium, tam subito emersisset: docet, non temeritate hominum nec casu fortuito id esse factum, sed aeterna Dei ordinatione[: ubi etiam curiosis quaestionibus, quas movere solet humani ingenii protervia, ianuam claudit. Quicquid enim repente ac praeter spem acciderit, ex improviso factum putant: unde saepe perperam colligunt, absurda esse Dei opera, vel saltem multis perplexis dubitationibus sese impediunt. Paulus ergo, quod nunc repente apparuit, ante mundum conditum a Deo fuisse decretum admonet]. [Caeterum] nequis de ea re controversiam

80 faciat, quo novitatis insimulet Euangelium, eoque nomine infamet: allegat Scripturas propheticas, ubi praedictum erat [quod] impletum [iam] cernimus. Adeo enim luculentum testimonium reddiderunt Euangelio Prophetae omnes, ut aliunde melius confirmari nequeat. [Et hoc modo rite praeparavit Deus suorum mentes, ne eas nimium percelleret novitas rei insolitae. Siquis obiiciat, repugnantiam esse in verbis Pauli, quia mysterium de quo testatus est Deus per Prophetas, tacitum fuisse dicit omnibus seculis, facilis solutio huius nodi a Petro datur, Prophetas, quum sedulo de salute nobis oblata exquisierint, non sibi, sed nobis ministrasse. Itaque Deus tunc loquendo tacuit, quia revelationem earum

90 rerum de quibus vaticinari volebat servos suos, suspensam tenuit.] [Etsi] quo sensu Euangelium appellet Mysterium absconditum, quum hic, tum ad Ephes. 3. 9. et ad Coloss. 1. 26. nec inter doctos quidem plane convenit. Plus [quidem firmitudinis] habet eorum opinio qui ad Gentium vocationem referunt, quam nominatim ad Colossenses Paulus ipse attingit. Ego vero tametsi unam esse illam causam fateor, solam tamen esse, non possum adduci ut credam. mihi probabilius videtur, Paulum ad alias quoque Veteris et Novi testamenti differentias respexisse. Quanquam enim omnia quae per Christum et Apostolos exposita sunt, docuerant olim Prophetae: ea tamen tanta obscuritate docuerant, prae ut est

100 perspicua haec Euangelicae lucis claritas, ut non mirum sit si dicantur latuisse quae nunc palam facta sunt. [Nec vero frustra Malachias

---

73-79 *A B om.* 79 *A B* Postremo 81 *A B* id quod 82 *A B om.* 83-90 *A B om.* 90 *A B* Porro 93 *A B* firmitudinis omnibus aliis 1-8 *A B om.*

---

87 *C* I Pet 1.12* 94 *C* Col 1.27* 1 *C* Mal 4.2*

exoriturum solem iustitiae denuntiat: nec de nihilo Iesaias prius tam magnificis elogiis extulerat Messiae legationem. Denique non abs re Euangelium vocatur Dei regnum: sed ex re ipsa melius colligere licet, tunc demum apertos fuisse caelestis sapientiae thesauros, ubi Deus per unigenitum Filium, quasi facie ad faciem discussis umbris, veteribus apparuit. Finem praedicandi Euangelii, cuius meminit initio primi capitis, iterum refert, ut Deus in fidei obsequium Gentes omnes cogat.]

INDEX OF SCRIPTURE

INDEX OF SUBJECTS

Numbers indicate chapter and verse : but references to preliminary matter are by page and line. Prefaces to chapters or passages are indicated by obelisks.

defectio mundi 11.22
Deus, Dominus
  aeternitas 1.21
  amor, charitas, dilectio p. 7.90-93; 1.6,
    3.25, 5.5, 5.8, 5.15, 8.28, 8.31, 8.32,
    8.35, 8.39, 9.13, 9.25, 10.14, 10.15, 15.4
  arbitrium, beneplacitum, consilium, de-
    cretum, dispositio, iussum, nutus,
    ordinatio, propositum, voluntas 2.
    18, 6.13, 8.6, 8.7, 8.27, 8.28, 8.29-30,
    9.2, 9.11, 9.12, 9.15-18, 9.19, 9.20,
    9.22, 11.2, 11.6, 11.7, 11.11, 11.21,
    11.22, 11.28, 12.2-3, 12.6, 14.4, 14.5,
    14.7, 15.31, 16.21 seq
  arbitrium arcanum, consilium abditum
    [arcanum, occultum], mysteria consi-
    liorum, iudicium arcanum 8.7, 8.33,
    9.6, 9.14, 9.17, 9.20, 9.22, 9.23, 11.5,
    11.8, 11.28, 11.33-36, 16.21
  author
    iuris politici 13.1
    iustitiae 3.22
    patientiae et consolationis 15.5
  authoritas 3.10 seq, 5.20, 9.15
  beneficentia, benevolentia, benignitas,
    liberalitas 2.4, 4.3, 4.5, 5.15n, 5.17,
    8.33, 8.37, 9.15, 9.23, 10.6, 10.14†,
    10.14, 12.1
  bonitas 1.6, 1.16, 1.21, 2.17, 3.9, 4.3,
    5.5, 5.15, 9.11, 9.16, 9.23, 11.6, 11.22,
    11.32, 11.35, 12.1, 15.4, 16.21
    supremum omnium bonorum 5.8
  Creator, opifex p. 5.29-34; 10.12
  derelictio, traditio 1.24, 1.26, 11.7
  divinitas 1.20, 10.18
  divitia 10.12, 11.33
  gloria 1.20, 1.21, 1.23, 1.25, 3.7-8,
    3.22b, 5.2, 6.4, 9.4, 9.23, 11.36, 14.7,
    15.7, 16.21
  ira, furor, indignatio, infensus, odio
    habere, ultio p. 5.35-6.37; 1.5-6, 1.18,
    1.24, 1.26-27, 2.5, 2.8, 3.5, 3.25bis,
    4.15, 4.25, 5.10, 7.8n, 8.7, 8.31, 8.35,
    9.13, 9.25, 11.7, 13.2, 13.4
  iudicium, tribunal, apud Deum, coram
    Deo p. 6.41-61; 1.17, 1.20, 2.1, 2.1 seq,
    2.3, 2.12, 2.29, 3.4, 3.9, 3.21, 3.22bis,
    4.2, 4.3, 4.6, 4.15, 5.16, 5.18, 8.33, 9.1,
    9.2, 11.35, 12.19, 13.4, 14.6
    iudicium supremum 2.5, 2.16
  iustitia 1.21, 2.25, 8.36, 9.14-23, 9.25,
    10.3, 11.33-34
  lenitas, indulgentia, tolerantia 3.25, 8.1,
    8.15, 11.22, 14.6

maiestas 1.23, 2.23, 3.8
misericordia, clementia p. 9.54-57; 1.17,
  1.21, 3.21, 3.25, 9.11, 9.14-18, 9.23,
  11.32
nomen 2.24, 9.17, 10.12, 10.13
Pater Christi 1.3, 1.4, 8.29
  see also filius Dei under Christus
Pater fidelium 1.6, 3.10 seq, 5.3, 8.14,
  8.15-17, 8.19, 10.14, 10.21
potentia, potestas, virtus 1.4, 1.16, 1.17,
  1.19, 8.37, 9.15, 9.22, 11.23, 14.4, 16.21
  actualis et nuda 3.6
  inordinata 9.22, 14.4
praecognitio, praescientia, praevisio 8.
  29, 9.11, 9.17, 9.18, 11.2, 11.6
propitius 8.31-33
sapientia 1.21, 9.17, 16.21
severitas 9.11, 11.22-23
veritas 1.21, 1.25, 2.8, 2.27, 3.3, 3.4, 3.7
virtutes 1.21, 16.21
diaconi 12.8
dierum discrimen 14.5-6
dies Domini [irae] 2.5, 2.15-16
diffidentia, incertitudo 4.20
disceptationes, dissidia, contentiones 14.1,
  15.5, 16.17
docendi officium [munus] 1.1, 1.9
doctor ecclesiasticus 3.10 seq, 12.6
dona Dei, charismata, dotes 1.8, 1.11,
  2.11, 2.21, 4.3, 5.15-16, 6.23, 9.4, 11.28,
  12.4-8, 14.22, 15.13, 15.14
dubitationes 14.1

Ecclesia 9.4, 9.27, 10.17, 11.2, 11.25-26,
  12.1, 12.4-8, 12.13, 14.1, 15.20-21, 15.30,
  16.1-19
electio p. 9.52-55; 2.11, 8.28-30, 8.33, 9.3,
  9.6-8, 9.10-13, 9.14-33, 10.16, 11.2-32
eleemosynae p. 10.16-19; 15.25-29, 16.16
Elias 11.2, 11.2-5
Esau p. 9.52; 9.11-13
Euangelium 1.1-4, 1.5, 1.16-17, 2.16, 2.21,
  2.23, 2.28, 3.21, 4.14, 5.2, 9.4, 9.28,
  10.5-10, 10.15-17, 11.9, 11.28, 12†, 12.6,
  13.12, 14.11, 15.16-21, 15.27-29, 16.21
  see also verbum
exectionis forma duplex 11.22
exitium, interitus, oblivio, perditio, ruina
  1.16, 1.18, 1.24, 2.16, 5.8, 9.22-23, 9.29,
  11.7, 11.11
  see also confusio, mors
expiatio Christi 3.25, 8.33
  legalis 3.25
Ezechias 1.8

aliena   4.3
causae   3.24
in Christo, per Christum   3.22b, 3.24-26,
   5.21, 8.3, 8.4
per Christi mortem   5.8
per Christi resurrectionem   4.25
et circuncisio   2.25, 2.26, 4.9-12
Dei   1.17, 3.4, 3.5-6, 3.21-22
dimidia, partialis   3.20, 3.22b, 3.24, 4.12
   see also remissio dimidia
duplex   3.26
fidei, per fidem - p. 7.88-89; 1.17, 3.21-
   22, 4.3, 4.11, 9.30-32, 10.5-10
gratuita   p. 7.93-96; 4.4-5, 8.30
imago, typus   6.17
imputiva   3.21, 4.22, 5.17
initialis   4.6 seq
larva   7.9
non qualitas   3.24, 5.17
oblatus omnibus   p. 9.63-64
operum, Legis, opus legale   pp. 6.72-
   7.76; 2.13, 2.14, 3.21-22, 4.9-10, 8.3,
   9.30-32, 10.5-10, 13.8
et regeneratio, nova vita   1.17, 6.1, 6.19-
   23, 8.13, 14.17-18
regula iustitiae   2.13, 2.14, 6.19, 8.3
regnum iustitiae   6.18

Lex   p. 6.47-50; 2.12-13, 2.17-23, 3.2, 4.14,
   5.13, 7 passim, 8.33, 9.4, 13.11, 14.1,
   14.5-6, 14.10, 14.14
abrogatio   pp. 7.7-8.15; 6.14-15, 7.1-12
antithesis inter Legem et fidem   3.31,
   4.13, 10.5-6
bifariam   10.5
complementum   13.8-10
coniugii similitudo   7.2-4
consensus, propensio ad obedientiam
   7.16, 7.21
ducit ad Christum [ad iustitiam fidei]
   p. 9.61-63; 3.31, 8.4, 10.4, 10.5
effectus   3.20, 4.15
et Euangelium   8.15
figurae [umbrae] Legis   3.25, 14.1
finis Legis   3.21, 3.31, 5.20, 7.1, 7.10
infirmitas   8.3
ingenita naturaliter   2.14-15
intelligentia [notitia] Legis   7.9, 7.11
et Iudaei   2.26-28, 3.19
ministerium mortis   7.10-11, 8.2
opera Legis   3.20, 3.21, 3.27-28, 9.31-32
peccare sine Lege   2.12, 2.14, 5.14

politicae leges   7.14
   see also magistratus
quadruplex   7.21
sancta   7.12
transgressio   4.15
usus   7.1
libertas Christiana, manumissio   pp. 9.86-
   10.88, p. 10.100-2; 6.18, 7.4, 8.7, 13.1,
   14.5, 14.6, 14.14-23
   see also abrogatio *under* Lex
litera
et anima   10.4
et circuncisio   2.27-28
et Spiritus   7.6
Lot   8.35

Macedonia   p. 10.17; 1.5, 15.25, 15.27
magistratus, civilis praefectura, potestates
   terrenae, principes, supereminentes p. 9.
   84-85; 13.1-10
manifestatio Dei insculpta   1.19
Maria virgo   4.20
membrorum similitudo   12.4
merces, praemium, stipendia   2.6-7, 2.8,
   4.4-5, 6.23, 10.5
meritum, debitum   2.6, 2.25, 3.9, 4.4-5,
   9.32, 10.5, 11.6
de congruo et de condigno   3.27
militiae similitudo   6.13
ministerium
dexteritas consilii, prudentia   15.14
minister = servus   1.1n bis
munus   12.6
munus pastorale   15.20, 15.21
Pauli   1.1
verbi, Euangelii   11.14, 15.16
modestia, sobrietas   9.20, 12.3, 12.6, 12.10,
   12.16, 14.6
mores   12†, 12.2, 12.18, 13.11
morositas   p. 10.98-100; 14.3, 14.18
mors   4.17, 7.6, 8.10, 8.11, 8.23-25, 8.34,
   8.36, 13.11, 14.7
abyssus mortis   10.12, 10.20
aeterna mors   2.11, 2.12, 6.22-23, 8.6,
   8.7, 9.19, 11.35
corpus mortis   7.24
et ira Dei   9.13
et Lex   7.9-13, 8.2
per peccatum   5.12-21
mortuus sibimet   4.17
viri mortis similitudo   7.2-3
mortificatio, carnis abnegatio, crucifixus,

342   *Index of Subjects*

INDEX OF NAMES